Paolo Monti Francesca Faenza
Gian Maria Farnelli

Iuris tantum
Fino a prova contraria

Seconda edizione

Diritto pubblico e internazionale per l'articolazione RIM

PER IL COMPUTER E PER IL TABLET

L'eBook multimediale

1 REGÌSTRATI A MYZANICHELLI

Vai su **my.zanichelli.it** e regìstrati come studente

2 SCARICA BOOKTAB

- Scarica **Booktab** e installalo
- Lancia l'applicazione e fai login

3 ATTIVA IL TUO LIBRO

- Clicca su **Attiva il tuo libro**
- Inserisci la **chiave di attivazione** che trovi sul **bollino argentato** adesivo (qui accanto un esempio di bollino con chiave di attivazione)

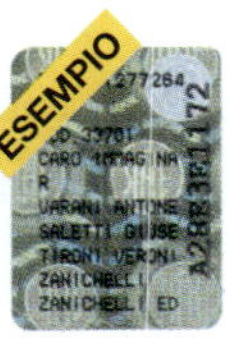

4 CLICCA SULLA COPERTINA

Scarica il tuo libro per usarlo offline

Realizzazione editoriale:
- Coordinamento redazionale: Antonella Avventuroso
- Segreteria di redazione: Deborah Lorenzini, Rossella, Frezzato
- Progetto grafico: Segni di immagine, Bologna
- Redazione e impaginazione, Edistudio, Milano

Contributi:
- Schede *Cittadinanza digitale*, *Compiti di realtà*, *Dopo il diploma* a cura di Francesca Faenza
- Glossario italiano/inglese a cura di Francesca Buraschi
- Realizzazione moduli CLIL: Paola Gherardelli, con la collaborazione di Maria Antonietta Folino
- Revisione inglese: Naomi Kuusik

Copertina:
- Progetto grafico: Miguel Sal & C., Bologna
- Realizzazione: Roberto Marchetti e Francesca Ponti
- Immagine di copertina: Giulio Peranzoni

Prima edizione: 2015
Seconda edizione: marzo 2017

Ristampa:

5 4 3 2 2019 2020 2021 2022

Zanichelli garantisce che le risorse digitali di questo volume sotto il suo controllo saranno accessibili, a partire dall'acquisto dell'esemplare nuovo, per tutta la durata della normale utilizzazione didattica dell'opera. Passato questo periodo, alcune o tutte le risorse potrebbero non essere più accessibili o disponibili: per maggiori informazioni, leggi my.zanichelli.it/fuoricatalogo

File per sintesi vocale
L'editore mette a disposizione degli studenti non vedenti, ipovedenti, disabili motori o con disturbi specifici di apprendimento i file pdf in cui sono memorizzate le pagine di questo libro.
Il formato del file permette l'ingrandimento dei caratteri del testo e la lettura mediante software screen reader. Le informazioni su come ottenere i file sono sul sito
http://www.zanichelli.it/scuola/bisogni-educativi-speciali

Grazie a chi ci segnala gli errori
Segnalate gli errori e le proposte di correzione su **www.zanichelli.it/correzioni.**
Controlleremo e inseriremo le eventuali correzioni nelle ristampe del libro.
Nello stesso sito troverete anche l'errata corrige, con l'elenco degli errori e delle correzioni.

Zanichelli editore S.p.A. opera con sistema qualità
certificato CertiCarGraf n. 477
secondo la norma UNI EN ISO 9001:2015

Questo libro è stampato su carta che rispetta le foreste.
/www.zanichelli.it/chi-siamo/sostenibilita

Stampa: CPM S.r.l.
Via Puccini 64, Casarile (MI)
per conto di Zanichelli editore S.p.A.
Via Irnerio 34, 40126 Bologna

Realizzazione delle risorse digitali
- Coordinamento redazionale: Antonella Avventuroso
- Redazione: Jacopo Bassi
- Esercizi interattivi ZTE: Simona Sgrizzi
- Progettazione esecutiva e sviluppo software: duDAT srl, Bologna
- Realizzazione *Tutor di diritto*: App&ars srl, Bologna
- Sceneggiature *Tutor di diritto*: Gian Maria Farnelli, Gianandrea Lanzara
- Speakeraggio materiali CLIL a cura di Marco Versari Produzioni audio-video

Paolo Monti Francesca Faenza
Gian Maria Farnelli

Iuris tantum
Fino a prova contraria

Seconda edizione

Diritto pubblico e internazionale per l'articolazione RIM

ZANICHELLI

INDICE

PERCORSO A GLI STATI MODERNI

TUTOR diritto

Unità 1 Gli elementi costitutivi dello Stato 2

1. Gli Stati nel mondo 2
2. Una definizione di Stato 3
3. La parola Stato nella lingua italiana 3
4. Lo Stato italiano e gli altri enti pubblici 4
5. I caratteri comuni agli Stati moderni 4
- **QUESTIONI** Lo Stato e la politica 5

6. Il fondamento della sovranità 5
- **QUESTIONI** La sovranità dello Stato e le organizzazioni sovranazionali 6

7. L'indipendenza come corollario della sovranità 6
8. Perché lo Stato è definito ente originario 7
9. Perché si dice che gli Stati sono enti a fini generali 8
- **QUESTIONI** L'impersonalità 8

10. Perché gli Stati hanno il monopolio della forza 9
11. Alcune considerazioni sulla forza pubblica in Italia 10
12. Il riconoscimento internazionale degli Stati 11

Riguardando gli appunti 14
Verifica le tue conoscenze 15
Cittadinanza digitale e-Government 16

Unità 2 Il territorio e il popolo 18

1. Come si individua il territorio degli Stati 18
- **QUESTIONI** Le navi, gli aerei e le sedi diplomatiche 19

2. Come sono tracciati i confini 19
QUESTIONI Quando sono stati tracciati i confini dell'Italia? 20
3. Da chi è composto il popolo di uno Stato 21
4. Come si diventa cittadini italiani 22
QUESTIONI Le leggi italiane si applicano solo ai cittadini italiani o a tutti coloro che si trovino sul nostro territorio? 25
5. Che cosa sono l'estradizione e il diritto di asilo 25
6. Qual è la differenza tra cittadinanza, etnia e nazionalità 26
QUESTIONI I separatismi 26
QUESTIONI I conflitti interetnici 27
7. Come è regolata l'immigrazione dai Paesi extracomunitari 27
QUESTIONI Lavoratori regolari e irregolari 29
Riguardando gli appunti 30
Verifica le tue conoscenze 31

Unità 3 **Forme di Stato e di governo** 32

1. Che cosa significa forma di Stato e di governo 32
2. Le forme di Stato nel tempo 32
3. La mancanza dello Stato nell'ordinamento feudale 33
4. La monarchia assoluta e la nascita dello Stato moderno 33
5. Lo Stato liberale 34
6. Lo Stato liberale e la Costituzione 35
QUESTIONI Gli Stati hanno sempre avuto una costituzione? 36
Tutti gli Stati moderni hanno una costituzione scritta? 36
Come è nata la Costituzione repubblicana 36
7. Lo Stato liberal-democratico 37
QUESTIONI Il referendum come strumento di democrazia diretta 39
8. Lo Stato sociale 39
QUESTIONI Le direttrici dello Stato sociale 40
9. Lo Stato comunista 41
QUESTIONI Si è mai realizzato l'ideale marxista? 42
10. Quali sono stati i caratteri dello Stato fascista 43
11. Le possibili forme di governo 43
12. Quali forme può assumere il governo monarchico 44
13. Quali forme può assumere la repubblica 45
14. Quali sono i caratteri dello Stato unitario e dello Stato federale 47
15. Una via intermedia: lo Stato regionale 48
QUESTIONI Che cosa è lo Stato confederale 49

Riguardando gli appunti ... 50
Verifica le tue conoscenze ... 51
ZTE • Valuta le tue competenze ... 52

PERCORSO B L'ORDINAMENTO INTERNAZIONALE

TUTOR diritto

Unità 1 **Gli Stati e le grandi organizzazioni internazionali** ... 54

1. Quali sono le fonti del diritto internazionale ... 54
2. L'Italia e il diritto internazionale ... 56
3. Le Regioni italiane e il diritto internazionale ... 57
QUESTIONI La Conferenza permanente per i rapporti tra Stato e Regioni ... 58
4. Il ruolo del diritto internazionale nella vita quotidiana ... 58
5. L'Italia e la guerra ... 59
QUESTIONI Gli impegni militari italiani all'estero ... 60
6. Le grandi organizzazioni internazionali ... 60
7. Le Nazioni Unite ... 61
8. Gli organi dell'ONU ... 62
9. Qualche riflessione sull'attività delle Nazioni Unite ... 63
10. Le agenzie specializzate e le radici dei conflitti ... 65
11. La NATO ... 66
QUESTIONI Qual è la differenza tra ONU e NATO? ... 67
12. Il Consiglio d'Europa ... 67
13. La Corte penale internazionale ... 68
14. L'OCSE ... 68
15. Le organizzazioni non governative ... 69
16. L'Unione europea: una realtà in movimento ... 70
Riguardando gli appunti ... 71
Verifica le tue conoscenze ... 72

Unità 2 **La tutela dei diritti umani e della privacy** ... 73

1. Che cosa si intende per "diritti umani" ... 73

QUESTIONI La differenza tra libertà e diritti ... 74
2. Le "generazioni" dei diritti e delle libertà ... 74
QUESTIONI Il diritto alla vita ... 75
3. L'ONU e la tutela dei diritti umani ... 76
QUESTIONI Guantanamo e Abu Ghraib ... 78
4. Il Consiglio d'Europa e i diritti umani ... 78
QUESTIONI La Corte di Strasburgo e l'Italia ... 79
5. Altri trattati per la difesa dei diritti umani ... 79
6. Il diritto alla privacy come fondamentale diritto dell'uomo ... 80
7. La tutela dei dati personali ... 81
8. La normativa europea e internazionale sui dati personali ... 81
9. La normativa italiana ... 82
QUESTIONI I compiti dell'Autorità garante per la tutela dei dati personali ... 84
Riguardando gli appunti ... 85
Verifica le tue conoscenze ... 86

Unità 3 **Le organizzazioni internazionali e la tutela dell'ambiente** ... 87

1. Che cosa si intende per ambiente ... 87
QUESTIONI Che cos'è la *green economy* ... 88
2. L'impegno delle Nazioni Unite per l'ambiente ... 88
3. I principi della Conferenza di Rio de Janeiro ... 89
QUESTIONI Che cosa è l'Agenda 21 ... 90
I disastri naturali ... 90
4. Da Kyoto 1997 a Parigi 2015 ... 90
QUESTIONI Come il profitto può salvare l'ambiente ... 91
Cittadinanza digitale **Pubblica amministrazione e tutela della privacy** ... 92
Riguardando gli appunti ... 94
Verifica le tue conoscenze ... 95
ZTE • **Valuta le tue competenze** ... 96
COMPITO DI REALTÀ **Il diritto alla privacy nei social network** ... 98

PERCORSO C L'UNIONE EUROPEA

TUTOR diritto

Unità 1 Nascita ed evoluzione della Ue 100

1. Un primo sguardo 100
- **QUESTIONI** L'uscita del Regno Unito dall'Unione europea 101

2. Come nasce l'idea di un'Europa unita 101
3. Dall'Europa dei pochi all'Europa dei molti 102
- **QUESTIONI** Come si entra a far parte dell'Unione europea? 103

4. Che cosa rende difficile il processo di integrazione 104
- **QUESTIONI** I passaggi più significativi del processo di integrazione europea 104

5. Il ruolo assunto dall'opinione pubblica 105
6. Alcuni traguardi raggiunti dall'Unione europea 106
7. L'abbattimento delle frontiere doganali 106
8. La cittadinanza europea 107
- **QUESTIONI** Come è regolato in Italia il soggiorno dei cittadini Ue 108

9. L'accordo di Schengen 109
- **QUESTIONI** I Paesi aderenti a Schengen 109

10. La politica di coesione e sviluppo 110
- **QUESTIONI** In che modo la Ue aiuta i giovani? 110

11. La moneta unica europea 111
- **QUESTIONI** Perché non tutti i Paesi della Ue hanno adottato l'euro? 113
- **QUESTIONI** Qual è la differenza tra deficit pubblico e debito pubblico? 113

12. Che cosa sono le cooperazioni rafforzate? 114
13. Su quali valori si fonda l'azione dell'Unione? 114
14. Che cosa dispone la Carta dei diritti fondamentali della Ue? 115

Riguardando gli appunti 116
Verifica le tue conoscenze 117

Unità 2 L'organizzazione dell'Unione europea 118

1. Come è organizzata l'Unione europea 118
2. Il Consiglio europeo 119
3. Il Consiglio 119
4. La Commissione europea 121
5. Il Parlamento europeo 122

6. Come viene esercitata la funzione legislativa ... 122
7. Quali norme emana l'Unione ... 123
8. Altre istituzioni dell'Unione ... 124
9. Gli organismi specializzati ... 125
Riguardando gli appunti ... 126
Verifica le tue conoscenze ... 127
ZTE • **Valuta le tue competenze** ... 128

PERCORSO D LE CONTROVERSIE INTERNAZIONALI

TUTOR diritto

Unità 1 Le controversie tra Stati ... 130

1. Come risolvere pacificamente le controversie ... 130
2. La negoziazione ... 131
3. Il ricorso alla Corte internazionale di giustizia ... 132
4. La competenza consultiva della CIG ... 134
QUESTIONI Esiste una consuetudine internazionale che vieti il ricorso alle armi nucleari? ... 135
5. Il ricorso alla CIG mediante "protezione diplomatica" ... 135
QUESTIONI La proliferazione dei tribunali internazionali ... 136
6. Le controversie in tema di diritto dell'Unione europea ... 136
7. L'arbitrato in generale ... 137
8. L'arbitrato nelle controversie tra Stati ... 138
9. Il ricorso all'autotutela ... 139
Riguardando gli appunti ... 140
Verifica le tue conoscenze ... 141

Unità 2 Le controversie internazionali di natura privata ... 142

1. La tutela degli investimenti privati ... 142
2. L'arbitrato internazionale per le controversie tra soggetti privati ... 143
3. Alcune considerazioni sull'arbitrato internazionale ... 144
4. La mediazione ... 144
5. La Camera di commercio internazionale nella prevenzione e soluzione delle controversie ... 144

6. La ICC e la politica commerciale 145
7. La ICC e la soluzione delle controversie 146
8. Altre funzioni della ICC 146
■ **Riguardando gli appunti** 148
■ **Verifica le tue conoscenze** 149
ZTE • ■ **Valuta le tue competenze** 150

■ **CLIL - INTERNATIONAL DISPUTES BETWEEN STATES** 152

PERCORSO E IL DIRITTO INTERNAZIONALE DELL'ECONOMIA

TUTOR diritto

Unità 1 Gli organismi di Bretton Woods 156

1. Le ragioni di un diritto internazionale dell'economia 156
2. Il diritto internazionale dell'economia oggi 157
3. Gli accordi di Bretton Woods 158
4. Il Fondo monetario internazionale 158
5. Il Gruppo Banca mondiale 160
■ **Riguardando gli appunti** 163
■ **Verifica le tue conoscenze** 164

Unità 2 L'Organizzazione mondiale del commercio 165

1. La OMC (o WTO) 165
2. Il principio generale di non discriminazione 166
3. I trattati facoltativi dell'OMC 166
4. L'organismo di risoluzione delle controversie 167
■ **QUESTIONI** La controversia sulla carne agli ormoni 168
5. L'organizzazione interna della OMC 169
■ **QUESTIONI** L'origine del GATT 170
6. Le critiche all'OMC 170
■ **Riguardando gli appunti** 174
■ **Verifica le tue conoscenze** 175

Unità 3 **Verso l'integrazione economica** 176

1. Le organizzazioni regionali 176
2. Le aree di commercio preferenziale 177
3. Le aree di libero scambio 177
4. L'unione doganale 178
5. Il mercato unico (o mercato comune) 178
6. L'unione economica e monetaria 179
7. L'integrazione economica completa 179

Riguardando gli appunti 180
Verifica le tue conoscenze 181
ZTE • **Valuta le tue competenze** 182

PERCORSO F IL MERCATO GLOBALE

TUTOR diritto

Unità 1 **La globalizzazione e le imprese multinazionali** 184

1. I due aspetti della globalizzazione 184
2. Come si forma una società multinazionale 185
   - **QUESTIONI** Qual è la differenza tra imprese nazionali, multinazionali e transnazionali? 187
3. Quali effetti produce la finanza globalizzata 187
4. Quale ruolo assume lo Stato nell'era globale 188
   - **QUESTIONI** La privatizzazione dell'acqua 189
5. Globalizzazione e delocalizzazione 189
6. I diversi giudizi sulla globalizzazione 190
   - **QUESTIONI** Una riflessione tra aumento del PIL e benessere sociale 191

Riguardando gli appunti 192
Verifica le tue conoscenze 193

Unità 2 **Le società commerciali nel diritto internazionale** 194

1. La nazionalità delle persone giuridiche 194
2. La libertà di stabilimento nell'Unione europea 195
3. La società europea 196

4. Il Gruppo europeo di interesse economico (GEIE) 198
5. Modelli societari in alcuni Paesi europei 198
6. L'assistenza alle imprese italiane esportatrici 200
7. I servizi assicurativi per il commercio estero 201
Educazione finanziaria PIL, ricchezza e benessere 202
Riguardando gli appunti 204
Verifica le tue conoscenze 205
ZTE • Valuta le tue competenze 206
COMPITO DI REALTÀ La globalizzazione intorno a noi 208

PERCORSO G IL DIRITTO INTERNAZIONALE PRIVATO

TUTOR diritto

Unità 1 Funzione e caratteri del diritto internazionale privato (DIP) 210

1. L'oggetto del diritto internazionale privato 210
2. I criteri di collegamento 211
3. La ricerca di uniformità nei DIP 212
4. L'Unidroit e l'Uncitral 213
5. I limiti all'applicazione della legge straniera richiamata dal DIP 214
6. I limiti di ordine pubblico 215
QUESTIONI Perché il legislatore non compila un elenco dei principi di ordine pubblico? 215
7. Le norme "di applicazione necessaria" 216
8. L'applicazione della legge penale 216
9. Il limite della reciprocità 217
10. La *lex mercatoria* 217
QUESTIONI La *lex mercatoria* ieri e oggi 218
Riguardando gli appunti 219
Verifica le tue conoscenze 220

Unità 2 I rapporti di lavoro e di famiglia nel diritto internazionale privato 221

1. Il rapporto di lavoro 221
2. La disciplina dei rapporti di famiglia 222

3. Il foro competente ... 222
4. Gli accordi preventivi di separazione e divorzio ... 223
5. La tutela dei minori nel diritto internazionale ... 224
6. Il ricongiungimento familiare ... 224
Riguardando gli appunti ... 226
Verifica le tue conoscenze ... 227
ZTE • **Valuta le tue competenze** ... 228

PERCORSO H I CONTRATTI INTERNAZIONALI

TUTOR diritto

Unità 1 Formazione e inadempimento del contratto ... 230

1. Contratti nazionali e internazionali ... 230
2. La questione della legge applicabile ... 231
3. Il foro competente ... 232
4. La necessità di completezza nei contratti internazionali ... 233
5. Le clausole contrattuali ... 234
QUESTIONI Il valore delle trattative precontrattuali ... 235
6. Il principio di reciprocità ... 236
7. La risoluzione del contratto per inadempimento ... 236
8. L'inadempimento per causa di forza maggiore ... 237
9. La clausola *hardship* ... 238
10. La clausola penale ... 238
Riguardando gli appunti ... 242
Verifica le tue conoscenze ... 243

Unità 2 Rischi e garanzie nei contratti internazionali ... 244

1. Il rischio Paese ... 244
QUESTIONI Il rischio Paese e i debiti sovrani (*sovereign risk*) ... 244
2. Il rischio valuta ... 245
3. Le garanzie di adempimento ... 246
QUESTIONI Le garanzie autonome ... 248
4. Modalità di pagamento ... 248

5. Il pagamento tramite assegno ... 249
6. Il pagamento tramite cambiale ... 249
7. Il pagamento tramite bonifico bancario ... 250
8. L'incasso documentario ... 250
9. Il credito documentario ... 252
10. La rete SWIFT di comunicazione interbancaria internazionale ... 253
QUESTIONI Che cosa è l'IBAN ... 254
11. La rete europea dei pagamenti interbancari ... 254
Riguardando gli appunti ... 256
Verifica le tue conoscenze ... 257
Educazione finanziaria **L'inflazione** ... 258
ZTE • **Valuta le tue competenze** ... 260

PERCORSO I LA TUTELA DEI CONSUMATORI NELLA NORMATIVA EUROPEA

TUTOR diritto

Unità 1 I contratti per adesione e a distanza ... 262

1. Consumatori e professionisti ... 262
2. Le norme internazionali a tutela del consumatore ... 263
3. I contratti per adesione ... 264
4. I contratti a distanza o fuori dei locali commerciali ... 265
5. Obblighi di informazione ... 265
QUESTIONI I contratti sollecitati per telefono ... 266
6. Il diritto di recesso ... 266
Riguardando gli appunti ... 268
Verifica le tue conoscenze ... 269

Unità 2 Le garanzie a tutela del consumatore ... 270

1. La garanzia di buon funzionamento ... 270
2. Le garanzie contro le pratiche commerciali scorrette ... 271
QUESTIONI L'Antitrust a tutela dei consumatori ... 273
3. La *class action* ... 273

4. La *class action* contro la Pubblica amministrazione ... 275

Riguardando gli appunti ... 276

Verifica le tue conoscenze ... 277

ZTE • **Valuta le tue competenze** ... 278

COMPITO DI REALTÀ Consumatori informati si diventa ... 280

CLIL - CONSUMER PROTECTION AND ONLINE MARKETS ... 282

PERCORSO L I PIÙ FREQUENTI CONTRATTI INTERNAZIONALI

TUTOR diritto

Unità 1 La vendita e i contratti collegati ... 286

1. Il contratto di vendita ... 286

QUESTIONI Le condizioni generali di vendita ... 287

2. Le principali regole della Convenzione di Vienna ... 287

3. Gli *incoterms* ... 289

4. Il *barter* o baratto ... 290

5. Il trasporto di merci nel diritto italiano ... 290

6. Il trasporto di merci nel diritto internazionale ... 291

7. Il contratto di spedizione ... 292

8. Le pratiche doganali nella vendita internazionale ... 293

9. Gli acquisti online ... 293

Riguardando gli appunti ... 297

Verifica le tue conoscenze ... 298

Unità 2 Altri contratti commerciali ... 299

1. Il contratto di concessione (o distribuzione) ... 299

2. Il *franchising* ... 300

3. Il contratto di agenzia ... 300

QUESTIONI Il concessionario e l'agente ... 302

4. Il contratto di *joint venture* ... 302

5. I contratti turistici ... 302

QUESTIONI L'Organizzazione mondiale del turismo ... 303

6. Il contratto di viaggio ... 303
QUESTIONI La Corte di giustizia Ue e il danno da vacanza rovinata ... 304
7. Il trasporto aereo internazionale ... 304
QUESTIONI I danni nei voli nazionali ... 306
8. Il trasporto marittimo ... 306
9. Il trasporto per ferrovia ... 307
Riguardando gli appunti ... 308
Verifica le tue conoscenze ... 309
ZTE • **Valuta le tue competenze** ... 310
COMPITO DI REALTÀ **Le disavventure di un volo internazionale** ... 312

DOPO IL DIPLOMA - Lavorare o studiare, questo è il dilemma ... 314
Missione compiuta... e adesso? ... 314
Entrare nel mondo del lavoro ... 315
I social e il mondo del lavoro ... 318
Continuare a studiare ... 319

GLOSSARIO ITALIANO/INGLESE ... 323

LA COSTITUZIONE ITALIANA ... 333

PERCORSO **A**

GLI STATI MODERNI

COMPETENZE DI PERCORSO

COMPETENZE DI ASSE
- Orientare i propri comportamenti ai principi e ai valori espressi dalla Costituzione e dalle Carte internazionali
- Riconoscere i principali aspetti del sistema sociale ed economico allo scopo di operare in un determinato contesto produttivo

CONOSCENZE
- Comprendere i caratteri dello Stato moderno e il suo ruolo di guida necessaria della comunità
- Conoscere gli elementi che costituiscono lo Stato
- Conoscere le forme che lo Stato può assumere in relazione alle modalità di esercizio del suo potere sovrano
- Conoscere le forme che può assumere l'esercizio della sovranità in relazione alle sue modalità di ripartizione tra gli organi dello Stato

ABILITÀ
- Saper individuare le problematiche connesse all'elemento territoriale dello Stato
- Saper distinguere le diverse posizioni connesse alla cittadinanza, con particolare riguardo ai problemi legati ai flussi migratori
- Saper riconoscere la fisionomia politica e istituzionale di uno Stato analizzando il contenuto della sua sovranità e la sua forma di governo

UNITÀ **1**

Gli elementi costitutivi dello Stato

Oltre all'Antartide esiste, per la verità, un altro pezzo di mondo che non appartiene a nessuno. Si tratta del triangolo di **Bir Tawil**, un fazzoletto di terra di 2.000 chilometri quadrati di sabbia e rocce completamente disabitato, posto tra Egitto e Sudan. A causa della confusione nata quando i due Paesi africani ottennero l'indipendenza dal Regno Unito, è rimasto tagliato fuori dai confini dei due Stati, e al momento sembra che a nessuno interessi rivendicarne il possesso.

1. Gli Stati nel mondo

Sappiamo tutti che il mondo è diviso in Stati. Se osserviamo un planisfero politico, non ci è difficile verificare che non esiste più un solo metro quadrato di terraferma che non appartenga a uno Stato.

L'unica eccezione è costituita dall'Antartide, un continente disabitato, che non appartiene a nessuno e il cui territorio, in base al trattato di Washington del 1° dicembre 1959, può essere utilizzato solo per ricerche scientifiche.

Quanti Stati ci sono sul nostro pianeta?

Al momento ce ne sono circa 200, ma questo numero tende a mutare in funzione di imponderabili accadimenti politici: ci sono Stati che si dividono, come l'ex URSS e l'ex Iugoslavia, e Stati che si uniscono, come è avvenuto per le "due Germanie" nel 1990 e come potrebbe avvenire in un prossimo futuro per i Paesi dell'Unione europea.

Anche l'Italia è nata dall'unione del Regno di Sardegna con gli Stati in cui era divisa la nostra penisola nella prima metà dell'Ottocento.

2. Una definizione di Stato

Assunto che tutto il globo è diviso in Stati, dobbiamo ora chiederci che cosa sia uno Stato.
La dottrina, nello sforzo di cogliere tutte le sfumature di questa complessa realtà, ha elaborato diverse definizioni, tutte ugualmente interessanti ma nessuna del tutto esente da osservazioni critiche.
Senza addentrarci nel complesso dibattito dottrinario, adotteremo qui la definizione più ampiamente condivisa e anche la più immediatamente percepibile.

Lo Stato è una realtà complessa costituita da un popolo che vive stabilmente su un territorio delimitato da confini ed è governato da un proprio apparato sovrano.

Rendono incerto il numero delle entità politiche classificabili come Stati alcune **realtà piuttosto complesse** da definire come l'Abcasia, l'Ossezia del Sud e il Nagorno Karabakh, in territorio caucasico; la Transnistria nella regione Moldava; Azawad e Somaliland, in Africa; Cipro del Nord, sull'isola di Cipro.

▶ **Elementi costitutivi di uno Stato**, indispensabili perché esso esista, sono pertanto:

- *un territorio* delimitato da confini;
- *un popolo* che vi risieda stabilmente;
- *un apparato* che eserciti la sovranità, cioè il potere di comando, su quel popolo e all'interno di quel territorio. Questo apparato viene anch'esso chiamato *Stato*.

3. La parola Stato nella lingua italiana

Nella lingua italiana la parola *Stato* assume due diversi significati in funzione del contesto in cui viene impiegata.
Immaginiamo di spiegare a qualcuno che l'Italia e la Francia sono due *Stati* confinanti e supponiamo di aggiungere, subito dopo, che lo *Stato* italiano o lo *Stato* francese impongono molte tasse ai propri cittadini.
In entrambi i casi abbiamo impiegato la parola *Stato*, ma nel primo abbiamo inteso riferirci a due realtà *geografico-politiche* confinanti (l'Italia e la Francia), mentre nel secondo caso ci siamo riferiti all'*apparato* (cioè al complesso di organi) che in ciascuno dei due Paesi esercita il potere di comando sui propri cittadini.
Possiamo riassumere tutto ciò dicendo che la parola *Stato* viene correntemente impiegata tanto per indicare lo *Stato comunità* quanto per indicare lo *Stato apparato*.

Lo **Stato comunità** coincide con quello che abbiamo già definito come Stato: vale a dire una realtà complessa costituita da un **popolo**, che vive stabilmente su un **territorio** delimitato da confini ed è governato da un proprio **apparato** sovrano.

Lo **Stato apparato** è l'organizzazione che, all'interno dello Stato comunità, concretamente esercita il potere sovrano o di governo.

4. Lo Stato italiano e gli altri enti pubblici

Ricordiamo che:
- **sono organi costituzionali:** il Parlamento, il Governo, il Presidente della Repubblica, la Corte costituzionale.

Ricordiamo anche che:
- **ente** è un termine con il quale si indica qualsiasi organizzazione, sia pubblica che privata, dotata di personalità giuridica;
- **enti territoriali** sono quelli che esercitano le loro funzioni all'interno di un territorio ben delimitato; **sono enti territoriali** le Regioni, i Comuni e le Città metropolitane.

Lo Stato apparato è considerato, nel nostro ordinamento, una *persona giuridica*.
In particolare, poiché il suo compito è quello di curare gli interessi della collettività, esso si presenta come una *persona giuridica pubblica* o, il che è lo stesso, come un *ente pubblico*.

Oltre allo Stato esistono altri enti pubblici?

La risposta è affermativa.
Nel nostro Paese, le *funzioni pubbliche* sono svolte in parte direttamente dallo *Stato apparato* per mezzo degli organi costituzionali e in parte da altri enti pubblici attraverso i loro specifici organi. Per esempio:

- l'amministrazione delle città è affidata dall'ordinamento a enti pubblici chiamati *Comuni*, i cui organi principali sono il Sindaco, la Giunta e il Consiglio comunale;
- l'amministrazione di territori più vasti è affidata a un ente chiamato *Regione*, i cui organi sono il Presidente, la Giunta e il Consiglio regionale;
- la gestione delle assicurazioni sociali è affidata ad altri enti, tra cui si possono citare l'INPS e l'INAIL;
- il controllo del sistema creditizio è affidato alla Banca d'Italia;

e così via.

Ordinamento statale è chiamato l'insieme formato dallo Stato apparato e dagli altri enti pubblici.

5. I caratteri comuni agli Stati moderni

CARATTERI DELLO STATO
- Sovranità
- Indipendenza
- Originarietà
- Generalità dei fini

Tutti gli Stati moderni, pur nella diversità della loro organizzazione, hanno, come caratteri comuni:

- la sovranità;
- l'indipendenza;
- l'originarietà;
- la generalità dei fini.

Questi caratteri, dei quali analizzeremo il significato nei prossimi paragrafi, appartengono a ogni Stato, sia esso grande o piccolo, di antica tradizione o di recente costituzione.

Chi ha stabilito che ogni Stato deve possedere i caratteri sopra indicati?

A priori non lo ha stabilito nessuno.
Il concetto di Stato, così come lo stiamo illustrando, è un concetto empirico che si ricava dall'osservazione della realtà: noi chiamiamo Stato (o anche Stato moderno) solo le organizzazioni che presentano i caratteri della sovranità, dell'indipendenza, dell'originarietà e della generalità dei fini.

QUESTIONI

Lo Stato e la politica

L'idea di Stato ci rimanda, per facile associazione, all'idea di politica. Parliamo correntemente di uomini politici, di partiti politici, di politica dei prezzi, di discussioni politiche, di attività politica, di cronaca politica, e così via. Ma che cos'è esattamente la *politica*?
Polis era il termine che, in greco antico, indicava la città-Stato, e *politikos* era l'aggettivo con cui si indicavano le opere dedicate allo studio dell'attività statale. Con il passare del tempo, il termine ha perduto il suo significato originario e viene ormai impiegato non più per indicare opere letterarie ma l'*attività di governo dello Stato*. E poiché, come appresso vedremo, lo Stato detiene il monopolio della forza, chiamiamo **potere politico** il potere di individuare i fini che potranno essere perseguiti anche con l'uso della forza.
Nel linguaggio corrente, tuttavia, l'aggettivo *politico* viene impiegato in modo molto più ampio, sebbene quasi sempre in riferimento all'attività decisionale dello Stato:
- chiamiamo *partiti politici* le organizzazioni sorte per orientare le scelte dello Stato;
- chiamiamo *uomini politici* le persone che nell'ordinamento statale ricoprono cariche elettive, come i parlamentari, i consiglieri regionali, i sindaci;
- chiamiamo *politica interna* e *politica estera* l'insieme delle decisioni volte rispettivamente a regolare la vita sociale all'interno dello Stato e i rapporti con gli altri Stati;
- chiamiamo *diritti politici* (in contrapposizione ai diritti civili) quei diritti che attribuiscono la possibilità di partecipare alla vita dello Stato;
- la geografia chiama *politiche* le carte su cui sono segnati i confini dei singoli Stati.

6. Il fondamento della sovranità

Sovranità significa superiorità e lo Stato apparato è sovrano in quanto si pone in una posizione di superiorità rispetto a qualsiasi altro soggetto operante sul suo territorio.

Sovranità è un termine che viene dal latino *supranum*, cioè "che sta sopra", impiegato nel significato di *potestà suprema di comando*.

Perché lo Stato assume una posizione sovrana?

Perché suo compito fondamentale è regolare i principali aspetti della vita sociale all'interno dei propri confini, ponendo norme generali e imponendone a tutti il rispetto. E non v'è dubbio che tale compito possa essere efficacemente svolto solo assumendo e conservando una posizione di assoluta e indiscussa superiorità.

E se un cittadino, per ragioni più o meno condivisibili, rifiutasse di rispettare le norme poste dallo Stato?

Come ci rivela la normale esperienza, ogni Stato ha la possibilità di servirsi delle forze di polizia e delle forze armate per imporre, se necessario anche con la violenza, il rispetto delle proprie regole.

Io sono un pacifista e un non violento. Sono per il ragionamento e per la convinzione. Preferisco parlare piuttosto che minacciare... Per questo mi domando se sia immaginabile un apparato statale privo di una forza armata.

Il potere coercitivo dello Stato talvolta può apparirci indigesto: pensiamo al fastidio che proviamo quando un vigile urbano ci eleva una contravvenzione. Ma l'irritazione per la sanzione cui siamo sottoposti non deve farci dimenticare che quella stessa figura di agente, con il suo potere repressivo, ci tutela contro i comportamenti sconsiderati di altri utenti della strada.

L'ipotesi è immaginabile, ma solo in una società ideale composta di persone giuste e oneste. Nel mondo in cui viviamo l'ipotesi che possa efficacemente operare un apparato statale privo del potere di coercizione appare piuttosto improbabile.
Perché? Perché se scomparissero le forze di polizia e il rispetto della legge divenisse discrezionale, non è difficile immaginare che non vi sarebbe più argine all'intraprendenza di ladri, truffatori, assassini, evasori fiscali, inquinatori, speculatori, sfruttatori del lavoro umano, e così via. Se guardiamo alle esperienze di altri Paesi potremo scoprire che alcuni (per esempio Panama e Costa Rica) hanno rinunciato ad avere un esercito, ma nessuno, neppure lo Stato della Città del Vaticano, ha mai potuto rinunciare ad avere almeno un corpo di polizia incaricato di assicurare l'ordine pubblico.

QUESTIONI

La sovranità dello Stato e le organizzazioni sovranazionali

È frequente che gli Stati aderiscano a organismi sovranazionali e che, per conseguenza, si sottopongano alle regole poste da tali organismi.
L'Italia, per esempio, aderendo all'*Unione europea*, consente che i regolamenti comunitari entrino direttamente a far parte del proprio ordinamento giuridico e accetta che le vengano imposte sanzioni in caso di inosservanza di tali regolamenti. Ciò non costituisce una rinuncia alla sovranità nazionale?
La risposta è negativa. L'adesione ai trattati istitutivi di organizzazioni sovranazionali comporta solo una limitazione della sovranità nazionale su specifiche materie, ma tale limitazione cesserebbe nel momento in cui lo Stato, con un proprio atto sovrano, decidesse di uscire dall'organizzazione.

7. L'indipendenza come corollario della sovranità

Indipendenza è il contrario di *dipendenza*. Il termine, infatti, è composto dalla preposizione *in* (che ha valore negativo) e dal sostantivo *dipendenza* (cioè "soggezione al potere di altri").

Ogni Stato, per essere veramente tale, oltre che *sovrano* al proprio interno deve essere *indipendente* da poteri esterni.

L'indipendenza consiste nell'**assenza di subordinazione giuridica** nei confronti di soggetti esterni, siano essi altri Stati o organizzazioni sovranazionali.

Se uno Stato potesse imporre le proprie norme sul territorio di un altro, quest'ultimo non sarebbe più *sovrano* ma subordinato. Per tale ragione tutti gli Stati si dichiarano *sovrani* e *indipendenti* e non riconoscono alcuna autorità, interna o esterna, superiore alla propria.
Si potrebbe obiettare che nella concreta realtà è piuttosto frequente che Paesi militarmente o economicamente più deboli si trovino in una posizione di inferiorità nei confronti di Paesi più forti. E potremmo anche chiederci se ciò non contraddica l'affermazione, fatta poc'anzi, che tutti gli Stati sono *sovrani e indipendenti.*
In realtà non vi è contraddizione. Quando parliamo di indipendenza intendiamo l'indipendenza *giuridica*, che è cosa ben diversa dalla indipendenza di fatto. Uno Stato, che commercialmente o anche militarmente dipenda da un altro più grande, finisce per uniformarsi alla politica di questo. Ma si tratta pur sempre di una libera scelta, non di un obbligo giuridico. Molti Paesi, soprattutto in passato, hanno subito l'influenza politica ed economica delle cosiddette superpotenze, ma ciò non significa che queste potessero impartire loro ordini giuridicamente vincolanti.

È rilevante che uno Stato possa ordinare a un altro di tenere un certo comportamento oppure possa solo suggerirlo dall'alto della sua potenza?

La differenza è molto rilevante, poiché, grazie all'indipendenza giuridica, ogni Paese può interrompere, con un proprio atto sovrano, il legame con lo Stato dominante. Se quest'ultimo vuole riaffermare la propria influenza potrà blandire lo Stato minore, potrà offrire accordi commerciali più favorevoli o, all'opposto, potrà operare ritorsioni economiche e, se nulla giova, potrà impiegare la propria supremazia militare. Ma in tal caso dovrà accettare, di fronte al consesso internazionale e soprattutto di fronte all'opinione pubblica interna, il ruolo di aggressore.

8. Perché lo Stato è definito ente originario

Chi ha conferito agli Stati il potere sovrano?

La risposta è: "nessuno".
Lo Stato è considerato un ente *originario* proprio perché il potere sovrano non gli deriva per concessione di un altro ente, ma nasce con lo Stato stesso. Lo Stato italiano, per esempio, è nato dai moti risorgimentali per forza propria e non per concessione di altri soggetti.
Del resto, se la sovranità non fosse *originaria* ma venisse concessa da un altro ente, si dovrebbe giungere alla conclusione che l'ente concedente è superiore allo Stato e quindi quest'ultimo non sarebbe più sovrano ma subordinato.

L'attributo della originarietà comporta che lo Stato non deriva i propri poteri da un'autorità esterna, ma dalla sua sola forza.

Riassumendo possiamo dire che la sovranità dello Stato si manifesta sotto tre diversi aspetti tra loro strettamente connessi: la superiorità, l'indipendenza e l'originarietà.

Gli enti derivati

L'originarietà è un carattere esclusivo dello Stato e non è estensibile ad altri enti pubblici territoriali, come le nostre Regioni o i Comuni. Questi sono detti enti *derivati* perché sono nati non per forza propria ma per volontà dello Stato che ha concesso loro taluni poteri e conserva la facoltà di revocarli, di ampliarli o di modificarli con una legge di riforma costituzionale.

9. Perché si dice che gli Stati sono enti a fini generali

Tra i caratteri tipici degli Stati, oltre alla sovranità, indipendenza e originarietà, abbiamo menzionato la *generalità dei fini*.
Per comprendere il senso di questo ulteriore attributo poniamoci una domanda: quali sono i compiti di uno Stato? Quali obiettivi deve perseguire questo potente apparato?
Possiamo rispondere che compito fondamentale di ogni Stato è regolare la vita sociale all'interno dei propri confini. Ma questo obiettivo, a ben guardare, è talmente ampio da risultare, di fatto, privo di confini. Per tale ragione si dice che:

Lo Stato è un ente a fini generali.

Entro i limiti posti dalla Costituzione non conosce vincoli al suo campo d'azione e determina esso stesso, nel corso della sua evoluzione, gli obiettivi specifici che ritiene suo dovere raggiungere nell'interesse (talvolta vero e talvolta supposto) della collettività.

Il carattere della impersonalità appartiene non solo allo Stato, ma anche agli altri enti pubblici. Ciò che si può dire a proposito dell'agente di polizia e del parlamentare vale anche per il Sindaco (che una volta cessato l'incarico non può più dirigere la politica del Comune), per l'assessore, per il Presidente della Regione, e così via.

QUESTIONI

L'impersonalità

Un altro attributo (proprio ma non esclusivo) dell'apparato statale è la *impersonalità*.
Impersonalità significa che titolari del potere di comando sono gli *organi* dello Stato e non le persone fisiche che in un determinato momento animano tali organi.
Per esempio, sappiamo che gli agenti della polizia stradale hanno il potere di trasmettere ordini agli automobilisti con imperiosi gesti delle braccia o agitando una paletta. Ma se un agente, dopo essere andato in pensione, si ponesse in mezzo alla strada per regolare il flusso veicolare commetterebbe un illecito. Perché?
Perché il potere di governare il traffico compete all'*organo* vigile urbano e non alla persona fisica.
Similmente il potere di approvare le leggi compete ai parlamentari. Ma se un parlamentare non venisse rieletto perderebbe, come persona, il potere di influire sull'attività legislativa.

10. Perché gli Stati hanno il monopolio della forza

È concepibile che, all'interno del territorio dello Stato, anche altri soggetti possano impiegare la forza per imporre la propria volontà?

La risposta è negativa. Lo Stato (qualsiasi Stato) riserva solo a sé il monopolio della forza, cioè il suo uso esclusivo.

Perché lo Stato si riserva l'uso esclusivo della forza?

Perché solo impedendo a ogni altro soggetto di affermare con la violenza le proprie ragioni, esso realizza la sua prima e fondamentale funzione, che è quella di garantire la pace sociale.
L'unico evento capace di contrastare seriamente il monopolio statale della forza è la **rivoluzione.**

▶ **La rivoluzione** si configura come il tentativo da parte del popolo di abbattere lo Stato vincendo la sua forza con una forza ancora maggiore.

Ma le rivoluzioni non durano in eterno e, qualunque sia il loro esito, la vicenda si conclude sempre con la riaffermazione della sovranità statale. Le ipotesi possibili, infatti, sono soltanto due:

- la rivoluzione fallisce e il vecchio *apparato* riafferma la propria sovranità e il proprio monopolio della forza;
- la rivoluzione riesce e lo Stato sconfitto si estingue, ma il suo posto viene subito preso da un nuovo Stato (cioè da un nuovo e diverso tipo di apparato), il quale si affretterà a proteggere la conquistata sovranità assumendo subito il monopolio della forza.

> **Le guardie di sorveglianza armate** non sono incompatibili con il monopolio statale della forza. Esse infatti possono portare armi solo su licenza dello Stato e possono farne uso solo nella misura consentita dalle leggi dello Stato.

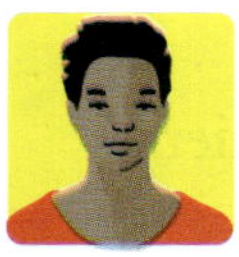

Quando vedo reparti di polizia schierati nelle strade in funzione antisommossa provo sempre un brivido di paura e mi domando se possiamo essere sicuri che la forza dello Stato venga sempre impiegata a tutela dei cittadini e non a loro danno.

Nelle moderne democrazie tutti gli organi dello Stato sono soggetti alla legge e ciò esclude, sul piano del diritto, che essi possano impiegare il potere di cui sono titolari per conseguire finalità non consentite. Tuttavia nulla impedisce di pensare che qualche apparato dello Stato possa tentare di violare la legge facendo un uso improprio della forza di cui dispone.
Il colpo di Stato o *golpe* non è altro che il sovvertimento illegittimo dell'organizzazione costituzionale di uno Stato da parte di un organismo dello Stato stesso.

Come si può evitare questo pericolo?

> Nella seconda metà del Novecento il panorama internazionale è stato funestato da numerosi ***golpe* militari** riusciti o tentati. Anche in Italia, negli anni Sessanta e Settanta, sono stati registrati alcuni pericolosi tentativi di organizzare colpi di Stato.

Il pericolo in sé è ineliminabile. Se vi è un potente strumento offensivo, come sono per loro natura le forze dell'ordine, non si può escludere a priori che esso venga impiegato in modo distorto.

Tuttavia una simile eventualità ha maggiori probabilità di verificarsi in quei Paesi nei quali, insieme a un forte malessere sociale, vi è una scarsa cultura democratica.

Si presenta, invece, come estremamente remota nei Paesi in cui è ben radicato lo spirito democratico ed è diffusa la consapevolezza che, per combattere le inefficienze o le ingiustizie, non occorrono i militari ma una classe politica selezionata con grande attenzione dal popolo chiamato a eleggerla.

11. Alcune considerazioni sulla forza pubblica in Italia

Abbiamo appena detto che, all'interno del proprio territorio, lo Stato si riserva il monopolio della forza perché solo in tal modo può garantire la pace sociale assicurando a tutti i cittadini il rispetto dei loro diritti. Ma a quali organi dello Stato è demandata questa specifica funzione?
La tutela dell'ordine e della sicurezza pubblica è affidata alle **forze di polizia**.
Sono forze di polizia, stabilisce l'art. 16 della legge n. 121 del 1981:

- la Polizia di Stato;
- l'Arma dei carabinieri, quale forza armata in servizio permanente di pubblica sicurezza;
- il Corpo della guardia di finanza.

Inoltre possono essere chiamati a concorrere nell'espletamento dei servizi di ordine e sicurezza pubblica:

- il Corpo degli agenti di custodia;
- il Corpo forestale dello Stato (ora assorbito nell'Arma dei carabinieri);
- la Polizia provinciale.

Anche ai vigili urbani, su incarico del Prefetto e in accordo con il Sindaco, può essere conferita la qualifica di *agente di pubblica sicurezza* (legge 7 marzo 1986, n. 65).

Il reato di **oltraggio a pubblico ufficiale**, eliminato dal Codice penale nel 1999, vi è stato reintrodotto nel 2009. La nuova normativa (art. 341 *bis* c.p.) prevede una pena fino a tre anni di reclusione per chi, in presenza di più persone, offenda l'onore del pubblico ufficiale che opera nell'esercizio delle sue funzioni (salvo che questi ecceda con atti arbitrari il limite delle sue attribuzioni).
Il reato si estingue se l'imputato risarcisce la persona offesa e l'ente da cui dipende.

In quali casi le forze dell'ordine possono fare uso delle armi?

Secondo la corrente interpretazione dell'art. 53 del Codice penale, l'uso dell'arma da parte del pubblico ufficiale:

- è legittimo solo se è dettato dalla necessità di respingere una violenza o di vincere una resistenza attiva;

- diventa illegittimo se risulta sproporzionato al caso specifico e se il medesimo risultato sarebbe conseguibile con mezzi meno offensivi (Cass., sez. IV, 15/12/2004).

Si possono usare "le maniere forti" contro le persone arrestate per convincerle a confessare?

La risposta è assolutamente e fermamente negativa!
In tutti i Paesi civili, solo la legge può stabilire quali pene vanno applicate e solo il giudice può ordinare di applicarle. In nessun Paese civile è previsto dalla legge l'uso della violenza fisica sulle persone arrestate.
Per quanto riguarda l'Italia, la Costituzione (art. 13, comma 3) categoricamente stabilisce che "È punita ogni violenza fisica e morale sulle persone comunque sottoposte a restrizione di libertà".

12. Il riconoscimento internazionale degli Stati

Quando oggi si forma un nuovo Stato (generalmente per effetto della secessione da uno più grande) può accadere di leggere, sulle note politiche dei quotidiani, che alcuni Paesi lo hanno subito riconosciuto, altri tardano a farlo, altri ancora hanno negato il loro riconoscimento.

Per esempio, nel 2013 abbiamo letto che la Russia ha *riconosciuto* la Crimea come Stato sovrano e indipendente (poi confluito nella Federazione Russa), mentre l'Ucraina e altri Paesi europei non lo hanno fatto.
Similmente, la Russia non riconosce il Kosovo, mentre l'Italia sì. Che cosa significa tutto ciò? In che cosa consiste il riconoscimento?

Il riconoscimento è un atto politico con il quale ciascun Paese riconosce l'esistenza di un nuovo Stato e manifesta la propria disponibilità a intrattenere con questo relazioni diplomatiche, commerciali o anche militari.

Solitamente assume la forma di una dichiarazione esplicita, alla quale generalmente fanno seguito scambi di visite dei rispettivi Capi di Stato o di governo. Ma può anche derivare da *comportamenti concludenti* delle parti che avviano normali relazioni senza il ricorso a una formale dichiarazione.

Può anche accadere che il riconoscimento sia subordinato all'accettazione da parte del nuovo Stato di alcune condizioni. Per esempio alla adozione di particolari tutele in favore di una minoranza etnicamente riconducibile allo Stato che si accinge a operare il riconoscimento.
Per esempio, quando si è dissolta la Iugoslavia, l'Italia avrebbe potuto subordinare il proprio riconoscimento ai nuovi Stati (soprattutto Slovenia e Croazia) alla riconsiderazione delle espropriazioni operate dopo la Seconda guerra mondiale in danno della comunità italiana risiedente su quei territori.

Che cosa accade a uno Stato che non riesca a ottenere il riconoscimento internazionale?

Sul piano giuridico assolutamente nulla. Lo Stato, come già sappiamo (vedi paragrafo 8), è un **ente originario**, nel senso che nasce per forza propria e non per concessione (o riconoscimento) di altri. Tuttavia, sul piano pratico, la mancanza di relazioni con gli altri Paesi può creare problemi soprattutto all'economia nazionale.

La pratica del riconoscimento tra Stati è piuttosto antica. Già nel XVI secolo, i regnanti europei erano soliti, dopo una guerra che comportava la modifica di qualche confine, inviare ambasciatori che recassero il loro formale riconoscimento del nuovo Stato di fatto.
È tuttavia con la fine della Seconda guerra mondiale che il riconoscimento cessa di essere un atto prevalentemente di cortesia per assumere una importanza politica di grande rilievo.

Da quel momento, infatti, prendono il via due importanti processi:

- l'inizio della *guerra fredda*;
- la *decolonizzazione*.

La locuzione **guerra fredda** indica il confronto che ebbe come principali attori gli Stati Uniti d'America e l'Unione Sovietica, portatori l'una dei valori del capitalismo, l'altra dei valori del comunismo. Venne chiamata "*fredda*" perché gli eserciti non si spararono addosso (ma spesso ci andarono vicino).

In questo confronto ciascuna delle due parti cercò di avere più alleati possibili ed entrambe trovarono buon terreno nei nuovi Paesi che stavano ottenendo la loro indipendenza come conseguenza della **fine del colonialismo**.

Accadde così che chi si schierava con una parte raramente aveva il riconoscimento anche dell'altra, cosicché questo atto, giuridicamente ininfluente, finì per assumere grande importanza politica segnalando l'adesione dei nuovi Stati all'uno o all'altro *blocco*.

A ridosso degli anni Cinquanta e Sessanta del secolo scorso le colonie europee in Asia, Africa e Oceania si dichiararono progressivamente indipendenti dalle varie Madre patria, divenendo Stati autonomi e indipendenti: Questo fenomeno è indicato con l'espressione **decolonizzazione**.

Con il crollo del comunismo nell'Unione Sovietica (oggi solo Federazione Russa) e con la conseguente fine della guerra fredda anche la funzione del riconoscimento è andata scemando.
Importanza diversa dal riconoscimento acquista invece la sua **espressa negazione**, che assume il valore di una esplicita condanna. Questo provvedimento viene in genere adottato contro Paesi nei quali è assente il rispetto dei più elementari diritti umani. Per esempio tra il 1965 e il 1980 il Consiglio di sicurezza delle Nazioni Unite negò il riconoscimento alla Rhodesia a causa delle costante violazione dei diritti umani nei confronti della popolazione nera.

Il riconoscimento dei Governi

L'esperienza storica non è avara di casi in cui un Paese, inserito da tempo in un contesto internazionale, subisce gli effetti di una rivoluzione o di un colpo di Stato che porta alla formazione di un nuovo Governo secondo un percorso non costituzionale.
Poiché generalmente tali Governi tendono a mantenersi con la forza e a restringere le libertà dei cittadini, si pone per gli altri Paesi il problema, tutto politico, se riconoscerli o meno.
Ciò che accade più di frequente in tali casi è che il riconoscimento non venga espresso, ma le relazioni commerciali già esistenti proseguano regolarmente.

Il riconoscimento dei movimenti insurrezionali

Diverso dal riconoscimento di un Governo è il **riconoscimento degli insorti** (*recognition of insurgency*) che può avvenire in modo esplicito, o in modo implicito fornendo aiuti logistici o militari ai movimenti insurrezionali.
Di solito questo riconoscimento viene operato da Stati che riconoscono la validità delle ragioni degli insorti oppure, più cinicamente, che intendono mantenere buone relazioni con questi allo scopo di garantire la protezione dei propri interessi o dei propri cittadini residenti su quel territorio. Anche questo è un atto politico e non giuridico.

UNITÀ 1

Riguardando gli appunti

1. Che cosa si intende per *Stato comunità* e per *Stato apparato*?
- Lo Stato comunità è una realtà costituita da un popolo, che vive stabilmente su un territorio delimitato da confini ed è governato da un proprio apparato che esercita il potere sovrano.
- Lo Stato apparato è l'organizzazione che, all'interno dello Stato comunità, concretamente esercita il potere sovrano o di governo.
- Per svolgere le proprie funzioni, lo Stato non si serve solo dei propri organi, ma anche di altri enti pubblici minori.
- L'insieme formato dallo Stato apparato e dagli altri enti pubblici che lo coadiuvano è chiamato *ordinamento statale*.

2. Qual è la differenza tra lo Stato e gli altri enti pubblici?
- La differenza consiste nel fatto che soltanto lo Stato è un ente che riunisce i caratteri della sovranità, indipendenza, generalità dei fini e originarietà.

3. Che cos'è la sovranità?
- Sovranità significa superiorità, e lo Stato apparato è sovrano in quanto si pone in una posizione di superiorità rispetto a qualsiasi altro soggetto operante sul suo territorio. Al fine di esercitare in modo incontrastato la propria sovranità, ogni Stato assume il monopolio della forza.

4. A quali organi dello Stato è demandato l'esercizio della forza?
- La tutela dell'ordine e della sicurezza pubblica è affidata alle forze di polizia.
- Sono forze di polizia: la Polizia di Stato; l'Arma dei carabinieri; il Corpo della guardia di finanza. Anche ai vigili urbani può essere conferita la qualifica di *agente di pubblica sicurezza.*

5. L'accettazione di regole imposte dall'appartenenza a organizzazioni internazionali costituisce una limitazione della sovranità nazionale?
- L'adesione ai trattati istitutivi di organizzazioni sovranazionali come l'Unione europea comporta effettivamente una limitazione della sovranità nazionale su specifiche materie, ma tale limitazione cessa nel momento in cui lo Stato, con un proprio atto sovrano, decide di uscire dall'organizzazione.

6. In che cosa consiste l'indipendenza di uno Stato?
- L'indipendenza è l'assenza di ogni subordinazione giuridica nei confronti di soggetti esterni, siano essi altri Stati od organizzazioni sovranazionali.

7. Perché lo Stato è un ente originario?
- L'originarietà significa che il potere sovrano non viene concesso allo Stato da un altro ente ma nasce con lo Stato stesso.

8. Perché si dice che lo Stato è un ente a fini generali?
- Perché entro i limiti posti dalla Costituzione non conosce vincoli al suo campo d'azione e determina esso stesso gli obiettivi specifici che ritiene suo dovere raggiungere nell'interesse della collettività.

9. Che cosa è l'impersonalità?
- Un altro attributo (proprio ma non esclusivo) dell'apparato statale è la *impersonalità*. Impersonalità significa che titolari del potere di comando sono gli *organi* dello Stato e non le persone fisiche che in un determinato momento animano tali organi.

10. Che cosa si intende per "riconoscimento di uno Stato"?
- Il riconoscimento è un atto politico con il quale ciascun Paese riconosce l'esistenza di un nuovo Stato e manifesta la propria disponibilità a intrattenere con questo relazioni diplomatiche, commerciali o anche militari.

Verifica le tue conoscenze

Test a risposta multipla

Indica con una crocetta l'affermazione esatta.

1. Sono elementi costitutivi dello Stato:
A. la sovranità, l'indipendenza e il monopolio della forza
B. il territorio, il popolo e l'apparato che esercita la sovranità
C. la sovranità, l'indipendenza, l'originarietà
D. lo Stato, gli enti territoriali e gli altri enti pubblici

2. Quanti Stati ci sono al mondo?
A. circa duecento
B. circa cinquecento
C. circa ottocento
D. più di mille

3. Il fatto che lo Stato derivi i suoi poteri dalla sua sola forza e non dall'esterno:
A. è espresso dall'attributo della sovranità
B. è espresso dall'attributo della territorialità
C. è espresso dall'attributo dell'originarietà
D. è espresso dall'attributo della generalità dei fini

4. Il monopolio statale dell'uso della forza:
A. non conosce eccezioni
B. viene smentito dall'esistenza di guardie di sorveglianza armate
C. consente in casi estremi l'uso della tortura
D. viene negato in caso di rivoluzione

5. Il riconoscimento internazionale di uno Stato:
A. è un atto dovuto
B. è un atto politico
C. coincide con il riconoscimento del Governo
D. spetta solo agli Stati usciti vincitori da una guerra

Sai qual è la differenza tra...

a. Stato	*e*	Altri enti pubblici
b. Sovranità	*e*	Indipendenza
c. Rivoluzione	*e*	Colpo di Stato
d. Originarietà	*e*	Generalità dei fini
e. Stato comunità	*e*	Stato apparato

SÌ/NO... Perché?

Indica con una crocetta la risposta esatta e motiva la tua scelta.

1. È possibile che uno Stato sia sovrano ma non indipendente? SÌ NO Perché ...

2. È possibile che uno Stato non abbia l'attributo della sovranità? SÌ NO Perché ...

3. Il pericolo di un colpo di Stato può provenire dal popolo? SÌ NO Perché ...

4. Si possono usare le maniere forti per convincere un presunto reo a confessare il suo (presunto) delitto? SÌ NO Perché ...

5. Il riconoscimento internazionale è indispensabile perché uno Stato possa esistere? SÌ NO Perché ...

6. È immaginabile uno Stato che non disponga neppure di un corpo di polizia? SÌ NO Perché ...

e-Government

(Fonte: decimo rapporto della Commissione europea sui servizi europei di e-Government, 2012, curato da Capgemini. Lo studio si chiama *Digital by default or by Detour*).

Iscriversi a un istituto scolastico, prenotare una visita medica, dare avvio a un'impresa, trovare lavoro: che cosa hanno in comune queste attività? L'interazione fra il cittadino (o l'impresa) e la Pubblica amministrazione. Sono davvero moltissimi i settori in cui i cittadini e le imprese interagiscono con le Pubbliche amministrazioni per ottenere servizi, certificati, informazioni, nulla osta, ecc. Le tecnologie dell'informazione e della comunicazione (ICT, *Information and Communication Technology*) possono offrire un grande aiuto alla P.A. per rendere più efficiente e rapida la gestione di una rete di servizi così complessa. L'e-Government, o governo elettronico, nasce appunto dal connubio fra P.A. e nuove tecnologie.

I 10 Paesi con il maggior sviluppo dell'e-Government nel mondo

Documento digitale unificato

Si tratta di un unico documento destinato a sostituire la carta d'identità e la tessera sanitaria, nell'ambito del progetto per l'Anagrafe unica della popolazione.

Fascicolo sanitario elettronico

È una sorta di cartella clinica virtuale contenente le informazioni sullo stato di salute del cittadino, la sua storia clinica (quali malattie ha avuto, a quali terapie si è sottoposto, se è intollerante a certi farmaci, ecc.), i referti e le analisi effettuate nel corso del tempo.

Il domicilio digitale

Il cittadino può indicare alla Pubblica amministrazione una casella di posta elettronica certificata come proprio domicilio digitale. In questo modo, le P.A. comunicheranno col cittadino esclusivamente tramite il domicilio indicato (evitando così, per esempio, le code all'ufficio postale per ritirare una raccomandata).

Pec (posta elettronica certificata)

Le comunicazioni inviate tramite posta elettronica certificata hanno lo stesso valore legale di una raccomandata con avviso di ricevimento. Da luglio 2013 tutte le comunicazioni tra imprese e P.A. devono avvenire esclusivamente via Pec, non essendo più accettate le comunicazioni cartacee.

Codice dell'amministrazione digitale

In Italia, un impulso importante allo sviluppo dell'e-Government è stato dato dal Codice dell'amministrazione digitale del 2005 (successivamente modificato); il Codice contiene una serie di disposizioni tese a incrementare l'uso delle tecnologie informatiche nelle Pubbliche amministrazioni al fine di migliorarne l'efficienza e l'efficacia. Inoltre, è stata istituita recentemente un'apposita agenzia governativa, l'Agenzia per l'Italia digitale, con lo scopo di coordinare e dare impulso all'utilizzo delle tecnologie digitali nei processi amministrativi.

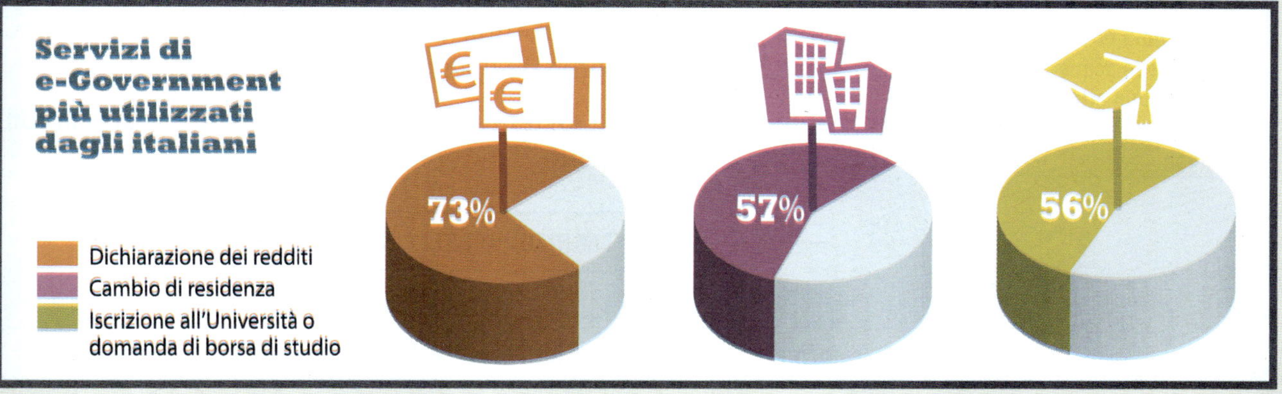

UNITÀ 2

Il territorio e il popolo

1. Come si individua il territorio degli Stati

Il territorio è lo spazio, delimitato da confini, all'interno del quale lo Stato esercita il proprio potere sovrano.

Succede spesso, dopo una guerra, che nel ridisegnare i confini il Paese sconfitto debba fare qualche concessione territoriale in favore del Paese vincitore. Ma che cosa accadrebbe se lo Stato sconfitto perdesse tutto il proprio territorio?

Se, per conquista militare o per qualsiasi altra ragione, lo Stato perde tutto il suo territorio, cessa di esistere. Esso, privato di un ambito entro il quale esercitare la propria sovranità, non ha più alcuna funzione e non c'è nulla che ne motivi la sopravvivenza. E ciò spiega la ragione per la quale quasi tutti gli Stati sono pronti a ricorrere alle armi e a sacrificare la vita dei propri cittadini pur di difendere i propri confini. Difendendo i confini e il territorio in essi compreso, lo Stato difende se stesso e la propria sopravvivenza.

Secondo la Convenzione di Chicago del 1944, gli Stati firmatari consentono il *sorvolo inoffensivo* di aerei stranieri entro le rotte indicate dallo Stato sorvolato.
Secondo la convenzione sul diritto del mare (art. 17), alle navi straniere è consentito il transito nelle acque territoriali di altri Stati, purché sia *inoffensivo*.
I sommergibili possono attraversare le acque territoriali di un altro Stato solo se navigano in emersione.

► **Il territorio** dello Stato comprende:

- la terraferma;
- le acque territoriali (se si tratta di uno Stato rivierasco);
- lo spazio aereo sovrastante la terraferma e le acque territoriali;
- il sottosuolo, sia terrestre che marino.

Le acque territoriali sono costituite da una fascia di mare, solitamente non più ampia di dodici miglia, sulla quale si estende la sovranità dello Stato.

Anche lo spazio aereo che sovrasta il suolo e le acque territoriali è soggetto alla sovranità dello Stato. Questa, tuttavia, si arresta al limite dell'atmosfera, cosicché i satelliti possono orbitare liberamente intorno al globo.

Il sottosuolo è soggetto alla sovranità dello Stato solo fin dove arriva la concreta possibilità di sfruttamento.

QUESTIONI

Le navi, gli aerei e le sedi diplomatiche

Le navi e gli aerei costituiscono il cosiddetto **territorio flottante** dello Stato. Ciò comporta che a bordo si applicano le leggi dello Stato nel quale la nave o l'aereo sono stati immatricolati ovunque questi si trovino.
Tuttavia, per quanto riguarda l'applicazione della legge penale vi è una distinzione da fare tra navi e aerei militari o civili.
Le navi e gli aerei militari godono di una particolare immunità, per effetto della quale, se a bordo venisse commesso un fatto penalmente rilevante mentre si trovano nelle acque territoriali o nello spazio aereo di un altro Stato, sarebbero comunque le autorità di bordo competenti a occuparsene.
Le navi e gli aerei civili godono invece di una immunità più attenuata. Se a bordo accadesse un fatto penalmente rilevante mentre si trovano nelle acque territoriali o nello spazio aereo di un altro Stato, le autorità locali potrebbero intervenire. Tuttavia, per antica consuetudine, esse si astengono dal salire a bordo se il reato non interferisce con l'ordine pubblico dello Stato ospitante o non coinvolge suoi cittadini, salvo che l'intervento sia espressamente richiesto dal comandante della nave o dell'aeromobile.
Le autorità locali possono invece sempre intervenire se ciò appare necessario per la repressione del traffico illecito di stupefacenti o sostanze psicotrope.
Le sedi diplomatiche, per un'antica consuetudine internazionale, sono protette dalla cosiddetta *immunità territoriale*. Questa consiste in una serie di privilegi, il più noto dei quali è il divieto, per le autorità dello Stato ospitante, di introdursi nel palazzo sede dell'ambasciata senza l'autorizzazione del diplomatico che vi dimora.
Questo particolare *status* viene talvolta indicato come *extraterritorialità*, ma si tratta di una qualificazione che può dare luogo a confusione. La sede diplomatica, infatti, sebbene sia soggetta a un regime giuridico particolare, rimane pur sempre territorio dello Stato ospitante.

Diplomatico è la persona incaricata di rappresentare il proprio Governo presso uno Stato estero.
Le figure più importanti di diplomatico sono l'*ambasciatore* e il *console*.
Ambasciatore è il rappresentante del proprio Governo presso un altro Governo. Il termine deriva dal provenzale *ambaissador* ("servitore") per indicare, probabilmente, che l'ambasciatore serve il suo Paese.
Console è il diplomatico inviato in città straniere con il compito principale di tutelare e proteggere gli interessi dei connazionali che vi risiedono o vi transitano. Pertanto il turista che si trovi all'estero e abbia bisogno di aiuto non dovrà rivolgersi all'ambasciatore, ma al console del proprio Paese.
Sedi diplomatiche sono i luoghi nei quali i diplomatici risiedono o hanno i loro uffici.

2. Come sono tracciati i confini

Il territorio dello Stato è lo spazio, delimitato da confini, all'interno del quale si esercita la sovranità statale. Ma come si determinano i confini tra gli Stati? Chi stabilisce dove finisce la sovranità di uno Stato e dove inizia la sovranità di un altro?

► **I confini terrestri** sono solitamente stabiliti con accordi sottoscritti dagli Stati confinanti. Nella convulsa storia d'Europa tali accordi sono stati spesso parte dei trattati di pace con cui si è posto fine alle guerre. E poiché di guerre ce ne sono state molte, le linee di confine hanno subìto molti e ripetuti aggiustamenti.
Gli abitanti della regione Alsazia-Lorena, per secoli contesa tra Francia e Germania, hanno visto, al termine di ogni conflitto tra le due potenze, la linea di confine andare avanti e indietro, passando sopra le loro teste. Gli abitanti del Sud Tirolo austriaco, al termine della Prima guerra mondiale, si sono trovati all'interno dei confini italiani e hanno appreso di essere diventati altoatesini. Ancora più emblematica è la vicenda dei più longevi abitanti dell'Istria.

Di costoro, supponendo che non abbiano mai abbandonato la loro terra, si può dire che sono venuti al mondo in Austria, hanno vissuto in Italia e poi in Iugoslavia e, probabilmente, moriranno in Croazia o in Slovenia.
Non sempre, tuttavia, i confini tra gli Stati sono determinati da un trattato sottoscritto dalle parti. A volte essi sono il frutto di una situazione di fatto prolungata nel tempo e mai contestata.
Il confine tra l'Italia e la Repubblica di San Marino, per esempio, non è stabilito in nessun trattato ma è ugualmente rispettato dai due Paesi sulla base di un'antica consuetudine.

I confini di San Marino vennero tracciati nel 1463 quando lo Stato italiano ancora non esisteva.

Più spesso lo stabilirsi di *confini taciti* è favorito dall'esistenza di barriere naturali come le catene montuose o i fiumi.

QUESTIONI

Quando sono stati tracciati i confini dell'Italia?

I confini terrestri del nostro Paese sono stati stabiliti con successivi trattati, tra i quali ricordiamo per importanza:
- **il Trattato di Saint Germain-en-Laye** (1919) e il **Trattato di Rapallo** (1920) con i quali, dopo la Prima guerra mondiale, l'Italia e l'Austria hanno definito gli attuali confini. Per effetto del primo, il nostro Paese è entrato in possesso del Trentino e dell'Alto Adige, per effetto del secondo della Venezia Giulia;
- **il Trattato del Laterano**, sottoscritto l'11 febbraio 1929 (legge n. 810 del 27 maggio 1929) con il quale sono stati definiti i confini tra l'Italia e la Città del Vaticano;
- **il Trattato di Parigi** del 10 febbraio 1947 (ratificato con d.l. n. 1430 del 28 novembre 1947) con il quale, dopo la fine della Seconda guerra mondiale, sono stati ridisegnati i confini tra Italia e Francia e tra l'Italia e la ex Iugoslavia;
- **il Trattato di Osimo** (ratificato con legge n. 73 del 14 marzo 1977) con il quale sono stati definitivamente regolati i confini tra l'Italia e la ex Iugoslavia.

I confini lacustri (l'Italia divide con la Svizzera il lago Maggiore e il lago di Lugano) passano per la linea retta che, attraversando il lago, unisce i punti di confine terrestre dei due Stati interessati. Ricordiamo che i confini terrestri con la Svizzera furono fissati dal congresso di Vienna (1815).

Il confine delle acque territoriali è di più elaborata definizione. La nostra costa, come sappiamo, è ricca di golfi, insenature, capi e se la linea del confine marittimo dovesse seguirne l'andamento frastagliato risulterebbe assai difficoltoso individuarla esattamente in mare aperto.

Per tale ragione, la determinazione delle acque territoriali avviene, come si ricava dal d.p.r. n. 816 del 26 aprile 1977, tracciando una linea ideale che unisce i capi della nostra frastagliata costa e ingloba le insenature e le isole minori. A partire da questa linea si calcolano le 12 miglia delle acque territoriali.

Per quanto riguarda i golfi maggiori, come il golfo di Taranto e il golfo di Genova, le loro acque sono considerate interne fino al punto in cui una corda ideale lunga 24 miglia tocca i punti esterni dell'apertura. Oltre quella corda si estendono le 12 miglia del confine marittimo.

▶ **I confini marittimi** segnano il limite tra le acque territoriali e il mare libero, dove la navigazione è soggetta soltanto alle norme del diritto internazionale.
La determinazione di questi confini costituisce a tutt'oggi un notevole problema, perché gli Stati costieri tendono spesso ad ampliare le proprie acque territoriali per assicurarsi lo sfruttamento esclusivo delle risorse ittiche o dei giacimenti sottomarini.

L'estensione delle acque territoriali in passato era limitata a tre miglia marine, perché questa era la gittata massima dei cannoni costieri e questa era, pertanto, la fascia di mare realmente difendibile.
Oggi la questione dell'estensione non è più tanto legata a problemi di natura difensiva (potendo i moderni missili attraversare i mari da un capo all'altro), quanto piuttosto a interessi di natura economica.

Possono farlo?

Poiché gli Stati si proclamano tutti ugualmente sovrani, non esiste un'autorità a essi superiore che possa imperativamente stabilire ciò che ciascuno può fare e ciò che non può fare. Il diritto internazionale, infatti, non è composto da norme imperative, ma da *trattati* ai quali i singoli Stati aderiscono, se lo trovano conveniente, e da *consuetudini* alle quali si adeguano se lo ritengono opportuno.
La più recente *Convenzione sul diritto del mare*, siglata nel 1982 a Montego Bay, in Giamaica, ha cercato di mettere un po' d'ordine in tema di acque territoriali, fissandone l'estensione massima a 12 miglia marine dalla costa.
Al contempo è stata riconosciuta l'esistenza di una cosiddetta **zona economica esclusiva** che si estende fino al limite delle 200 miglia marine dalla costa. Le risorse economiche ricavabili all'interno di questo braccio di mare appartengono allo Stato costiero, ma rimane salvo, per gli altri Stati, il diritto di navigazione, di sorvolo, e ogni altro diritto riconosciuto dalle consuetudini internazionali. A questa convenzione non tutti gli Stati hanno aderito, e ciò lascia tuttora spazio a frequenti e talvolta duri contrasti, soprattutto in tema di pesca.

3. Da chi è composto il popolo di uno Stato

Abbiamo detto che lo *Stato* è costituito da un territorio su cui vive stabilmente un popolo governato da un proprio apparato sovrano. Il popolo, pertanto, così come il territorio, è un elemento imprescindibile per l'esistenza di uno Stato. Se mancasse il popolo mancherebbero i destinatari delle norme giuridiche e l'organizzazione statale non avrebbe più ragione di esistere. Diventa allora di fondamentale importanza stabilire da chi è composto il popolo di uno Stato.

Il popolo di uno Stato è composto dall'insieme dei suoi cittadini, cioè da quelle persone a cui la legge attribuisce la *cittadinanza.*

Che cosa è la cittadinanza?

La cittadinanza giuridicamente è uno status, cioè una posizione che comporta l'attribuzione di una complessa serie di diritti e di doveri che solo in parte possono estendersi agli stranieri e agli apolidi.

Popolo e **popolazione** sono due termini che vengono spesso impiegati come sinonimi, ma in realtà essi hanno significati del tutto diversi:
- **il popolo** è l'insieme dei cittadini di uno Stato;
- **la popolazione**, invece, è l'insieme delle persone (cittadini, stranieri e apolidi) che si trovano, per qualsiasi ragione, sul territorio dello Stato.

► **Stranieri**, vale la pena sottolinearlo, sono i cittadini di altri Stati. Il termine proviene dal francese *étranger* ("estraneo"), che a sua volta proviene dal latino *extraneum* ("di fuori"), derivato da *extra* ("non incluso"). Lo straniero, pertanto, è colui che *non è incluso* tra i cittadini di uno Stato.

► **Apolidi** sono le persone che si trovano prive di ogni cittadinanza. È apolide, per esempio, chi (spesso per motivi politici) è stato privato della cittadinanza dalle autorità del proprio Paese e non ne ha ancora acquisita una nuova.
Il termine *apolide* proviene dal greco *apolis* composto da *a* (con valore privativo) e da *polis* (città-Stato). Apolide, pertanto, è chi è privo di cittadinanza.

4. Come si diventa cittadini italiani

Ogni ordinamento regola l'acquisizione della cittadinanza con proprie norme. Noi siamo cittadini italiani non per legge di natura, ma semplicemente perché ci troviamo in una delle condizioni che, secondo quanto dispone il nostro ordinamento, comportano l'attribuzione della cittadinanza italiana.

Cittadinanza deriva dal latino *civis* ("cittadino") a sua volta discendente da una radice indoeuropea che indica il concetto di "insediamento".

In linea generale gli ordinamenti prevedono che la cittadinanza possa acquisirsi:

- per **discendenza** (un tempo si diceva enfaticamente *ius sanguinis*, cioè "per diritto di sangue");
- per **diritto di suolo** (*ius soli*). In base a questo secondo criterio, diventa cittadino di uno Stato chi nasce sul territorio di quello Stato, indipendentemente dal tipo di cittadinanza posseduta dai propri genitori.

Quale criterio adotta il nostro ordinamento?

Il nostro ordinamento adotta in via principale il criterio della **discendenza** (o *ius sanguinis*). Tuttavia la nuova realtà dell'immigrazione e la presenza di tanti bambini nati in Italia da coppie straniere regolarmente residenti sta consigliando di integrare la normativa e di introdurre anche nel nostro sistema lo *ius soli*, come del resto è già stato fatto in altri Paesi europei.
Per il momento, comunque, l'intera materia è ancora regolata dalla legge n. 91 del 1992 (come modificata dalla legge n. 94/2009), le cui disposizioni più rilevanti possono essere sintetizzate nel modo che segue.

La precedente normativa, risalente al 1912, non consentiva alla donna di trasmettere la propria cittadinanza al figlio concepito con uno straniero, se non in casi del tutto eccezionali.

► **La cittadinanza italiana** si acquisisce:

- **per discendenza**: è italiano chi abbia uno o entrambi i genitori italiani anche se l'evento della nascita è avvenuto all'estero;
- **per nascita sul territorio**: è italiano chi è nato sul territorio italiano se entrambi i genitori sono apolidi o ignoti (pensiamo ai casi di neonati abbandonati);

- **per adozione**: diventa italiano il cittadino straniero adottato da un cittadino italiano;
- **per matrimonio**: il coniuge, straniero o apolide, di cittadino italiano può acquistare la cittadinanza italiana quando, dopo il matrimonio, risieda legalmente da almeno due anni nel territorio della Repubblica, oppure dopo tre anni dalla data del matrimonio se residente all'estero, purché nel frattempo non sia intervenuto lo scioglimento, l'annullamento o la cessazione degli effetti civili del matrimonio e non sussista la separazione personale dei coniugi;
- **per prolungata residenza**: può richiedere la cittadinanza italiana lo straniero che risieda legalmente nel territorio della Repubblica da almeno 10 anni (termine che potrebbe essere portato a 5) e anche chi, nato in Italia da genitori stranieri, abbia risieduto nel nostro Paese legalmente e senza interruzione fino al raggiungimento della maggiore età;
- **per decreto del Capo dello Stato**, quando ricorrano le condizioni previste dalla legge.

La Corte costituzionale, con la sentenza n. 245/2011, ha annullato per incostituzionalità la disposizione dell'art. 116 c.c. che non consentiva il matrimonio con persona italiana allo straniero che non risiedesse già regolarmente nel nostro Paese.

Si può avere una doppia cittadinanza?

Poiché ogni Stato determina autonomamente i modi di acquisizione della propria cittadinanza, non è infrequente che, per effetto di leggi diverse, una stessa persona si trovi a essere cittadino di più Stati.
Il nostro ordinamento, in linea generale, non ostacola il possesso della doppia cittadinanza.
Solo nel caso in cui il soggetto voglia diventare cittadino italiano con *decreto del Capo dello Stato* (cosiddetta *naturalizzazione*), egli deve rinunciare alla cittadinanza del Paese di origine.

ACQUISIZIONE DELLA CITTADINANZA ITALIANA
- Per discendenza
- Per adozione
- Per matrimonio
- Per prolungata residenza
- Per decreto del Capo dello Stato
- Per nascita sul territorio italiano da genitori apolidi o ignoti

Si può essere privati della cittadinanza italiana?

Durante il regime fascista molti cittadini, rifugiati all'estero, ne furono privati a causa dell'attività politica da loro svolta contro il regime. Per evitare che ciò possa accadere di nuovo, l'art. 22 Cost. stabilisce:
"Nessuno può essere privato, per motivi politici, della capacità giuridica, della cittadinanza, del nome."

Al di fuori dei *motivi politici*, però, la Costituzione non esclude la possibilità di adottare un simile provvedimento. Esso può essere assunto, secondo quanto dispone la già citata legge n. 91 del 1992, al verificarsi di due ipotesi per la verità piuttosto estreme. Dispone la legge che perde la cittadinanza italiana:

- chi, avendo accettato un impiego pubblico presso uno Stato straniero o prestando servizio militare per uno Stato estero, non obbedisca all'intimazione rivoltagli dal Governo italiano di abbandonare l'impiego o il servizio militare;

- chi abbia accettato un impiego pubblico o presti servizio militare per uno Stato estero in guerra con l'Italia.

Nessun italiano, invece, per nessuna ragione, può essere *espulso* dal territorio della Repubblica.

Sono uno spirito libero e non mi va di essere legato a uno Stato. Posso rinunciare alla mia cittadinanza senza acquisirne un'altra e diventare cittadino del mondo?

La legge n. 124 del 2006 consente di chiedere la cittadinanza italiana a coloro che sono stati cittadini italiani residenti nei territori successivamente ceduti alla ex Repubblica Iugoslava e ai loro figli e discendenti in linea retta che siano di lingua e cultura italiana.

L'ipotesi è romantica ma poco praticabile, poiché non è possibile rinunciare puramente e semplicemente alla propria cittadinanza.
Lo Stato, infatti, non è un *ente volontario* come le associazioni culturali, i partiti politici o le confessioni religiose, ai quali si può liberamente aderire o non aderire.
Lo Stato è un **ente necessario** al quale si appartiene e dal quale ci si scioglie solo nei casi e nei modi stabiliti dalla legge.
Per quanto riguarda il nostro Paese, la legge 91 del 1992 dispone che può rinunciare alla cittadinanza italiana solo chi risieda ormai in un altro Stato del quale ha assunto la cittadinanza.
A parte ciò, la condizione degli *apolidi* non è particolarmente comoda. Anche se la convenzione di New York del 1954 (ratificata in Italia con legge n. 306 del 1962) ha riconosciuto loro notevoli diritti, essi si trovano pur sempre, nel nostro Paese, in una posizione giuridica simile a quella degli stranieri extracomunitari regolarmente residenti.

Quali diritti sono riconosciuti agli stranieri nel nostro Paese?

Stranieri, come abbiamo già accennato, sono tutti coloro che possiedono una cittadinanza diversa da quella italiana.
A tutti gli stranieri presenti sul nostro territorio la legge riconosce la titolarità dei **diritti fondamentali**, come il diritto alla vita, alla libertà personale, al giusto processo, perché si tratta di diritti che spettano alla persona umana come tale. Ma oltre questa soglia sono consentiti trattamenti differenziati.

Grande diversità, per esempio è riscontrabile nel trattamento giuridico riservato agli stranieri *cittadini dell'Unione europea* e agli stranieri *extracomunitari*.

- I primi godono di una tutela particolarmente accentuata e sempre più assimilabile a quella dei cittadini italiani, talché a costoro è sempre meno applicabile la qualifica di *stranieri*.

- I secondi, cioè coloro che non appartengono ad alcun Paese dell'*Unione europea*, possono essere soggetti a restrizioni in particolare per quanto riguarda il diritto di ingresso e di soggiorno sul nostro territorio.

QUESTIONI

Le leggi italiane si applicano solo ai cittadini italiani o a tutti coloro che si trovino sul nostro territorio?

La legge penale e le norme di polizia si applicano sicuramente a tutte le persone che si trovino per qualsiasi ragione sul territorio italiano, siano essi cittadini, stranieri o apolidi.

Nel campo del diritto privato, invece, sono consentite alcune deroghe. Per esempio, il nostro ordinamento consente che i rapporti personali tra coniugi stranieri residenti in Italia siano regolati dalla loro legge nazionale, così come i diritti di successione ereditaria e altri.

In linea generale, quando appare giusto e ragionevole, lo Stato accetta che sul proprio territorio possa operare una legge straniera. Tuttavia, se questa si rivelasse in contrasto con i fondamentali principi etici e giuridici a cui è ispirato il nostro ordinamento, tornerebbe ad applicarsi la legge italiana. Così, per esempio, i rapporti tra coniugi stranieri residenti in Italia non potrebbero essere regolati dalla legge del loro Paese se questa ammettesse la poligamia o consentisse metodi educativi contrari ai principi che regolano in Italia la tutela dei minori.

Il diritto internazionale privato, contenuto nella legge n. 218 del 1995 (che si trova tra le leggi collegate al Codice civile), riunisce le norme con le quali lo Stato italiano stabilisce quale legge deve applicarsi a situazioni che coinvolgono stranieri in Italia o italiani all'estero.

5. Che cosa sono l'estradizione e il diritto di asilo

L'estradizione è un istituto per il quale lo straniero, imputato di un reato o sfuggito all'esecuzione della pena, viene consegnato alle autorità del proprio Paese su domanda di queste.

Estradizione è un termine composto dal latino *ex* ("fuori") e *traditio* ("consegna"). L'estradato viene portato fuori dei confini dello Stato e consegnato alle autorità del proprio Paese.

La domanda di estradizione, dispone la nostra Costituzione, non può essere accolta dalle autorità italiane se lo straniero è imputato di *reati politici.*

Secondo la più recente dottrina, sono politici i reati commessi al fine di lottare contro un regime autoritario per affermare i valori di libertà e di democrazia che in Italia sono riconosciuti come fondamentali dalla Costituzione.
Sono tali, per esempio, la libertà di riunione, di associazione, di sciopero, di manifestazione del pensiero, e così via.

È consentita l'estradizione per il reato di *genocidio,* in considerazione della sua ripugnanza, anche se commesso per pretese motivazioni politiche (legge costituzionale n. 1 del 21 giugno 1967).

Asilo è un termine che proviene dal greco *àsylon* con il significato di "inviolabile", composto di *a* (con valore privativo) e *sylon* ("violenza", "rapina"). L'asilo pertanto, è il rifugio, il luogo sicuro dove non c'è violenza.

Che cos'è il diritto di asilo?

Il diritto di asilo è una forma di ospitalità accordata allo straniero.

▶ **L'art. 10** comma 3 della Costituzione italiana dispone:
"Lo straniero, al quale sia impedito nel suo Paese l'effettivo esercizio delle libertà democratiche garantite dalla Costituzione italiana, ha diritto di asilo nel territorio della Repubblica, secondo le condizioni stabilite dalla legge."

Con questa norma la Costituzione italiana ha voluto offrire, a tutti coloro che nel proprio Paese non godono delle libertà democratiche a causa di regimi politici illiberali, la possibilità di rifugiarsi in Italia e di soggiornarvi.

6. Qual è la differenza tra cittadinanza, etnia e nazionalità

Accade spesso, nel parlare corrente, che venga operata una certa confusione tra i termini *cittadinanza, etnia* e *nazionalità.* Vediamo, allora, di chiarirne il significato.
La cittadinanza, come ormai ben sappiamo, indica l'appartenenza delle persone a uno Stato.

Più complesso, invece, è spiegare la distinzione tra *etnia* e *nazionalità.*

- **Etnia** è un termine che viene dal greco *éthnos*, che significa "popolo". E le etnie sono gruppi sociali di antica formazione (popoli) i cui componenti hanno sviluppato e conservato fattori culturali comuni, come la lingua, la religione, le tradizioni, la memoria storica.
  Oggi all'interno degli Stati convivono generalmente più etnie. E sebbene alcune di esse conservino ancora evidenti tratti dei caratteri originari, nella maggior parte dei casi si è sviluppato un processo di fusione e di amalgamazione che ha prodotto il superamento delle antiche distinzioni. All'appartenenza etnica si è così sostituito il senso di appartenenza a un gruppo più vasto che coincide con il popolo dello Stato e che chiamiamo "nazione".
- **Nazione** (dal latino *natus* che significa "nato") indica un popolo che, superando le antiche divisioni etniche, ha saputo trovare una propria unità sviluppando, nel tempo, un patrimonio culturale comune. La coincidenza tra popolo e nazione non deve però essere intesa in senso assoluto. Il popolo è l'insieme dei cittadini e la cittadinanza, come sappiamo, può essere chiesta e ottenuta anche da persone provenienti da altri Paesi per le quali è sicuramente difficile, anche volendo, identificarsi immediatamente con i caratteri nazionali del Paese ospitante.

Nazionalismo è un sostantivo che indica un'ideologia che ha avuto grande seguito nella prima metà del Novecento e che si fonda sulla pretesa superiorità della propria nazione sulle altre.
Nazione è un termine che aveva, in origine, un significato poco definito. Si parlava, per esempio, di nazione europea, di nazione araba, di nazione cristiana per indicare semplicemente collettività più o meno ampie unite da qualche elemento comune. Cominciò ad assumere un significato fortemente unificante solo a partire dalla Rivoluzione francese, quando venne impiegato per sollecitare tutto il popolo di Francia a unirsi nella difesa dei valori rivoluzionari.
Anche nell'Italia risorgimentale l'idea che tutto il popolo della penisola appartenesse a un'unica nazione e che dovesse battersi per la propria indipendenza ebbe un ruolo rilevante.

QUESTIONI

I separatismi

Non hanno nulla a che fare con i conflitti etnici le turbolenze separatiste che interessano anche alcuni Stati europei. In genere queste turbolenze si formano in aree economicamente più sviluppate o dotate di maggiori risorse che mal sopportano di condividere il loro benessere con altre regioni. Troviamo attualmente questo tipo di turbolenze, per esempio, in Spagna, nella regione catalana, e in Scozia.

QUESTIONI

I conflitti interetnici

L'identificazione delle etnie con la *nazione* è un processo che ha interessato molti Paesi, soprattutto dell'Europa occidentale, ma non ha avuto una estensione universale. Soprattutto non si è esteso a quei Paesi che hanno raggiunto l'indipendenza con la fine del colonialismo. In quelli i conflitti interetnici sono stati, e sono ancora, di grande virulenza e causano ogni anno milioni di morti, soprattutto tra la popolazione civile.
Tuttavia, attribuire questi conflitti a ragioni culturali, di storia, di lingua, di religione significa rimanere alla superficie del problema. Nella maggior parte dei casi si tratta di conflitti che hanno natura sociale, politica o economica e sono alimentati da gruppi che si sentono (o sono) discriminati sul piano economico o politico e si ribellano al potere centrale; oppure da gruppi ansiosi di assumere il potere in danno del gruppo dominante o, più semplicemente, che vogliono assumere il controllo di una parte del territorio ricca di risorse. La religione, la lingua e in genere le diversità culturali raramente sono la vera causa del conflitto. Però possono diventare potenti simboli di mobilitazione e di coinvolgimento, alimentare l'odio razziale e in taluni casi spingere al genocidio.

7. Come è regolata l'immigrazione dai Paesi extracomunitari

Più avanti, quando ci occuperemo dell'Unione europea, vedremo come i cittadini degli Stati membri possano muoversi liberamente entro i confini dell'Unione senza alcuna restrizione e, in alcuni casi, senza controlli alle frontiere. Non è così, invece, per i cittadini provenienti da Paesi terzi. Il grande flusso migratorio verso i Paesi dell'Unione europea non solo non consente di aprire le frontiere, ma sta inducendo i Governi ad adottare strumenti di controllo sempre più rigorosi per fronteggiare il fenomeno dell'immigrazione clandestina.

L'orientamento generale è di operare su tre direttrici principali:

- programmare gli ingressi legali degli stranieri extracomunitari;
- favorire l'integrazione degli stranieri che risiedono regolarmente sul territorio dell'Unione europea;
- scoraggiare l'afflusso di clandestini perseguendo penalmente anche chi ne agevola l'ingresso.

In Italia l'intera materia è regolata dal *Testo unico sull'immigrazione* (d.lgs. n. 286 del 1998, più volte modificato e integrato) che nelle sue linee essenziali può essere riassunto come segue.

- **Il numero** di cittadini stranieri da ammettere nel territorio dello Stato per svolgere lavoro subordinato (anche stagionale) e lavoro autonomo viene definito ogni anno con decreto del Presidente del consiglio dei ministri. Nei limiti della quota stabilita e in mancanza di particolari ragioni ostative, lo straniero che ne faccia richiesta ottiene il *visto d'ingresso*

Immigrare significa entrare in un Paese straniero o in un'altra zona del proprio Paese per stabilirvisi. Il termine viene dal latino *immigrare* composto da *migrare* ("andare") e *in* ("dentro").

Clandestino è un termine che proviene dal francese *clandestin*, che a sua volta risale al latino *clandestinum*, da *clam* ("di nascosto") e *intestinus* ("interno"). Clandestino è colui che si introduce di nascosto.

rilasciato dalle autorità diplomatiche o consolari italiane presenti nel suo Paese.
Con apposito decreto viene anche determinato il numero massimo di atleti stranieri che possono svolgere nel nostro Paese attività sportiva a titolo professionistico.

- **Per soggiornare** regolarmente in Italia, chi abbia ottenuto il visto d'ingresso per motivi di lavoro deve richiedere alla questura un *permesso di soggiorno* che viene rilasciato dietro presentazione di un *contratto di lavoro* nel quale deve risultare, tra l'altro, che il *datore* garantisce la disponibilità di un alloggio per il lavoratore che assume e si impegna a pagare le spese di viaggio per il rientro del lavoratore stesso nel Paese di provenienza.

Un permesso di soggiorno temporaneo può essere rilasciato anche allo straniero irregolare che voglia sottrarsi a forme di sfruttamento operate da organizzazioni criminali e che a tal fine collabori con le forze dell'ordine e con l'autorità giudiziaria.

Lo straniero che abbia regolarmente soggiornato in Italia per almeno 5 anni e che dimostri di avere un reddito sufficiente per sostenere se stesso e i propri familiari conviventi, nonché la disponibilità di un alloggio idoneo, può richiedere il *permesso europeo per soggiornanti di lungo periodo* (direttiva 2003/109/CE). La concessione è condizionata al superamento di un test di conoscenza della lingua italiana. Se il soggiorno si è protratto per almeno 10 anni, lo straniero può chiedere la cittadinanza italiana.
Allo straniero regolarmente soggiornante sul nostro territorio sono riconosciuti gli *stessi diritti spettanti al cittadino italiano* per quanto riguarda tra l'altro i rapporti di lavoro (retribuzione, orari, riposi, ferie, ecc.), la tutela giurisdizionale, l'accesso ai servizi pubblici.
L'ingresso e il soggiorno illegale, stabilisce la legge delega n. 67 del 2014 (articolo 2, comma 3, lettera b) non costituiscono più un reato penale ma solo un **illecito amministrativo**. Lo straniero che entri irregolarmente sul nostro territorio, pertanto, non sarà più sottoposto a un processo penale. Potrà però essere espulso e sarà comunque soggetto alle sanzioni amministrative che saranno definite dal Governo con un decreto legislativo.
Rimane invece penalmente sanzionabile chi non obbedisce a un foglio di via, chi rientra dopo un'espulsione o chi viola altre disposizioni riguardanti gli irregolari, come l'obbligo di firma in Questura o la consegna del passaporto.

In nessun caso può disporsi:

- il respingimento dello straniero verso uno Stato in cui egli possa essere oggetto di persecuzione per motivi di razza, di sesso, di lingua, di cittadinanza, di religione, di opinioni politiche, di condizioni personali o sociali;
- l'espulsione dello straniero minore di 18 anni e delle donne in stato di gravidanza.

Per un elementare principio di civiltà giuridica a tutte le persone che in modo regolare o irregolare si trovino sul nostro territorio sono riconosciuti i **diritti fondamentali della persona umana** previsti dalle norme del diritto interno, dalle convenzioni e dalle consuetudini internazionali.

Secondo un'elaborazione dei dati Istat effettuata dalla Caritas nel 2012, il 9,2% degli immigrati nel nostro Paese in possesso di un titolo di studio ha la laurea, il 40,9% un diploma di scuola media superiore, il 49,9% un diploma di scuola media inferiore.
Della restante parte degli immigrati, solo il 2,5% è analfabeta.

Tra questi diritti rientra:

- il diritto alla salute, che comporta l'assistenza ospedaliera per qualsiasi essere umano a qualunque titolo si trovi sul nostro territorio;
- il diritto all'istruzione, che consente ai minori stranieri di frequentare la nostra scuola dell'obbligo indipendentemente dalla condizione giuridica dei loro genitori.

Il cittadino straniero, che sia oggetto di discriminazione per motivi razziali, etnici, o religiosi a opera di privati o di organi della Pubblica amministrazione, può ricorrere al giudice e chiedere il risarcimento per i danni morali sopportati.

QUESTIONI

Lavoratori regolari e irregolari

Prima di concludere questo argomento ci sembra opportuno spendere qualche parola su una certa inquietudine che talvolta si registra, anche nel nostro Paese, verso i lavoratori stranieri, soprattutto extracomunitari. Sarà bene chiarire, a tale proposito, che questi lavoratori, come abbiamo detto sopra, ottengono il *visto d'entrata* perché sono riconosciuti utili alla nostra economia lavorando nelle città, nelle fabbriche, nelle campagne. E il numero di ingressi stabilito ogni anno dallo Stato aumenta o diminuisce in funzione delle *nostre* esigenze e non delle loro.

Essi, pertanto, non *rubano il lavoro* agli italiani, come talvolta si sente dire, ma vanno piuttosto a riempire gli spazi lasciati vuoti dai nostri lavoratori.

Entrando regolarmente nel nostro territorio, essi vengono iscritti all'anagrafe come residenti, pagano le imposte, effettuano i versamenti al servizio sanitario nazionale ed è corretto che assumano tutti i diritti *civili* (che sono cosa diversa da quelli politici) che competono ai lavoratori italiani.

Diverso è il discorso per quegli stranieri, soprattutto clandestini (ma anche provenienti dai Paesi dell'Unione europea economicamente meno sviluppati) che, pur di guadagnare qualcosa, accettano di lavorare in nero nelle campagne e nei cantieri con paghe molto basse. La loro concorrenza può effettivamente danneggiare i lavoratori italiani.

E tuttavia, mentre il loro comportamento è motivato dall'esigenza di procurare a sé e alla propria famiglia i mezzi vitali di sussistenza, l'azione dei datori di lavoro, che di questa esigenza approfittano, è priva di qualsiasi giustificazione giuridica e morale, ed è piuttosto verso costoro che dovrebbe indirizzarsi la nostra giusta indignazione.

Riguardando gli appunti

1. Quale funzione ha il territorio per lo Stato?

- Il territorio è lo spazio, delimitato da confini, all'interno del quale lo Stato esercita il proprio potere sovrano. Se, per conquista militare o per qualsiasi altra ragione, lo Stato perde tutto il proprio territorio, cessa di esistere.
- Il territorio dello Stato comprende: la terraferma; le acque territoriali (se si tratta di uno Stato rivierasco); lo spazio aereo sovrastante la terraferma e le acque territoriali; il sottosuolo, sia terrestre che marino.
- Le navi e gli aerei costituiscono il cosiddetto territorio flottante dello Stato.

2. Come è composto il popolo di uno Stato?

- Il popolo è composto dall'insieme dei cittadini, cioè da quelle persone a cui la legge attribuisce la cittadinanza.
- La cittadinanza è uno *status*, cioè una posizione che comporta l'attribuzione di una complessa serie di diritti e di obblighi che solo in parte possono estendersi agli stranieri e agli apolidi.

3. Come si diventa cittadini italiani?

- Il nostro ordinamento adotta in via prevalente il criterio della discendenza.
- La cittadinanza italiana si acquisisce per nascita da almeno un genitore italiano, per adozione, per matrimonio con le procedure previste dalla legge, per decreto del Capo dello Stato, per prolungata residenza, per nascita sul territorio italiano da genitori apolidi o ignoti.
- Nessuno può essere privato della cittadinanza italiana per motivi politici.

4. Che cosa sono l'estradizione e il diritto di asilo?

- L'estradizione è un istituto per il quale lo straniero, imputato di un reato o sfuggito all'esecuzione della pena, viene consegnato alle autorità del proprio Paese su domanda di queste.
- La domanda di estradizione, dispone la nostra Costituzione, non può essere accolta dalle autorità italiane se lo straniero è imputato di reati politici.
- È consentita l'estradizione per il reato di genocidio, in considerazione della sua ripugnanza, anche se commesso per pretese motivazioni politiche (legge costituzionale n. 1 del 21 giugno 1967).
- Il diritto di asilo è una forma di ospitalità accordata allo straniero. L'art. 10 comma 3 della Costituzione italiana dispone che lo straniero al quale sia impedito nel suo Paese l'effettivo esercizio delle libertà democratiche garantite dalla Costituzione italiana ha diritto di asilo nel territorio della Repubblica, secondo le condizioni stabilite dalla legge.

5. Qual è la differenza tra etnia e nazionalità?

- Etnia è un termine che viene dal greco *éthnos*, che significa "popolo". E le etnie sono gruppi sociali di antica formazione (popoli) i cui componenti hanno sviluppato e conservato fattori culturali comuni, come la lingua, la religione, le tradizioni, la memoria storica.
- Nazione (dal latino *natus*, che significa "nato") indica un popolo che, superando le antiche divisioni etniche, ha saputo trovare una propria unità sviluppando, nel tempo, un patrimonio culturale comune.

6. A quale regime giuridico sono soggetti gli stranieri che si trovano sul territorio italiano?

- Il nostro ordinamento riconosce a chiunque la titolarità dei diritti fondamentali, ma oltre questa soglia sono disposti trattamenti differenziati tra cittadini italiani, cittadini dell'Unione europea e cittadini extracomunitari.

7. A quali principi è ispirata la regolamentazione dei flussi migratori in Europa?

- Nell'Unione europea l'orientamento generale è di operare su tre direttrici principali: programmare gli ingressi legali degli stranieri extracomunitari, favorire l'integrazione degli stranieri che risiedono regolarmente sul territorio dell'Unione europea, scoraggiare l'afflusso di clandestini perseguendo penalmente anche chi ne agevola l'ingresso.

Verifica le tue conoscenze

Test a risposta multipla

Indica con una crocetta l'affermazione esatta.

1. La zona economica esclusiva:
- A. si estende fino a 12 miglia marine dalla costa
- B. si estende fino a 200 miglia marine dalla costa
- C. corrisponde alle acque territoriali
- D. è soggetta alle norme del diritto internazionale

2. Il popolo di uno Stato è composto:
- A. dalle persone che vi risiedono stabilmente
- B. dalle persone che si trovano sul territorio dello Stato anche occasionalmente
- C. dalle persone nate sul territorio di quello Stato
- D. dalle persone che hanno la cittadinanza di quello Stato

3. Può chiedere asilo in Italia lo straniero:
- A. che non abbia, nel suo Paese, la possibilità di raggiungere condizioni di vita minime
- B. che non condivida la linea politica prevalente nel suo Paese
- C. a cui sia impedito nel suo Paese l'esercizio delle libertà democratiche
- D. solo se proviene da uno dei Paesi dell'Unione europea

4. Nel nostro Paese l'estradizione per reati politici:
- A. è sempre ammessa
- B. non è mai ammessa
- C. è ammessa solo per chi sia stato imputato del reato di uxoricidio
- D. è ammessa solo per chi sia stato imputato del reato di genocidio

5. In Italia i diritti fondamentali della persona sono riconosciuti:
- A. solo ai cittadini
- B. solo ai cittadini italiani e ai cittadini dell'Unione europea
- C. a tutte le persone
- D. a tutte le persone purché regolarmente residenti

Sai qual è la differenza tra...

a. Territorio dello Stato	*e*	Territorio flottante
b. Ambasciatore	*e*	Console
c. Popolo	*e*	Popolazione
d. *Ius sanguinis*	*e*	*Ius soli*
e. Straniero	*e*	Apolide
f. Estradizione	*e*	Diritto di asilo
g. Etnia	*e*	Nazione

SÌ/NO... Perché?

Indica con una crocetta la risposta esatta e motiva la tua scelta.

1. La sovranità sullo spazio aereo incontra un limite in altezza?	SÌ	NO	Perché ...
2. Ambasciatore e console hanno le stesse funzioni?	SÌ	NO	Perché ...
3. La cittadinanza attribuisce solo diritti?	SÌ	NO	Perché ...
4. Nel nostro ordinamento opera lo *ius soli*?	SÌ	NO	Perché ...
5. Si può essere privati della cittadinanza italiana?	SÌ	NO	Perché ...
6. La domanda di estradizione è sempre accolta in Italia?	SÌ	NO	Perché ...

PERCORSO A — GLI STATI MODERNI

UNITÀ 3

Forme di Stato e di governo

1. Che cosa significa forma di Stato e di governo

Forma di Stato è un'espressione che indica il rapporto che si stabilisce tra l'apparato statale che esercita la sovranità e i cittadini o i sudditi.

Si tratta di un rapporto che, come vedremo, si è evoluto nel tempo passando da una subordinazione assoluta alla partecipazione democratica.

Forma di governo, invece, è un'espressione con la quale indichiamo il modo in cui il potere sovrano è ripartito tra i diversi organi che compongono l'apparato statale (Parlamento, Governo, ecc.).

Iniziamo la nostra analisi considerando le diverse *forme di Stato*.

2. Le forme di Stato nel tempo

Secondo la prevalente opinione dei giuristi, nelle epoche più remote e fino a tutto il Medioevo non esisteva alcuna organizzazione simile ai moderni Stati.
Ciò non significa che non vi siano state, in passato, organizzazioni dirette a governare i popoli. Significa soltanto che quelle organizzazioni, che sono state chiamate, a seconda dei tempi e dei luoghi, regni, imperi, repubbliche, e così via, non possedevano gli stessi caratteri delle moderne organizzazioni statali.

Monarchia viene dal verbo greco *archein* ("essere a capo", "comandare") e *monos* ("da solo"). Il monarca, pertanto, era colui che riassumeva in sé il comando, che comandava da solo.

Lo Stato, così come noi oggi lo conosciamo, indicato anche come **Stato moderno**, è il punto di arrivo di un lungo processo storico che prende l'avvio, in Europa, con la fine dell'ordinamento feudale e si sviluppa attraverso una serie di fasi successive che così possiamo schematicamente riassumere:

- consolidamento delle monarchie assolute (tra il Quattrocento e il Seicento);
- fine dell'assolutismo e nascita dello Stato liberale (dalla fine del Settecento alla prima metà dell'Ottocento);
- evoluzione dello Stato liberale in Stato liberal-democratico (dai primi anni del Novecento in poi).

Il susseguirsi di queste diverse *forme di Stato* ha costituito un percorso che si può dire comune alla maggior parte dei Paesi europei, ma non sono mancati Paesi che hanno seguito strade diverse:

- **in Russia**, nel 1917, e più tardi in altri Paesi dell'Est europeo, il cammino verso lo *Stato liberale* è stato interrotto dalla costituzione dello *Stato socialista*. Solo dopo il 1990, con il dissolvimento dell'URSS, l'organizzazione politica di questi Paesi ha cominciato a orientarsi verso un sistema *liberal-democratico*;
- **in Italia**, invece, all'inizio del Novecento si è costituito lo *Stato fascista* e modelli simili di Stato si sono affermati più tardi in Germania, Spagna e Portogallo. Ma anche questi Paesi, sebbene in tempi e con modalità diverse, sono poi rientrati nel solco *liberal-democratico*.

FORME DI STATO
- **Assolutismo monarchico**
- **Stato liberale**
- **Stato liberal-democratico**

3. La mancanza dello Stato nell'ordinamento feudale

In Europa, nel Medioevo, c'erano re che governavano i loro regni e addirittura un imperatore in Germania. Perché si sostiene che allora non esisteva uno Stato?

Perché nel sistema feudale la sovranità spettava formalmente all'imperatore o al re, ma nei fatti ogni feudatario, e più tardi ogni principato, ogni comune, ogni signoria, disponeva di una propria forza armata.
Il sovrano, pertanto, non aveva il *monopolio della forza* e non riusciva a estendere su tutto il territorio le proprie leggi. Egli, nei fatti, non era *sovrano*.
Ma non lo erano neppure i feudatari, poiché essi ricevevano l'investitura da un'autorità superiore alla quale giuravano obbedienza e fedeltà.
La situazione cominciò a mutare solo con il lento affermarsi, in Europa, delle **monarchie assolute**.

L'economia curtense, tipica dell'Alto Medioevo, era fondata essenzialmente sull'autoconsumo. All'interno del feudo si produceva tutto quanto era necessario alla sopravvivenza, dalle derrate alimentari agli attrezzi da lavoro o da guerra. Gli scambi commerciali, pertanto, erano quantitativamente poco significanti.

4. La monarchia assoluta e la nascita dello Stato moderno

I fattori che hanno favorito il passaggio dal sistema feudale alle monarchie assolute e la nascita dello Stato moderno sono molti e complessi. Ma a titolo indicativo possiamo indicarne alcuni.
Un ruolo importante, in questo processo, lo ebbe sicuramente la progressiva trasformazione che stava avvenendo nel sistema economico già nel XII secolo. Alla vecchia *economia curtense* fondata su un modesto scambio di prodotti agricoli e artigianali, con scarso impiego di moneta, si andava affiancando una nuova e vitale economia mercantile.
Con il rifiorire delle città, la vera ricchezza cominciò a non essere più quella data dai grandi latifondi che si estendevano intorno al castello, ma dalla commercializzazione dei prodotti artigiani, dalle attività bancarie e, a partire dal XIV secolo, dalle attività armatoriali verso le Americhe e le nuove terre scoperte. I nobili che non si adeguavano a questa nuova realtà perdevano sempre più il loro potere economico e con esso gran parte della propria autonomia.

Monarca assoluto è colui che regna senza limitazioni.

Per altro verso le frontiere degli Stati nazionali, che si andavano componendo, stavano ormai diventando talmente ampie che non bastavano più le milizie feudali per difenderle.
Occorreva costituire un esercito permanente e poderoso posto sotto il diretto comando del re. E ciò assegnò al monarca un potere militare preponderante, tale da rendere scarsamente significative le residue e costose milizie feudali che vennero progressivamente liquidate.

Assoluto è un aggettivo che deriva da *solutum* nel significato di "sciolto". E il monarca assoluto è colui che è sciolto, cioè libero, da ogni condizionamento.
In realtà nessun monarca è mai stato totalmente libero. Le tradizioni e le convenzioni di corte hanno sempre costituito leggi non scritte che tutti hanno dovuto in qualche modo rispettare.

In questo modo i nuovi Stati cominciarono lentamente ad assumere i caratteri della:

- **sovranità**: il re, dopo aver dissolto le milizie feudali, acquista il *monopolio della forza* ed estende le sue leggi su tutto il territorio;
- **indipendenza**: il re non prende più ordini dall'imperatore né da altra autorità esterna allo Stato;
- **originarietà**: il re deriva il suo potere non più da un'investitura esterna (imperiale o papale) ma dalla sua stessa forza legittimata dal diritto dinastico.

5. Lo Stato liberale

Borghesia è un sostantivo che indica una classe sociale composta da imprenditori, capitalisti, commercianti, artigiani, liberi professionisti, dirigenti industriali e simili. **Dopo la Rivoluzione francese** il termine *borghese* assume il significato di classe agiata, impegnata prevalentemente a conservare i propri privilegi.

Tra il XIV e il XV secolo, mentre si consolidava un po' in tutta Europa il potere assoluto dei sovrani, cresceva anche, per ricchezza e per importanza, il ceto borghese. Questa classe sociale, che aveva cominciato a svilupparsi fin dai primi secoli del Medioevo, comprendeva professionisti, artigiani, piccoli commercianti. Ma anche grandi banchieri, assicuratori, armatori, titolari di imprese di import-export e (soprattutto a partire dalla fine del Settecento) anche industriali manifatturieri.
In quanto produttrice di ricchezza, la borghesia si considerava, bene a ragione, la vera spina dorsale dello Stato. Ciò non di meno, essa non aveva alcuna partecipazione nella gestione del potere politico.
Questa situazione di emarginazione divenne, con il tempo, sempre più intollerabile ed esplose in Francia, nel 1789, con una delle più famose rivoluzioni che la storia ricordi.
Dalla Francia il messaggio di uguaglianza e di libertà si diffuse rapidamente in tutta Europa e nel corso dell'Ottocento, sotto la spinta dei moti rivoluzionari, le monarchie assolute caddero una a una in quasi tutto il vecchio continente.
La borghesia poté così assumere un prevalente potere politico che impiegò per organizzare un nuovo modello di Stato, detto *Stato liberale*.

Borghesia viene dal latino tardo *burgum* ("luogo fortificato"). Da cui il medievale *burgensem*, abitante del sobborgo fuori delle mura.
Liberale deriva da *liber*, "libero". *Stato liberale* è lo Stato costituito sul riconoscimento dei fondamentali diritti di *libertà* del cittadino e sulla suddivisione dei poteri statali tra organi diversi.

Lo Stato liberale ottocentesco era uno Stato *di diritto*, nella maggior parte dei casi *monarchico*, organizzato secondo il principio della *divisione dei poteri*.

Stato di diritto significa che tutti, compreso il re, sono soggetti alla legge e che gli organi pubblici possono fare solo ciò che la legge esplicitamente consente loro di fare.

Monarchico significa che al vertice dell'organizzazione statale sta la figura del monarca, anche se a esso sono attribuiti poteri notevolmente inferiori rispetto a quelli di cui godeva precedentemente.

Fondato sulla divisione dei poteri significa che le funzioni fondamentali dello Stato sono ripartite tra organi diversi e tra loro indipendenti. In particolare:

- il *potere legislativo*, che consiste nel discutere e approvare le leggi, è affidato in modo prevalente a un Parlamento;
- il *potere esecutivo*, che consiste nel governare lo Stato, è affidato a un Governo nominato dal re ma che di solito risponde dei suoi atti al Parlamento;
- il *potere giudiziario*, che consiste nel giudicare sull'inosservanza delle leggi, è affidato alla Magistratura.

I FONDAMENTALI POTERI DELLO STATO

- Legislativo
- Esecutivo
- Giudiziario

6. Lo Stato liberale e la Costituzione

L'ordinamento giuridico liberale si caratterizza per la suddivisione dei poteri dello Stato tra più organi. Ma dov'è stabilito quali devono essere questi organi, come devono funzionare e di quali poteri possono disporre?

L'organizzazione dello Stato e la suddivisione dei poteri è generalmente stabilita nella *Costituzione* o *Carta costituzionale*.

La Costituzione è la *legge fondamentale* dello Stato; la legge cioè che contiene le regole e i principi posti a fondamento dell'intero ordinamento giuridico.

È opportuno sottolineare che l'attributo *fondamentale* non è stato impiegato a caso. *Costituire*, infatti, anche nel linguaggio ordinario, significa "fondare", "istituire" e la *Costituzione* fonda, istituisce un certo tipo di Stato.

Qual è il contenuto delle costituzioni?

Non esiste, né potrebbe esistere, una regola che stabilisca il contenuto delle costituzioni, poiché ogni Stato redige questo atto di nascita in piena autonomia e vi scrive ciò che ritiene più importante.
Solitamente tutte le moderne costituzioni contengono norme che tutelano i fondamentali diritti dei cittadini e regolano l'attività dei massimi organi dello Stato.

Si può modificare la costituzione di uno Stato?

In linea generale tutte le costituzioni sono modificabili attraverso procedure più o meno complesse.

L'importanza della divisione dei poteri venne teorizzata dal filosofo Montesquieu (1689-1755) ne *Lo spirito delle leggi*, l'opera che per buona parte dell'Ottocento costituì il fondamento del costituzionalismo moderato.
In quest'opera l'autore espresse una severa condanna del dispotismo, considerato una forma degenerativa di tutti i sistemi politici, in quanto in esso il capriccio del sovrano si sostituisce all'autorità costante e certa della legge.
Il dispotismo, scrive Montesquieu, può essere superato solo attribuendo i poteri fondamentali dello Stato a organi diversi e affidando a ciascuno di questi il controllo sull'operato degli altri. Solo così sarà possibile garantire la libertà del cittadino.

COSTITUZIONI
- flessibili
- rigide

In particolare sono chiamate:

- **flessibili** le costituzioni le cui norme possono essere modificate o integrate con una legge ordinaria da parte del Parlamento;
- **rigide** quelle le cui norme possono essere modificate o integrate dal Parlamento solo attraverso una procedura molto complessa.

In Italia: lo Statuto albertino era una costituzione **flessibile**, mentre l'attuale Costituzione repubblicana è **rigida**.

QUESTIONI

Gli Stati hanno sempre avuto una costituzione?

In senso molto ampio possiamo rispondere di sì. Osservando il funzionamento di organizzazioni politiche, anche molto antiche, è possibile riscontrare in tutte l'esistenza di alcune regole fondamentali sul funzionamento dello Stato. In generale, però, si trattava di consuetudini tradizionalmente rispettate e non di norme poste consapevolmente.
Tutt'altra cosa sono invece le *costituzioni moderne* che nascono (solitamente dopo un lungo travaglio politico) come atto consapevole e come affermazione di principi e di valori ritenuti fondamentali.

Tutti gli Stati moderni hanno una costituzione scritta?

Non necessariamente. Il Regno Unito, la cui evoluzione verso la democrazia si è svolta senza grandi fratture sociali, non ha, ancora oggi, una costituzione scritta. L'ordinamento inglese si fonda in parte su regole consuetudinarie e solo in parte su testi normativi scritti in epoche diverse, compresi la *Magna Charta* del 1215 e il *Bill of Rights* del 1689.
La necessità di porre per iscritto regole precise si è posta, invece, in quei Paesi nei quali vi è stato un passaggio traumatico da un tipo di ordinamento all'altro. È stato così negli Stati Uniti d'America, in Francia, in Italia, tutti Paesi nei quali lo *Stato costituzionale e di diritto* è nato dal travaglio delle rivoluzioni (la Rivoluzione americana, la Rivoluzione francese, i movimenti liberali dell'Ottocento). In questi Paesi i vincitori hanno sentito il bisogno di fissare in forma solenne e incontestabile l'accordo raggiunto sulla nuova organizzazione dello Stato e sui nuovi rapporti tra Stato e cittadini.

Come è nata la Costituzione repubblicana

La storia costituzionale italiana inizia nel 1848 quando, dopo quasi trent'anni di rivolte, il re di Piemonte, Carlo Alberto di Savoia, concesse ai suoi sudditi lo **Statuto**, una costituzione liberale che trasformava la monarchia sabauda da *assoluta* in *costituzionale*. Dopo la proclamazione del Regno d'Italia, nel 1861, lo Statuto venne esteso a tutto il Paese e divenne la prima costituzione italiana. Era una costituzione solo moderatamente democratica, ma l'avvento del fascismo cancellò anche i pochi elementi di democrazia e trasformò lo Stato liberale italiano in una dittatura.
Caduto il fascismo e terminata la Seconda guerra mondiale, il popolo italiano venne chiamato a decidere, attraverso un referendum, se l'Italia dovesse rimanere ancora una monarchia o dovesse trasformarsi in repubblica. Il referendum si tenne il 2 giugno 1946 e vinse, come sappiamo, l'opzione repubblicana. Subito dopo una Assemblea costituente pose mano alla compilazione dell'attuale Costituzione, che entrò in vigore il 1° gennaio 1948.

7. Lo Stato liberal-democratico

Lo Stato liberale ottocentesco, sebbene fosse uno *Stato di diritto* nel quale tutti i cittadini erano sottoposti alla legge, si presentava ancora come uno Stato scarsamente democratico. Dopo aver sconfitto l'assolutismo monarchico, infatti, la borghesia aveva cercato di escludere le masse popolari dalla gestione del potere politico. E a questo scopo aveva spesso limitato proprio quei diritti di libertà che erano stati alla base della rivoluzione liberale. Soprattutto aveva fortemente limitato il diritto di voto.

In Italia la prima legge elettorale per l'elezione della Camera dei deputati attribuiva l'*elettorato attivo e passivo* (cioè il diritto di eleggere e di essere eletti) solo a chi possedeva un reddito molto elevato.
Questa limitazione, che a noi oggi appare inconcepibile, discendeva dalla considerazione, ampiamente condivisa nel mondo borghese, che solo la proprietà affranca l'uomo dal bisogno e lo rende realmente libero.
Da ciò si faceva discendere un'importante conseguenza: se i proprietari sono le sole persone realmente libere, solo loro sono in grado di operare le migliori scelte per il bene comune.
In pratica solo a chi ha un alto reddito spetta il diritto e l'onere di guidare lo Stato. La classe operaia e contadina e la piccola borghesia erano, pertanto, escluse da qualsiasi forma di partecipazione politica.
Ma poiché il cammino della storia non si ferma, la borghesia conservatrice non riuscì a bloccare la richiesta di democrazia che veniva dagli strati più bassi e più vasti della società.

In tempi e in modi diversi, in tutta Europa cominciò così ad avviarsi un lento processo di *democratizzazione* che andò generalmente trasformando lo Stato liberale in uno Stato *liberal-democratico*.

È liberal-democratico uno Stato di diritto nel quale trovano concreta attuazione gli elementi fondamentali della democrazia.

Che cosa è esattamente la democrazia?

▶ **Democrazia** è un termine che deriva dal greco *demos*, che significa "popolo", e *kratos*, che significa "potere". La democrazia, pertanto, è un sistema nel quale il potere, cioè la sovranità, appartiene a tutto il popolo, che ne delega l'esercizio ai propri rappresentanti liberamente eletti.

È sufficiente che il popolo elegga i suoi rappresentanti perché si abbia una democrazia?

Certamente no. Anche negli Stati totalitari talvolta vengono indette elezioni politiche, ma essendovi un unico partito ed essendo vietata ogni forma di opposizione, il popolo non ha alcuna reale possibilità di scelta.

▶ **Elementi essenziali** affinché uno Stato possa essere definito democratico sono:

- il *suffragio universale*, cioè la possibilità per tutti i cittadini di votare liberamente e di essere eletti;
- il *pluralismo politico*, cioè la presenza di una pluralità di partiti, di associazioni, di movimenti che si facciano portavoce delle richieste che vengono dalla società;
- la *libertà di riunione, di associazione e di espressione del pensiero* affinché sia favorita la più ampia circolazione delle idee;
- l'accettazione del *metodo democratico*, in virtù del quale le decisioni politiche vengono assunte a maggioranza, ma alla minoranza è garantita la libertà e la concreta possibilità di esprimere pubblicamente il proprio dissenso e di operare per diventare essa stessa maggioranza.

Io faccio parte del popolo, però non ho alcun potere di comando e devo solo obbedire alle leggi. Come si spiega questo fatto?

La democrazia può essere esercitata in modo *diretto* o *indiretto*.

▶ **La democrazia indiretta** o rappresentativa prevede che il popolo elegga i propri rappresentanti i quali svolgeranno le funzioni che la Costituzione assegna loro. Questo tipo di democrazia costituisce oggi il più diffuso sistema di gestione del potere politico.
Per quanto riguarda il nostro Paese, il secondo comma dell'articolo 1 della Costituzione stabilisce che "La sovranità appartiene al popolo che la esercita nelle forme e nei limiti della Costituzione".

▶ **La democrazia diretta** è un sistema nel quale il popolo si pronuncia *direttamente* su tutti i più importanti provvedimenti riguardanti la vita del Paese e nel quale i governanti, dopo aver ascoltato il responso popolare, si limitano a darvi esecuzione.

Questo sistema è stato adottato per un arco di tempo non breve nelle antiche città greche e nella Roma repubblicana. Ma in quelle realtà storiche la consultazione popolare diretta era agevolata dal fatto che il numero dei votanti era piuttosto contenuto e ciò consentiva, in taluni casi, di riunirli nella piazza o nel *foro* e procedere direttamente alle deliberazioni.
Oggi nessuna piazza potrebbe contenere i cittadini di uno Stato di normali dimensioni. La possibilità di utilizzare la **rete telematica** potrebbe forse contribuire a superare questo tipo di ostacolo, ma in realtà il sistema di democrazia diretta comporta anche altri problemi.
Uno di questi è la impossibilità di condurre una mediazione tra posizioni diverse. Al cittadino si chiede solo di dire sì o no su una certa proposta e questa rigida alternativa alla lunga diventa causa di frattura sociale. Un Paese funziona bene quando tra i cittadini vi è un ragionevole spirito collaborati-

vo. E questo risultato si raggiunge non proponendo alternative drastiche ma operando una continua mediazione tra posizioni diverse. La politica, in tutti i Paesi civili, è *mediazione*. In Italia le leggi, prima di essere votate nelle aule parlamentari, vengono esaminate da apposite commissioni che hanno proprio il compito di mediare tra le diverse proposte e trovare sulla legge la più ampia condivisione. Non per caso la maggior parte delle leggi in vigore sono state approvate dalla maggioranza in *non totale dissenso* con la minoranza.

Cercare sempre un accordo tra forze politiche diverse non significa fare dei compromessi?

Compromesso non è una parolaccia. Il termine indica un accordo con il quale ciascuna parte cede qualcosa alle ragioni dell'altra. E questo è un comportamento altamente responsabile che attenua le divisioni nella società.
È utile capire che la democrazia non deve essere confusa con il **dispotismo della maggioranza**, per effetto del quale chi vince le elezioni comanda e gli altri obbediscono. Chi vince le elezioni deve sicuramente assumersi la responsabilità delle scelte necessarie al governo del Paese, ma al tempo stesso non deve del tutto ignorare le istanze che provengono da quella parte della società che si riconosce nelle opposizioni.

QUESTIONI

Il referendum come strumento di democrazia diretta

Sebbene oggi negli ordinamenti democratici prevalga il sistema della democrazia indiretta, qualche elemento di democrazia diretta sopravvive ancora. Con il referendum abrogativo, per esempio, tutti i cittadini elettori sono chiamati a decidere se una determinata legge (o una parte di essa) debba continuare a fare parte dell'ordinamento oppure debba essere abrogata.
In Italia il referendum abrogativo può essere indetto se ne fanno richiesta almeno 500 mila elettori o 5 Consigli regionali.
Se si presenta a votare la maggioranza degli elettori e se tra questi prevalgono i "sì", il Presidente della Repubblica, con proprio decreto, dichiara abrogata la legge.
Se prevalgono i "no", la richiesta referendaria viene respinta e il medesimo quesito non può essere riproposto prima che siano trascorsi almeno cinque anni.
La consultazione viene annullata se non si è presentato a votare più del 50% degli aventi diritto al voto.
Il referendum non è ammesso, precisa l'art. 75 della nostra Costituzione, per le leggi tributarie e di bilancio, di amnistia e indulto, e di ratifica (cioè di approvazione) dei trattati internazionali.

8. Lo Stato sociale

Nella seconda metà del Novecento lo Stato liberal-democratico fece un ulteriore passo in avanti e andò assumendo, nei Paesi economicamente più avanzati, i connotati dello Stato sociale.

Lo Stato sociale, detto anche *del benessere* o **welfare state**, è un modello di Stato nel quale è (o dovrebbe essere) garantito a tutti i cittadini un livello minimo di benessere attraverso l'erogazione di servizi pubblici essenziali e forme adeguate di assistenza e di previdenza sociale.

Naturalmente lo Stato sociale può trovare, nei diversi Paesi, un grado diverso di applicazione e di efficacia. E a questo proposito si è soliti distinguere tra un *modello liberale* e un *modello socialdemocratico.*

▶ **Modello liberale** è chiamato quello nel quale lo Stato interviene in aiuto delle fasce economicamente più deboli della popolazione solo in casi di estrema indigenza. A questo modello si ispirano oggi molti Paesi dell'ex blocco sovietico e ora parte dell'Ue, come la Polonia, la Romania e altri.

QUESTIONI

Le direttrici dello Stato sociale

Nei più avanzati Stati sociali il benessere collettivo è perseguito seguendo quattro direttrici.

- Erogazione, da parte dello Stato, di quei **servizi pubblici essenziali** come l'istruzione, la sanità, i trasporti che hanno effetti positivi non solo per chi ne fruisce direttamente, ma per l'intera collettività. Non v'è dubbio, infatti, che sia vantaggioso per tutti vivere in un Paese culturalmente preparato, mediamente sano, dotato di una buona viabilità, di trasporti efficienti, e così via.
- **Assicurazioni sociali**: tutti, indipendentemente dal loro reddito, devono essere garantiti contro i *grandi rischi* connessi al sopraggiungere della vecchiaia, all'insorgere di malattie o a forme di invalidità. L'universalità delle prestazioni è un tratto caratteristico e irrinunciabile dello Stato sociale.
- **Politiche redistributive del reddito** attuate in modo diretto dallo Stato attraverso l'erogazione di assegni di povertà, di invalidità, di disoccupazione. Si tratta di interventi non più assicurativo-previdenziali, come quelli considerati sopra, ma più propriamente assistenziali.
- La quarta direttrice, infine, è costituita da una **politica fiscale** fondata soprattutto sulla *progressività* delle aliquote e sulla *personalità* dell'imposta.

Progressività significa che l'aliquota deve diminuire al diminuire del reddito imponibile.

Personalità significa che, a parità di reddito, versa meno imposte chi ha una condizione personale più disagiata dovuta, per esempio, alla presenza di familiari a carico o a problemi di natura sanitaria. In questo modo si attua una *redistribuzione* indiretta dei redditi: chi ha minore *capacità contributiva* paga meno imposte ma può usufruire dei servizi offerti dallo Stato nella stessa misura di chi ha maggiore reddito.

▶ **Modello socialdemocratico** è chiamato quello più avanzato adottato, con maggiore o minore attenzione, da tutti i Paesi dell'Europa occidentale, dalla Germania, alla Francia, alla Spagna, all'Italia.
In questi Paesi l'erogazione da parte dello Stato di servizi pubblici a condi-

zioni non speculative ha favorito, nella seconda metà del Novecento, un aumento del reddito disponibile delle famiglie che si è tradotto in un aumento dei consumi e dei risparmi. L'aumento dei consumi, a sua volta, ha stimolato la produzione e l'occupazione, mentre l'aumento dei risparmi ha agevolato gli investimenti pubblici e privati.

Perché allora, si sente spesso parlare di riforma, di contenimento, o addirittura di eliminazione dello Stato sociale?

Perché lo Stato sociale ha un costo. Costano gli ospedali, costano le strade, costa la scuola. E poiché lo Stato non ha redditi propri, questi costi debbono essere coperti con i tributi. E pagare i tributi scontenta tutti. Scontenta le imprese che vedono aumentare i loro costi di produzione; scontenta i percettori di redditi alti che devono pagare imposte elevate per servizi (ospedali pubblici, trasporti) di cui si servono poco; e scontenta anche le classi economiche più disagiate che si lamentano per l'inefficienza dei servizi.
Tutto questo conduce in molti Paesi (tra cui l'Italia) verso una sorta di rifiuto dello Stato sociale e induce a guardare con maggiore interesse alla privatizzazione dei servizi pubblici, anche di quelli essenziali, coma la sanità. Dimenticando, però, che gli imprenditori privati non hanno come obiettivo generale la beneficenza, ma piuttosto la massimizzazione del profitto comunque ottenuta.

9. Lo Stato comunista

L'idea di una società di tipo comunista, variamente immaginata, ha radici piuttosto antiche, ma quando oggi parliamo di comunismo senza ulteriori specificazioni ci riferiamo al progetto ricavabile dalle opere di due filosofi tedeschi vissuti nel corso dell'Ottocento: Karl Marx (1818-1883) e Friedrich Engels (1820-1895). Vediamo, allora, in estrema sintesi, alcuni presupposti e il punto di arrivo della concezione marxiana dello Stato.
La storia, nell'interpretazione marxiana, è scandita dalla lotta tra classi sociali, tra oppressori e oppressi e, nella moderna società, tra borghesia e proletariato. In questo scontro (che secondo Marx avrebbe dovuto concludersi con l'inevitabile vittoria del proletariato) lo Stato, con il suo apparato repressivo, rappresenta lo strumento del dominio della classe borghese. E proprio in quanto strumento di dominio di classe esso è destinato a estinguersi con la fine della divisione in classi della società.

Proletario è un termine che indica chi può offrire sul mercato del lavoro solo manodopera non specializzata e generalmente percepisce un reddito piuttosto basso. Nella Roma antica *proletari* erano chiamati coloro che non possedevano nulla e venivano censiti solo in quanto avevano o potevano avere *prole*, cioè figli.

Come immaginava Marx che si sarebbe superata la divisione per classi sociali?

Marx ed Engels ritenevano che, essendo il sistema produttivo già straordinariamente avanzato, se il prodotto del lavoro fosse stato destinato per intero ai lavoratori, tutti avrebbero potuto vedere soddisfatti i normali bisogni. Tut-

tavia, perché ciò potesse realizzarsi, era indispensabile che la proprietà degli *strumenti della produzione* (cioè delle aziende) passasse allo Stato.
Eliminato l'aspetto speculativo, non sarebbe stato più necessario utilizzare il lavoratore fino all'esaurimento delle sue forze. Nella nuova organizzazione del sistema produttivo tutte le persone idonee sarebbero state impegnate, in modo che il carico di lavoro di ciascuno risultasse estremamente ridotto.
Ma in un'organizzazione sociale nella quale l'essere umano è liberato dal bisogno (per cui la truffa, il furto, la rapina, non hanno più senso) e non ci sono più classi dominanti e classi subalterne in eterno conflitto, a che cosa serve uno *Stato gendarme* che regoli e diriga la società con la sua forza armata? A nulla, rispondono Marx ed Engels; e in questa sopravvenuta inutilità è la ragione dell'estinzione dello Stato come apparato repressivo.

Azienda è il complesso dei beni (strutture, macchinari, scorte) utilizzati dall'imprenditore per l'esercizio dell'impresa.

Si definiscono comunisti, attualmente, solo 5 Paesi: Cina, Corea del Nord, Cuba, Laos, Vietnam.

QUESTIONI

Si è mai realizzato l'ideale marxista?

Storicamente l'ideale comunista ha ispirato l'organizzazione di alcuni Stati tra i quali ricordiamo, per la loro importanza, l'URSS (Unione delle Repubbliche Socialiste Sovietiche) e la Repubblica Popolare Cinese. Ma né in questi Paesi, né in altri che volontariamente o forzatamente li hanno seguiti, si è andati oltre il primo stadio nella costruzione del comunismo. In tutti, dopo aver costituito un forte Stato totalitario e aver represso duramente ogni dissenso etichettato come borghese, il partito comunista non è stato in grado, o più semplicemente non ha voluto, procedere all'avvio della seconda fase, cioè all'estinzione dello Stato e alla creazione di una società autogestita, finendo invece per dare vita a regimi brutalmente dittatoriali, per di più caratterizzati da grande penuria di risorse e da diffusa povertà. La gestione pubblica di tutte le attività produttive ha determinato ovunque la creazione di un apparato burocratico elefantiaco che ha finito per schiacciare l'economia, producendo sprechi, disuguaglianze, scarsità di beni e rendendo sempre più lontano l'obiettivo comunista della liberazione dell'essere umano dal bisogno.
Oggi l'esperienza sovietica è esaurita. Tra il 1989 e il 1991, dapprima sotto la guida riformatrice di Michail Gorbaciov e poi per effetto di eventi incontrollabili, l'URSS si è disgregata. Le Repubbliche che la componevano hanno riacquistato la loro indipendenza e Mosca è tornata a essere soltanto la capitale della Russia (oggi Federazione Russa). Contemporaneamente hanno riacquistato la piena autonomia tutti gli Stati che gravitavano nell'orbita di influenza sovietica: la Germania Democratica (che si è riunita alla Germania Federale), la Romania, la Bulgaria, l'Ungheria, la Polonia e la Cecoslovacchia (che successivamente si è divisa in due diverse repubbliche: la Repubblica Ceca e la Slovacchia). In questi Paesi è tornato il pluralismo politico.
L'esperienza cinese invece resiste ancora, ma il partito comunista, anch'esso politicamente in forte crisi, conserva il potere con metodi essenzialmente repressivi. Da un punto di vista economico, però, da più di un decennio si stanno riducendo i poteri delle burocrazie ministeriali e si sta accentuando l'autonomia delle imprese.
I prossimi anni diranno se da queste premesse nasceranno anche in Cina il pluralismo politico e la democrazia.

Condizione imprescindibile per la realizzazione del progetto di Marx ed Engels era che tutte le aziende private passassero allo Stato. Ma che cosa lasciava immaginare che la borghesia imprenditoriale le avrebbe cedute spontaneamente?

Era abbastanza chiaro che le classi dominanti non avrebbero rinunciato spontaneamente e pacificamente al loro potere, e che gli imprenditori non avrebbero ceduto allo Stato le proprie aziende senza opporre resistenza.
Di conseguenza, la realizzazione del progetto comunista avrebbe richiesto, almeno inizialmente, l'impiego della forza rivoluzionaria e l'instaurazione della *dittatura del proletariato*. Il proletariato avrebbe dovuto prendere saldamente in mano le redini dello Stato (che in questa fase di transizione è chiamato *socialista*) e solo quando il dominio borghese fosse stato abbattuto, lo Stato si sarebbe finalmente estinto, lasciando il posto alla società comunista nella quale l'uomo nuovo, libero dal bisogno, avrebbe vissuto secondo il principio: *da ognuno secondo le sue capacità; a ognuno secondo i suoi bisogni.*

10. Quali sono stati i caratteri dello Stato fascista

Il fascismo è stato un singolare modello di dittatura, fondato non solo sull'imposizione autoritaria, come è tipico di ogni dittatura, ma anche su un consenso di massa attivamente cercato e in gran parte ottenuto.

Che cosa è una dittatura?

Dittatura significa accentramento dei poteri in un solo organo.

E poiché tale accentramento può non essere unanimemente condiviso, la dittatura, per conservare se stessa, tende a reprimere ogni forma di dissenso eliminando, innanzitutto, le libertà democratiche.

In Italia la dittatura fascista si realizzò:

- concentrando la maggior parte del potere politico nella figura del capo del Governo;
- ponendo fuori legge i partiti politici e i sindacati diversi dal partito e dal sindacato fascista;
- limitando la libertà di associazione e di manifestazione del pensiero;
- eliminando ogni forma di pluralismo culturale.

> **Dittatore**, nella Roma repubblicana, era il magistrato eletto nei momenti di grave pericolo per lo Stato e temporaneamente investito dei pieni poteri civili e militari. Il termine deriva da *dictare* nel significato di "dettare", "comandare", "dare ordini".
> Uno dei primi dittatori fu Lucio Quinzio Cincinnato, un generale a riposo che, nel 458 a.C., mentre era intento ad arare i suoi campi, venne richiamato a Roma per comandare la difesa della città dagli assalitori Equi. Cincinnato assunse i pieni poteri, sconfisse i nemici e, subito dopo, rinunciando a ogni onore, tornò alle sue terre. Nella tradizione romana è figura esemplare di semplicità di costumi e disinteresse.

11. Le possibili forme di governo

▶ **Le forme di governo** descrivono il modo in cui il potere sovrano è distribuito tra i diversi organi che compongono l'apparato statale.

Re (in latino *rex*) appartiene a un gruppo molto antico di termini relativi alla religione e al diritto. L'accostamento al greco *orégo*, che significa "stendere in linea retta", fa pensare che il *rex* (più simile al sacerdote che al re in senso moderno) fosse colui che aveva autorità per tracciare i limiti della città e per determinare le regole del diritto.
Dinastia è il termine con cui si indica una serie di re o di principi d'una stessa famiglia che si succedono al governo di uno o più Paesi.

Tra le **possibili forme** una prima distinzione possiamo operarla tra forma *monarchica* e *repubblicana*:

- la *forma monarchica* contempla, al vertice dello Stato, la figura del re;
- la *forma repubblicana* vi pone, invece, un presidente.

Qual è la differenza tra un re e un presidente?

In linea generale possiamo individuarla nel fatto che:

- il presidente viene eletto (dal popolo o dal Parlamento) e rimane in carica solo per il tempo previsto dalla Costituzione;
- il re diventa tale per diritto dinastico e rimane sul trono per tutta la vita (salvo che decida di abdicare).

12. Quali forme può assumere il governo monarchico

La monarchia è stata la forma di governo più diffusa nell'antichità, probabilmente perché assicurava continuità nella gestione del potere ed efficacia nell'azione di governo. Non esiste, infatti, direzione più efficace di quella in cui una sola persona comanda e tutte le altre obbediscono.

Ma questo tipo di rapporto, che ben si adattava a un modello primitivo di società, iniziò a mostrare i propri limiti quando le relazioni sociali divennero più complesse.

La *monarchia assoluta* andò così trasformandosi in *monarchia costituzionale pura* e, successivamente, in *monarchia parlamentare*.

L'ultimo imperatore presente al mondo siede sul trono del Giappone. Non ha poteri di Governo ma, in base alla Costituzione, è "simbolo dello Stato e dell'unità del popolo".

- **La monarchia assoluta**, come abbiamo visto, è caratterizzata dalla concentrazione dei fondamentali poteri dello Stato (legislativo, esecutivo e giudiziario) nella figura del re.
  Le monarchie assolute sono oggi concentrate in prevalenza nell'area mediorientale e interessano i regni di Arabia Saudita, Bahrein, Oman, Qatar e gli Emirati Arabi Uniti.
- **La monarchia costituzionale pura** si presenta come un sistema in cui il potere legislativo spetta al Parlamento, ma il re ha il *potere di veto* sulle leggi e conserva il potere esecutivo. Egli nomina i ministri, i quali sono responsabili delle loro scelte solo nei suoi confronti.
- **La monarchia parlamentare** rappresenta lo stadio più evoluto di questa forma di governo. Il potere legislativo spetta al Parlamento e il potere esecutivo al Governo. Quest'ultimo viene nominato dal re, ma per governare deve avere la fiducia, cioè il voto favorevole, della maggioranza parlamentare.
  In questo tipo di ordinamento il re assume la funzione di rappresentante dell'unità nazionale, di garante delle istituzioni democratiche, ma non ha

funzioni di governo o, quanto meno, le ha in misura molto limitata. I suoi poteri tendono a essere simili a quelli del presidente in una *repubblica parlamentare.*
In Europa la monarchia parlamentare è ancora presente in dieci Paesi: Regno Unito, Spagna, Paesi Bassi, Belgio, Danimarca, Norvegia, Svezia, Principato di Monaco, Lussemburgo e Liechtenstein.

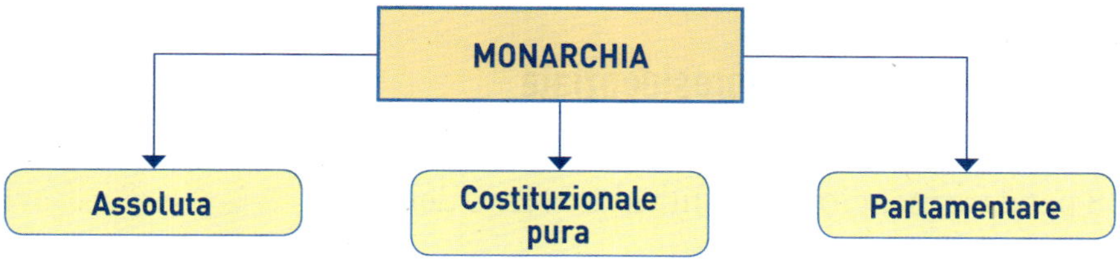

13. Quali forme può assumere la repubblica

Anche la forma di governo repubblicana (come quella monarchica) può presentarsi con connotazioni diverse.
Particolare importanza assumono oggi le esperienze di *repubblica parlamentare*, di *repubblica presidenziale*, *semipresidenziale* e *cancellierato.*

La repubblica parlamentare

In questa forma di governo (attualmente presente in Italia) il Parlamento svolge un ruolo primario. Esso, infatti, oltre a esercitare la funzione legislativa, elegge il Presidente della Repubblica e opera uno stretto controllo sull'attività del Governo.
Quest'ultimo può governare solo se ha la *fiducia* (cioè il consenso) della maggioranza del Parlamento. Ed è costretto a dimettersi se tale fiducia viene a mancare.
In questo sistema il Presidente assume la funzione di rappresentante dell'unità nazionale e di garante delle istituzioni democratiche. I suoi poteri sono molto simili a quelli che competono al re nelle *monarchie parlamentari.*

La repubblica presidenziale

In questa ulteriore forma di governo, il Presidente viene eletto direttamente dal popolo e assume un ruolo centrale nell'organizzazione dello Stato.
Nata con la costituzione degli Stati Uniti d'America, la forma di governo presidenziale è stata successivamente adottata anche in altri Paesi, seppure con le modifiche suggerite dalle diverse realtà sociali e politiche.

Presidente viene dal verbo latino *praesidere* nel significato molto ampio di "proteggere", "governare".

Non potendo occuparci di tutte le esperienze, limiteremo la nostra breve analisi all'ordinamento statunitense. In questo:

- il Presidente è titolare del potere esecutivo ed è capo dello Stato; in pratica riunisce in sé la carica di *capo dello Stato* e *capo del Governo*;
- i ministri sono suoi *collaboratori* e vengono da lui nominati e revocati.

Questi ampi poteri trovano tuttavia dei limiti:

- nella Costituzione, alle cui norme il Presidente deve attenersi;
- nel Parlamento (negli USA chiamato *Congresso*) che è il geloso custode del *potere legislativo*, cioè del potere di discutere e approvare le leggi.

Il Parlamento, inoltre, nei casi previsti dalle norme vigenti, può porre il Presidente sotto accusa e decretarne la rimozione.

La repubblica semipresidenziale

Il semipresidenzialismo è stato introdotto per la prima volta in Francia nel 1958 per dare maggiore stabilità al Governo del Paese.

Esso prevede:

- l'elezione diretta del Presidente della Repubblica. Questi, tuttavia, sebbene abbia rilevanti competenze in tema di politica estera e di difesa nazionale, non assume anche le funzioni di *capo del Governo*; egli ha solo il potere di nominare il Primo ministro;
- il Primo ministro formerà il Governo, che eserciterà le sue funzioni senza dover chiedere la *fiducia* al Parlamento,
- ma il Parlamento, ove lo ritenga opportuno, può votare una *mozione di sfiducia* che costringa il Governo alle dimissioni.

Il cancellierato

Questo sistema è adottato in Germania ed è caratterizzato dalla presenza di un capo del Governo, detto *Cancelliere*, dotato del potere di nominare e di revocare i suoi ministri.
Il *Cancelliere* viene nominato dal *Presidente federale*, ma per governare deve avere la fiducia della Camera dei deputati, detta *Bundestag*.
La Camera può respingere il nominativo proposto ma solo se è in grado di proporre un candidato alternativo.
Il *Bundestag*, inoltre, può ritirare la fiducia al Cancelliere in carica, ma anche in questo caso deve essere capace di proporre un candidato alternativo, affinché non si verifichino *vuoti di potere*. Tale accorgimento è chiamato *sfiducia costruttiva*.

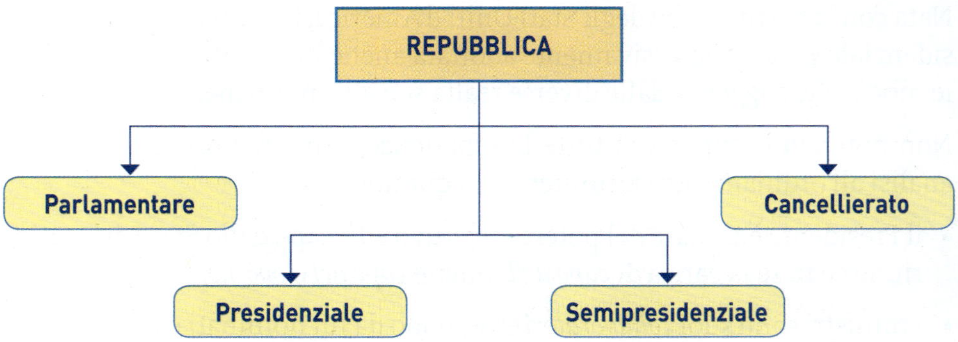

14. Quali sono i caratteri dello Stato unitario e dello Stato federale

Nel disegnare l'organizzazione di uno Stato, sia esso ispirato a principi democratici o autoritari, uno dei primi problemi da risolvere è se sia più opportuno:

- concentrare l'esercizio del potere sovrano in un *apparato centrale* composto da un numero maggiore o minore di organi,
- oppure prevedere la coesistenza di *più apparati*, ciascuno dotato di una propria limitata sovranità.

La prima soluzione porta alla costruzione di uno Stato unitario. La seconda soluzione porta alla costruzione di uno *Stato federale*.

▶ **Lo Stato federale** è formato dall'unione di più Stati, ciascuno dei quali conserva il proprio territorio, il proprio popolo e la propria sovranità. Ma tutti, sottoscrivendo un'unica costituzione, delegano una parte della sovranità a un apparato centrale, detto *Stato federale*, il quale diventa anche l'unico soggetto di diritto internazionale.

Di solito all'*apparato federale* vengono delegate le competenze in materia di politica estera, difesa del territorio, politica economica e monetaria.

Tra i più importanti Stati federali ricordiamo gli USA, il Canada, l'Australia, la Svizzera, la Germania, il Brasile e la Federazione Russa.

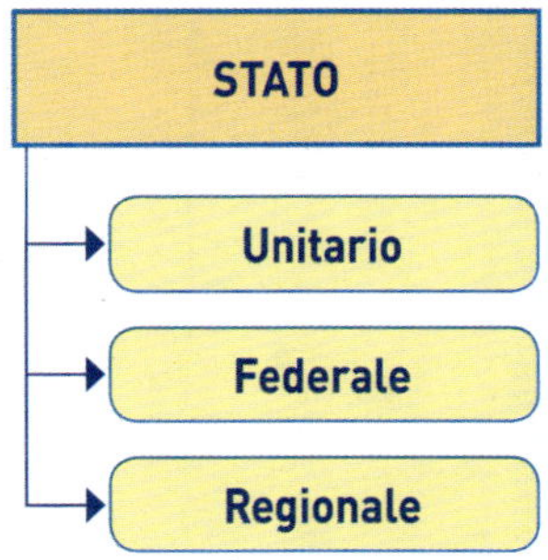

Come si presenta l'ordinamento degli Stati federali?

Come per il presidenzialismo, così per il federalismo non esiste un modello unico, poiché ciascuno Stato, nel momento in cui redige la propria costituzione, disegna nel dettaglio il tipo di organizzazione che ritiene più adatta a sé.
Come modello di riferimento, tuttavia, possiamo assumere quello adottato dagli Stati Uniti d'America con la Costituzione del 1787, che ha rappresentato, storicamente, il primo esempio di federazione tra Stati sovrani.

Nell'ordinamento statunitense ciascuno *Stato federato* è titolare di una sovranità *non assoluta* ma comunque molto ampia, nella quale rientra l'esercizio di un autonomo *potere legislativo*, *amministrativo* e *giudiziario*.
Ma alcune funzioni, e in modo particolare quelle che riguardano la gestione dei rapporti internazionali, la difesa militare e la politica economica generale, sono affidate a una organizzazione centrale chiamata *Stato federale*.

I principali organi dell'*apparato federale* nel modello USA sono:

- il Presidente, eletto direttamente dal popolo, al quale è affidato il potere esecutivo;
- il Parlamento (chiamato *Congresso*) a cui è affidato il potere legislativo nelle materie di competenza federale.

Il Congresso si compone di due assemblee:

- la *Camera dei rappresentanti*, simile alla nostra Camera dei deputati, i cui membri rappresentano l'intero Paese;
- il *Senato*, i cui membri rappresentano i diversi Stati della federazione.

Altro organo di grande rilievo sono le *corti federali*, che hanno il compito di comporre le controversie tra soggetti appartenenti a Stati federati diversi.

15. Una via intermedia: lo Stato regionale

Nel momento della sua nascita come Stato indipendente, l'Italia avrebbe potuto assumere la forma di uno *Stato federale*. In periodo risorgimentale, infatti, non erano mancate personalità come Gioberti e soprattutto Cattaneo che sostenevano con forza l'ipotesi federalista, nella convinzione che soltanto questo tipo di organizzazione avrebbe consentito di effettuare senza traumi l'unione tra realtà sociali ed economiche tanto diverse quali erano quelle presenti nei diversi Stati italiani.
Ma proprio l'esistenza di tante diversità, oltre a più complesse ragioni di convenienza politica, fece probabilmente ritenere il sistema federale poco idoneo a conservare quell'unità tanto faticosamente conquistata.
Si optò, così, per uno *Stato unitario* fortemente accentrato, estendendo a tutto il Paese il modello organizzativo piemontese.

L'avvento del fascismo accentuò la centralizzazione del potere e persino i tradizionali organi elettivi come i sindaci dei Comuni furono soppressi dal regime e sostituiti con podestà direttamente nominati dal Governo.

Con l'avvento della Repubblica, i costituenti si trovarono nuovamente a operare una scelta sul tipo di Stato da adottare. Ma tra le due ipotesi estreme, quella *centralista* e quella *federalista*, optarono per una terza via, e cioè per lo Stato unitario regionale o delle *autonomie locali*, che prevede l'attribuzione delle funzioni pubbliche sia all'apparato statale sia alle Regioni, alle Province e ai Comuni.

Quali considerazioni hanno guidato la scelta dei costituenti verso lo Stato regionale?

Lo *Stato accentrato* non aveva dato grande prova di efficienza e, durante il fascismo, era stato funzionale alla natura autoritaria del regime.
Era evidente, pertanto, che si dovesse percorrere un'altra strada. Esclusa la via del federalismo che incontrava serie resistenze soprattutto nei partiti di sinistra, la soluzione *regionale* parve la giusta via di mezzo.

▶ **Lo Stato regionale** presenta alcuni aspetti di grande interesse:

- conserva l'unità del Paese;
- affida rilevanti funzioni pubbliche a governi locali che possono cono-

scere meglio le specifiche esigenze delle rispettive popolazioni e hanno, quindi, la possibilità di intervenire con maggiore tempestività ed efficienza;

- rafforza l'assetto democratico del Paese con l'istituzione di governi locali eletti dal popolo.

Oggi, per effetto della riforma del Titolo V della Costituzione i poteri delle Regioni (e dei Comuni) sono stati rimodellati e notevolmente accresciuti.

QUESTIONI

Che cosa è lo Stato confederale

Stato confederale è chiamata l'unione di Stati che si accordano per condividere alcune politiche e funzioni, ma non creano un apparato superiore permanente. La Confederazione pertanto, non ha una Costituzione.
Attualmente non esistono più confederazioni, perché tutte quelle conosciute dalla storia, come la Confederazione elvetica o il Benelux, si sono evolute in federazioni o si sono sciolte.
L'Unione europea, della quale tratteremo nel Percorso C, non è una confederazione perché, a differenza di quella, ha un proprio quadro istituzionale permanente costituito da un Parlamento eletto a suffragio universale, da una Commissione che svolge la funzione esecutiva e da un Consiglio dei ministri che insieme al Parlamento svolge la funzione legislativa.
Tuttavia non è neanche uno Stato federale, perché le istituzioni comunitarie non hanno ancora sufficiente autonomia dagli Stati membri.
Essa è, pertanto, un ente sovranazionale di cui si può solo immaginare una evoluzione in Stato federale.

Riguardando gli appunti

1. In che modo la monarchia assoluta introduce lo Stato moderno?

- Ponendo fine ai particolarismi feudali il re assume la sovranità all'interno del proprio regno, si rende indipendente da organismi esterni e fonda il proprio potere solo sulla propria forza. Lo Stato che egli rappresenta diventa così sovrano, indipendente e originario.

2. Quali erano i caratteri dello Stato liberale ottocentesco?

- Lo Stato liberale si presenta come uno Stato di diritto, nella maggior parte dei casi monarchico, organizzato secondo il principio della divisione dei poteri.
- La distribuzione dei poteri è generalmente sancita nella Costituzione. Questa è la legge fondamentale dello Stato e contiene le regole e i principi posti a fondamento dell'intero ordinamento giuridico.

3. Che cosa è la democrazia?

- La democrazia è un sistema nel quale il potere, cioè la sovranità, appartiene a tutto il popolo.
- La democrazia diretta prevede che il popolo si pronunci direttamente su tutti i più importanti provvedimenti riguardanti la vita del Paese.
- La democrazia indiretta o rappresentativa prevede, invece, che il popolo elegga i propri rappresentanti, i quali svolgeranno le funzioni che la Costituzione assegna loro.
- Elementi essenziali affinché uno Stato possa essere definito democratico sono: il suffragio universale; il pluralismo politico; la libertà di riunione, di associazione e di espressione del pensiero; l'accettazione del metodo democratico che offre alla minoranza la concreta possibilità di operare per diventare essa stessa maggioranza.

4. Qual è la differenza tra forma di Stato e forma di governo?

- La forma di Stato individua i diversi tipi di rapporto che possono stabilirsi tra lo *Stato apparato* e i suoi cittadini.
- La forma di governo individua il modo in cui è distribuito il potere sovrano tra i vari organi dell'apparato statale.
- Le forme di governo sono riconducibili a due modelli tipici: la monarchia, nei suoi diversi aspetti di monarchia *assoluta*, *costituzionale* e *parlamentare*; e la repubblica, nelle articolazioni principali di repubblica *parlamentare* e repubblica *presidenziale*, *semipresidenziale* e *cancellierato*.

5. Che cosa distingue una repubblica parlamentare da una presidenziale?

- Il sistema parlamentare assegna un ruolo primario al Parlamento. Quest'organo, infatti, oltre a esercitare la funzione legislativa, elegge il Presidente della Repubblica e opera uno stretto controllo sull'attività del Governo.
- Il sistema presidenziale, invece, prevede che il Presidente sia eletto direttamente dal popolo e che assuma un ruolo centrale nell'organizzazione dello Stato.

6. Qual è la differenza tra Stato unitario e Stato federale?

- Lo Stato unitario è caratterizzato dalla presenza di un *apparato centrale*, composto da un numero maggiore o minore di organi, che esercita il potere sovrano.
- Lo Stato federale è formato dall'*unione di più Stati* ciascuno dei quali conserva il proprio territorio, il proprio popolo e la propria sovranità. Ma tutti, sottoscrivendo un'unica costituzione, delegano una parte della sovranità a un apparato centrale, detto appunto *Stato federale*, il quale diventa anche l'unico soggetto di diritto internazionale.

7. Che cosa è lo Stato regionale?

- Nello Stato regionale, o delle *autonomie locali*, le funzioni pubbliche sono attribuite in parte all'apparato statale e in parte ad altri enti pubblici territoriali.

Verifica le tue conoscenze

Test a risposta multipla

Indica con una crocetta l'affermazione esatta.

1. Il modo in cui il potere sovrano è ripartito fra gli organi dello Stato apparato:
A. è detto democrazia
B. è detto Stato di diritto
C. è detto forma di Stato
D. è detto forma di governo

2. Democrazia diretta significa che i più importanti provvedimenti riguardanti il Paese sono decisi:
A. direttamente dal Governo
B. direttamente dal Parlamento
C. direttamente dal popolo
D. direttamente dal sovrano

3. In una Repubblica presidenziale il Presidente:
A. viene eletto direttamente dal popolo
B. viene eletto direttamente dal Parlamento
C. viene nominato dal Governo
D. viene indicato dal Presidente uscente

4. Con l'espressione Stato sociale si intende uno Stato:
A. che favorisce i rapporti sociali
B. in cui coesistono più gruppi sociali
C. in cui domina una sola classe sociale
D. che garantisce a tutti un livello accettabile di benessere

5. Un esempio di Stato federale è rappresentato da:
A. l'Italia
B. l'Unione europea
C. la Francia
D. gli USA

Sai qual è la differenza tra...

a. Forma di Stato *e* Forma di governo
b. Costituzione flessibile *e* Costituzione rigida
c. Democrazia *e* Dittatura
d. Forma di governo monarchica *e* Forma di governo repubblicana
e. Monarchia assoluta *e* Monarchia parlamentare
f. Stato unitario *e* Stato federale

SÌ/NO... Perché?

Indica con una crocetta la risposta esatta e motiva la tua scelta.

1. Lo Stato moderno nasce con le monarchie assolute? SÌ NO Perché ...
2. Uno Stato monarchico può essere democratico? SÌ NO Perché ...
3. Si può modificare la Costituzione di uno Stato? SÌ NO Perché ...
4. Lo Stato federale è uno Stato unitario? SÌ NO Perché ...
5. L'Italia è uno Stato regionale? SÌ NO Perché ...
6. L'Italia è una repubblica parlamentare? SÌ NO Perché ...

Valuta le tue competenze

ZTE ONLINE
Mettiti alla prova con gli esercizi interattivi

Test a risposta multipla

Indica con una crocetta l'affermazione esatta.

1. Stato apparato è l'espressione con la quale indichiamo:
A. il territorio dello Stato
B. l'insieme degli organi principali dello Stato
C. solo il Parlamento
D. solo il Governo

2. Uno Stato è sovrano se:
A. è governato da un re
B. non deriva i suoi poteri da un'autorità esterna
C. può imporre le sue norme a tutti i soggetti presenti sul territorio
D. può imporre le sue norme anche ad altri Stati

3. Uno Stato si dice indipendente se:
A. non deriva i suoi poteri da un'autorità esterna
B. possiede il monopolio della forza
C. non è subordinato a norme emanate da altri Stati
D. non deriva i suoi poteri da alcuna autorità esterna

4. Nel nostro Paese i diritti fondamentali della persona sono riconosciuti:
A. solo ai cittadini
B. solo ai cittadini italiani e ai cittadini dell'Unione europea
C. a tutte le persone
D. a tutte le persone purché regolarmente residenti

5. Stato di diritto significa:
A. che la vita dei cittadini è regolata dal diritto
B. che solo lo Stato può porre regole di diritto
C. che il diritto dello Stato è composto da norme giuridiche
D. che anche le più alte cariche dello Stato sono soggette alle leggi

6. I poteri fondamentali dello Stato sono:
A. il potere legislativo ed esecutivo
B. il potere legislativo, esecutivo e giudiziario
C. il potere legislativo, esecutivo, giudiziario e repressivo
D. il potere legislativo, esecutivo, giudiziario e di governo

7. La democrazia negli Stati contemporanei si presenta in modo prevalente come:
A. democrazia diretta
B. democrazia indiretta
C. democrazia trasversale
D. democrazia unitaria

8. La forma di Stato indica:
A. il rapporto che può stabilirsi tra l'apparato statale e i cittadini
B. il rapporto che può stabilirsi tra enti pubblici e privati
C. il modo in cui il potere sovrano è distribuito tra gli organi dell'apparato statale
D. la forma (isola, penisola, ecc.) che assume lo Stato

9. La forma di governo indica:
A. il modo in cui si forma il Governo
B. il modo in cui il Governo si rapporta ai cittadini
C. il modo in cui il potere sovrano è distribuito tra gli organi dell'apparato statale
D. il rapporto che può stabilirsi tra l'apparato statale e i cittadini

10. La monarchia e la democrazia sono tra loro incompatibili?
A. sì, sempre
B. no, mai
C. solo se la monarchia è assoluta
D. solo se la monarchia è ereditaria

Conoscenza del lessico giuridico

Scrivi la definizione dei termini seguenti.

- Acque territoriali
- Apolide
- Cittadino
- Colpo di Stato
- Dittatura
- Estradizione
- Forma di governo
- Forma di Stato
- Indipendenza
- Monarchia
- Popolo
- RepubblicaRivoluzione

Valuta le tue competenze

- Sovranità
- Stato apparato
- Stato comunità
- Stato di diritto
- Stato federale
- Stato regionale
- Stato sociale

Domande con risposte brevi

- Quali elementi sono indispensabili perché uno Stato possa definirsi democratico?
- Perché le norme devono essere chiare, ragionevoli ed eque?
- Qual è la differenza più rilevante tra lo Stato e gli altri enti pubblici?
- Perché sovranità e indipendenza sono strettamente collegate?
- Perché tutti gli Stati hanno il monopolio della forza?
- Quali sono le diverse funzioni dell'ambasciatore e del console?
- Si può essere apolidi per scelta?
- Si può essere privati della cittadinanza italiana?
- Perché al mondo ci sono più etnie che nazioni?
- Agli immigrati clandestini sono riconosciuti i diritti fondamentali?
- Perché si sostiene che nel periodo feudale non esistesse lo Stato?
- La Francia di Luigi XVI era uno Stato moderno?

Ragionamento e argomentazione

Rispondi ai quesiti seguendo la traccia fornita.

1. Esprimi la tua preferenza, motivandola opportunamente, per la democrazia diretta o indiretta.

Si ha democrazia diretta se ....

Si ha democrazia indiretta se ....

Personalmente ritengo che sia preferibile ....

perché ....

2. Qual è la tua posizione in merito all'adozione dello *ius soli*?

I sistemi principali di acquisto della cittadinanza sono ....

Lo *ius sanguinis* prevede che ....

Lo *ius soli* prevede che ....

Personalmente ritengo che ....

perché ....

3. A tuo parere è meglio vivere in uno Stato unitario, federale o regionale?

Nello Stato unitario ....

Nello Stato federale ....

Nello Stato regionale ....

Personalmente ritengo che sia preferibile ....

perché ....

4. Ritieni sia preferibile un sistema presidenziale o parlamentare?

Il sistema presidenziale prevede che ....

Il sistema parlamentare prevede che ....

Personalmente ritengo che sia preferibile ....

perché ....

PERCORSO **B** L'ORDINAMENTO INTERNAZIONALE

COMPETENZE DI PERCORSO

COMPETENZE DI ASSE

- Orientare i propri comportamenti ai principi e ai valori espressi dalla Costituzione e dalle Carte internazionali
- Riconoscere i principali aspetti del sistema sociale ed economico allo scopo di operare in un determinato contesto produttivo

CONOSCENZE

- Comprendere l'importanza del diritto internazionale quale normativa garante della pace e dello sviluppo della comunità mondiale
- Conoscere le finalità e le funzioni delle maggiori organizzazioni internazionali
- Comprendere le ragioni passate e future a sostegno dell'integrazione europea
- Conoscere l'organizzazione e le funzioni delle istituzioni dell'Unione europea

ABILITÀ

- Saper individuare l'organizzazione alla quale far riferimento per la soluzione di un problema internazionale
- Saper individuare l'organo dell'Unione europea al quale far riferimento per la soluzione di un problema comunitario

UNITÀ 1

Gli Stati e le grandi organizzazioni internazionali

1. Quali sono le fonti del diritto internazionale

FONTI DEL DIRITTO INTERNAZIONALE
- **Consuetudini internazionali**
- **Trattati**
  - Convenzioni o carte

Come tutti sappiamo, tra gli Stati intercorrono numerosi e complessi rapporti. Rapporti diplomatici innanzi tutto, ma anche commerciali, doganali, militari, di cooperazione, e così via. Tutti questi rapporti sono regolati dal *diritto internazionale*.

Diritto internazionale è chiamato l'insieme delle norme che regolano i rapporti tra gli Stati.

Mi domando chi abbia l'autorità per imporre queste regole.

Le norme che compongono il diritto internazionale non sono imposte né fatte rispettare da alcuna particolare autorità. Come abbiamo visto nel Percorso A, tutti gli Stati si considerano sovrani e indipendenti e nessuno è disposto a riconoscere un'autorità esterna superiore alla propria che ponga regole e ne imponga il rispetto magari con l'uso della forza.

Le norme che regolano i rapporti internazionali, pertanto, siano essi di natura commerciale, militare o assistenziale, derivano soltanto da:

- *consuetudini* tradizionalmente accettate;
- *trattati* liberamente stipulati.

Le consuetudini internazionali sono regole che si sono andate formando nel tempo attraverso la ripetizione costante e uniforme di comportamenti adottati dagli Stati nella convinzione di adempiere a un dovere giuridico.

Per esempio, rispettare i convogli e gli accampamenti della Croce Rossa è una regola alla quale gli Stati sono andati spontaneamente adeguandosi, cosicché essa è ormai diventata una *consuetudine internazionale*.
La stessa cosa può dirsi delle regole che:

- consentono al personale diplomatico di evitare i controlli doganali,
- estendono alle navi e agli aerei che si trovino in acque o in cieli internazionali la sovranità dello Stato nel quale tali mezzi di trasporto sono stati immatricolati,
- rendono l'alto mare aperto e libero cosicché ciascuno Stato possa utilizzarlo nel rispetto della libertà degli altri Stati.

▸ **Le consuetudini sono vincolanti** per ogni Stato in quanto costituiscono una fonte primaria del diritto.

Mi resta difficile credere che gli Stati si adeguino spontaneamente a regole consuetudinarie che nessuno ha la forza di imporre. È davvero possibile tutto questo?

In effetti, mancando un'autorità sovranazionale capace di imporre con la forza il rispetto delle norme internazionali, i singoli Paesi possono anche decidere di non rispettarle.
Questo, tuttavia, avviene raramente perché i rapporti tra Stati sono improntati al principio della reciprocità e ciò significa che se un Paese non rispetta le regole generali non potrà aspettarsi che gli altri le rispettino nei suoi confronti.

E i trattati che cosa sono?

I trattati sono accordi con i quali due o più Paesi disciplinano questioni di interesse comune.

A differenza delle consuetudini, essi vincolano soltanto gli Stati che li hanno sottoscritti.

Nell'ordinamento internazionale sono considerati una fonte di secondo grado, poiché derivano la loro obbligatorietà dalla norma consuetudinaria *pacta sunt servanda* ("gli accordi vanno rispettati").

Il trattato è:

- *bilaterale* se all'accordo partecipano due soli Paesi;
- *plurilaterale* se vi partecipano più Paesi.

In tempi recenti molte norme consuetudinarie sono state raccolte in codici per favorirne la conoscenza e il rispetto.

Reciproco significa "scambievole", "vicendevole". Il termine viene dal latino *reciprocus*, composto da *re* ("indietro") e *pro* ("avanti"): nella parola stessa è dunque palese l'immagine dello scambio.

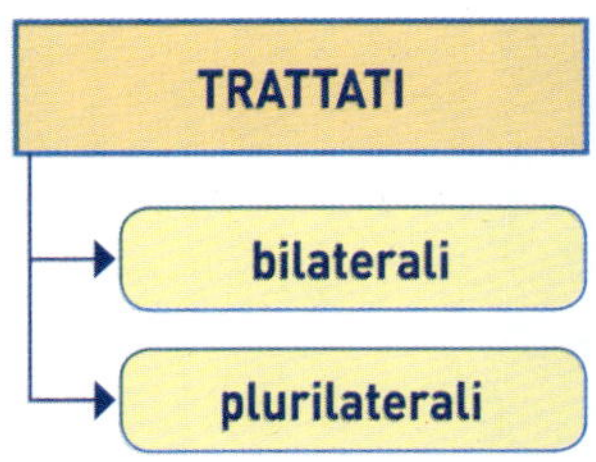

I trattati normalmente divengono efficaci solo dopo essere stati *ratificati*, cioè approvati dagli organi competenti di ciascuno Stato.

Essi rappresentano la parte più rilevante del diritto internazionale e possono avere come oggetto i temi più vari.
Si concludono trattati di pace, trattati per la regolamentazione dei confini, trattati di cooperazione, trattati di collaborazione militare, trattati di natura economica e trattati per l'istituzione di organismi sovranazionali, come l'ONU, la NATO, l'Ue, e così via.

Alla famiglia dei trattati appartengono anche altri tipi di accordi, generalmente indicati come **convenzioni** o **carte**.
Rientrano in questa categoria, per esempio, le convenzioni che regolano la navigazione aerea, l'estensione delle acque territoriali, i diritti di pesca, e così via.

Qual è la particolarità delle convenzioni?

Per cogliere la distinzione tra le convenzioni e gli altri trattati, occorre considerare che solitamente i trattati sono accordi chiusi ai quali non tutti i Paesi vengono invitati. Per esempio, se due o tre Stati concludono tra di loro un trattato per favorire i reciproci scambi commerciali, non è detto che vogliano estendere tale accordo a tutti quelli che vorrebbero parteciparvi.

▶ **Le convenzioni**, invece, sono trattati *aperti* nati proprio con l'auspicio che tutti vi aderiscano e si uniformino alle regole in essi contenute.

Per esempio, con la *Convenzione sul diritto del mare* gli Stati firmatari, tra cui l'Italia, si sono impegnati a non estendere le proprie acque territoriali oltre le dodici miglia marine. E auspicano che tutti gli Stati sottoscrivano tale accordo al fine di creare una regolamentazione uniforme.

2. L'Italia e il diritto internazionale

Come si pone l'Italia nei confronti delle norme del diritto internazionale?

▶ **Per quanto riguarda le consuetudini**, l'art. 10, comma 1, della Costituzione stabilisce che l'ordinamento giuridico italiano "si conforma alle norme del diritto internazionale generalmente riconosciute". Cioè, in pratica, alle consuetudini.

Questa disposizione ha effetti pratici notevolissimi.
Poiché, come sappiamo, la norma costituzionale si trova in una posizione di superiorità gerarchica rispetto alle leggi ordinarie, ne consegue che è annullabile per incostituzionalità qualsiasi norma emanata dal Parlamento che si ponga in contrasto con le consuetudini internazionali.

▶ **Per quanto riguarda i trattati**, l'art. 87 Cost. stabilisce che:
"Il Presidente della Repubblica [...] ratifica i trattati internazionali [...]."

Tuttavia, come dispone l'art. 80 Cost., quando l'oggetto del trattato è particolarmente importante perché riveste natura politica, il Presidente, prima di procedere alla ratifica, deve ricevere un'espressa autorizzazione del Parlamento.

Del tutto diversa è la procedura quando il tema dell'accordo non è di grande rilevanza.

In questi casi, per una prassi ormai consolidata, il Governo, attraverso i suoi ministri competenti, può sottoscrivere direttamente il trattato impegnando lo Stato italiano, senza necessità di una successiva ratifica.

Ratifica viene dal latino *ratum facere*, che significa "fare valido", "convalidare".

3. Le Regioni italiane e il diritto internazionale

Il comma 9 dell'articolo 117 della Costituzione consente alle Regioni italiane di concludere accordi con Paesi stranieri o con enti territoriali minori (per esempio i *länder* tedeschi o i *cantoni* svizzeri).

Questo vuol dire che ciascuna delle 20 Regioni italiane è libera di stipulare accordi internazionali senza alcun coordinamento con le altre Regioni e con lo Stato centrale?

Una tale libertà comporterebbe un caos normativo intollerabile. Per tale ragione l'art. 117 Cost. precisa che questi accordi internazionali possono essere conclusi dalle Regioni solo nei casi previsti dalla legge dello Stato.

L'esecuzione degli accordi internazionali

Quando un trattato internazionale è stato concluso e ratificato occorre, in generale, introdurre nell'ordinamento interno norme che gli diano attuazione. Queste norme possono essere leggi, atti aventi forza di legge o regolamenti.

Se l'oggetto del trattato riguarda una materia che rientra nella competenza legislativa dello Stato, non sorge alcun problema. Con una legge o con un decreto lo Stato potrà dare attuazione al trattato.

Se, invece, l'oggetto del trattato rientra nella competenza legislativa esclusiva delle Regioni la questione si complica. Potrebbe infatti accadere che per ragioni più o meno condivisibili una o più Regioni non emanino le leggi necessarie a dare concreta attuazione al trattato.

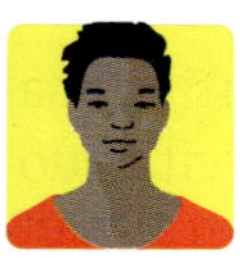

Che si fa in questi casi?

Poiché solo lo Stato è un soggetto di diritto internazionale, se un trattato non venisse rispettato per responsabilità di una Regione sarebbe tutto il Paese a rispondere di inadempienza. E questo palesemente non sarebbe giusto.

Per tale ragione la Costituzione (art. 120 comma 2) stabilisce che:

▶ **Il Governo può sostituirsi** agli organi della Regione, delle Città metropolitane, delle Province e dei Comuni nel caso di mancato rispetto di norme e trattati internazionali o della normativa comunitaria.

Affidando pertanto al Governo centrale il **potere sostitutivo**, la Costituzione garantisce il rispetto delle norme comunitarie dei trattati e delle consuetudini internazionali.

QUESTIONI

La Conferenza permanente per i rapporti tra Stato e Regioni

Sebbene, come abbiamo appena visto, lo Stato sia l'unico soggetto di diritto internazionale, è pur vero che anche le Regioni, sulle quali le scelte dello Stato possono ricadere, devono avere la possibilità di esprimere la propria opinione prima che queste vengano compiute, soprattutto se riguardano atti dell'Unione europea.

Le questioni delle quali si occupa la Ue, infatti, sono principalmente di tipo amministrativo, e pertanto vanno spesso a incidere proprio sulla materia di competenza regionale.

Per creare un raccordo tra Stato e Regioni è stata istituita, con legge 234/2012, la **Conferenza permanente per i rapporti tra lo Stato e le Regioni** (e le Province autonome di Trento e Bolzano) che ha, tra le funzioni principali, quella di concordare, tra Governo centrale e Governi regionali, la linea da tenere in seno agli organi comunitari.

4. Il ruolo del diritto internazionale nella vita quotidiana

È impressione diffusa, quanto errata, che il diritto internazionale sia qualcosa di estraneo alla quotidianità. Che sia formato da accordi che sfuggono alla immediata comprensione e della cui utilità si può dubitare. In realtà una breve riflessione ci aiuterà a capire come sia vero il contrario. Per esempio:

- in virtù del trattato di adesione all'Unione europea possiamo viaggiare liberamente per l'Europa e possiamo studiare, cercare lavoro o avviare una attività produttiva o libero-professionale in qualsiasi Paese dell'Unione, senza limitazioni;
- in virtù dei trattati sulla navigazione aerea possiamo spostarci in ogni parte del mondo sorvolando gli spazi di altri Paesi e risparmiando tempo e denaro;
- in virtù di accordi commerciali possiamo acquistare prodotti stranieri o vendere all'estero prodotti italiani.

Potremmo proseguire con altri esempi, ma già questi sono sufficienti per capire quale sia l'incidenza degli accordi internazionali nella nostra vita quotidiana. Ormai nessun Paese vive più chiuso in se stesso. Le relazioni con gli altri sono divenute una pratica normale che tende ad ampliarsi e dalla quale non si può più prescindere. Ma le relazioni vanno regolate e gli accordi internazionali servono proprio a questo.

5. L'Italia e la guerra

I rapporti internazionali non sono sempre improntati alla reciproca collaborazione. Accade, purtroppo, che taluni Paesi non sappiano risolvere diplomaticamente i propri contrasti e ricorrano alla tragica soluzione della guerra.

Se anche l'Italia entrasse in un insanabile contrasto con un altro Paese, potrebbe fare ricorso alle armi?

▶ **L'art. 11 Cost.** così ci risponde:
"L'Italia ripudia la guerra come strumento di offesa alla libertà degli altri popoli e come mezzo di risoluzione delle controversie internazionali [...]."

La Costituzione, dunque, vieta il ricorso alla violenza armata, ma solo come **strumento di offesa**. Ciò comporta che sarebbe del tutto legittimo intraprendere una guerra senza violare la Costituzione se lo scopo fosse *difensivo*.

Quale organo ha il potere di decidere se, in presenza di un'aggressione, l'Italia debba o non debba rispondere con le armi?

Gli artt. 78 e 87 Cost. così dispongono:
"Le Camere deliberano lo stato di guerra e conferiscono al Governo i poteri necessari."
"Il Presidente della Repubblica [...] dichiara lo stato di guerra deliberato dalle Camere."

Da alcuni anni l'Italia partecipa a missioni militari verso Paesi che non ci hanno aggredito e dai quali non dobbiamo difenderci. Come si giustifica tutto ciò? Non è anticostituzionale?

Nell'uso delle armi a scopo *difensivo* si tende ormai a far rientrare anche gli interventi umanitari diretti alla *difesa* non di se stessi ma di popoli variamente oppressi. Questa interpretazione, molto estensiva, consente all'Italia, nel quadro di accordi internazionali, di impiegare le proprie armi per difendere la pace. Naturalmente ci si potrebbe chiedere perché gli interventi umanitari siano indirizzati sempre verso le aree del mondo ricche di petrolio e non verso altre. Perché, per esempio, pochi si curino di alcune regioni del continente africano tormentate da guerre endemiche e genocidi infiniti. Ma la risposta a questa domanda è eminentemente politica e non giuridica. Del resto ciascuno può trovarla da solo con poco sforzo.

La difesa della Patria, dichiara il primo comma dell'art. 52 Cost., è "sacro dovere del cittadino".

Le autolimitazioni alla sovranità nazionale

L'art. 11 Cost., dopo aver espresso il rifiuto verso qualsiasi forma di aggressione armata, aggiunge che l'Italia:
"[...] consente, in condizione di parità con gli altri Stati, alle limitazioni di sovranità necessarie ad un ordinamento che assicuri la pace e la giustizia fra le Nazioni; promuove e favorisce le organizzazioni internazionali rivolte a tale scopo."

Questa parte della norma ha permesso al nostro Paese di partecipare a organizzazioni internazionali quali l'ONU, la NATO e l'Unione europea, ai cui organismi i *trattati istitutivi* danno facoltà di assumere iniziative vincolanti per i Paesi membri.

QUESTIONI

Gli impegni militari italiani all'estero

I dati forniti dal ministero della Difesa nel 2017 ci presentano l'Italia impegnata in una trentina di missioni militari all'estero con un impiego complessivo di 4.500 uomini.

La missione in Libano, autorizzata dal Consiglio di sicurezza delle Nazioni Unite nel 1978, impiega 1.100 militari in funzione di interposizione e di sicurezza ai valichi di frontiera. In termini di uomini è la più impegnativa tra quelle condotte dall'Italia.

In Afghanistan, nell'ambito della missione NATO, l'Italia è ancora presente con 727 uomini impiegati in funzioni di assistenza e addestramento delle forze armate afgane

Nel Mediterraneo 824 militari italiani sono impegnati nel contrasto al traffico di esseri umani nel quadro di una missione sostenuta dall'Unione europea.

Altre missioni, condotte sotto l'egida dell'ONU o della NATO, sono attive in Kosovo, nel Mali, in Somalia, in Iraq, in Libia, negli Emirati arabi e in numerose altre zone del mondo dove la pace è a rischio.

6. Le grandi organizzazioni internazionali

Generalmente i trattati e le convenzioni si limitano a stabilire regole che gli Stati firmatari si impegnano poi a rispettare.

Ma può accadere che per raggiungere alcune specifiche finalità occorra creare una stabile organizzazione, con dirigenti e impiegati, con una dotazione finanziaria adeguata e, talvolta, con organismi politici che assumano decisioni a cui gli Stati membri dovranno poi adeguarsi. Si formano così le *organizzazioni internazionali*.

Attualmente queste organizzazioni sono piuttosto numerose e perseguono finalità spesso di grande rilievo. Non potendo occuparci di tutte, limiteremo la nostra analisi ad alcune particolarmente importanti.

Di seguito, pertanto, ci occuperemo:

- dell'**ONU**, che ha assunto un carattere universale in quanto riunisce ormai quasi tutti gli Stati del globo,
- della **NATO**, che è una delle organizzazioni militari più rilevanti del mondo,
- del **Consiglio d'Europa**, che dal 1949 opera per lo sviluppo della democrazia e per la tutela dei diritti umani,

- della **Organizzazione per la cooperazione e lo sviluppo economico** (OCSE), che ha come obiettivo principale quello di favorire una equilibrata crescita economica sia nei Paesi membri che nei Paesi non membri dell'organizzazione,
- della **Corte penale internazionale**
- e, infine, dell'**Unione europea**, a cui dedicheremo il Percorso C.

7. Le Nazioni Unite

L'Organizzazione delle Nazioni Unite è nata nel 1945 dalle ceneri della vecchia Società delle Nazioni. Quest'ultima, che aveva sede a Ginevra, era stata costituita subito dopo la Prima guerra mondiale con lo scopo primario di mantenere la pace tra gli Stati, favorendo la composizione non violenta delle controversie.

I tempi, tuttavia, non erano evidentemente maturi per un simile ambizioso progetto. Alcune grandi potenze, tra le quali gli Stati Uniti, non entrarono nell'organizzazione. Altri Paesi vi aderirono con poca convinzione e se ne distaccarono presto.
Nel 1934 si ritirò la Germania di Hitler, nel 1939 si ritirarono l'Ungheria, la Spagna, il Giappone e l'Italia. Nello stesso anno fu espulsa l'Unione Sovietica, a causa della guerra intrapresa contro la Finlandia, e nel 1941 si ritirò la Francia.
Ma ormai era scoppiata la Seconda guerra mondiale e il nuovo conflitto fu la prova più evidente del fallimento della Società delle Nazioni.

I Paesi aderenti all'ONU erano:

- 51 nel 1945
- 60 nel 1950
- 99 nel 1960
- 127 nel 1970
- 154 nel 1980
- 159 nel 1990
- 189 nel 2000
- 192 nel 2006
- 193 nel 2011

L'idea di creare un organismo capace di evitare le guerre non venne però accantonata.
Nell'ottobre del 1943 si riunì a Mosca una conferenza, alla quale parteciparono gli Stati Uniti, il Regno Unito, l'Unione Sovietica e la Cina, per assumere gli accordi necessari a costituire una nuova organizzazione finalizzata al mantenimento della pace e della sicurezza internazionale e aperta alla partecipazione di tutti gli Stati.

Il 25 aprile 1945, a conflitto ancora aperto, i rappresentanti di 51 Paesi si riunirono a San Francisco, in California, e dopo due mesi di lavori deliberarono la nascita dell'Organizzazione delle Nazioni Unite.

Oggi aderiscono all'Organizzazione quasi tutti gli Stati del mondo. Ne rimangono fuori, ma hanno comunque lo *status* di osservatori permanenti:

- lo Stato della Città del Vaticano;
- la Regione Antartica (che è rappresentata da un comitato internazionale);
- l'isola di Taiwan, in quanto è considerata una regione della Cina.

Alla Palestina nel 2012 l'Assemblea generale dell'ONU ha riconosciuto il ruolo di "Stato osservatore".

8. Gli organi dell'ONU

ORGANI DELL'ONU
- Assemblea generale
- Consiglio di sicurezza
- Segretario generale
- Corte di giustizia

Gli organi di maggiore rilevanza delle Nazioni Unite sono:

- l'Assemblea generale;
- il Consiglio di sicurezza;
- il Segretario generale;
- la Corte internazionale di giustizia.

A essi è demandato essenzialmente il compito di operare per una soluzione pacifica dei conflitti.

▶ **L'Assemblea generale** è l'organo che più di altri ha la funzione di favorire l'incontro e il dialogo tra i popoli. Si riunisce almeno una volta l'anno nel *Palazzo di vetro* delle Nazioni Unite, a New York, e a essa partecipano i rappresentanti di quasi tutti gli Stati del mondo.
In questa sede ciascuno può sollevare le proprie proteste o difendere le proprie scelte.

Se un Paese viene imputato di un comportamento scorretto, ha la possibilità di esporre le proprie ragioni, di conoscere e valutare le opinioni degli altri e regolarsi di conseguenza.

Se vi è una situazione di conflitto, l'Assemblea può votare ***risoluzioni*** con le quali invita le parti interessate a cessare comportamenti ostili o comunque pregiudizievoli per la pace.

In seno all'Assemblea la votazione avviene a maggioranza, e ciascun Paese, grande o piccolo, ricco o povero, ha diritto a un solo voto.

Il cosiddetto *Palazzo di vetro*, sede centrale dell'ONU, si trova al numero 760 della United Nations Plaza di New York.
Costruito tra il 1949 e il 1950 su un terreno vicino all'East River a Manhattan grazie anche a una donazione di 8,5 milioni di dollari devoluta da John D. Rockefeller Jr., il Palazzo non appartiene agli Stati Uniti poiché gode del privilegio della extraterritorialità.

Quando c'è aria di tempesta, in giro per il mondo, leggo immancabilmente sui giornali che l'Assemblea dell'ONU ha approvato una risoluzione. *Tutti sembrano soddisfatti, ma a me sembra che poi non cambi nulla.*

Le *risoluzioni* dell'Assemblea non hanno valore vincolante per gli Stati membri ed è possibile che i Paesi a cui sono rivolte decidano di ignorarle. In questi casi è previsto l'intervento di un altro organo dell'ONU: il *Consiglio di sicurezza.*

▶ **Il Consiglio di sicurezza** è l'organo al quale sono affidate le principali responsabilità per il mantenimento della pace.

Quando viene sottoposta alla sua attenzione una questione che può costituire una minaccia per la pace, esso deve adottare tutti i provvedimenti che appaiono idonei a raggiungere una composizione della controversia.
Solo se la via della mediazione non produce risultati apprezzabili può decretare sanzioni contro i Paesi in conflitto.
E solo in casi veramente gravi, quando appaia minacciata la pace generale, può decidere di intraprendere azioni militari.

L'Italia è stata eletta membro del Consiglio di sicurezza dell'ONU per il biennio 2007-2009.

Come è composto il Consiglio di sicurezza?

- **È composto** da 15 membri, 5 dei quali sono *permanenti*, mentre gli altri 10 vengono rinnovati per elezione ogni due anni. Sono membri permanenti le potenze uscite vincitrici dalla Seconda guerra mondiale: Stati Uniti, Regno Unito, Francia, Cina e Federazione Russa (ex Unione Sovietica).
- **Le decisioni** del Consiglio di sicurezza vengono prese a maggioranza, ma affinché siano valide occorre l'*adesione di tutti i membri permanenti*. Se uno solo di questi si oppone, il provvedimento viene respinto, anche se gli altri 14 hanno votato a favore. Ciascuno dei membri permanenti finisce così per possedere un sostanziale potere di veto.

▶ **Il Segretario generale** viene eletto dall'Assemblea ogni cinque anni. Suo compito principale è coordinare i lavori dell'Assemblea, del Consiglio di sicurezza e degli altri organi delle Nazioni Unite.
In presenza di tensioni internazionali può intraprendere, di propria iniziativa, indagini e tentativi di mediazione.
La figura del Segretario generale è andata assumendo nel tempo un'importanza sempre crescente, e alcuni diplomatici che hanno ricoperto questa carica si sono distinti per aver risolto, con il proprio personale intervento, numerose e gravi controversie internazionali.

Per il quinquennio 2017-2022 l'Assemblea generale delle Nazioni Unite, su indicazione del Consiglio di sicurezza, ha eletto alla carica di **Segretario generale dell'ONU** l'ex primo ministro portoghese António Guterres.

▶ **La Corte internazionale di giustizia** è il principale organo giudiziario dell'ONU. Ha sede all'Aia e la sua principale funzione è dirimere le controversie tra gli Stati. A essa possono ricorrere gli Stati membri per risolvere questioni di natura giuridica, come le contese sui confini, sui diritti di pesca, sui diritti di sfruttamento minerario e su altre materie previste dallo Statuto.
La Corte internazionale ha anche funzioni consultive e a essa possono rivolgersi gli stessi organi dell'ONU per risolvere questioni interne all'Organizzazione.
Ci occuperemo di questa Corte nel Percorso D quando tratteremo della composizione giudiziale delle controversie internazionali.

9. Qualche riflessione sull'attività delle Nazioni Unite

Il fatto che nel mondo seguitino a svilupparsi conflitti armati è la più chiara testimonianza che non si sta facendo tutto il possibile per prevenirli o per farli cessare.
Che cosa non funziona bene? Perché l'ONU, nonostante i suoi mezzi, non riesce a fermare le guerre?

Le ragioni, come è comprensibile, sono molte, ma di grande rilevanza è il fatto che le risoluzioni dell'Assemblea o le decisioni del Consiglio di sicurezza sono deliberate dai rappresentanti degli Stati membri. E gli Stati, sia che siedano in Assemblea o nel Consiglio di sicurezza, non smettono mai di aver riguardo, innanzi tutto, ai propri interessi economici, politici e militari. Qualsiasi decisione assunta, pertanto, non può che essere il frutto di una complessa e spesso lunga mediazione tra le parti, volta a superare resistenze sia di natura *politico-economica* che di natura *finanziaria*.

Le resistenze di natura politico-economica sono di gran lunga le più condizionanti. Non è raro, infatti, che le grandi potenze abbiano interessi strategici o commerciali da tutelare, soprattutto nei Paesi economicamente meno sviluppati, cosicché molti interventi delle Nazioni Unite in queste aree vengono ostacolati o ritardati.

Le resistenze di natura finanziaria, invece, sono dovute al fatto che ciascuno Stato che accetti di partecipare a una missione ONU deve provvedere alle spese relative al proprio contingente.
Tali spese dovrebbero essere successivamente rimborsate, ma il bilancio dell'ONU è in forte deficit in quanto gli Stati membri non pagano, o pagano in ritardo, le quote associative, e ciò rende incerti i rimborsi.

L'ONU come poliziotto del mondo

Quando è stata redatta la *Carta* delle Nazioni Unite si aveva idea che l'ONU dovesse avere compiti ben più incisivi, nell'imporre la pace, di quanto ne abbia poi effettivamente assunti. Riflettendo tale orientamento, l'art. 42 della *Carta* prevede che il Consiglio di sicurezza possa autorizzare **azioni di polizia internazionale** che implichino l'uso della forza armata se questo è necessario per mantenere o per ristabilire la pace (operazioni di *peace enforcement*).
Queste azioni possono essere dirette contro uno Stato che abbia violato la sovranità territoriale di un altro Stato oppure possono comportare l'intervento armato all'interno di uno Stato per porre fine a una guerra civile.

Per svolgere questo tipo di interventi, secondo quanto dispone l'art. 42 della *Carta*, il Consiglio di sicurezza avrebbe dovuto essere dotato di un proprio esercito.

Gli artt. 43 e 47 prevedono a tale proposito che gli Stati membri mettano a disposizione del Consiglio contingenti armati necessari a costituire una forza internazionale di cui il Consiglio stesso possa servirsi autonomamente.
A questi due ultimi articoli non è mai stata data attuazione, soprattutto perché nessuna delle due superpotenze (USA e URSS) aveva interesse ad avere in campo una terza forza che, in caso di contrasto, avrebbe potuto schierarsi nella parte opposta alla propria.

Nel 1998 ai "caschi blu" dell'ONU è stato assegnato il premio Nobel per la pace.

Al Consiglio è rimasta solo la facoltà di chiedere interventi armati a forze regionali, come la NATO, oppure impiegare i famosi **caschi blu**.
I "caschi blu" non sono, però, un esercito permanente. Sono solo contingenti formati di volta in volta da reparti militari messi a disposizione dagli Stati membri. Sono dotati di un armamento leggero che possono impiegare solo per legittima difesa e mai per favorire l'una o l'altra delle parti in conflitto. Su

decisione del Consiglio di sicurezza, possono essere inviati nei teatri di guerra per collaborare all'attuazione dei piani di pace, per controllare il rispetto del cessate il fuoco, per pattugliare le zone smilitarizzate o creare **zone cuscinetto** onde evitare scontri armati tra le opposte fazioni.

Sebbene gli interventi militari costituiscano la parte più conosciuta delle operazioni ONU per via dell'attenzione che ricevono dai mezzi di comunicazione di massa, essi in realtà rappresentano una parte minoritaria dell'impegno generale dell'Organizzazione. L'80% delle iniziative, infatti, è indirizzata a fornire assistenza ai Paesi in via di sviluppo attraverso le agenzie specializzate.

10. Le agenzie specializzate e le radici dei conflitti

Gli organi dell'ONU che abbiamo sopra esaminato (Assemblea generale, Consiglio di sicurezza e Segretario generale) evidenziano la loro utilità soprattutto quando si profila o è in corso un conflitto fra Stati o tra gruppi etnici all'interno dello stesso Stato.
Ma nella struttura dell'ONU sono previsti anche altri organi a cui è affidato il compito di **prevenire** le ragioni di conflitto.

Quali possono essere queste ragioni?
Non c'è dubbio che i motivi per litigare sono sempre tanti. Ma alcuni sono assolutamente prevedibili.

La *Carta delle Nazioni Unite* (art. 42) individua le radici di molti conflitti:

- nella povertà;
- nel razzismo;
- nella repressione;
- nelle divisioni sociali ed economiche.

Per cercare di rimuovere queste cause di disagio e di sofferenza, sono state create, all'interno dell'ONU, alcune **specifiche organizzazioni** (o agenzie) che operano in tutto il mondo. Tra le più note ricordiamo:

- l'**UNICEF**, che si occupa della tutela dell'infanzia;
- la **FAO**, che opera per il sostegno nel campo agricolo e alimentare;
- l'**OIL**, che si occupa della tutela dei lavoratori e del dramma del lavoro minorile nel mondo;
- l'**OMS**, l'Organizzazione mondiale per la sanità, istituita per combattere la diffusione delle epidemie nel mondo;
- l'**UNESCO**, che opera per la promozione della cultura e la tutela dell'arte. La sua attività più nota, ma non la principale, è censire e proteggere i siti giudicati patrimonio dell'umanità (l'Italia è il Paese nel quale è stato censito il maggior numero di siti).

UNICEF: United Nations Children's Emergency Fund.
FAO: Food and Agriculture Organization.
OIL o **ILO**: International Labour Organization.
OMS o **WHO**: World Health Organization.
UNESCO: United Nations Educational, Scientific and Cultural Organization.

11. La NATO

La Federazione Russa non fa parte della NATO ma durante il vertice tenutosi a Roma nel maggio 2002 è stata sancita la nascita di un *Consiglio allargato* al quale questo Paese partecipa alla pari con gli altri membri dell'alleanza.

Durante la Seconda guerra mondiale, quasi tutti i Paesi europei, compresa l'Unione Sovietica, si trovarono alleati nella lotta contro le truppe nazifasciste.
Ma con la fine della guerra questa alleanza si ruppe. L'Unione Sovietica non solo non ritirava i propri soldati dalle regioni occupate durante l'avanzata verso la Germania, ma mostrava chiaramente di voler estendere la propria influenza anche su altri Paesi vicini.

Furono questi segnali inquietanti a indurre alcuni Stati (Belgio, Francia, Lussemburgo, Paesi Bassi, Regno Unito, Islanda, Danimarca, Italia, Norvegia, Portogallo, Canada e USA) a stringere un patto di difesa comune. Nel 1949 i rispettivi Governi sottoscrissero a Washington il *Trattato del Nord Atlantico*, chiamato anche *Patto Atlantico*, con il quale si dava vita a un'organizzazione politico-militare denominata *North Atlantic Treaty Organization*, in sigla NATO.

Successivamente, e in tempi diversi, hanno aderito al Trattato la Grecia, la Turchia, la Germania, la Spagna, la Repubblica Ceca, la Polonia e l'Ungheria. Nel marzo del 2004 si sono aggiunti altri 7 Stati: Estonia, Lettonia, Lituania, Bulgaria, Romania, Slovacchia e Slovenia. E nel 2009 l'Albania e la Croazia.

Che cosa stabilisce questo Trattato?

Il Trattato si compone di 14 articoli piuttosto sintetici e la funzione difensiva dell'accordo è dichiarata nell'**art. 5** che così dispone:
"Le parti convengono che un attacco armato contro una o più di esse in Europa o nell'America settentrionale sarà considerato come un attacco diretto contro tutte le parti e di conseguenza convengono che se un tale attacco si producesse, ciascuna di esse [...] assisterà la parte o le parti così attaccate [...]."

Chi assume le decisioni nella NATO?

Il potere decisionale è assegnato a un organismo chiamato *Consiglio Nord Atlantico* (Nac), che si riunisce almeno una volta alla settimana ed è composto da rappresentanti di tutti i Paesi membri.

Bisogna sottolineare che l'art. 5 è stato invocato una sola volta nella storia della NATO. A farvi ricorso è stato il Governo degli Stati Uniti d'America all'indomani dell'attentato dell'11 settembre 2001 alle Torri gemelle di New York.

Altre volte le truppe NATO sono intervenute nelle aree calde del mondo su mandato del Consiglio di sicurezza delle Nazioni Unite.

QUESTIONI

Qual è la differenza tra ONU e NATO?

Può capitare, all'osservatore poco attento, di operare una certa confusione tra le due organizzazioni. Ciò è dovuto essenzialmente a due fattori.
Innanzitutto i principali *partner* della NATO (USA, Francia e Regno Unito) sono anche tre dei cinque membri permanenti del *Consiglio di sicurezza* dell'ONU. In secondo luogo sia la NATO che l'ONU hanno come obiettivo il mantenimento della pace e da questa coincidenza di interessi talvolta nasce una stretta collaborazione.
Può accadere, per esempio, che le forze NATO intervengano in una certa area del mondo su mandato dell'ONU.
Le due organizzazioni sono però del tutto distinte.
L'ONU è un'organizzazione sorta con l'obiettivo primario di mantenere la pace e riunisce quasi tutti i Paesi del mondo.
La NATO è un'alleanza di tipo militare che riunisce, a scopo difensivo, solo alcuni Paesi dell'area euro-atlantica.

12. Il Consiglio d'Europa

Dopo la fine della Seconda guerra mondiale, i Paesi europei sentirono la pressante necessità di allontanarsi il più possibile dalle atrocità commesse dai totalitarismi nazisti e fascisti, e di assumere iniziative utili a garantire a tutti pace e prosperità. Con tali finalità venne avviato un procedimento di integrazione economica che portò alla formazione delle Comunità europee, prima, e dell'Unione europea, poi (> Percorso C).
Parallelamente, con il Trattato di Londra del 1947, venne istituito anche un organismo di cooperazione politica chiamato *Consiglio d'Europa*.

Il Consiglio d'Europa è un'organizzazione sorta per favorire lo sviluppo della democrazia e la tutela dei diritti umani.

È opportuno sottolineare subito che il Consiglio d'Europa non fa parte dell'Unione europea, e non va confuso con gli organi di quest'ultima quali il Consiglio dell'Unione europea, o il Consiglio europeo.
Sottoscritto inizialmente da 10 Paesi, tra cui l'Italia, il Consiglio conta oggi 47 Stati membri, compresi molti Paesi ex sovietici.

La sede istituzionale è a Strasburgo, in Francia, nel Palazzo d'Europa.

L'Assemblea generale, che riunisce i rappresentanti di tutti i Parlamenti nazionali, è divenuta un momento di incontro e di confronto di grande rilevanza.

Quali funzioni svolge esattamente il Consiglio?

Obiettivo prioritario è favorire lo sviluppo della democrazia e la tutela dei diritti umani. A questo scopo esso ha promosso numerose convenzioni, poi sottoscritte dai Paesi membri.

Sono membri del Consiglio d'Europa: Albania, Andorra, Armenia, Austria, Azerbaijan, Belgio, Bosnia-Erzegovina, Bulgaria, Cipro, Croazia, Danimarca, Estonia, Finlandia, Francia, Georgia, Germania, Grecia, Irlanda, Islanda, Italia, Lettonia, Liechtenstein, Lituania, Lussemburgo, ex Repubblica iugoslava di Macedonia, Malta, Moldova, Monaco, Montenegro, Norvegia, Paesi Bassi, Polonia, Portogallo, Regno Unito, Repubblica Ceca, Romania, Russia, San Marino, Serbia, Slovacchia, Slovenia, Spagna, Svezia, Svizzera, Turchia, Ucraina, Ungheria.

Tra queste, di grande rilievo è la **Convenzione europea dei diritti dell'uomo**, le cui norme riprendono in larga parte quelle contenute nella Dichiarazione universale dei diritti dell'uomo approvata dall'Assemblea generale delle Nazioni Unite nel 1948.
Uno speciale tribunale, denominato **Corte europea per la salvaguardia dei diritti dell'uomo**, giudica sulle violazioni delle convenzioni da parte dei Paesi membri.

Del Consiglio d'Europa e della Corte torneremo a occuparci nell'Unità 2, nella quale tratteremo della tutela internazionale dei diritti umani.

13. La Corte penale internazionale

Nel 1998, a Roma, nel corso di una conferenza cui hanno partecipato le rappresentanze di 120 Paesi e di molte organizzazioni non governative, è stata deliberata l'istituzione della *Corte penale internazionale.*

La Corte, il cui Statuto è entrato in vigore il 1° luglio 2002, è composta da 18 giudici e l'azione penale è condotta da un *procuratore* al quale possono inoltrare denunce gli Stati, le organizzazioni internazionali e le associazioni private.

Secondo quanto dispone lo Statuto, la Corte penale internazionale è competente a giudicare singole persone che si siano rese responsabili, in tempo di pace o di guerra, di crimini particolarmente efferati come il genocidio, la tortura, lo stupro, l'omicidio, la riduzione in schiavitù, la tratta, le sparizioni forzate.

I responsabili di tali crimini non potranno addurre, a loro giustificazione, il fatto di aver eseguito l'ordine di un superiore. E i superiori saranno ritenuti responsabili per i crimini commessi dai loro subordinati se avevano la possibilità di impedirli.

La pena massima che può essere irrogata è l'ergastolo.

La giurisdizione della Corte, tuttavia, è limitata ai Paesi che ne hanno ratificato l'accordo e che al momento sono 122. Non lo hanno sottoscritto, tra gli altri, gli Stati Uniti, la Federazione Russa e la Cina.

14. L'OCSE

L'Organizzazione per la cooperazione e lo sviluppo economico (OCSE) è stata istituita nel 1960 in sostituzione di una precedente organizzazione sorta per amministrare gli aiuti americani all'Europa dopo la fine della Seconda guerra mondiale.

Attualmente fanno parte dell'OCSE 34 Paesi ma è in programma un consistente ampliamento. **Obiettivo principale** dell'Organizzazione, che ha sede a Parigi, è favorire gli investimenti, l'occupazione e il miglioramento del tenore di vita nel rispetto dei limiti posti dalla necessità di salvaguardare l'ambiente.

La sua attività non è circoscritta ai soli Paesi membri, ma si estende a oltre 70 Paesi le cui economie, in via di sviluppo, necessitano di un concreto aiuto per raggiungere standard accettabili di crescita. Inoltre:

- ogni anno l'OCSE pubblica il *Programme for International Student Assessment* (PISA), che consente di valutare le prestazioni scolastiche dei vari Paesi in base a criteri e parametri comuni che permettono di fare raffronti e paragoni;
- periodicamente l'OCSE emana le *Guidelines for Multinational Enterprises*, linee guida per le imprese multinazionali che riportano standard e pratiche per garantire che nell'attività d'impresa vengano rispettati l'ambiente e i diritti umani. Sulla base di queste linee guida, l'OCSE opera poi valutazioni che, pur non comportando sanzioni specifiche, possono recare un danno d'immagine alle imprese segnalate come meno attente al rispetto dei diritti umani e alla tutela dell'ambiente;
- da ultimo, l'OCSE elabora periodicamente **relazioni sull'andamento economico dei singoli Paesi membri**, tenendo conto del prodotto interno lordo, del debito pubblico, del livello di tassazione, dell'occupazione e della "fiducia" dei consumatori.

Membri dell'OCSE sono attualmente: Australia, Austria, Belgio, Canada, Cile, Danimarca, Estonia, Finlandia, Francia, Germania, Giappone, Regno Unito, Grecia, Irlanda, Islanda, Israele, Italia, Lussemburgo, Messico, Norvegia, Nuova Zelanda, Paesi Bassi, Polonia, Portogallo, Repubblica Ceca, Repubblica di Corea, Repubblica Slovacca, Slovenia, Spagna, Stati Uniti, Svezia, Svizzera, Turchia, Ungheria.

15. Le organizzazioni non governative

Tutte le organizzazioni internazionali di cui ci siamo occupati fino a ora (e anche l'Unione europea di cui ci occuperemo nel prossimo Percorso) sono organizzazioni intergovernative, in quanto sono state volute dai Governi, e quasi tutti i loro organi rappresentativi sono designati dai Governi. Diverso è il caso delle *organizzazioni non governative*.

Le organizzazioni non governative (ONG) sul piano giuridico, sono:

- associazioni private,
- che hanno la nazionalità del Paese nel quale sono state registrate,
- che operano in campo internazionale,
- che non hanno fine di lucro
- e che non dipendono dai Governi nazionali dai quali, al massimo, ricevono sovvenzioni.

Obiettivo più comune a molte di queste organizzazioni è operare concretamente:

- per lo sviluppo dei Paesi socialmente ed economicamente più arretrati;
- per il rispetto dei diritti umani;
- per il rispetto dell'ambiente.

Ma poiché operano nel mondo ormai moltissime ONG, i loro scopi sono numerosi e difficilmente catalogabili.

Le prime organizzazioni non governative sono nate all'inizio degli anni Settanta del secolo scorso come movimento associativo spontaneo. Poi sono diventate vere e proprie organizzazioni, con una struttura operativa, budget di milioni di dollari e personale altamente qualificato.
In Italia le ONG, per essere costituite, devono avere il riconoscimento di idoneità da parte del Ministero per gli Affari esteri, che viene concesso dopo un'istruttoria molto selettiva. Attualmente le ONG italiane sono 256, attive in numerosi settori della cooperazione internazionale.

Tra le Ong più note e attive in campo internazionale ricordiamo:

- **Medici senza frontiere** (www.medicisenzafrontiere.it);
- **Emergency** (www.emergency.it);
- **Amnesty International** (www.amnesty.it);
- **Save the Children** (savethechildren.it).

Generalmente le Organizzazioni sono raggruppate in federazioni che svolgono un ruolo di coordinamento. Le più significative sono:

- la FOCSIV (Federazione organismi cristiani servizio internazionale volontariato) che conta 61 membri;
- il COCIS (Coordinamento delle organizzazioni non governative per la cooperazione internazionale allo sviluppo), che raggruppa 28 ONG;
- il CIPSI (Coordinamento di iniziative popolari di solidarietà internazionale) che ne raggruppa 46.

16. L'Unione europea: una realtà in movimento

Tra le organizzazioni che operano sul piano internazionale, l'Unione europea è sicuramente quella a noi più vicina. Non solo perché ne facciamo parte integrante, ma anche perché l'Italia è stata uno dei Paesi fondatori.

Che cos'è esattamente l'Unione europea?

L'Unione europea è una realtà in continua trasformazione che potrebbe condurre, come sperano molti e come paventano altri, alla creazione di un grande Stato federale, con un'organizzazione simile a quella degli Stati Uniti d'America.
A questa grande organizzazione che, seppure tra notevoli difficoltà, ha garantito e garantisce tuttora all'Europa pace e democrazia dedicheremo il prossimo Percorso di studio.

Riguardando gli appunti

1. Come vengono regolati i rapporti tra gli Stati?

- I rapporti tra gli Stati sono regolati dal diritto internazionale.
- Fonti del diritto internazionale sono le consuetudini e i trattati.
- Le consuetudini internazionali sono regole che si sono andate formando nel tempo attraverso la ripetizione costante e uniforme di comportamenti adottati dagli Stati nella convinzione di adempiere a un dovere giuridico. Esse sono vincolanti per tutti.
- I trattati sono accordi che vincolano al loro rispetto soltanto gli Stati che li hanno sottoscritti. Alla famiglia dei trattati appartengono anche altri tipi di accordi, generalmente indicati come "convenzioni" e "carte".

2. Come si pone l'Italia nei confronti delle norme del diritto internazionale?

- L'art. 10 Cost. impone all'Italia il rispetto delle consuetudini internazionali e l'art. 11 Cost. pone il divieto di intraprendere una guerra come strumento di offesa ma non vieta di intraprenderla per scopi difensivi.

3. Che cosa è l'ONU?

- L'ONU è un'organizzazione costituita con l'obiettivo primario di mantenere la pace nel mondo.
- L'Assemblea generale può approvare *risoluzioni* non vincolanti per le parti a cui sono dirette. Alle deliberazioni partecipano i rappresentanti di quasi tutti gli Stati del mondo e ciascuno ha diritto a un solo voto.
- Il Consiglio di sicurezza è composto da quindici membri, cinque dei quali sono *permanenti* e senza il loro consenso non può essere assunta alcuna decisione.
- Il Segretario generale ha il compito principale di coordinare i lavori dell'Assemblea, del Consiglio di sicurezza e degli altri organi delle Nazioni Unite.
- I "caschi blu" sono solo contingenti formati da reparti militari messi a disposizione dagli Stati membri. Su decisione del Consiglio di sicurezza, possono essere inviati nei teatri di guerra per collaborare all'attuazione dei piani di pace.

4. Quali funzioni svolge la Corte internazionale di giustizia?

- La Corte internazionale di giustizia è il principale organo giudiziario dell'ONU. Ha sede all'Aia, nei Paesi Bassi, e la sua principale funzione è dirimere le controversie tra gli Stati.

5. Che cosa è la NATO?

- La NATO (*North Atlantic Treaty Organization*) è un'organizzazione militare sorta con funzioni difensive.

6. Che cosa è il Consiglio d'Europa?

- È un organismo creato nel 1949 il cui obiettivo prioritario è favorire lo sviluppo della democrazia e la tutela dei diritti umani. Uno speciale Tribunale, con sede a Strasburgo, denominato Corte europea dei diritti dell'uomo, giudica sulle violazioni delle convenzioni da parte dei Paesi membri.

7. Quali sono i compiti attribuiti alla Corte penale internazionale?

- La Corte penale internazionale è competente a giudicare singole persone che si siano rese responsabili, in tempo di pace o di guerra, di crimini particolarmente efferati.

8. Che cosa è l'OCSE?

- OCSE è l'acronimo di Organizzazione per la cooperazione e lo sviluppo economico.
- Obiettivo dell'organizzazione è favorire gli investimenti, l'occupazione e il miglioramento del tenore di vita anche dei Paesi non aderenti.

9. Che cosa sono le organizzazioni non governative?

- Le ONG sono associazioni private che operano in campo internazionale, non hanno fine di lucro e non dipendono dai Governi nazionali dai quali, al massimo, ricevono sovvenzioni.
- Obiettivo comune a molte di queste organizzazioni è operare concretamente per lo sviluppo dei Paesi socialmente ed economicamente più arretrati e per il rispetto dei diritti umani e dell'ambiente.

Verifica le tue conoscenze

Test a risposta multipla

Indica con una crocetta l'affermazione esatta.

1. Tra le fonti internazionali, quali sono vincolanti per tutti gli Stati?
A. i trattati
B. le risoluzioni dell'Assemblea generale Onu
C. le convenzioni o carte
D. le consuetudini

2. La Costituzione italiana
A. vieta in ogni caso il ricorso alla guerra
B. vieta la guerra come strumento di offesa
C. ammette solo la guerra di offesa
D. non prevede nulla riguardo la partecipazione dell'Italia alla guerra

3. Quale fra i seguenti non è un organo dell'Onu?
A. il Consiglio di sicurezza
B. la Corte internazionale di giustizia
C. la Corte penale internazionale
D. il Segretario generale

4. Quale valore hanno le risoluzioni dell'Assemblea generale dell'Onu?
A. non hanno valore vincolante
B. hanno valore vincolante per gli Stati a cui sono indirizzate
C. hanno valore vincolante solo se ratificate dal Consiglio di sicurezza
D. hanno valore vincolante solo se assunte all'unanimità

5. Se uno dei membri della Nato subisce un attacco armato, gli altri Paesi membri:
A. inviano i caschi blu
B. lo considerano come rivolto contro tutti loro
C. intervengono solo se minacciati direttamente
D. hanno comunque l'obbligo di mantenere la pace

Sai qual è la differenza tra...

a. Onu *e* Nato
b. Consuetudini internazionali *e* Trattati
c. Trattati chiusi *e* Trattati aperti
d. Assemblea generale dell'Onu *e* Consiglio di sicurezza
e. Corte internazionale di giustizia *e* Corte europea per la salvaguardia dei diritti dell'uomo

SÌ/NO... Perché?

Indica con una crocetta la risposta esatta e motiva la tua scelta.

1. Le consuetudini internazionali appartengono alla famiglia dei trattati? SÌ NO Perché ...
2. Le convenzioni sono trattati chiusi? SÌ NO Perché ...
3. Qualche legge impone all'Italia di rispettare le consuetudini internazionali? SÌ NO Perché ...
4. La Corte internazionale di giustizia giudica i crimini di guerra? SÌ NO Perché ...
5. I caschi blu sono l'esercito permanente dell'Onu? SÌ NO Perché ...
6. Il Consiglio d'Europa è un organo dell'Unione europea? SÌ NO Perché ...

La tutela dei diritti umani e della privacy

1. Che cosa si intende per "diritti umani"

Immaginiamo di ascoltare, una sera al telegiornale, un servizio nel quale si parla di un Paese nel quale non vi è libertà di circolazione, di religione, di espressione del pensiero, dove sono stati soppressi i diritti politici e le persone vengono condannate senza un giusto processo.
Che cosa penseremmo di quel Paese? Se siamo persone di normale intelligenza e sensibilità penseremmo tutto il male possibile.
Perché? Perché, senza che ce ne siamo resi conto, è ormai entrata a far parte della nostra cultura la certezza che ci siano diritti che appartengono all'uomo in quanto tale e che nessun Governo può legittimamente comprimere.
Questi diritti vengono indicati, nel loro insieme, come diritti fondamentali dell'individuo o anche come *diritti umani*.

> I diritti solitamente vengono attribuiti dallo Stato ai propri cittadini. I **diritti umani** invece non devono essere attribuiti o concessi, ma piuttosto "riconosciuti", poiché essi preesistono alla costituzione dello Stato che deve solo riconoscerli e rispettarli.

Diritti umani sono chiamati i diritti che si ritiene appartengano a qualsiasi essere umano e che nessuna autorità può disconoscere o comprimere.

Rientrano tra i diritti umani:

- il diritto a un'esistenza libera e dignitosa;
- il diritto a una sufficiente alimentazione;
- il diritto di essere considerati innocenti fin quando non venga provata la propria responsabilità;
- il diritto di subire solo le pene previste dalla legge;
- il diritto al lavoro e alla libertà personale;
- il diritto di riunione, di associazione, di manifestazione del pensiero;
- il diritto di non essere discriminati in base alla religione, al colore della pelle, al sesso, alle opinioni politiche, e così via.

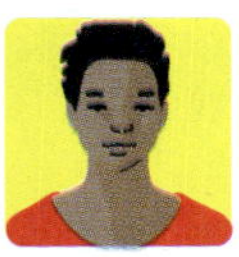

I diritti umani hanno ormai un riconoscimento universale?

La risposta è negativa. Se diamo un'occhiata alla carta del mondo, non ci sarà difficile scoprire che ci sono moltissimi Paesi dove questi diritti non sono ancora riconosciuti e sono addirittura negati.

E a ben riflettere anche in molti Paesi della civilissima Europa il riconoscimento di questi diritti è una conquista abbastanza recente. Basta andare indietro con la mente di qualche decennio per ricordare la persecuzione degli ebrei e la cancellazione delle libertà fondamentali nell'Italia fascista e nella Germania nazista, le deportazioni in massa verso la Siberia nella ex Unione Sovietica o, fuori d'Europa, il regime dell'*apartheid* in Sudafrica.
Possiamo ben dire, allora, che il riconoscimento dei diritti umani è un processo nato di recente e ancora ben lontano dall'essere concluso.

La nostra Costituzione tutela i diritti umani?

La nostra Carta costituzionale pone il riconoscimento e la tutela dei diritti umani tra i **Principi fondamentali**. Senza citare tutti gli articoli, ci basterà menzionare:

- **l'art. 2**:
  "La Repubblica riconosce e garantisce i diritti inviolabili dell'uomo [...]"
- e **l'art. 3**:
  "Tutti i cittadini hanno pari dignità sociale e sono uguali davanti alla legge, senza distinzione di sesso, di razza, di lingua, di religione, di opinioni politiche, di condizioni personali e sociali [...]".

Nella parte successiva, rubricata **Diritti e doveri dei cittadini**, la nostra Carta costituzionale opera una più specifica regolamentazione dei principali diritti e libertà dell'individuo.

QUESTIONI

La differenza tra libertà e diritti

Il riconoscimento delle libertà individuali comporta, da parte dello Stato, un obbligo di **astensione**. Lo Stato deve astenersi (salvo gravi circostanze) dal limitare la libertà di circolazione e di soggiorno dei cittadini, la libertà di religione, la libertà di manifestazione del pensiero, le libertà di associazione, le libertà politiche, e così via.
Il riconoscimento dei diritti, invece, comporta per lo Stato un obbligo attivo. Così, per esempio, il diritto alla non discriminazione razziale, sessuale, religiosa, politica comporta l'obbligo per lo Stato di operare concretamente affinché tali forme di discriminazione non siano possibili e di sanzionare chi le opera.

2. Le "generazioni" dei diritti e delle libertà

Anche nei Paesi dove i diritti umani trovano oggi la più ampia tutela, la loro affermazione non è stata istantanea e totale. Per tale ragione la dottrina distingue i diritti e le libertà in **generazioni**, in funzione del periodo storico in cui si sono affermati.

La prima generazione è quella dei diritti e delle libertà fondamentali, come il diritto alla vita e all'integrità fisica, la libertà di pensiero, di religione, di stampa, di riunione e associazione, di partecipazione alla vita politica.
Questo gruppo di diritti e di libertà si affermò già durante la Rivoluzione francese, alla fine del XVIII secolo e si è rafforzato nel XIX secolo con le Costituzioni liberali.

La seconda generazione è quella dei diritti economici e sociali, come il diritto al lavoro, all'abitazione, alla salute e alla sicurezza.
Questa generazione di diritti nasce dopo la fine della Seconda guerra mondiale e trova pieno sviluppo tra il 1950 e il 1970.

La terza generazione è quella dei diritti collettivi, come il diritto alla tutela dell'ambiente, alla riservatezza, alla pace.
Sono diritti che si sono sviluppati molto di recente, tra la fine del XX secolo e l'inizio del XXI, e sono ancora in via di maggiore definizione.

QUESTIONI

Il diritto alla vita

Non v'è dubbio che il diritto alla vita occupi il primo posto tra i diritti dell'uomo e che debba essere tutelato nel più efficace dei modi.
Ma la domanda che ci si pone è: fino a che punto deve estendersi questa tutela? L'interrogativo riguarda soprattutto la legittimità dell'interruzione volontaria della gravidanza, dell'eutanasia, del testamento biologico. Vediamo di che cosa si tratta.
L'interruzione volontaria della gravidanza è consentita, con le restrizioni imposte dalla legge, in larga parte del mondo. In Italia essa è regolata dalla legge n. 194 del 1978 che la consente solo entro i primi novanta giorni di gestazione.
Eutanasia è chiamata la morte indolore consentita a chi sia affetto da gravi e irreversibili malattie. Nel nostro ordinamento non è ammessa e viene considerata omicidio volontario, se praticata senza il consenso del malato, e omicidio del consenziente (art. 579 c.p.), se praticata in accordo con il malato. Anche il semplice aiuto è considerato reato in quanto viene fatto rientrare nella fattispecie della istigazione al suicidio (art. 580 c.p.).
Testamento biologico è la generica denominazione del documento nel quale ogni persona, liberamente e coscientemente, può stabilire i limiti delle terapie mediche alle quali accetta di essere sottoposta nel caso in cui, per sopravvenuta incapacità, non fosse in grado di dichiarare la propria volontà. In questo documento si potrebbe esprimere, per esempio, l'accettazione o il rifiuto di tecniche di mantenimento forzoso in una condizione di vita vegetativa. E ciò sarebbe in perfetta sintonia con quanto disposto dall'art. 32 della Costituzione nel quale è disposto che "[...] nessuno può essere obbligato a un determinato trattamento sanitario se non per disposizione di legge".
Al momento, sulla possibilità di introdurre nel nostro ordinamento un simile strumento giuridico si registrano posizioni contrastanti tra gli ambienti politici e culturali di ispirazione laica e quelli di ispirazione cattolica. Il tema di maggiore contrasto riguarda la possibilità di inserire nel testamento biologico disposizioni che limitino la possibilità di operare interventi di nutrizione e idratazione forzata.

3. L'ONU e la tutela dei diritti umani

Sul piano internazionale le libertà e i diritti di cui stiamo parlando trovano il più alto riconoscimento nella **Dichiarazione universale dei diritti dell'uomo**, approvata dall'Assemblea generale dell'ONU il 10 dicembre 1948.

Consideriamo alcuni articoli proposti in **versione semplificata**.

Art. 1 - Tutti gli esseri umani nascono liberi ed eguali in dignità e diritti.

Art. 3 - Ogni individuo ha diritto alla vita, alla libertà e alla sicurezza della propria persona.

Artt. 4 e 5 - Nessun individuo potrà essere tenuto in stato di schiavitù o di servitù [...] né potrà essere sottoposto a tortura o a trattamento o a punizioni crudeli, inumane o degradanti.

Art. 7 - Tutti sono eguali dinanzi alla legge.

Art. 9 - Nessun individuo potrà essere arbitrariamente arrestato, detenuto o esiliato.

Art. 11 - Ogni individuo accusato di un reato è presunto innocente sino a che la sua colpevolezza non sia stata provata legalmente in un pubblico processo nel quale egli abbia avuto tutte le garanzie necessarie per la sua difesa.

Art. 18 - Ogni individuo ha diritto alla libertà di pensiero, di coscienza e di religione.

Art. 20 - Ogni individuo ha diritto di partecipare al governo del proprio Paese, sia direttamente, sia attraverso rappresentanti liberamente scelti.

Art. 23 - Ogni individuo che lavora ha diritto a una remunerazione equa e soddisfacente che assicuri a lui stesso e alla sua famiglia una esistenza conforme alla dignità umana.

La Dichiarazione universale dei diritti dell'uomo ha un valore vincolante per gli Stati membri?

Il contenuto della *Dichiarazione* ha un grande valore simbolico, ma è, per l'appunto, una "dichiarazione" e non un trattato. Ciò comporta che le prescrizioni in essa contenute **non sono vincolanti** per gli Stati membri.
La ragione per cui nel 1948 si scelse la formula della *dichiarazione* è da ricercare nel fatto che allora era ancora molto vivo il concetto di sovranità nazionale e gli Stati, soprattutto i più grandi, non intendevano essere troppo vincolati nelle loro azioni e nelle loro scelte politiche.

Solo molto più tardi, nel 1966, venne compiuto un passo in avanti con la sottoscrizione di due patti, **vincolanti** per tutti i sottoscrittori:

- il **Patto sui diritti civili e politici**, concluso a New York nel 1966, che contiene il riconoscimento di tutti i diritti della cosiddetta *prima generazione*, come la libertà di manifestazione del pensiero, la libertà personale e la libertà di religione;

In nessuno dei due patti è menzionato il **diritto di proprietà**. Questa scelta è dovuta al fatto che i patti vennero sottoscritti anche dai Paesi del blocco comunista che, per motivi ideologici, non volevano riconoscere il diritto di proprietà come è inteso nella tradizione liberale.

- il **Patto sui diritti economici, sociali e culturali**, concluso anch'esso a New York nel 1966, che contiene il riconoscimento di tutti i diritti della cosiddetta *seconda generazione*, come il diritto all'istruzione, al lavoro, all'abitazione e alla sicurezza sociale.

Con la conclusione dei due Patti, le Nazioni Unite dettero il via a una politica mondiale di maggiore tutela dei diritti umani, costituendo uno specifico organismo, denominato **Consiglio dei diritti umani**, al quale è stato affidato il compito di controllare il rispetto di tali diritti da parte degli Stati membri.

Il Consiglio dei diritti umani è composto dai rappresentanti di 29 Stati eletti dall'Assemblea generale delle Nazioni Unite.
Si riunisce annualmente a Ginevra, con la partecipazione di varie organizzazioni non governative (ONG), che possono intervenire ma sono prive di diritto di voto.

Il Consiglio dei diritti umani è internazionalmente indicato con la sigla **UNHRC**, che significa *United Nations Human Rights Council.*

Qualora ritenga, su segnalazione di una ONG o di un altro Stato, che siano in atto violazioni dei diritti umani in un qualsiasi Paese, il *Consiglio* può aprire una procedura speciale, che porta alla costituzione di un gruppo di esperti che si recheranno nel Paese interessato per verificare se vi sono effettivamente state violazioni e redigere un rapporto.

Se il rapporto attesta l'esistenza di violazioni, il Consiglio può adottare una *risoluzione* con la quale chiede il ripristino e la tutela dei diritti umani.

E se lo Stato rigettasse le richieste del Consiglio?

Le risoluzioni del Consiglio non sono vincolanti. Non è nel potere di questo intervenire d'autorità negli affari interni di uno Stato sovrano. Questo potere ce l'ha, invece, il **Consiglio di sicurezza dell'ONU** che può intervenire, anche impiegando la forza armata, nei casi in cui la gestione delle faccende interne di un Paese ponga in pericolo la pace e la sicurezza internazionali.
Interventi di questo tipo sono stati effettuati negli ultimi anni del Novecento con gli interventi nella ex Iugoslavia e in Ruanda, e con l'intervento in Libia nel 2010.

Oltre ai due importanti Patti sopra menzionati, l'ONU è intervenuto negli anni promuovendo molte **Convenzioni.**

Tra queste ricordiamo:

- la *Convenzione internazionale sui diritti dell'infanzia*, del 1959;
- la *Convenzione sull'eliminazione delle discriminazioni razziali*, del 1963;
- la *Convenzione sul divieto di discriminazione della donna*, del 1967;
- la *Convenzione sullo status di rifugiato*, del 1967.

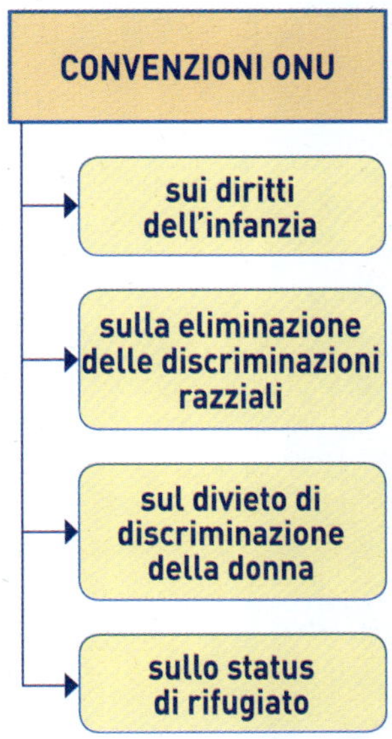

QUESTIONI

Guantanamo e Abu Ghraib

È ormai accertato che nelle carceri statunitensi di Guantanamo (a Cuba) e di Abu Ghraib (in Iraq) siano state perpetrate in passato numerose e ripetute violazioni dei diritti umani in danno dei detenuti accusati di terrorismo (molti dei quali sono poi risultati estranei ai fatti loro imputati). E notizie di altre gravi violazioni operate dalla Cia sono emerse durante un'inchiesta del Senato americano resa nota nel dicembre del 2014.
Che dire di questi fatti? Siamo tornati indietro nel riconoscimento e nella tutela dei diritti umani?
La reazione sdegnata dell'opinione pubblica internazionale ai fatti sopra citati ci dice che nella coscienza collettiva non c'è stato alcun regresso.
E le notizie che ci giungono dagli USA testimoniano solo che alcune parti delle istituzioni sono rimaste indietro e che, sperabilmente, la pressione dell'opinione pubblica contribuirà a smantellare queste incrostazioni antidemocratiche.

4. Il Consiglio d'Europa e i diritti umani

Le istanze alla Corte europea dei diritti dell'uomo possono essere inoltrate al seguente indirizzo: *Cour européenne des Droits de l'Homme Conseil de l'Europe BP 431 R6 - 67006 Strasbourg Cedex - France.*

Oltre all'ONU, operano nel mondo altre organizzazioni più contenute sul piano della estensione geografica ma altrettanto importanti, se non di più sul piano della efficacia.

Una di queste organizzazioni, che come italiani ed europei ci riguarda molto da vicino, è il **Consiglio d'Europa**.
Come abbiamo anticipato, obiettivo prioritario del *Consiglio* è favorire lo sviluppo della democrazia e la tutela dei diritti umani. A questo scopo esso ha promosso numerose convenzioni, la più rilevante delle quali è la **Convenzione europea dei diritti dell'uomo**, in acronimo **CEDU**.

Trattandosi di una *Convenzione*, cioè di un trattato liberamente sottoscritto, il rispetto delle sue norme è obbligatorio per tutti gli Stati membri ed è assicurato da uno speciale organo giudiziario denominato **Corte europea dei diritti dell'uomo**, con sede a Strasburgo, in Francia.

La Corte è composta da 47 giudici (uno per ciascuno Stato membro) che operano contemporaneamente in sezioni diverse dette **Camere**. Solo eccezionalmente, se una controversia è particolarmente grave, può essere esaminata dal *plenum* dei giudici che si riuniscono in quella che viene detta **Grande Camera**.

▶ **La Corte europea dei diritti dell'uomo** svolge funzioni giudiziarie e consultive.

- **La funzione giudiziaria** è esercitata dalla Corte per decidere su istanze presentate soprattutto dai cittadini contro uno Stato membro.
- **La funzione consultiva** viene esercitata su richiesta del Consiglio d'Europa e consiste nell'emettere pareri su questioni giuridiche riguardanti l'interpretazione delle norme delle convenzioni.

È importante segnalare, a questo proposito, che a differenza di quanto avviene per altre corti internazionali, alla Corte europea dei diritti dell'uomo possono rivolgersi direttamente le singole persone.

Visto che in genere tutti hanno sempre qualcosa da lamentare, la Corte sarà sommersa di ricorsi!

I ricorsi alla Corte subiscono un filtro costituito dal previo esaurimento dei ricorsi interni. In pratica il cittadino di uno Stato può ricorrere alla Corte solo dopo aver esaurito tutti i gradi della giurisdizione ordinaria nel proprio Paese.

CORTE EUROPEA DEI DIRITTI DELL'UOMO
- **funzione giudiziaria**
- **funzione consultiva**

Quando viene proposta una questione a una delle Camere, i giudici debbono innanzi tutto favorire una composizione pacifica della controversia tra le parti. Solo se la composizione non dà esito positivo si procede al giudizio vero e proprio, al termine del quale verrà emessa una sentenza.
In base a quanto dispone la Convenzione, gli Stati sono tenuti a dare esecuzione alla sentenza senza frapporre ostacoli o condizioni.

QUESTIONI

La Corte di Strasburgo e l'Italia

Come si legge spesso sui giornali, l'Italia ha più di un problema con la Corte di Strasburgo. Il nostro Paese, infatti, viene spesso giudicato inadempiente rispetto ai propri obblighi di tutela dei diritti umani.
Tra i casi più gravi, vale la pena di ricordare i seguenti:
- violazione dell'art. 3 della *Convenzione*, che vieta la tortura e i trattamenti disumani e degradanti. Il sovraffollamento delle carceri italiane ha portato più volte la Corte a giudicare la nostra situazione carceraria incompatibile con il rispetto di tale articolo;
- violazione dell'art. 6 della *Convenzione* che tutela il diritto a un equo processo e impone tempi rapidi di svolgimento nel rispetto del diritto di difesa. L'Italia è stata più volte censurata per la lentezza nella celebrazione dei processi;
- violazione dell'art. 8 della *Convenzione* che tutela il diritto alla privacy e alla tutela dei dati personali.

5. Altri trattati per la difesa dei diritti umani

La CEDU (Convenzione europea dei diritti dell'uomo) non è l'unica convenzione operante in difesa dei diritti umani. Esistono anche altri trattati che si propongono di tutelare tali diritti su base regionale, ossia limitatamente a determinate aree geografiche.

Tra questi vale la pena di citare:

- **la Carta africana dei diritti dell'uomo e dei popoli**, sottoscritta a Nairobi, Kenya, nel 1981, di cui sono parte quasi tutti gli Stati africani, ma che non prevede un meccanismo di tutela giudiziaria, ossia una Corte dei diritti dell'uomo, ma solo un organismo politico di controllo;

La Carta africana ha un'ulteriore particolarità: essa non parla solo di diritti degli individui, ma di diritti dei popoli, ossia delle collettività, come il diritto alla propria terra o a veder riconosciuta la propria tradizione linguistica e culturale. Da questo punto di vista, la Carta africana è un documento particolarmente avanzato e progredito.

- **la Convenzione americana dei diritti dell'uomo**, conclusa a San José, Costa Rica, nel 1969, di cui sono parte gli Stati dell'America Latina e Centrale, e il Canada, ma non gli Stati Uniti. Questa convenzione ha istituito una Corte interamericana dei diritti dell'uomo, cui possono fare ricorso gli individui, ma le sentenze da essa emesse non sono vincolanti per gli Stati membri;
- **la Carta dei diritti dell'uomo e dei popoli asiatica**, conclusa a Kwangju, Corea del Sud, nel 1998, a cui prendono parte molti Stati asiatici, ma non ancora entrata in vigore.

Come si può notare, queste carte o non prevedono un organo giudiziario o, se lo prevedono, non rendono vincolanti le sue sentenze. E ciò le rende scarsamente efficaci. Tuttavia anche questi documenti, per quanto deboli o non definitivi, rappresentano un notevole passo avanti verso il rispetto dei diritti umani.

6. Il diritto alla privacy come fondamentale diritto dell'uomo

Ricordiamo che la Dichiarazione universale dei diritti dell'uomo è stata approvata dall'Assemblea generale delle Nazioni Unite nel 1948.

La Dichiarazione universale dei diritti dell'uomo, nell'art. 12, dispone che:

- nessun individuo potrà essere sottoposto a interferenze arbitrarie nella sua vita privata, nella sua famiglia, nella sua casa, nella sua corrispondenza, né a lesione del suo onore e della sua reputazione;
- ogni individuo ha diritto a essere tutelato dalla legge contro tali interferenze o lesioni.

In questa disposizione trova universale riconoscimento il cosiddetto diritto alla *riservatezza personale* o *privacy*.

In inglese la privacy viene definita *the right to be left alone*, ossia il **diritto di essere lasciati in pace**.

Il diritto alla riservatezza può essere definito come il diritto della persona a non subire ingerenze non volute nella propria vita personale o familiare.

Perché il diritto alla riservatezza si fa rientrare addirittura tra i diritti fondamentali dell'uomo?

Per capirlo pensiamo alla indecenza di foto o di filmati rubati in momenti particolari della vita di una persona e posti o replicati in rete. Immaginiamo poi di essere al posto di quella persona e forse potremo capire quanto una simile violazione possa ledere il nostro onore, e la nostra reputazione, toccando la sfera più intima e sensibile della nostra dignità. E il rispetto della dignità della persona è alla base dell'intera costruzione giuridica dei diritti umani.

7. La tutela dei dati personali

La possibilità offerta dal mezzo informatico di riunire, manipolare e utilizzare i dati di una persona a sua insaputa costituisce oggi una minaccia alla *privacy* altamente più insidiosa di quanto possano esserlo forme più tradizionali di violazione.
Ciò che maggiormente preoccupa, in questo settore, è la possibilità che i dati raccolti per finalità del tutto lecite, per esempio da istituti bancari, da strutture sanitarie, e persino da supermercati per scopi commerciali, possano essere prelevati per via telematica e aggregati in modo da consentire vere e proprie schedature dei cittadini.

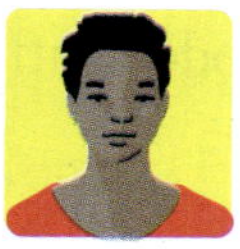

Sento parlare spesso di questo pericolo. Ma in fondo, chi non ha nulla da nascondere non ha neanche nulla da temere!

Non è esattamente così. Immaginiamo che cerchi lavoro il signor Rossi, i cui dati, assemblati, ci rivelano che è un "cinquantenne, privo di reddito, con salute cagionevole e qualche precedente penale". Lo assumeremmo mai nella nostra impresa?
Eppure se andassimo a guardare bene potremmo scoprire che il signor Rossi è rimasto privo di reddito solo perché l'impresa presso cui lavorava è fallita; ha avuto qualche problema di salute che ha ormai superato e il suo nome compare nel casellario giudiziario perché una volta da giovane ha avuto un diverbio con un vigile urbano.
Tutto ciò non renderebbe il signor Rossi un cattivo dipendente, ma il modo in cui sono stati *trattati* i suoi dati ci indurrà, probabilmente, a non assumerlo.

In generale, per limitare i rischi connessi a un uso scorretto dei dati personali, in tutti i Paesi civili si è sviluppata una normativa molto rigorosa.

La Costituzione italiana tutela la riservatezza delle persone soprattutto con gli articoli:
- 14: inviolabilità del domicilio;
- 15: segretezza della corrispondenza e di ogni altra forma di comunicazione.

8. La normativa europea e internazionale sui dati personali

Il diritto dell'Unione europea interviene sul tema del trattamento dei dati personali con due importanti atti nomativi.

▶ **La Carta dei diritti fondamentali dell'Unione europea** è sicuramente il più autorevole e nell'art. 8 così dispone:
"Ogni individuo ha diritto alla protezione dei **dati di carattere personale** che lo riguardano.
Tali dati devono essere trattati secondo il **principio di lealtà**, per **finalità determinate** e in **base al consenso** della persona interessata o a un altro fondamento legittimo previsto dalla legge. Ogni individuo ha il diritto di **accedere** ai dati raccolti che lo riguardano e di ottenerne la rettifica.
Il rispetto di tali regole è soggetto al controllo di un'autorità indipendente."

▶ **La Direttiva n. 46 del 1995** è l'altro atto normativo di grande importanza. Esso ha posto le regole generali in tema di trattamento e circolazione dei dati

La **Carta dei diritti fondamentali dell'Unione europea** è stata solennemente proclamata una prima volta il 7 dicembre 2000 a Nizza e una seconda volta, in una versione adattata, il 12 dicembre 2007 a Strasburgo.
La carta ha il medesimo valore giuridico dei trattati, e pertanto è pienamente vincolante per le istituzioni europee e per gli Stati membri.

personali alle quali si sono progressivamente adeguate le legislazioni di tutti gli Stati membri.

▸ **A livello internazionale più ampio**, invece, non esiste una normativa altrettanto specifica.
Sia la *Dichiarazione universale dei diritti dell'uomo* (1948), sia la successiva *Convenzione internazionale sui diritti civili e politici* (1966) sono state formulate e deliberate prima dell'*era telematica* e ragionevolmente non contengono, se non in modo riflesso, specifici riferimenti alla tutela dei dati personali.
La stessa cosa può dirsi della *Convenzione europea dei diritti dell'uomo* (1950) che all'art. 8 si limita a riconoscere in modo piuttosto generico il diritto al rispetto della vita privata e familiare ma non menziona in alcun modo i dati personali.

9. La normativa italiana

La Direttiva europea n. 46 del 1995 sul trattamento dei dati personali è stata recepita in Italia con il d.lgs. n. 196/2003, entrato in vigore il 1° gennaio 2004 e denominato *Codice in materia di protezione dei dati personali*, spesso indicato semplicemente come **Codice della *privacy***.
Vediamone alcuni passaggi importanti.

Iniziamo con l'osservare che i dati personali fanno parte del patrimonio di ciascun individuo ed è ragionevole che chiunque voglia utilizzarli debba innanzi tutto chiedere e ottenere il **consenso** della persona a cui appartengono.

Il consenso al trattamento dei dati personali deve essere dato per iscritto dopo che il soggetto ha preso visione di una *nota informativa.*

Il consenso al trattamento dei dati non è indispensabile nei casi particolari previsti dall'art. 24 del *Codice*.

▸ **La nota informativa**, secondo quanto dispone l'art. 13, deve indicare, tra l'altro:

- le finalità e le modalità del trattamento;
- la natura, obbligatoria o facoltativa, del conferimento dei dati;
- le conseguenze dell'eventuale rifiuto del conferimento;
- l'ambito di comunicazione e diffusione dei dati;
- un elenco dei diritti dell'interessato.

Un limite generale all'operazione di raccolta di dati è rappresentato dal *principio di necessità.*

Il principio di necessità, espresso nell'art. 3, comporta che la raccolta dei dati personali deve essere limitata a quanto strettamente necessario alla funzione per la quale vengono richiesti.

Un datore di lavoro, per esempio, potrà chiederci nome, età, residenza ed esperienze professionali, ma non potrà spingersi oltre.

Obbligo di notifica e richiesta di autorizzazione

Il consenso del soggetto al trattamento dei propri dati è una condizione essenziale imposta dalla legge per qualsiasi tipo di dato che si voglia raccogliere e trattare.

Ci sono però alcuni dati, particolarmente delicati, che possono essere raccolti e utilizzati solo se (oltre a ricevere il consenso delle persone interessate) si è provveduto a *notificare* l'avvio di tale attività all'*Autorità garante per la protezione dei dati personali.*

Ci sono poi altri dati, ancora più delicati, per i quali il trattamento è lecito solo se, oltre al consenso dell'interessato, si è ottenuta la preventiva *autorizzazione* da parte dell'Autorità garante.

Quali sono i dati per i quali la legge richiede l'autorizzazione o la notificazione dell'attività di raccolta?

▶ **L'autorizzazione** è generalmente richiesta per il trattamento dei cosiddetti *dati sensibili.*

Dati sensibili, chiarisce l'art. 4, sono quelli idonei a rivelare:

- l'origine razziale ed etnica della persona;
- le sue convinzioni religiose, filosofiche o di altro genere;
- le opinioni politiche;
- l'adesione a partiti, sindacati, associazioni od organizzazioni a carattere religioso, filosofico, politico o sindacale;
- lo stato di salute e la vita sessuale.

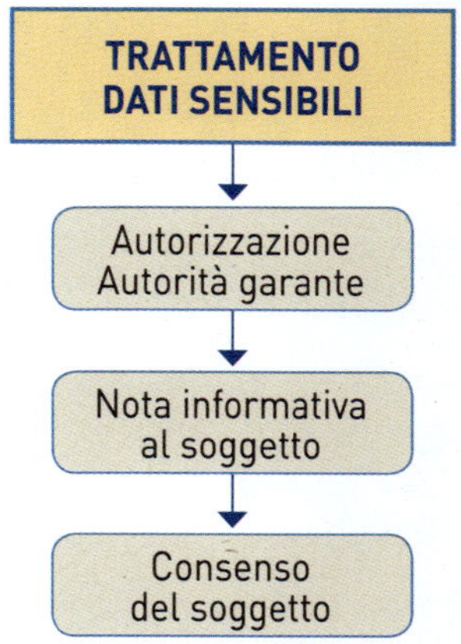

Queste categorie di dati sono solitamente trattate da ospedali, enti pubblici, società di selezione del personale, istituti di rilevazione demoscopica, ecc.

▶ **La notifica** (ricordiamo che *notificare* significa semplicemente *rendere noto*) all'Autorità garante dell'avvio di una attività di raccolta è necessaria se si vogliono raccogliere i dati indicati nell'art. 37, tra i quali segnaliamo:

- i dati genetici e biometrici;
- i dati idonei a rivelare lo stato di salute fisica e psichica della persona, e la sua vita sessuale;
- i dati volti a definire il profilo o la personalità dell'interessato o ad analizzare le sue abitudini o scelte di consumo;
- i dati sensibili registrati in banche dati ai fini della selezione del personale per conto terzi o utilizzabili per sondaggi di opinione, ricerche di mercato e altre ricerche campionarie;
- i dati relativi alla solvibilità economica della persona, alla sua situazione patrimoniale o a comportamenti fraudolenti.

Che cosa può fare la persona che abbia il sospetto che i propri dati siano stati registrati da un soggetto non autorizzato o che siano stati registrati in modo scorretto?

Troviamo la risposta nell'art. 7 del *Codice*, nel quale sostanzialmente è disposto che l'interessato ha diritto di:

- avere la conferma della esistenza o meno di dati che lo riguardano;
- sapere dove i suoi dati sono stati presi, per quale motivo sono stati presi, con quali modalità sono stati trattati e a chi possono essere comunicati;
- pretendere la rettificazione dei dati inesatti o incompleti o la loro cancellazione;
- opporsi, per motivi legittimi, al trattamento dei dati personali che lo riguardano anche se pertinenti allo scopo della raccolta.

QUESTIONI

I compiti dell'Autorità garante per la tutela dei dati personali

L'Autorità garante per la protezione dei dati personali è un organo collegiale costituito da quattro componenti eletti dal Parlamento.
I componenti eletti eleggono a loro volta un Presidente e tutti rimangono in carica per sette anni.
I compiti dell'Autorità garante sono descritti dall'art. 154 del *Codice*.
Tra i tanti ricordiamo quelli di:
- controllare se i trattamenti sono effettuati nel rispetto della legge;
- esaminare i reclami e le segnalazioni e provvedere sui ricorsi presentati dagli interessati;
- prescrivere le misure per rendere il trattamento conforme alle disposizioni vigenti;
- vietare il trattamento illecito o non corretto dei dati o disporne il blocco;
- denunciare i fatti configurabili come reati.

Riguardando gli appunti

1. Quali sono i diritti fondamentali dell'uomo?

- Diritti umani sono chiamati i diritti che si ritiene appartengano a qualsiasi essere umano e che nessuna autorità può disconoscere o comprimere. Il loro universale riconoscimento è un processo ancora in atto e ben lontano dall'essere concluso.

2. Come sono tutelati dall'ONU i diritti umani?

- Il più alto riconoscimento di tali diritti è contenuto nella Dichiarazione universale dei diritti dell'uomo, approvata dall'Assemblea generale dell'ONU il 10 dicembre 1948. Il contenuto della Dichiarazione ha un grande valore simbolico, ma non è vincolante per gli Stati membri.
- Vincolanti sono invece il Patto sui diritti civili e politici e il Patto sui diritti economici e sociali, sottoscritti a New York nel 1966. Tali Patti contengono il riconoscimento dei diritti di prima e di seconda generazione.

3. Che cosa è il Consiglio dei diritti umani?

- Il Consiglio dei diritti umani è composto dai rappresentanti di 29 Stati eletti dall'Assemblea generale delle Nazioni Unite. A esso è affidato il compito di controllare il rispetto dei diritti contenuti nei Patti.
- Qualora fossero in atto violazioni dei diritti umani in un qualsiasi Paese, il Consiglio può adottare una risoluzione che ne chieda la tutela. Tale risoluzione non è vincolante, ma può essere trasmessa al Consiglio di sicurezza dell'ONU che può intervenire, anche impiegando la forza armata, nei casi in cui la gestione delle faccende interne di un Paese ponga in pericolo la pace e la sicurezza internazionali.

4. Che cosa è la Convenzione europea dei diritti dell'uomo?

- È la più importante convenzione stipulata dal Consiglio d'Europa. Il rispetto delle sue norme è obbligatorio per gli Stati sottoscrittori ed è assicurato da uno speciale organo giudiziario denominato Corte europea dei diritti dell'uomo.
- La Corte svolge una funzione giurisdizionale, con la quale decide su istanze presentate soprattutto dai cittadini contro uno Stato membro, e una funzione consultiva, che consiste nell'emettere pareri su questioni giuridiche riguardanti l'interpretazione delle norme delle convenzioni.

5. Come si definisce il diritto alla riservatezza?

- Il diritto alla riservatezza o *privacy* può essere definito come il diritto della persona a non subire ingerenze non volute nella propria vita personale o familiare e viene fatto rientrare tra i diritti fondamentali dell'uomo.
- Un aspetto particolare del diritto alla riservatezza è quello che riguarda il trattamento dei dati personali.
- In Italia il trattamento di questi dati è regolato dal Codice della *privacy* emanato in esecuzione della Direttiva europea n. 46 del 1995. Esso dispone che per utilizzare i dati personali occorre il consenso della persona dato dopo che questa ha preso visione di una *nota informativa*.
- Ci sono però alcuni dati, particolarmente delicati, che possono essere raccolti e utilizzati solo se (oltre a ricevere il consenso delle persone interessate) si è provveduto a *notificare* l'avvio di tale attività all'*Autorità garante per la protezione dei dati personali*.
- Ci sono poi altri dati, ancora più delicati, per i quali il trattamento è lecito solo se, oltre al consenso dell'interessato, si è ottenuta la preventiva *autorizzazione* da parte dell'Autorità garante.
- Un limite generale all'operazione di raccolta di dati è rappresentato dal principio di necessità.

Verifica le tue conoscenze

Test a risposta multipla

Indica con una crocetta l'affermazione esatta.

1. A quale "generazione" appartengono i diritti economici e sociali?
A. alla pima
B. alla seconda
C. alla terza
D. a nessuna

2. La Costituzione italiana tutela espressamente i diritti umani?
A. no, solo implicitamente
B. sì, all'art. 1 Cost.
C. sì, all'art. 2 Cost.
D. sì, ma li garantisce solo ai cittadini italiani

3. La Corte europea dei diritti dell'uomo:
A. è un organo dell'Unione europea
B. opera in seno alla Nato
C. ha solo una funzione consultiva
D. assicura il rispetto della CEDU

4. I dati idonei a rivelare lo stato di salute di una persona:
A. sono dati sensibili
B. sono dati delicati
C. sono dati anagrafici
D. sono dati privati

5. Il trattamento dei dati personali può essere fatto:
A. senza la necessità di un esplicito consenso dell'interessato
B. solo dall'Autorità garante
C. previo consenso dell'interessato
D. previo consenso scritto dell'interessato

Sai qual è la differenza tra...

a. Prima generazione di diritti umani *e* Seconda generazione

b. Corte europea dei diritti dell'uomo *e* Corte internazionale di giustizia

c. Eutanasia *e* Testamento biologico

d. Consenso al trattamento dei dati personali *e* Autorizzazione al trattamento dei dati personali

SÌ/NO... Perché?

Indica con una crocetta la risposta esatta e motiva la tua scelta.

1. I diritti umani hanno un riconoscimento universale? SÌ NO Perché ...

2. La Corte europea per i diritti dell'uomo ha solo una funzione giudicante? SÌ NO Perché ...

3. Prima di rivolgersi alla Corte europea per i diritti dell'uomo, il cittadino deve fare qualcosa? SÌ NO Perché ...

4. La dichiarazione universale dei diritti dell'uomo si occupa della privacy? SÌ NO Perché ...

5. Il principio di necessità restringe i tipi di dati che il datore di lavoro può chiedere ai dipendenti? SÌ NO Perché ...

6. È sufficiente il consenso dell'interessato per la raccolta dei dati sensibili? SÌ NO Perché ...

Le organizzazioni internazionali e la tutela dell'ambiente

1. Che cosa si intende per ambiente

Il termine "ambiente" indica, nel contesto di cui ci occupiamo, l'insieme delle condizioni necessarie per la continuazione della specie umana sul pianeta. E che tali condizioni siano ormai seriamente minacciate non è un mistero per nessuno.
I cicloni che devastano le coste, i ghiacci artici che si sciolgono, i mari che tendono a salire di livello, i mutamenti del clima, la siccità, i danni all'agricoltura, sono indiscutibili segni di un processo ormai in atto.

Che cosa si fa per fermarlo?

Teoricamente si fa molto: discussioni, tavole rotonde, convegni, studi, ricerche sono ormai molto frequenti nel mondo scientifico.
Praticamente si fa molto meno, perché i Governi devono fare i conti con il sistema produttivo imprenditoriale per il quale il rispetto dell'ambiente ha un costo molto elevato. L'imposizione di determinati standard di tutela comporta per le imprese spese aggiuntive che nel migliore dei casi riducono i guadagni; nel peggiore, le mettono fuori mercato perché fanno lievitare i costi di produzione rispetto alle imprese concorrenti.

Lo Stato non potrebbe aiutare le imprese virtuose che applicano criteri produttivi meno lesivi per l'ambiente?

Gli Stati incontrano due tipi di difficoltà ad attuare interventi a sostegno delle imprese.

La prima è di *natura finanziaria*: i Governi hanno generalmente i bilanci in deficit e ciò li induce a moderare le spese.

La seconda è di *natura convenzionale*. Accordi e convenzioni internazionali vietano ai Governi di alterare la libera concorrenza sostenendo con aiuti diretti o indiretti le proprie imprese al fine di renderle più competitive sui mercati nazionali ed esteri. E a soffrirne, alla fine, è la salute del nostro pianeta.

Quali sono i Paesi che inquinano di più?

Storicamente i Paesi maggiormente responsabili dell'inquinamento ambientale sono stati i Paesi più industrializzati. In questi tuttavia è iniziata a crescere una maggiore sensibilità verso i problemi ambientali che si è tradotta nell'approvazione di leggi che impongono numerosi limiti e prevedono numerosi controlli.
Diverso è il caso dei Paesi in via di sviluppo, dove l'esigenza di aumentare la produzione a ritmi sempre crescenti prevale su ogni considerazione di tipo ambientalista. E poiché cataclismi e mutamenti climatici non rispettano i confini nazionali ma si estendono su tutto il pianeta, gli effetti di questa corsa alla produzione li stiamo pagando tutti.

QUESTIONI

Che cosa è la *green economy*

Si definisce ***green economy***, o **economia verde** nella formula italiana, un modello di sviluppo economico che cerca di contemperare le esigenze della produzione con l'impatto prodotto sull'ambiente.
In pratica la *green economy* suggerisce di adottare una serie di accorgimenti che consentano di aumentare la produzione utilizzando un quantitativo inferiore di risorse e impiegando soprattutto fonti di energia rinnovabili, come l'energia solare, eolica, geotermica e idroelettrica.
Naturalmente accorgimenti e innovazioni hanno un costo. Questo costo le imprese possono sostenerlo in tempi di espansione economica, quando la domanda di beni e servizi è elevata e i fatturati sono in crescita, ma diventa scarsamente sostenibile in tempi di recessione economica.

2. L'impegno delle Nazioni Unite per l'ambiente

Nei primi venti anni di attività, l'ONU era rimasta estranea alle tematiche ambientali in quanto era ancora diffusa la convinzione che la natura avesse risorse illimitate da poter saccheggiare a favore della produzione. Ma gli allarmi lanciati dalla comunità scientifica internazionale hanno portato a cambiare orientamento.

In seguito alla Conferenza di Stoccolma sono stati istituiti alcuni importanti organismi come:
- **il Programma Ambiente delle Nazioni Unite** (*United Nations Environment Programme*);
- **il Programma delle Nazioni Unite per lo sviluppo** (*United Nations Development Programme*);
- **l'Unione Internazionale per la conservazione della natura** (*International Union for Conservation of Nature*).

▸ **La prima Conferenza delle Nazioni Unite sull'ambiente umano** (*United Nations Conference on Human Environment*) si è tenuta a Stoccolma nel 1972 e ha segnato l'inizio di una presa di coscienza a livello globale e istituzionale dei problemi legati all'ambiente.

Negli atti della Conferenza è stato affermato, tra l'altro:

- che la tutela dell'ambiente rappresenta uno degli interessi fondamentali della comunità internazionale e quindi rientra pienamente nelle competenze delle Nazioni Unite;
- che tutti gli Stati hanno il diritto di sfruttare le proprie risorse ma hanno anche "la responsabilità di assicurare che le attività svolte all'interno della loro giurisdizione non causino danno all'ambiente di altri Stati". È questo il cosiddetto **divieto di inquinamento transfrontaliero**.

▶ **A Rio de Janeiro**, nel 1992, la **Conferenza delle Nazioni Unite su ambiente e sviluppo** (*United Nations Conference on Environment and Development*) ha elaborato il concetto di **sviluppo sostenibile** e ha segnato l'avvio di studi e ricerche scientifiche sullo stato di salute del pianeta.

Che cosa si intende per "sviluppo sostenibile"?

Lo sviluppo sostenibile è un modello di sviluppo che risponde alle esigenze del presente senza compromettere la capacità delle generazioni future di soddisfare le proprie.

Il programma, pertanto, non prevede di bloccare il processo di sviluppo in atto al quale tutti i popoli hanno diritto, quanto di attuarlo con gli accorgimenti e le cautele che non pregiudichino le possibilità di crescita (e di sopravvivenza) delle generazioni future.
Il principio di fondo è che la nostra generazione non deve ricercare l'aumento del proprio benessere a scapito delle generazioni future.

3. I principi della Conferenza di Rio de Janeiro

Dalla Conferenza di Rio del 1992 sono scaturiti due importanti principi che gli Stati firmatari della Dichiarazione finale si sono impegnati a rispettare: il *principio di precauzione* e il *principio "chi inquina paga"*.

▶ **Il principio di precauzione** o di prevenzione consente agli Stati di intervenire per inibire attività che si sviluppino sul proprio territorio o importazioni di beni da altri Paesi che abbiano un'alta probabilità di danneggiare l'ambiente o la salute umana.
L'applicazione del principio non richiede che vi sia la certezza scientifica del possibile danno (spesso difficile da raggiungere) ma solo che vi siano prove sufficienti a lasciare presumere che vi potrebbe essere un danno.
Si osserva che se questo principio fosse stato applicato in Italia quando si cominciava a sospettare delle potenzialità cancerogene dall'amianto (già negli anni Sessanta del Novecento) si sarebbero evitati molti decessi. E la stessa cosa può dirsi a proposito dell'uso del fibrocemento conosciuto come *eternit*.

▶ **Il principio "chi inquina paga"** è fondato invece sull'idea che i costi per prevenire o per riparare i danni all'ambiente, prodotti soprattutto dalle imprese, debbano essere sostenuti non dallo Stato, ma dalle imprese stesse.
Il principio, oltre ad avere una sua logica intrinseca (perché mai lo Stato con i denari dei cittadini prelevati attraverso le tasse dovrebbe riparare i danni prodotti da imprenditori senza scrupoli?) ha anche una funzione deterrente. Poiché, infatti, riparare i danni ambientali (pensiamo alla bonifica di terreni o acque inquinate) costa più che evitarli o prevenirli, si suppone che le imprese siano indotte a adottare comportamenti maggiormente responsabili.

Nell'Unione europea i due principi hanno trovato accoglienza nell'art. 191 del Trattato sul funzionamento dell'Unione che nel secondo comma così dispone:
"La politica dell'Unione in materia ambientale [...] è fondata sui principi della precauzione e dell'azione preventiva [...] nonché sul principio 'chi inquina paga'".

QUESTIONI

Che cosa è l'Agenda 21

Agenda 21 è un documento elaborato durante la Conferenza di Rio de Janeiro del 1992; contiene un vero e proprio **piano d'azione** strutturato in 40 capitoli nei quali sono delineate in modo ampio le strategie utili a rendere **sostenibile** lo sviluppo economico nelle diverse realtà sociali e ambientali (aree ricche, aree povere, aree disagiate, e così via).
Il piano, seppure ben strutturato sulla carta, non ha avuto in concreto il seguito sperato e dieci anni dopo, in occasione della Conferenza mondiale sullo sviluppo sostenibile (*World Summit on Sustainable Development*) tenutasi a **Johannesburg** nel 2002, si è dovuto prendere atto degli scarsi risultati ottenuti.
Anche le Convenzioni internazionali che, fino al Protocollo di Kyoto del 1997, si sono succedute dopo Rio, sono state per lo più occasione di lunghe discussioni e poco altro.
Oggi la situazione ambientale non è migliorata, come del resto emerge con sempre maggior evidenza dalle numerose ricerche condotte e come chiunque è in grado di verificare seguendo gli strani cambiamenti climatici in atto e la diffusione di disastri naturali.

I disastri naturali

I disastri naturali, imputabili ai cambiamenti climatici, non vanno confusi con i disastri derivanti dalla colpevole incuria o negligenza dell'uomo. Mentre la diffusione sempre maggiore di tornado negli Stati Uniti e l'aumento dei terremoti e maremoti sono disastri naturali in senso stretto, l'allagamento di talune città italiane a seguito di piogge poco sopra la media dipende dal mancato svolgimento di operazioni di manutenzione ordinaria agli argini dei fiumi o al sistema fognario.

4. Da Kyoto 1997 a Parigi 2015

Nel 1997, nella città di Kyoto, in Giappone, 160 Paesi sottoscrissero un protocollo che fissava le linee guida generali per la riduzione delle emissioni inquinanti responsabili del riscaldamento globale. In particolare il protocollo imponeva tra l'altro ai Paesi firmatari di ridurre le emissioni dei gas responsabili dell'effetto serra di almeno il 5% rispetto ai livelli del 1990. Purtroppo il protocollo non venne sottoscritto dagli Stati Uniti d'America, che da soli erano responsabili di più del 32% delle emissioni globali e inoltre conteneva una grossa falla: esonerava dal rispetto degli obiettivi prefissati i Paesi in via di sviluppo in considerazione dei costi insostenibili che questi avrebbero dovuto sostenere per rendere meno inquinante il loro sistema produttivo. Ciò che nessuno allora poteva prevedere è la crescita accelerata che avrebbero avuto alcuni di questi Paesi, soprattutto la Cina e l'India, oggi responsabili di almeno il 40% delle emissioni inquinanti.

Il sostanziale fallimento degli accordi di Kyoto e il peggioramento della situazione climatica generale hanno indotto l'ONU a convocare una nuova conferenza a Parigi.

La conferenza di Parigi si è conclusa il 12 dicembre 2015 con la sottoscrizione, da parte di 195 Paesi partecipanti (compresi Stati Uniti, Cina e India), di un accordo che impegna tutti a adottare entro il 2020 una serie di accorgimenti volti limitare l'emissione nell'atmosfera di anidride carbonica al fine di contenere entro i due gradi l'aumento della temperatura media del pianeta.

È da sottolineare che i Paesi dell'Unione europea sono stati tra i pochi che hanno tenuto fede all'impegno assunto a Kyoto e oggi sono responsabili complessivamente solo del 15 per cento delle emissioni di gas inquinanti.

Tra il 2005 e il 2013, l'Italia ha ridotto le emissioni di gas serra del 25% attuando in pieno gli impegni derivanti dal Protocollo di Kyoto e anticipando il traguardo previsto per il 2020.

QUESTIONI

Come il profitto può salvare l'ambiente

La tutela dell'ambiente si sta rivelando un grosso business perché richiede innovazione e progresso tecnologico costanti: ogni filtro dell'aria, ogni nuovo motore non inquinante, ogni sistema di produzione di energie rinnovabili, hanno dietro di sé grossi investimenti che producono lavoro, favoriscono lo sviluppo di nuove professionalità e garantiscono profitti importanti. Pertanto, sebbene la tutela dell'ambiente possa costituire un costo per alcune imprese, essa può anche rappresentare un'occasione di sviluppo e di profitto per altre imprese. Possiamo allora immaginare e sperare che se, a livello mondiale, gli interessi di queste ultime prevarranno su quelli delle prime, forse l'idea di uno sviluppo ambientale sostenibile potrebbe divenire realtà.

Pubblica amministrazione e tutela della privacy

La Pubblica amministrazione possiede numerosi dati che ci riguardano, e che rivelano molto di noi e della nostra vita privata: residenza, stato di famiglia, titoli di studio, stato di salute, targa automobilistica, precedenti con la giustizia, e così via. Che garanzie abbiamo circa l'uso corretto da parte della P.A. dei nostri dati personali?

Privacy e P.A.

Il *Codice in materia di protezione dei dati personali* del 2003 prevede alcune disposizioni speciali per il trattamento dei dati personali da parte della Pubblica amministrazione, con l'obiettivo di bilanciare da un lato il diritto dei cittadini alla privacy, e dall'altro l'esigenza di pubblicità e trasparenza dell'azione della P.A. Non è un compito facile: conoscibilità e trasparenza possono entrare in collisione con il diritto dei cittadini a mantenere riservate le informazioni personali.

Dati personali

Il Codice prevede che i soggetti pubblici possano trattare i nostri dati personali esclusivamente per lo svolgimento delle loro funzioni istituzionali, ed entro i limiti posti dallo stesso Codice. La P.A. può utilizzare i nostri dati personali solo per quelle attività istituzionali che non possono essere svolte utilizzando dati anonimi.

Dati sensibili

Un'attenzione particolare è dedicata ai dati sensibili, cioè al nucleo di dati personali più intimi e delicati, per i quali sono previste garanzie rigorose: il trattamento da parte della P.A. è consentito solo se autorizzato da espressa disposizione di legge, che specifichi quali tipi di dati possono essere trattati, quali operazioni sono ammesse e per quali finalità di rilevante interesse pubblico. Per esempio, nel 2013 il Garante per la privacy ha bloccato la pubblicazione online, da parte di molti Comuni italiani, di dati anagrafici e patologie dei cittadini sottoposti a trattamento sanitario obbligatorio.

Privacy del lavoratore

Il rapporto fra privacy e P.A. riguarda anche il versante interno alle stesse amministrazioni: come viene tutelata la privacy dei dipendenti della P.A.? Il tema è delicato dal momento che gli Uffici di gestione del personale acquisiscono molte informazioni sui dipendenti, a partire dall'accesso fino all'estinzione del rapporto lavorativo.

Gestione delle risorse umane

Come nel settore privato, esistono disposizioni dedicate alla salvaguardia della privacy dei lavoratori pubblici da parte di dirigenti e funzionari.

La riservatezza dei dipendenti deve essere assicurata:

1

NEL FASCICOLO PERSONALE
Per esempio, i certificati medici relativi alle assenze per malattia del lavoratore non devono contenere la diagnosi (che malattia ha il lavoratore), ma solo la prognosi (quanto tempo starà a casa).

2

NELL'IDONEITÀ PSICOFISICA
ovvero nella gestione dei dati raccolti in occasione di accertamenti dell'idoneità psicofisica.

3

NELLA PUBBLICAZIONE DI GRADUATORIE
usando codici identificativi onde evitare la divulgazione di dati sensibili, come per esempio la disabilità.

4

NELL'USO DI E-MAIL E INTERNET
sul posto di lavoro attraverso la limitazione del potere di controllo da parte del datore di lavoro.

5

NEL CONTROLLO A DISTANZA
dell'attività del lavoratore. Per esempio, impianti di videosorveglianza sono ammessi solo come *extrema ratio*, e con obbligo di informare dipendenti e visitatori che l'area è videosorvegliata, ed eventualmente videoregistrata.

Riguardando gli appunti

1. Che cosa si intende per ambiente?

- Il termine "ambiente" indica, nel contesto di cui ci stiamo occupando, l'insieme delle condizioni necessarie per la continuazione della specie umana sul pianeta.
- La conferenza di Stoccolma, del 1972, promossa dalle Nazioni Unite, ha segnato l'inizio di una presa di coscienza a livello globale e istituzionale dei problemi legati all'ambiente.
- In seguito alla Conferenza di Stoccolma sono stati istituiti alcuni importanti organismi come il Programma Ambiente delle Nazioni Unite (*United Nations Environment Programme*); il Programma per lo sviluppo (*United Nations Development Programme*); l'Unione Internazionale per la conservazione della natura (*International Union for Conservation of Nature*).
- La Conferenza di Rio de Janeiro, nel 1992, ha elaborato, tra l'altro, il concetto di sviluppo sostenibile. Sviluppo sostenibile è chiamato un modello di sviluppo che risponde alle esigenze del presente senza compromettere la capacità delle generazioni future di soddisfare le proprie.
- Dalla Conferenza di Rio del 1992 sono scaturiti due importanti principi che gli Stati firmatari della Dichiarazione finale si sono impegnati a rispettare: il *principio di precauzione* e il *principio "chi inquina paga"*.

2. Che cosa è il protocollo di Kyoto?

- È un trattato internazionale che fissa le linee guida generali per la riduzione delle emissioni inquinanti responsabili del riscaldamento globale.
- La mancata adesione dei Paesi maggiormente inquinanti unita alla crescita della produzione nei Paesi emergenti ha di fatto comportato il fallimento degli accordi e ha indotto a convocare una nuova conferenza a Parigi.
- La conferenza di Parigi si è conclusa il 12 dicembre 2015 con la sottoscrizione, da parte di 195 Paesi partecipanti (compresi Stati Uniti, Cina e India) di un accordo che impegna tutti ad adottare entro il 2020 una serie di accorgimenti volti a limitare l'emissione nell'atmosfera di anidride carbonica, al fine di contenere entro i due gradi l'aumento della temperatura media del pianeta.

3. Che cosa è la *green economy*?

- Si definisce *green economy*, o economia verde nella formula italiana, un modello di sviluppo economico che cerca di contemperare le esigenze della produzione con l'impatto prodotto sull'ambiente. Ciò è reso possibile impiegando soprattutto fonti di energia rinnovabili, come l'energia solare, eolica, geotermica e idroelettrica.

Verifica le tue conoscenze

Test a risposta multipla

Indica con una crocetta l'affermazione esatta.

1. Gli Stati possono dare aiuti alle imprese più virtuose sul piano ambientale?
A. sì
B. sì, ma solo se sono imprese pubbliche
C. no, perché l'ambiente è di competenza di enti sovranazionali
D. no, perché sono vietate le misure che alterano la concorrenza

2. La prima conferenza Onu sull'ambiente si è tenuta:
A. a Rio de Janeiro
B. a Stoccolma
C. a Parigi
D. a Kyoto

3. Lo sviluppo sostenibile intende conciliare la crescita economica:
A. con il deficit che grava sul bilancio dello Stato
B. con le aspettative delle multinazionali
C. con i diritti della generazione presente
D. con i diritti delle generazioni future

4. I due principi sorti dalla Conferenza di Rio de Janeiro sono:
A. il principio di precauzione e di non inquinamento
B. il principio di rischio e "chi inquina paga"
C. il principio di precauzione e "chi inquina paga"
D. il principio di non inquinamento e di sviluppo sostenibile

5. A differenza del Protocollo di Kyoto, la conferenza di Parigi ha ottenuto:
A. la sottoscrizione da parte di USA, Cina e India
B. la sottoscrizione da parte dell'Unione europea
C. la rinuncia agli armamenti nucleari
D. la fine delle trivellazioni petrolifere

Sai qual è la differenza tra...

a. Sviluppo sostenibile *e* *Green economy*
b. Disastri naturali e Danni all'ambiente
c. Principio di precauzione *e* Principio "chi inquina paga"

SÌ/NO... Perché?

Indica con una crocetta la risposta esatta e motiva la tua scelta.

1. La *green economy* riguarda solo l'agricoltura? SÌ NO Perché ...
2. Il divieto di inquinamento transfrontaliero impone di non gettare materiali inquinanti oltre le proprie frontiere? SÌ NO Perché ...
3. Il principio di precauzione significa che le fabbriche devono usare molte precauzioni per non inquinare? SÌ NO Perché ...
4. Per il principio detto "chi inquina paga" gli Stati devono pagare i danni ambientali causati dalle loro imprese? SÌ NO Perché ...
5. Il Protocollo di Kyoto viene rispettato da tutti i Paesi del mondo? SÌ NO Perché ...
6. Gli obiettivi del Protocollo di Kyoto sono stati generalmente raggiunti? SÌ NO Perché ...

Valuta le tue competenze

ZTE ONLINE
Mettiti alla prova con gli esercizi interattivi

Test a risposta multipla

Indica con una crocetta l'affermazione esatta.

1. Sono fonti del diritto internazionale:
A. le norme con cui ciascuno Stato autonomamente disciplina i propri rapporti con gli altri
B. i trattati
C. le consuetudini
D. sia i trattati che le consuetudini

2. Le consuetudini internazionali dovrebbero essere rispettate:
A. da tutti gli Stati
B. dagli Stati che le hanno sottoscritte
C. dagli Stati che hanno contribuito a formarle
D. dagli Stati di più recente formazione

3. Il rispetto del diritto internazionale:
A. non è imposto da nessuna specifica autorità
B. è imposto dalle truppe dell'Onu (caschi blu)
C. è imposto dalle truppe della Nato
D. è imposto da una Corte internazionale

4. Le convenzioni o carte sono:
A. regole consuetudinarie
B. regole che tutti debbono rispettare
C. trattati aperti
D. trattati chiusi

5. L'Onu è un'organizzazione nata:
A. con finalità aggressive
B. con finalità difensive
C. per mantenere la pace
D. per imporre il rispetto del diritto internazionale

6. All'Assemblea generale dell'Onu partecipano con diritto di voto i rappresentanti:
A. dei Paesi che hanno vinto la Seconda guerra mondiale
B. dei Paesi alleati degli Usa
C. di tutto il mondo
D. di tutti i Paesi membri

7. Quale valore hanno le risoluzioni emesse dall'Assemblea generale dell'Onu?
A. non hanno valore vincolante
B. hanno valore vincolante per gli Stati a cui sono indirizzate
C. hanno valore vincolante solo se ratificate dal Consiglio di sicurezza
D. hanno valore vincolante solo se assunte all'unanimità

8. Sono membri permanenti del Consiglio di sicurezza dell'Onu:
A. Italia, Germania, Francia, Gran Bretagna, Usa
B. Germania, Francia, Gran Bretagna, Cina, Usa
C. Francia, Gran Bretagna, Russia, Cina, Usa
D. Italia, Francia, Gran Bretagna, Spagna e Portogallo

9. La Nato è:
A. la denominazione assunta dall'esercito Usa
B. il braccio militare dell'Onu
C. un ente spaziale
D. un'alleanza militare sorta a scopo difensivo

10. La Corte europea dei diritti dell'uomo è un organo:
A. dell'Unione europea
B. del Consiglio d'Europa
C. dell'Onu
D. della Nato

11. Il Codice della privacy italiano recepisce il contenuto:
A. di una direttiva europea
B. di una direttiva dell'Onu
C. di un trattato internazionale
D. di una consuetudine

12. Il Protocollo di Kyoto prevede una progressiva riduzione:
A. delle trivellazioni petrolifere
B. della produzione di beni non biodegradabili
C. delle emissioni di gas inquinanti
D. della cementificazione del territorio

Conoscenza del lessico giuridico

Scrivi la definizione, al massimo in tre righe, dei termini seguenti.

- Diritto internazionale
- Consuetudine internazionale
- Trattato
- Corte internazionale di giustizia
- Nazioni Unite
- Convenzione

Valuta le tue competenze

- Nato
- Consiglio d'Europa
- Corte penale internazionale
- Ocse
- Diritti umani
- Testamento biologico
- Eutanasia
- Corte europea dei diritti dell'uomo
- Privacy

Domande con risposte brevi

- Perché nessuna autorità impone il rispetto delle convenzioni e dei trattati?
- Quanto è importante il primo comma dell'art. 10 della Costituzione?
- Perché le risoluzioni dell'Onu non hanno valore vincolante per gli Stati membri?
- Come è composto il Consiglio di sicurezza dell'Onu?
- Che cosa è stato concordato nell'art. 5 del Trattato Nato?
- In base a quale criterio i diritti umani vengo suddivisi in tre generazioni?
- Chi può rivolgersi alla Corte europea dei diritti dell'uomo?
- Quali dati personali sono considerati sensibili?
- Che cosa si intende per tutela dell'ambiente?
- Quali provvedimenti sono stati concordati nel Protocollo di Kyoto?

Ragionamento e argomentazione

Rispondi ai quesiti seguendo la traccia fornita.

1. In che modo si potrebbe rendere più incisivo il ruolo dell'Onu per il mantenimento della pace?

L'Assemblea dell'Onu può emettere ....
che non hanno valore ....
perché ....
Sulle decisioni assunte dal Consiglio di sicurezza c'è da osservare che ....
Per quanto attiene al ruolo delle agenzie Complessivamente ritengo che ....

2. Nel Consiglio di sicurezza delle Nazione Unite siedono, come membri permanenti, i rappresentati di cinque nazioni. Qual è la tua opinione in merito a questo privilegio?

Il Consiglio di sicurezza è l'organo che ....
Hanno assunto la qualifica di membri permanenti i Paesi che ....
In sede internazionale alcuni Paesi, tra cui l'Italia, premono perché venga allargato il numero dei membri permanenti. Altri perché venga azzerato e tutti e 15 i membri del Consiglio di sicurezza diventino elettivi.
Personalmente ritengo che ....
Perché ....

3. L'appartenenza alla Nato viene vista da alcuni come una garanzia di sicurezza; da altri come un pericolo soprattutto per la presenza di testate nucleari sul nostro territorio. Che cosa ne pensi?

La Nato è ....
Si è costituita nel .... per ....
L'art. 5 dispone che
Personalmente ritengo che ....
Perché ....

Il diritto alla privacy nei social network

IL TEMA

Negli ultimi anni abbiamo assistito a una grande diffusione di smartphone, tablet e dispositivi digitali, accompagnata dall'esplosione dei social network e delle piattaforme di messaggistica istantanea. Il risultato è che ormai siamo abituati a condividere in rete testi, immagini e video che rivelano molto della nostra vita e di quella dei nostri familiari e amici. Non sempre ci rendiamo conto che questo ci espone a violazioni anche gravi della nostra privacy. Il rischio che corriamo può andare da un uso improprio dei nostri dati personali fino a veri e propri reati e abusi di vario genere. Per questo il *Garante per la protezione dei dati personali* ha messo a punto una guida destinata a tutti coloro che usano i social network: per aumentare la consapevolezza dei rischi, evitare le trappole e conoscere gli strumenti per difendere la nostra privacy. La guida si intitola "Social privacy. Come tutelarsi nell'era dei social network", ed è scaricabile dal sito del Garante (www.garanteprivacy.it).

Slavoljub Pantelic/Shutterstock

Scopo del compito e risorse a disposizione

Il compito intende mettere a fuoco il diritto alla privacy in un contesto nuovo come quello dei social network. Le risorse a disposizione sono:

- Il documento predisposto dal Garante per la protezione dei dati personali
- Le fonti normative internazionali e interne in materia di diritto alla privacy
- Il libro di testo (Unità B2, par. 6-9)

Il risultato finale del compito è una presentazione in Power point. È quindi richiesto l'uso di un computer (per l'esposizione finale può essere eventualmente usata la LIM, se disponibile).

LE FASI DEL COMPITO

FASE 1. Costituzione dei gruppi e analisi del materiale

Scaricate il documento "Social privacy. Come tutelarsi nell'era dei social network" reperibile sul sito del Garante per la protezione dei dati personali. Il link diretto al documento è: http://194.242.234.211/documents/10160/2416443/Social+privacy.+Come+tutelarsi+nell%27era+dei+social+network.pdf

Dividetevi in 4 gruppi e assegnate a ciascun gruppo una sezione del documento:

- Gruppo 1 – *Facebook* & co.
- Gruppo 2 – Avvisi ai naviganti
- Gruppo 3 – Ti sei mai chiesto?
- Gruppo 4 – 10 consigli per non rimanere intrappolati

Ogni gruppo analizza la sezione del documento assegnata e individua 4 o 5 punti fondamentali (quelli che ritiene più importanti e/o più vicini a esperienze vissute personalmente).

Un consiglio per tutti i gruppi: per esser sicuri di conoscere i termini chiave del web, consultate la sezione finale del documento (*Il gergo della rete*) che contiene un glossario utile e sintetico.

FASE 2. Collegamento alle fonti normative

Ogni gruppo cercherà di ricondurre i 4 o 5 punti individuati ai principi contenuti nella normativa che tutela il diritto alla privacy. Le fonti cui fare riferimento sono (vedi Unità B2, par. 6-9):

- Dichiarazione universale dei diritti dell'uomo, in particolare l'art. 12
- Carta dei diritti fondamentali dell'Unione europea, in particolare l'art. 8
- Codice in materia di protezione dei dati personali

Il testo integrale di questi documenti è facilmente reperibile online. In questa fase del lavoro può essere utile predisporre una semplice tabella come la seguente:

PUNTI CHIAVE	COLLEGAMENTI ALLE FONTI
Controllare quali diritti di accesso concediamo alle App che installiamo sullo smartphone, così da assicurarci che i nostri dati personali (contatti, telefonate, foto) non siano usati **senza il nostro consenso**.	• Carta dei diritti fondamentali dell'Unione europea, art. 8: "[I dati personali] devono essere trattati secondo il principio di lealtà, per finalità determinate e **in base al consenso della persona interessata**...". • Codice in materia di protezione dei dati personali, art. 23: "Il trattamento di dati personali da parte di privati o di enti pubblici economici è ammesso **solo con il consenso espresso dell'interessato**...".

FASE 3. Preparare la presentazione in Power point

Ogni gruppo predispone una presentazione in Power point per illustrare il lavoro al resto della classe. La presentazione deve consistere di un minimo di 8 slide fino a un massimo di 15. La struttura deve essere la seguente:

- La prima slide è una sorta di copertina: deve riportare il titolo della presentazione e i nomi dei componenti del gruppo.
- La seconda slide riporta l'elenco dei 4 o 5 punti fondamentali.
- Le slide seguenti illustrano i 4 o 5 punti e i relativi collegamenti con le fonti normative.
- Le slide possono contenere anche immagini e rappresentazioni grafiche.

FASE 4. Esposizione in classe

Ciascun gruppo nomina un portavoce che espone al resto della classe la presentazione in Power point. L'esposizione non deve durare più di 10 minuti (è utile fare una prova generale prima dell'esposizione).

VALUTAZIONE

Il lavoro verrà valutato in base alla congruenza del prodotto finale con le consegne, alla adeguatezza delle fonti normative richiamate, alla proprietà di linguaggio e alla padronanza del lessico giuridico, alla chiarezza e accuratezza della presentazione in Power point.

hwostik/Shutterstock

PERCORSO **C**

L'UNIONE EUROPEA

COMPETENZE DI PERCORSO

COMPETENZE DI ASSE
- Individuare e valutare gli effetti dell'appartenenza dell'Italia all'Unione europea e ad altri organismi internazionali
- Individuare il lavoro e i limiti delle diverse istituzioni dell'Unione europea
- Suggerire le linee necessarie per il rilancio del progetto europeo

CONOSCENZE
- Comprendere l'importanza del diritto internazionale quale normativa garante della pace e dello sviluppo della comunità mondiale
- Conoscere le finalità e le funzioni delle maggiori organizzazioni internazionali
- Comprendere le ragioni passate e future a sostegno dell'integrazione europea
- Conoscere l'organizzazione e le funzioni delle istituzioni dell'Unione europea

ABILITÀ
- Saper individuare l'organizzazione alla quale far riferimento per la soluzione di un problema internazionale
- Saper individuare l'organo dell'Unione europea al quale far riferimento per la soluzione di un problema comunitario

UNITÀ **1**

Nascita ed evoluzione della Ue

1. Un primo sguardo

L'Unione europea nasce dal grande, ambizioso progetto di riunire tutti i Paesi europei in un unico grande stato federale organizzato sul modello degli Stati Uniti d'America.
Questo progetto, come vedremo meglio più avanti, ha preso avvio dopo la fine della Seconda guerra mondiale e ha iniziato concretamente a prendere forma nel 1950 con la nascita delle prime "comunità europee".
Nel corso degli anni i Paesi membri, che in origine erano solo 6, sono saliti a 28 e altri premono ancora per entrare.
Ciò non di meno, in questa fase storica lo stato di salute dell'Unione non è dei migliori. In tempi recenti si è verificato un notevole raffreddamento dell'opinione pubblica verso questo grande progetto e tra i fattori che hanno contribuito a innescarlo rientra sicuramente una politica non brillante adottata dalle istituzioni della Ue; l'opportunismo di alcune formazioni politiche nazionali; il sopraggiungere di eventi scarsamente controllabili come il grande flusso migratorio che si sta dirigendo da alcuni anni verso il continente europeo. Tutto ciò ha prodotto un diffuso riaccendersi degli egoismi nazionali e un notevole rafforzamento delle spinte centrifughe.
Ne è stato esempio palese la decisione di abbandonare l'Unione assunta dal Regno Unito in conseguenza a un referendum popolare e le cui ragioni paiono ancora scarsamente comprensibili.

QUESTIONI

L'uscita del Regno Unito dall'Unione europea

Il 23 giugno 2016 nel Regno Unito si è svolto il referendum popolare sulla "Brexit", espressione nata dalla fusione fra *British* ed *exit* (uscita). L'uscita o meno del Regno Unito dall'Ue era appunto l'oggetto della consultazione. Due le alternative sottoposte al voto dei cittadini: restare nell'Ue (*remain*) oppure andarsene (*leave*).
Sostenitori del *leave* erano il partito nazionalista dell'Ukip e i movimenti anti-europeisti; sostenitori del *remain* erano le forze di sinistra ma anche una parte dei conservatori, tra cui lo stesso premier Cameron. Ribaltando le previsioni della vigilia, sono stati i *leave* a prevalere con il 52% dei voti.

Il valore del referendum

La vittoria del *leave* ha costretto il premier alle dimissioni e ha sollevato un acceso dibattito sul futuro dell'Europa. È importante specificare però che il referendum, pur avendo un valore politico molto forte, non decreta di per sé l'uscita del Regno Unito dalla Ue: l'uscita di uno Stato membro si compie solo al termine della complessa e lunga procedura di *recesso unilaterale* prevista dal Trattato Ue.

2. Come nasce l'idea di un'Europa unita

L'idea di fare degli europei un unico popolo è tutt'altro che recente. Già nella prima metà dell'Ottocento troviamo gli auspici di un'Europa unita negli scritti di Giuseppe Mazzini. Ma palesemente i tempi non erano ancora maturi. Sono dovuti passare più di cento anni e almeno quattro guerre perché quell'idea venisse presa in seria considerazione.

La spinta decisiva è arrivata dopo la tragedia della Seconda guerra mondiale. I Paesi europei erano usciti stremati dal conflitto e nessuno aveva più la forza né la convenienza di proseguire sulla via della contrapposizione frontale.

L'Europa non era più il centro del mondo e la scena internazionale era ormai dominata da due grandi superpotenze: a est l'Unione delle Repubbliche Socialiste Sovietiche (URSS) e a ovest gli Stati Uniti d'America.
Non vi era dubbio, ormai, che per riacquistare un ruolo significativo nel contesto internazionale i Paesi europei dovessero voltare pagina e intraprendere la via della collaborazione sia sul piano economico sia su quello politico.
Tuttavia, se la strada da seguire appariva chiara, la disponibilità a percorrerla era tutt'altro che totale. I maggiori Paesi europei (in quel momento Regno Unito e Francia) non erano affatto disposti a rinunciare al proprio prestigio internazionale e a porsi in seconda fila dietro la bandiera di una ipotetica organizzazione europea.

In quegli anni, ad avere una forte vocazione europeista era in realtà una ristretta *élite* di politici e intellettuali tra i quali ricordiamo i francesi Jean Monnet e Robert Schuman, il cancelliere tedesco Konrad Adenauer, gli italiani Alcide De Gasperi e Altiero Spinelli. Costoro, con maggiore lucidità di altri, intuirono quale storica occasione sarebbe stata la costituzione in Europa di

Il Manifesto di Ventotene è il documento in cui per la prima volta vennero lucidamente espresse le linee guida per la concreta realizzazione di uno Stato federale europeo e il superamento delle anguste politiche nazionali.
Venne redatto da Altiero Spinelli ed Ernesto Rossi, tra il 1941 e il 1944, mentre la guerra era ancora in corso ed entrambi erano confinati per motivi politici nell'isola di Ventotene.

un grande stato federale simile agli USA. Ma si rendevano anche conto di quanto sarebbe stato difficile superare le resistenze nazionali.

E allora che cosa fecero?

Il nome Europa viene dal greco *Europe*, che significa "grandi occhi". Narra la mitologia che "Europa grandi occhi" era la figlia bellissima del re di Tiro. Di lei si innamorò Zeus che, sotto le spoglie di un grande toro, la rapì e la condusse a Creta. Dal loro amore nacquero tre figli. Il primo, Minosse, divenne re di Creta e fu l'iniziatore di quella civiltà cretese che è stata poi la culla della civiltà europea. E il nostro continente deve il suo nome (forse) alla madre di Minosse, una bellissima principessa... dai grandi occhi.

Le opinioni su come bisognasse operare per vincere le resistenze erano diverse. Alcuni sostenevano l'opportunità di procedere in modo graduale.
Altri, come l'italiano Spinelli, sostenevano la necessità di presentare subito un progetto di Europa federale. Alla fine prevalse la linea *gradualista* sostenuta dal francese Monnet.
La sua tesi era sostanzialmente la seguente: gli Europei sono ancora troppo intrisi dei residui del nazionalismo per proporre loro di superare d'un colpo il concetto di stato-nazione. Meglio coinvolgerli prima in una collaborazione di natura economica, come la creazione di una vasta area di libero scambio, i cui vantaggi sono chiari a tutti e non comportano eccessive rinunce alla sovranità. In un secondo momento, quando gli Stati avessero cominciato a digerire l'idea di delegare alcune funzioni a uno o più organismi comuni e avessero cominciato a superare le reciproche diffidenze, sarebbe stato possibile iniziare a lavorare su una *unione politica*, cominciando a dare vita a un Parlamento europeo, a un esercito europeo, a una politica estera europea, e così via.
L'Europa avrebbe cominciato ad affacciarsi sullo scenario internazionale con tutto il peso di una grande potenza economica e militare, sicuramente alleata con gli Stati Uniti ma anche capace di intervenire in modo autonomo nella soluzione dei grandi problemi internazionali. E ciò avrebbe favorito la nascita, tra i cittadini, di un *orgoglio europeo* che sarebbe stato la giusta spinta emotiva verso un completo processo federativo.
L'intuizione di Monnet e dei suoi collaboratori era giusta per la parte che riguardava l'adesione al progetto di *integrazione economica*, ma era molto ottimista per quanto riguardava la successiva fase dell'integrazione politica.

3. Dall'Europa dei pochi all'Europa dei molti

Il carbone, dopo la Seconda guerra mondiale, era ancora un combustibile di grande importanza, paragonabile a quella che il petrolio avrebbe assunto pochi anni più tardi. **L'acciaio** (prima che venissero inventate le plastiche dure) era ancora un elemento indispensabile nell'industria.

Coerente con la sua impostazione, Jean Monnet cominciò a gettare le basi di una collaborazione economica puntando sulla nascita di una organizzazione *sovranazionale* che assumesse il compito di regolare un mercato comune europeo nel settore carbosiderurgico.
Nella sua fase iniziale il progetto doveva interessare lo sfruttamento dei bacini carboniferi della Ruhr e della Saar, che da sempre erano stati oggetto di contesa tra Francia e Germania, ma in prospettiva era aperto all'adesione di altri Paesi europei.
L'iniziativa ebbe successo e all'accordo aderirono, oltre alla Francia e alla Germania federale, anche l'Italia, il Belgio, i Paesi Bassi e il Lussemburgo.

Nel 1951 nasceva così la prima *comunità europea* denominata **CECA**, cioè *Comunità economica del carbone e dell'acciaio.*

I positivi risultati di questa esperienza indussero gli stessi sei Paesi a dar vita, nel **1957**, con il **Trattato di Roma**, ad altre due *Comunità*:

- **la CEEA**, cioè *Comunità europea per l'energia atomica*, detta anche *Euratom*, istituita con lo scopo di realizzare fra gli Stati aderenti la cooperazione nel campo scientifico e nell'utilizzazione a scopi pacifici dell'energia atomica;
- **la CEE**, *Comunità economica europea*, nata per favorire la collaborazione tra gli Stati membri in tutto il campo economico, dall'agricoltura, all'industria, al commercio.

Con il Trattato di Roma prendeva vita quella che per alcuni anni venne da tutti chiamata l'**Europa dei sei**. Come aveva previsto Monnet, la forza di attrazione delle tre *Comunità* fu notevole, soprattutto per gli indubbi vantaggi che esse comportavano sul piano economico. E così, in tempi diversi, i Paesi membri sono diventati sempre più numerosi.

In particolare sono stati accolti:
nel 1973 l'Irlanda, il Regno Unito e la Danimarca;
nel 1981 la Grecia;
nel 1986 la Spagna e il Portogallo;
nel 1994 l'Austria, la Finlandia e la Svezia;
nel 2004 la Polonia, l'Ungheria, la Repubblica Ceca, la Slovacchia, l'Estonia, la Lettonia, la Lituania, la Slovenia, Malta e Cipro;
nel 2007 la Bulgaria e la Romania;
nel 2013 la Croazia.
Altri Paesi, come l'Islanda, la Serbia, il Montenegro, potrebbero entrare nell'Unione in tempi brevi, mentre per la Macedonia e la Turchia si prevedono tempi più lunghi.

Cittadini dell'Unione europea sono circa 507 milioni contro i 320 milioni degli USA e i 143 milioni della Federazione Russa.

QUESTIONI

Come si entra a fare parte dell'Unione europea?

Perché un Paese possa essere accolto nella Ue occorre, innanzi tutto, che sia un Paese europeo e che abbia istituzioni stabili che garantiscano la democrazia, il rispetto delle minoranze e la tutela dei diritti umani.
Le trattative sono avviate con la Commissione europea ma la decisione finale sull'adesione deve trovare concordi tutti i Paesi membri.

Come si esce dall'Unione europea

Il Trattato di Lisbona del 2009 ha introdotto la possibilità per gli Stati di uscire dall'Ue. Il fatto che prima del 2009 i trattati non prevedessero questa facoltà dimostra quanta fiducia vi fosse in un'integrazione europea sempre più stretta e irreversibile. Nessuno immaginava che uno Stato potesse desiderare di andarsene.
Oggi invece questa possibilità è prevista all'*art. 50 del Trattato Ue*, secondo cui ogni Paese membro può decidere di recedere unilateralmente dall'Unione europea. La procedura di recesso è così articolata:

- lo Stato deve notificare la sua intenzione di recedere al Consiglio europeo;
- il Consiglio europeo presenta le sue osservazioni allo scopo di pervenire con lo Stato a un *accordo* con cui regolare le modalità del recesso e le future relazioni dello Stato recedente con l'Unione europea;
- l'accordo deve essere approvato dal Parlamento europeo. Una volta approvato, il Consiglio europeo delibera a maggioranza qualificata il recesso dello Stato;
- i Trattati comunitari cessano di essere applicabili al Paese recedente nel momento in cui *entra in vigore* l'accordo di recesso. Se non si riesce a raggiungere un accordo, i Trattati cessano di essere applicabili allo Stato *due anni dopo* la notifica della decisione di recedere.

Se successivamente lo Stato recedente ci ripensa può chiedere di rientrare nell'Unione attivando una nuova procedura di adesione.

Si può essere "cacciati" dall'Unione europea?

Al momento non è prevista alcuna procedura che consenta di espellere uno Stato membro. L'art. 7 del Trattato Ue prevede solo la possibilità di sospendere l'esercizio di alcuni diritti allo Stato che compia gravi violazioni dei Trattati.

4. Che cosa rende difficile il processo di integrazione

Il punto di arrivo del progetto di *integrazione europea*, secondo gli auspici dei padri fondatori, dovrebbe essere la trasformazione dell'Europa in un grande *Stato federale*. Ma la possibilità di creare un'organizzazione politica di questo tipo ha sempre incontrato resistenze molto forti.

Chi si oppone all'idea di integrazione politica?

In realtà non c'è mai stato un chi o un perché ben definito. In ciascun Paese sono presenti forze politiche sinceramente europeiste e forze politiche più diffidenti o addirittura ostili (i cosiddetti *euroscettici*). Quando le prime sono maggioranza nel proprio Paese questo si segnala per il sostegno e la disponibilità alla *causa europea*. Quando sono maggioranza le seconde, l'atteggiamento è opposto. E poiché nei sistemi democratici le maggioranze parlamentari tendono periodicamente a cambiare in funzione dei risultati elettorali, cambia anche la politica (più fredda o più collaborativa) che ciascun Paese adotta verso il processo di unificazione.
Ciò non di meno, fino all'inizio del nuovo secolo il processo di integrazione non si è mai completamente fermato e i trattati iniziali sono stati nel tempo integrati o sostituiti con nuovi trattati che hanno ampliato i compiti e le finalità della Ue e hanno accresciuto i poteri degli organi comunitari, soprattutto quelli del Parlamento europeo.

QUESTIONI

I passaggi più significativi del processo di integrazione europea

Con l'Atto unico europeo del 1986 è stata concordata:
- la nascita di un mercato comune concepito come *uno spazio senza frontiere interne* nel quale è assicurata non solo la libera circolazione delle merci, ma anche delle persone, dei servizi e dei capitali;
- l'avvio di una politica economica comune tesa a favorire, anche attraverso il finanziamento di piani di sviluppo, una crescita equilibrata di tutte le regioni della Comunità.

Con il Trattato di Maastricht del 1992, la cui esatta denominazione è *Trattato sull'Unione europea*:
- è stata istituita l'**Unione europea**, nella cui organizzazione sono state ricondotte le tre originarie *comunità*;
- è stata istituita la **cittadinanza europea**;
- è stata concordata l'unione monetaria attraverso la costituzione di una *Banca centrale europea* e la nascita di una moneta comune, l'**euro**.

Con il Trattato di Nizza del dicembre 2000 è stata accolta la richiesta di adesione alla Ue di dodici nuovi Paesi, che hanno cominciato a fare il loro ingresso nell'Unione a partire dal 2004.

Con il Trattato di Lisbona, ratificato nel 2009, si è cercato di rendere più agile il funzionamento degli organi comunitari e più stabile la rappresentanza della Ue.

5. Il ruolo assunto dall'opinione pubblica

Con buona approssimazione possiamo dire che per oltre cinquant'anni l'integrazione europea è stata vissuta con una certa indifferenza da gran parte dell'opinione pubblica. Le decisioni, pure molto importanti, che venivano prese a Bruxelles in campo economico, soprattutto agricolo, non arrivavano, se non in piccola parte, a toccare gli interessi diretti e la sensibilità delle persone. La politica europea, pertanto, era completamente rimessa alle decisioni dei leader nazionali.

Ma nei primi anni del nuovo secolo l'opinione pubblica si è improvvisamente destata. A dare la scossa è stato probabilmente l'allargamento dell'Unione a dodici Paesi dell'Europa orientale. Approfittando della libertà di circolazione garantita a tutti i cittadini dell'Unione, è partita, da questi nuovi Paesi membri, un'ondata migratoria verso i Paesi dell'Ovest, ritenuti capaci di offrire maggiori opportunità di lavoro.

Questo flusso di persone, spesso prive di mezzi di sostentamento e di serie prospettive di lavoro, ha creato inizialmente qualche problema di ordine pubblico. Ma soprattutto ha innescato paure di ordine economico. L'Europa in quel momento non stava vivendo la sua stagione più florida. La disoccupazione interna era elevata e la concorrenza da parte dei cittadini dei Paesi europei più poveri, disposti a lavorare in nero e per bassi salari, era vissuta con grande irritazione.

L'allargamento dell'Unione ai Paesi dell'Est europeo ha contribuito anche a incrementare il fenomeno della **delocalizzazione**, cioè del trasferimento di imprese dai Paesi dove il costo del lavoro è più elevato a quelli dove è meno elevato.

Un altro elemento di tensione, almeno in alcuni strati sociali, era costituito in quegli stessi anni dalla introduzione della **moneta unica**, imputata (non sempre a torto) di aver causato un rilevante aumento dei prezzi al consumo.

Adesso queste tensioni e paure si sono attenuate?

Si sono attenuate per quanto riguarda gli effetti della migrazione interna, ma si sono accentuate per quanto riguarda gli effetti del flusso continuo e inarrestabile di migranti proveniente dalle aree più sfortunate del globo, in fuga dalla fame e dalla guerra.

Ad alimentare paure e tensioni provvedono anche elementi interni, come le formazioni politiche più xenofobe che trovano nel malcontento popolare una fonte di consenso e di successo politico.

Le formazioni politiche favorevoli al processo di integrazione europea che cosa hanno fatto nel corso di questi anni per creare una coscienza europea?

Sicuramente non abbastanza. Non ha giovato e seguita a non giovare alla causa europea il comportamento di alcuni leader nazionali che siedono ai tavoli delle trattative comunitarie come fossero a un tavolo da poker.

Spesso la loro maggiore preoccupazione non è individuare soluzioni di interesse comune, quanto strappare vantaggi per il proprio Paese da presentare agli elettori come successi personali.

Talvolta l'Europa viene anche utilizzata come scudo per coprire proprie difficoltà o incapacità: «... *purtroppo l'Europa ci impone... purtroppo l'Europa non ci consente...*».
Tutto ciò genera sconcerto nei cittadini e non agevola la nascita di uno spirito europeista.

6. Alcuni traguardi raggiunti dall'Unione europea

▶ **La pace interna** è il primo e più importante traguardo raggiunto dall'Unione europea.
Fino a settant'anni fa noi europei risolvevamo i contrasti più accesi sparandoci addosso.
Oggi i contrasti ci sono ancora (soprattutto per questioni economiche) ma li risolviamo all'interno degli organismi europei e senza indossare divise militari. Per chi ha conosciuto l'orrore della guerra questo è già un motivo sufficiente per apprezzare la Ue e sperare che si rafforzi.

Oltre al consolidamento della pace sono stati raggiunti, in questi anni, altri importanti traguardi, fra i quali ricordiamo:

- l'abbattimento delle frontiere interne;
- l'istituzione della cittadinanza europea;
- l'accordo di Schengen;
- l'attivazione di una politica economica di coesione e sviluppo;
- l'introduzione di una moneta unica.

7. L'abbattimento delle frontiere doganali

Prima che all'interno dell'Unione europea si stabilisse la libera circolazione delle merci, dei servizi e dei capitali, ciascun Paese tendeva a proteggere la produzione nazionale dalla concorrenza straniera.

Ciò poteva sembrare un fatto positivo, ma non lo era per almeno due ragioni:

- innanzitutto le protezioni reciproche rendono asfittico il commercio internazionale e le imprese, non potendo esportare liberamente all'estero, producono di meno e creano minore occupazione;
- in secondo luogo la mancanza di una forte concorrenza estera consente ai produttori nazionali di tenere i prezzi più elevati.

Il contrario avviene quando ci si trova in un ampio mercato di libera concorrenza com'è quello che ormai ci offre l'Unione europea, caratterizzato dalla libera circolazione delle merci, dei servizi e dei capitali.

▶ **La libera circolazione delle merci** consente ai prodotti stranieri di viaggiare da un Paese all'altro dell'Unione senza subire i rincari dovuti all'imposizione dei dazi alle frontiere.

▶ **La libera circolazione dei servizi** consente di operare in qualsiasi Paese dell'Unione a banche, compagnie assicurative, compagnie aeree e in generale a tutte le imprese che offrono servizi, con grande vantaggio per la concorrenza.

▶ **La libera circolazione dei capitali** lascia ciascuno libero di investire il proprio denaro in qualsiasi paese dell'Unione e ciò stimola i Governi degli Stati membri a creare le condizioni migliori per attirare sul proprio territorio gli investimenti esteri dai quali possono scaturire nuovi posti di lavoro.

8. La cittadinanza europea

I cittadini dei Paesi membri dell'Unione europea godono ormai tutti di una **doppia cittadinanza**: sono sicuramente cittadini dello Stato di appartenenza, ma sono anche cittadini europei. Ciò possiamo vederlo plasticamente guardando un qualsiasi passaporto europeo dove è ormai scritto in chiara evidenza prima **Unione europea** e sotto *Repubblica Italiana, République française, Budesrepublik deutschland, Portugal passaporte*, e così via.

▶ **I vantaggi** di questa doppia cittadinanza sono molti e notevoli. Tutti i cittadini dell'Unione hanno ora:

- il diritto di circolare e risiedere liberamente in ogni parte degli Stati membri;
- il diritto di votare e di candidarsi alle elezioni comunali dello Stato in cui hanno scelto di risiedere, anche se non ne sono cittadini, e il diritto di votare per il Parlamento europeo in qualunque Stato dell'Unione si trovino;
- il diritto di presentare petizioni scritte al Parlamento europeo o di rivolgersi per iscritto al mediatore europeo per segnalare casi di cattiva amministrazione da parte delle istituzioni e degli organi comunitari;
- il diritto alla tutela diplomatica da parte di tutte le ambasciate e i consolati di ciascuno degli Stati membri; ciò vuol dire, per esempio, che se un cittadino italiano si trovasse in un paese extraeuropeo nel quale non fosse presente una sede diplomatica italiana, potrebbe rivolgersi, per la necessaria assistenza, all'ambasciata o al consolato di qualsiasi altro Stato dell'Unione presente in quel Paese. E vale sottolineare che lo farebbe non come straniero in difficoltà, ma con il pieno diritto che compete ai cittadini europei.

I diplomi di istruzione secondaria, salvo casi particolari, hanno ormai il medesimo valore in tutti i Paesi dell'Unione.
I diplomi di laurea, invece, sono soggetti a una normativa più articolata. Per l'esercizio di alcune professioni, come quella di medico, odontoiatra, veterinario, farmacista, architetto sono valide le lauree conseguite in uno qualsiasi dei Paesi Ue. Per l'esercizio di altre professioni, invece, può essere richiesto un tirocinio di adattamento o una prova attitudinale che confermi il possesso di determinate abilità.

Come cittadini europei possiamo anche lavorare in qualsiasi Paese della Ue?

Se ci piace vivere in uno dei Paesi dell'Unione e abbiamo deciso di stabilire lì la nostra residenza, possiamo liberamente cercare un lavoro e anche ini-

ziare un'attività imprenditoriale, senza per questo dover attendere speciali concessioni.
Qualche limitazione, nella ricerca di un lavoro, potremmo incontrarla per accedere ad alcuni settori del pubblico impiego che comportino l'esercizio di un pubblico potere, come le forze di polizia, l'esercito, la magistratura, la diplomazia.
Non vi sono restrizioni, invece, per l'accesso ad altri settori pubblici, come la scuola, i trasporti, la navigazione aerea e marittima, le poste e telecomunicazioni, e così via.

Tuttavia, se volessimo trasferirci, magari per qualche anno, a Parigi, a Berlino o in qualsiasi altra città dell'Unione, sarà bene prendere qualche preventiva informazione sulle norme che regolano i soggiorni di *lunga durata*. Per fronteggiare i problemi connessi al flusso migratorio interno, soprattutto proveniente dal Paesi dell'Est, è stato infatti consentito a tutti gli Stati membri di introdurre qualche restrizione alla incondizionata libertà di soggiorno.

QUESTIONI

Come è regolato in Italia il soggiorno dei cittadini Ue

Il soggiorno dei cittadini provenienti da altri Paesi membri è regolato, in Italia, dal d.lg. n. 30 del 2007 (più volte modificato), che nelle sue linee essenziali può essere riassunto come segue.

- **Fino a tre mesi** si può soggiornare liberamente nel nostro Paese. In questo arco di tempo si ha la piena libertà di cercare un lavoro dipendente o di iniziare un lavoro autonomo o imprenditoriale.
- **Oltre i tre mesi** è necessario iscriversi all'ufficio anagrafico del Comune in cui si intende risiedere.

Se il richiedente ha già un lavoro, e quindi una fonte di reddito, l'iscrizione viene concessa senza difficoltà.
Se il richiedente non ha già un lavoro o è studente, può essere iscritto solo se dimostra di essere titolare di una assicurazione sanitaria e di possedere risorse economiche proprie che gli consentano di non gravare sull'assistenza pubblica.

- **Dopo cinque anni** di soggiorno regolare e continuativo il cittadino comunitario acquista il diritto al soggiorno permanente; tale diritto si perde se il titolare si allontana dall'Italia per più di due anni consecutivi.
- **Provvedimenti di allontanamento** possono essere emessi nei confronti di singoli cittadini di Stati membri per ragioni di ordine pubblico e di sicurezza pubblica. Secondo l'interpretazione della Corte di Giustizia, ricorrono queste fattispecie quando il soggetto per il quale si emette il provvedimento abbia tenuto un comportamento che costituisca minaccia concreta e grave ai diritti fondamentali della persona, cosicché la sua ulteriore permanenza nel territorio dello Stato sia giudicata incompatibile con la normale convivenza.

Eventuali condanne penali non giustificano l'allontanamento del cittadino comunitario, ma possono comunque concorrere a motivare il provvedimento.

9. L'accordo di Schengen

Salvo situazioni eccezionali, i cittadini europei sono liberi di circolare in qualsiasi Paese dell'Unione. E per agevolare l'esercizio di questa libertà sono stati soppressi, pressoché ovunque, anche i controlli alle frontiere interne, cosicché oggi si può girare per l'Europa, zaino in spalla, quasi senza rendersi contro di attraversare le linee di confine. E questa ampia libertà, forse più di altre, dovrebbe trasmetterci, quasi a livello sensoriale, la piacevolezza dei grandi spazi comuni: sentirsi a casa propria anche oltre i confini nazionali.

La decisione di sospendere i controlli alle frontiere è stata assunta, inizialmente, da cinque Paesi (Francia, Germania, Belgio, Paesi Bassi e Lussemburgo) che nel 1985, nella cittadina lussemburghese di *Schengen*, hanno sottoscritto un accordo in tal senso.

Successivamente, in tempi diversi, hanno sottoscritto l'accordo di Schengen quasi tutti i Paesi membri dell'Unione. Si è andata così creando un'area, che va dall'Islanda al Portogallo alla Grecia, all'interno della quale quasi cinquecento milioni di persone possono circolare liberamente.

▸ **Purtroppo** l'accordo di Schengen è attualmente soggetto a forti tensioni a causa dell'incontrollabile flusso migratorio proveniente soprattutto dai teatri orientali di guerra. La mancanza di controllo alle frontiere interne consente agli immigrati che entrino in un Paese Ue, anche clandestinamente, di circolare e spostarsi poi liberamente in qualsiasi altro Paese dell'Unione.
E ciò non è gradito a molti Governi che hanno ripristinato, o minacciano di ripristinare, i controlli alla loro frontiera per bloccare i clandestini.

Se questa linea dovesse diventare prevalente l'intera costruzione europea potrebbe essere messa in crisi. Meglio sarebbe, come auspicato da più parti, che l'Unione attuasse una politica volta a rimuovere le cause che spingono tanta gente a rischiare la vita per cercare in Europa una fortuna che difficilmente troverà.

QUESTIONI

I Paesi aderenti a Schengen

Rientrano nello spazio di Schengen Italia, Belgio, Repubblica Ceca, Danimarca, Germania, Estonia, Grecia, Spagna, Francia, Lettonia, Lituania, Lussemburgo, Ungheria, Malta, Paesi Bassi, Austria, Polonia, Portogallo, Slovenia, Slovacchia, Finlandia e Svezia.
Hanno aderito inoltre all'accordo, pur senza essere membri della Ue: Norvegia, Islanda, Svizzera e Liechtenstein.
Sono prossimi a entrare: Bulgaria, Romania, Cipro e Croazia.
L'accordo può essere sospeso temporaneamente solo per gravi motivi di sicurezza nazionale.

10. La politica di coesione e sviluppo

▶ **La politica di coesione** è la più importante politica di investimento dell'Unione europea. Il suo scopo è consentire alle aree meno sviluppate dell'Unione di colmare il ritardo rispetto a quelle più avanzate e ridurre così le disparità economiche e sociali esistenti.

Per il periodo dal 2014 al 2020 l'Unione europea ha destinato alla politica di coesione circa 350 miliardi di euro, quasi un terzo del suo bilancio complessivo. Con questi fondi vengono finanziati i progetti più innovativi in alcuni campi strategici, quali: l'occupazione, l'innovazione tecnologica, la ricerca (soprattutto energetica), l'istruzione, l'inclusione sociale e la tutela dell'ambiente e del clima.

I progetti vengono poi finanziati con denaro erogato dal Fondo di coesione e dai Fondi strutturali.

▶ **Il Fondo di coesione** è volto a migliorare le infrastrutture nei settori dell'ambiente e dei trasporti e a promuovere lo sviluppo sostenibile nei Paesi membri che hanno un PIL medio pro capite molto basso (inferiore al 90% della media Ue).

▶ **I Fondi strutturali** sono attualmente due:

- il **Fondo europeo di sviluppo regionale** (FESR) è rivolto soprattutto al mondo delle imprese e finanzia investimenti capaci di aumentare la competitività e creare nuovi posti di lavoro;
- il **Fondo sociale europeo** (FSE) è rivolto soprattutto alle persone, e in particolare al miglioramento delle opportunità di formazione professionale e occupazione delle categorie sociali più deboli.

Perché l'Unione europea si preoccupa di sostenere le economie delle aree meno sviluppate?

Perché è opinione ampiamente condivisa che lo sviluppo ritardato di uno o più Paesi dell'Unione costituisca un freno alla crescita anche degli altri. Per contro, aiutando le aree meno avanzate a superare le loro specifiche difficoltà si dà slancio all'intera economia Ue, con vantaggio di tutti.

QUESTIONI

In che modo la Ue aiuta i giovani?

Leonardo è il programma dell'Unione europea che offre finanziamenti per migliorare la formazione professionale di studenti e lavoratori e promuove attività di tirocinio presso aziende straniere.
Socrates è il programma che intende favorire la cooperazione tra gli Stati membri nell'ambito dell'istruzione attuando scambi di studenti e insegnanti. Socrates si suddivide in due sottoprogrammi: **Erasmus**, riservato agli studenti universitari, e **Comenius**, riservato agli studenti delle scuole secondarie.

11. La moneta unica europea

Se è vero che l'attribuzione della cittadinanza europea ha comportato un ampliamento della sfera dei nostri diritti e delle nostre libertà, è altrettanto vero che l'elemento che più di ogni altro dovrebbe farci sentire parte di una realtà molto più vasta di quanto siano gli angusti confini nazionali è il fatto di possedere una moneta unica europea. Non più la *lira* (spesso chiamata liretta per la sua perenne debolezza), non più il marco tedesco (spesso chiamato super marco per la sua forza), non più il franco francese o belga, il fiorino olandese, la dracma greca e così via. L'Europa ha una sua moneta, l'euro, che in breve tempo si è inserita tra le monete più forti del mondo.

La lira è stata la valuta italiana a partire dall'unità d'Italia (nel 1861) fino all'avvento dell'euro.
La nascita dell'euro è stata concordata con il Trattato di Maastricht nel 1992, ma la nuova moneta ha iniziato effettivamente a circolare solo nel 2002 in dodici Paesi Ue.
La lira ha cessato ufficialmente di avere corso legale il 28 febbraio del 2002.

L'euro e i debiti sovrani

Sebbene, come abbiamo appena detto, l'euro sia una moneta forte, esso è nato con un difetto genetico che fin dall'inizio si è rivelato capace di minacciarne la stabilità.

L'elemento di debolezza è costituito dai cosiddetti **debiti sovrani**, cioè dai debiti contratti con il mondo finanziario dagli Stati che adottano questa moneta.

In generale il debito si genera quando il Governo di un Paese non riesce a coprire le proprie spese con le normali entrate, soprattutto tributarie, e si vede costretto a chiedere denaro in prestito ai privati.
In cambio di questi prestiti vengono rilasciati **titoli di Stato** (in Italia soprattutto Bot, Btp, Cct) che hanno una scadenza determinata. Quando i titoli scadono lo Stato deve restituire il denaro che ha avuto in prestito, unitamente agli interessi (talvolta addirittura corrisposti in anticipo come avviene per i Bot).

Adottano l'euro, in virtù di particolari accordi, alcuni Stati non facenti parti della Ue: Città del Vaticano, Repubblica di San Marino, Principati di Monaco e di Andorra.
Inoltre hanno unilateralmente adottato l'euro come moneta nazionale il Montenegro e la regione del Kosovo.

Se lo Stato, prima che i titoli giungano a scadenza, ha accumulato riserve sufficienti, avrà il denaro necessario per estinguere definitivamente il proprio debito.
Se non le ha accumulate, come più spesso accade, dovrà emettere nuovi titoli per pagare i vecchi: in questo modo la massa debitoria sicuramente non diminuisce.

Fonte di preoccupazione, in questi casi, è il timore che il Governo non ce la faccia più a pagare e annunci che non può più rimborsare i titoli emessi o, quanto meno, che non può rimborsarli integralmente.
Il sospetto che ciò possa accadere scoraggia gli investitori dall'acquistare i titoli di quel Paese che, in mancanza di nuovo credito, sarà spinto sempre più verso l'insolvenza.

Per tamponare questa situazione e convincere gli investitori a rischiare comunque il proprio denaro si può offrire loro un interesse più elevato.
Ma questa soluzione non fa che aumentare il debito del Paese e rendere sempre più lontana la prospettiva di un risanamento.

Per uscire da questa spirale un modo semplice, ma ricco di controindicazioni, è aumentare il prelievo fiscale, soprattutto sui cittadini con redditi bassi perché questi sono in maggior numero e anche una piccola tassa può fruttare molto denaro. Ciò tuttavia, oltre a essere un'operazione iniqua, riduce il reddito delle famiglie e per conseguenza i consumi, con effetti depressivi sull'intero sistema economico.

Il modo più corretto, ma anche il più difficile, è invece operare affinché il Paese riesca ad aumentare il proprio **reddito nazionale**. L'aumento del reddito produce un aumento del gettito tributario che può essere impiegato per ridurre progressivamente il debito.

Non capisco in quale modo i debiti sovrani indeboliscano l'euro.

I titoli di debito di ciascun Paese dell'eurozona sono posseduti da piccoli risparmiatori, da grandi investitori ma anche da grandi gruppi bancari nazionali e internazionali. Se un Paese va in *default*, cioè diventa insolvente, le banche che ne posseggono i titoli in misura considerevole potrebbero rischiare il fallimento. E poiché tra banche europee ed extra europee esistono complicati intrecci finanziari, il fallimento di una o più di esse potrebbe provocare un *effetto domino*, facendo saltare, nell'ipotesi più disastrosa, ma non impossibile, l'intero sistema bancario e con esso il sistema dell'euro, con effetti devastanti sulle imprese, sull'occupazione e sui risparmi delle famiglie.

Qual è il vantaggio, per l'Italia, di avere l'euro al posto della vecchia lira?

L'Italia ha accumulato negli anni un enorme debito pubblico. Fin quando facciamo parte dell'eurozona, possiamo contare di essere sostenuti, entro certi limiti, dall'azione congiunta degli organismi comunitari, primo fra tutti la Banca centrale europea. Ma se fossimo soli con la nostra *liretta* lo spettro di una possibile insolvenza sarebbe molto più concreto.

Ma in fin dei conti se un Paese fallisse e non pagasse i grandi finanzieri che detengono i suoi Bot o Btp, la gente comune che cosa perderebbe?

I titoli del debito pubblico sono posseduti non solo da grandi investitori, ma anche da gente comune (operai, impiegati, artigiani, piccoli professionisti) che vi hanno collocato i propri risparmi.
Non rimborsare questi titoli significa danneggiare non solo banche e istituti finanziari, ma anche milioni di piccoli risparmiatori. Inoltre è facile prevedere che, se un Paese divenisse insolvente, la gente comune ne subirebbe per intero le disastrose conseguenze mentre i grandi finanzieri potrebbero più agevolmente trovare il modo di proteggere i loro capitali.

QUESTIONI

Perché non tutti i Paesi della Ue hanno adottato l'euro?

Per entrare a far parte dell'eurozona occorre rispettare alcune condizioni (o parametri) di natura economica e finanziaria stabilite nel Trattato di Maastricht.
Queste condizioni non erano generalmente presenti nei Paesi dell'Est europeo che hanno fatto il loro ingresso nell'Unione a partire dal 2004, e ciò non ha consentito loro di adottare subito l'euro.
Con il tempo, tuttavia, anche questi Paesi hanno cominciato a stabilizzare le loro economie e alcuni, come la Slovenia, la Slovacchia, la Lituania e Cipro, sono già entrati nell'eurozona.
Diverso è il discorso per Regno Unito (che ora non è più nella Ue), Svezia e Danimarca. Questi Paesi, pur potendo adottare l'euro fin dalla sua nascita, hanno scelto, per propria convenienza, di conservare le monete nazionali.

L'euro e il patto di stabilità

Per scongiurare il pericolo sopra esposto e rendere *stabile* il sistema dell'euro, i Paesi che lo hanno adottato hanno concordato un *patto di stabilità*.

▶ **Il patto di stabilità** nella sua essenza stabilisce:

- che il deficit di bilancio annuale di ciascun Paese non debba superare il 3% del suo PIL;
- che il debito pubblico di ciascun Paese non debba essere superiore al 60% del suo PIL;
- che i Paesi che hanno un debito pubblico superiore al 60% del PIL debbano ridurlo nel giro di pochi anni;
- che la Commissione possa sanzionare i Paesi che non rispettino integralmente tale patto.

Ricordiamo che il PIL, cioè il prodotto interno lordo, è la cifra che indica il valore lordo di quanto è stato prodotto nel Paese in un anno al netto dei reimpieghi.

QUESTIONI

Qual è la differenza tra deficit pubblico e debito pubblico?

Quando parliamo di deficit pubblico ci riferiamo al bilancio dello Stato, cioè a quel documento nel quale vengono elencate le entrate (soprattutto tributarie) che confluiscono nelle casse statali e le spese (per il funzionamento dell'apparato statale e per l'erogazione dei servizi pubblici) che escono dalle casse statali.
Quando le entrate sono inferiori alle spese, si dice che il bilancio è in deficit.
Il debito pubblico, invece, è il debito che lo Stato ha nei confronti di quanti gli hanno prestato denaro soprattutto acquistando titoli, come Bot, Btp e Cct.
Attualmente il debito pubblico dell'Italia supera i 2.200 miliardi di euro ed è superiore al 130% del nostro PIL. In termini percentuali nella Ue solo la Grecia ha un debito pubblico superiore.

12. Che cosa sono le cooperazioni rafforzate?

▶ **Le cooperazioni rafforzate** sono lo strumento giuridico che il Trattato Ue consente di adottare quando viene a mancare il consenso di uno o più Stati alla realizzazione di uno o più obiettivi comuni.
Questo consenso può mancare per ragioni economiche, per ragioni di politica interna, per malcelati residui di nazionalismo o, magari, a causa della miopia politica dei *leader* del Paese o dei Paesi dissenzienti. In questi casi, come è stato autorevolmente osservato, non è opportuno che tutti siano costretti a fermarsi per le resistenze di pochi.

È parso più conveniente consentire, agli Stati maggiormente disponibili, di andare avanti, lasciando agli altri Stati la possibilità di aggregarsi in un secondo momento se lo riterranno possibile o conveniente.

Cooperazioni rafforzate sono quelle che già uniscono i Paesi dell'*eurogruppo* (cioè del gruppo che adotta l'euro come moneta comune); quelle che uniscono i Paesi dell'area Schengen; quelle che uniscono i Paesi che stanno tentando di costruire un sistema di difesa comune. E altre *cooperazioni* potranno costituirsi in futuro in modo da consentire all'Unione di marciare verso i suoi obiettivi lasciando che nei Paesi meno preparati maturino le condizioni per unirsi successivamente al gruppo di testa.

13. Su quali valori si fonda l'azione dell'Unione?

L'art. 2 del Trattato Ue stabilisce che l'Unione si fonda sui valori:

- del rispetto della dignità umana;
- della libertà e dell'uguaglianza;
- della democrazia;
- dello Stato di diritto;
- del rispetto dei diritti umani.

Qualcuno potrebbe obiettare che questi valori sono ormai patrimonio di tutti i Paesi civili. Ma sulla solidità di questo patrimonio non c'è da essere troppo sicuri. In Italia e in Germania l'epoca delle dittature e delle discriminazioni razziali è passata da poco più di 70 anni, e anche negli altri Paesi occidentali, in quello stesso periodo, i principi di solidarietà e giustizia sociale non erano poi così rispettati.

Né erano rispettati in quei Paesi dell'Europa orientale che oggi sono membri della Ue, ma che fino all'inizio degli anni '90 erano ancora retti da regimi totalitari legati alla politica sovietica. Se poi volgiamo lo sguardo fuori dell'Europa e lo indirizziamo verso il cosiddetto Sud del mondo, la negazione di questi valori è ancora oggi pratica costante e altamente diffusa.

È bene dunque che sia stato chiarito in modo esplicito quali valori debbono essere posti a fondamento, sia degli ordinamenti giuridici dei Paesi che già fanno parte della Ue, sia degli ordinamenti giuridici dei Paesi che aspirano a farne parte.

E se uno Stato decidesse di non rispettare questi valori?

Se ciò dovesse accadere l'art. 7 del Trattato Ue prevede la possibilità che il Consiglio dei Ministri decida, per quello Stato, la sospensione di alcuni diritti che derivano dall'appartenenza all'Unione. Si tratta di una sanzione gravissima che testimonia quanto sia ritenuto importante, in sede europea, il rispetto dei valori fondamentali.

14. Che cosa dispone la Carta dei diritti fondamentali della Ue?

Questa *Carta* è entrata a far parte dell'ordinamento giuridico europeo con il **Trattato di Lisbona** del **2009**. Contiene 54 articoli riuniti in sei capi (più un settimo di disposizioni generali) titolati: *dignità, libertà, uguaglianza, solidarietà, cittadinanza, giustizia*. Il documento, nonostante abbia una titolazione importante, non è considerato di grandissimo rilievo perché quasi tutti i diritti in esso riconosciuti fanno già parte delle garanzie costituzionali presenti negli ordinamenti dei Paesi dell'Unione.

Tuttavia, una particolare attenzione merita il **capo I** che si occupa di un tema di grande rilevanza quale è quello della **dignità umana**.

▶ **Nell'art. 1** di questo *capo* si legge:
"La dignità umana è inviolabile.
Essa deve essere rispettata e tutelata."

Che cosa si intende per dignità?

Per dignità dobbiamo qui intendere il rispetto per la persona umana.
E questo valore precede per importanza persino i diritti *fondamentali* dell'uomo. Questi diritti, in situazioni *normali*, ci consentono (pur con le inevitabili eccezioni) di condurre una vita autonoma, libera e dignitosa. Ma ci sono anche situazioni *non normali* nelle quali l'autonomia e la libertà della persona sono compresse o comunque fortemente condizionate.
Pensiamo, per esempio, alla situazione delle persone detenute e soggette allo stretto controllo del personale di vigilanza; oppure alla situazione di persone gravate da serie difficoltà fisiche o psichiche, soggette al controllo del personale medico e paramedico. Ebbene, proprio in casi simili, è possibile (e la cronaca non è avara di testimonianze) che esse siano trattate *senza rispetto*. È possibile che la loro dignità venga avvilita con comportamenti che, pur non configurandosi come violazione di specifici diritti, offendono i soggetti nella loro qualità di esseri umani. Sono questi comportamenti che l'articolo in esame ora categoricamente vieta.

Riguardando gli appunti

1. Com'è iniziato il processo di unificazione europea?

- Il processo di unificazione è iniziato nel 1951 con la creazione della CECA (*Comunità economica del carbone e dell'acciaio*) ed è proseguito nel 1957 con il Trattato di Roma, che ha dato vita a due nuovi organismi: la *Comunità europea dell'energia atomica*, detta CEEA, o anche Euratom, e la *Comunità economica europea*, CEE.

2. Quanti sono i Paesi membri dell'Unione?

- Il Trattato di Roma è stato firmato da 6 Paesi: Italia, Francia, Germania, Belgio, Paesi Bassi e Lussemburgo. Successivamente e in tempi diversi si sono aggiunti altri 22 Paesi e altri ancora attendono di essere ammessi.
- Nel 2016 il Regno Unito ha deciso, con referendum popolare, di uscire dalla Ue.

3. Quali obiettivi sono stati fin qui raggiunti dall'Unione?

- Sono state eliminate le barriere doganali consentendo la libera circolazione delle persone, delle merci, dei servizi e dei capitali.
- La cittadinanza dell'Unione è stata estesa a tutti i cittadini degli Stati membri.
- È stata introdotta la moneta unica, l'euro.

4. Quali diritti conferisce la cittadinanza europea?

- La cittadinanza europea conferisce, tra gli altri, il diritto alla tutela diplomatica; il diritto di circolare e soggiornare liberamente in ogni parte degli Stati membri; il diritto di lavorare o fondare un'impresa in qualsiasi Paese dell'Unione.

5. Che cosa prevede l'accordo di Schengen?

- I cittadini dei Paesi aderenti all'accordo di Schengen possono transitare da uno Stato all'altro dell'Unione senza subire controlli alle frontiere.

6. Che cos'è la politica di coesione e sviluppo?

- La politica di coesione e sviluppo mira a sostenere le economie dei Paesi meno sviluppati dell'Unione.
- A finanziare gli interventi sono il *Fondo di coesione* e i *Fondi strutturali*.

7. Che cosa sono le cooperazioni rafforzate?

- Le cooperazioni rafforzate sono uno strumento a cui si può ricorrere quando viene a mancare il consenso di uno o più Stati alla realizzazione di uno o più obiettivi comuni.
- Esse consentono ai Paesi maggiormente disponibili di andare avanti e agli altri di aggregarsi in un secondo momento, quando lo riterranno possibile o conveniente.

8. Quando è nato l'euro?

- La nascita dell'euro risale al trattato di Maastricht del 1992, ma l'entrata in circolazione della moneta unica è avvenuta nel 2002.

9. L'euro circola in tutti i Paesi dell'Unione?

- Non in tutti. Tra Paesi di più antica appartenenza alla Ue ne rimangono fuori per propria scelta la Svezia, la Danimarca e il Regno Unito (che ha deciso di uscire dall'Unione). Per quanto riguarda invece i Paesi che hanno aderito all'Unione dopo il 2004, alcuni sono già entrati a far parte dell'*eurogruppo*, altri stanno per entrarvi.

10. L'euro è una moneta forte?

- Sì. Un elemento di debolezza è però rappresentato dall'enorme *debito sovrano* accumulato da alcuni Stati dell'eurogruppo, esposti perciò al rischio d'insolvenza (*default*).

11. Che cos'è il patto di stabilità?

- È un patto siglato dai Paesi dell'eurogruppo per assicurare la stabilità del sistema dell'euro, attraverso la vigilanza sui deficit e sui debiti pubblici dei singoli Stati in rapporto al loro PIL.
- La grave crisi economica degli ultimi anni ha indotto alcuni Stati membri, tra cui l'Italia, a chiedere di ammorbidire i rigidi vincoli del patto di stabilità per stimolare un rilancio dell'economia.

Test a risposta multipla

Indica con una crocetta l'affermazione esatta.

1. L'Unione europea è stata istituita:
A. al termine della Seconda guerra mondiale
B. con il Trattato di Roma del 1957
C. con l'accordo di Schengen del 1985
D. con il Trattato di Maastricht del 1992

2. Tutti i cittadini dell'Unione europea:
A. perdono la cittadinanza nazionale e assumono solo quella Ue
B. hanno diritto di circolare liberamente in ogni Stato membro
C. possono circolare entro i confini Ue solo se muniti di passaporto
D. non possono stabilirsi in un altro Paese Ue

3. Un elemento di rischio per l'euro è rappresentato:
A. dai debiti sovrani
B. dalla libertà di circolazione delle persone
C. dalla scomparsa delle monete nazionali
D. dalla circolazione dei capitali tra i Paesi Ue

4. Per favorire il progresso dei Paesi Ue meno avanzati:
A. esistono le cooperazioni rafforzate
B. esiste il patto di stabilità
C. esistono i debiti sovrani
D. esiste la politica di coesione e sviluppo

5. L'art. 1 della Carta dei diritti fondamentali della Ue:
A. è dedicato alla dignità umana
B. è dedicato all'importanza del mercato
C. definisce che cosa è l'Unione europea
D. elenca tutti i diritti dei cittadini Ue

Sai qual è la differenza tra...

a. Ceca *e* Cee
b. Trattato di Roma *e* Accordo si Schengen
c. Libera circolazione delle merci *e* Libera circolazione dei servizi
d. Accordo di Schengen *e* Trattato di Maastricht
e. Deficit pubblico *e* Debito pubblico
f. Cooperazioni rafforzate *e* Politica di coesione e sviluppo

SÌ/NO... Perché?

Indica con una crocetta la risposta esatta e motiva la tua scelta.

1. Il cittadino di uno Stato membro Ue può risiedere liberamente in un altro Stato membro? SÌ NO Perché ...

2. Sarebbe possibile per un cittadino tedesco votare per l'elezione del sindaco di Palermo? SÌ NO Perché ...

3. Il deficit di bilancio annuale di un Paese membro Ue può superare il 3% del suo PIL? SÌ NO Perché ...

4. L'Unione europea sostiene le economie delle aree meno sviluppate della Ue? SÌ NO Perché ...

5. Ci sono Paesi membri dell'Unione europea che non adottano l'euro? SÌ NO Perché ...

PERCORSO C — L'UNIONE EUROPEA

UNITÀ 2

L'organizzazione dell'Unione europea

1. Come è organizzata l'Unione europea

ISTITUZIONI DELLA UE SONO
- il Consiglio europeo
- il Consiglio
- la Commissione
- il Parlamento
- la Corte di giustizia
- la Banca centrale europea
- la Corte dei conti

Normalmente, nelle moderne democrazie, il Parlamento esercita la funzione legislativa, il Governo, composto da più ministri, esercita la funzione esecutiva e le leggi si chiamano *leggi*.
Nell'Unione europea, invece:

- il Parlamento non ha la piena funzione legislativa;
- le leggi si chiamano *regolamenti* o *direttive*;
- i ministri non esercitano la funzione esecutiva;
- l'organo che più assomiglia a un Governo si chiama *Commissione*.

Qual è la ragione di questa originalità?

La ragione è da ricercare, presumibilmente, nel fatto che, fin dall'inizio del processo di integrazione, gli esponenti politici di alcuni Paesi membri hanno cercato di sottolineare (anche attraverso la denominazione dei diversi organi) che l'Unione europea non è uno Stato.
Ciò posto, vedremo, nei prossimi paragrafi, che l'Unione poggia su sette *istituzioni*:

- il Consiglio europeo;
- il Consiglio;
- la Commissione;
- il Parlamento;
- la Corte di giustizia dell'Unione europea;
- la Banca centrale europea;
- la Corte dei conti.

A queste si aggiungono tre importanti organi consultivi:

- il Comitato economico e sociale;
- il Comitato delle regioni;
- il Mediatore europeo.

2. Il Consiglio europeo

Il Consiglio europeo è un organo ad altissimo livello composto dai capi di Stato o di Governo dei Paesi membri.

La sua fondamentale funzione è definire gli orientamenti e le priorità politiche generali dell'Unione.
Con metafora marinara potremmo dire che suggerisce agli altri organi la *rotta* da seguire.
Si riunisce in media due volte a semestre, ma se la situazione lo richiede il suo Presidente può convocare riunioni straordinarie. Le conclusioni vengono poi rese pubbliche.

Il Presidente del Consiglio europeo viene eletto dal Consiglio stesso, ne presiede i lavori e opera per la ricerca di un accordo tra i suoi membri.
Il suo mandato, come è disposto nel Trattato di Lisbona, dura due anni e mezzo ed è rinnovabile una sola volta.

Alle riunioni del Consiglio europeo partecipa anche il Presidente della Commissione.

Tra i compiti del *Consiglio europeo* vi è anche la nomina dell'*Alto rappresentante dell'Unione per gli affari esteri e la politica di sicurezza.*

La denominazione altisonante non deve trarre in inganno. Pensato come un ministro degli affari esteri in grado di rappresentare tutta l'Europa unita nelle questioni internazionali, è stato in realtà dotato di poteri molto limitati.

Perché?

Presumibilmente perché in tema di politica estera i Paesi europei non sembrano ancora disponibili a concedere deleghe significative. E non lo sono soprattutto quelli, come il Regno Unito (prima che uscisse dall'Unione) e la Francia, che non sono mai riuscite a dimenticare di aver avuto, in passato, un ruolo importante sullo scacchiere internazionale.

3. Il Consiglio

Il Consiglio (indicato anche come *Consiglio dei ministri*): esercita la funzione legislativa insieme al Parlamento (> par. 5). Questa funzione consiste nel discutere e approvare le regole che i singoli Stati saranno tenuti a rispettare.

La principale caratteristica del *Consiglio* è di non essere composto da membri permanenti e ciò comporta che non esistono persone che rivestono stabilmente la carica di *ministro europeo.*

Alle sedute del *Consiglio* partecipano, di volta in volta, i *ministri competenti* che i Governi degli Stati membri designano in funzione dei temi da trattare. Per esempio, se il *Consiglio* deve riunirsi per discutere norme che hanno

> La somiglianza dei termini non deve trarre in inganno. Tra il Consiglio europeo e il Consiglio, vi è una grande differenza, sia per quanto riguarda la composizione sia per quanto riguarda le funzioni.
> Possiamo solo osservare che chi ha scelto denominazioni tanto simili non ha brillato per originalità e fantasia.

per oggetto l'agricoltura, la sanità o l'istruzione, i diversi Paesi saranno rappresentati dai loro ministri dell'agricoltura, della sanità, dell'istruzione, e così via.

Il ministro può anche essere sostituito da un vice ministro o da un funzionario, purché questi siano abilitati a impegnare il proprio Governo.

L'aspetto meno condivisibile di questo tipo di composizione è nel fatto che i singoli ministri sono responsabili, per le decisioni che assumono, unicamente di fronte ai propri Governi. E ciò comporta che, almeno tendenzialmente, ciascuno di loro è portato ad anteporre gli interessi nazionali a quelli dell'Unione.

La presidenza del Consiglio viene assunta a turno, dai diversi Stati membri, secondo un sistema a rotazione e per un periodo di 6 mesi che va da gennaio a giugno e da luglio a dicembre.

> **Presidenza italiana** del Consiglio Ue:
> - luglio-dicembre 1990
> - gennaio-giugno 1996
> - luglio-dicembre 2003
> - luglio-dicembre 2014.

Le deliberazioni possono essere assunte all'unanimità oppure con il sistema della doppia maggioranza o a maggioranza semplice.

- **L'unanimità** è riservata alle decisioni di maggiore importanza, come quelle riguardanti la modifica dei trattati, la politica estera, la sicurezza sociale, il fisco.
  È da sottolineare come il criterio dell'unanimità, che a prima vista appare altamente democratico, in realtà lo sia molto poco. È vero, infatti, che con esso nessun Paese membro può essere obbligato dal voto degli altri a fare ciò che non ritiene giusto o conveniente. Ma è altrettanto vero che nelle deliberazioni anche un solo membro dissenziente può tenere in scacco tutti gli altri potendo bloccare, con il proprio voto contrario, provvedimenti ampiamente condivisi. E poiché quando ci sono da assumere decisioni importanti capita quasi sempre che qualche Paese, grande o piccolo, sia in dissenso con gli altri, si determina spesso una situazione di stallo dalla quale è possibile uscire solo a prezzo di defatiganti trattative e mediazioni che talvolta finiscono per snaturare il provvedimento originale.
  Per evitare che ciò accada con troppa frequenza si sta gradualmente tentando di ridurre il numero delle materie su cui occorre deliberare all'unanimità.

DELIBERAZIONI DEL CONSIGLIO
- Unanimità
- Maggioranza semplice
- Doppia maggioranza

- **La doppia maggioranza** è un sistema di deliberazione introdotto dal Trattato di Lisbona e operativo a partire dal 2014.
  Esso prevede che ogni Paese, grande o piccolo, disponga in Consiglio di un solo voto e la deliberazione sarà approvata se voterà a favore almeno il 55% dei ministri, purché rappresentino nel loro insieme almeno il 65% della popolazione dell'Unione.
- **La maggioranza semplice** è riservata alle questioni di minore importanza, per lo più di natura organizzativa, per le quali si prevede che non ci siano, tra i ministri, particolari ragioni di contrasto.

4. La Commissione europea

La Commissione, a differenza del Consiglio dei ministri, è un *organo permanente* e ciò significa che i suoi membri rimangono in carica fino alla naturale scadenza del loro mandato.

Essi inoltre, nell'esercizio della loro funzione, non devono rappresentare gli interessi del Paese di provenienza, ma collegialmente devono curare gli interessi dell'Unione.

La Commissione esercita funzioni *di iniziativa*, *di vigilanza* ed *esecutive*.

- **La funzione di iniziativa** consiste nel proporre le norme da sottoporre all'approvazione del *Parlamento* e del *Consiglio dei ministri*.
  Questi, infatti, salvo casi eccezionali previsti nei trattati, possono deliberare solo i progetti normativi a essi presentati dalla *Commissione*.
- **La funzione di vigilanza** consiste nel controllare che gli Stati membri si uniformino a quanto disposto nelle norme comunitarie.
  In caso di mancato rispetto la Commissione ha il dovere di investire della questione la Corte di giustizia (> par. 8).
- **La funzione esecutiva** consiste nel dare concreta attuazione alle disposizioni contenute nei trattati comunitari e alle decisioni adottate da altri organi dell'Ue.

I lavori di questo importante organismo sono diretti da un Presidente.

LE FUNZIONI DELLA COMMISSIONE
- Di iniziativa
- Di vigilanza
- Esecutiva

Come è composta la Commissione?

È composta da un commissario per ogni Stato membro e deve rinnovarsi ogni cinque anni, subito dopo l'elezione di un nuovo Parlamento.

La procedura può essere così sintetizzata:

- il *Consiglio europeo* sceglie un candidato alla carica di **Presidente della Commissione** che dovrà poi essere eletto dal Parlamento;
- successivamente, in accordo con il Presidente eletto, il Consiglio europeo adotta una lista di candidati commissari che sarà poi soggetta al voto di approvazione del Parlamento;
- se il voto darà esito positivo la Commissione potrà iniziare la sua attività; se darà esito negativo, occorrerà ricominciare da capo con altri candidati.

Per tutta la durata della legislatura il Parlamento vigilerà sull'operato della Commissione e, in caso di cattivo funzionamento, potrà votare una **mozione di censura** che comporterà, per essa, l'obbligo di dimissioni anticipate.

5. Il Parlamento europeo

I membri del Parlamento europeo non devono essere più di 751. Pertanto, ogni volta che entra nella Ue un nuovo Paese o uno ne esce, va riconsiderato il numero di deputati che spetta eleggere a ciascuno Stato membro avendo presente che nessuno può avere meno di 6 deputati né più di 96.
Attualmente l'Italia ha diritto di eleggere 73 deputati, la Francia 74 e la Germania 96.

▶ **Il Parlamento europeo** ha la sua sede ufficiale a Strasburgo, in Francia, ma poiché la Commissione e il Consiglio europeo hanno sede a Bruxelles, anche molte sedute del Parlamento si tengono, per comodità, nella capitale belga. Una terza sede si trova a Lussemburgo ma questa ospita solo il segretariato generale.

▶ Dal 1979 il Parlamento viene eletto ogni 5 anni a suffragio universale dai cittadini dell'*Unione*.
I parlamentari europei sono **751** e ciascun Paese membro ha diritto di eleggerne un numero proporzionale alla popolazione in esso residente.

È importante sottolineare che, una volta eletti, gli europarlamentari debbono operare nell'interesse dell'Unione e non del Paese di provenienza.
All'interno del Parlamento, pertanto, essi non sono raggruppati per nazionalità ma per gruppi politici.

Nei diversi *gruppi* confluiscono i parlamentari che condividono le stesse idealità e lo stesso programma politico, da qualunque Stato essi provengano.

▶ **Le funzioni svolte dal Parlamento** sono piuttosto numerose, ma le più importanti sono sicuramente:

- **la collaborazione alla funzione legislativa**: il Parlamento europeo non ha ancora una piena funzione legislativa ma la condivide con il Consiglio dei ministri;
- **la funzione di impulso politico**, che consente al Parlamento di assumere tutte le iniziative necessarie per avviare a soluzione le più importanti questioni di ordine sociale, economico e culturale riguardanti l'intera Unione;
- **la funzione di controllo politico**, che sostanzialmente consiste nel controllare tutti gli atti compiuti dalla Commissione e nella possibilità di proporre una mozione di censura che, se approvata dalla maggioranza parlamentare, costringerebbe la Commissione stessa a rassegnare le dimissioni.

6. Come viene esercitata la funzione legislativa

L'eurodeputato Antonio Tajani è stato eletto Presidente del Parlamento europeo nel 2017.

In tutti i Paesi democratici il potere di discutere e approvare le leggi spetta al Parlamento.

Ma l'Unione europea non è ancora uno Stato e il suo Parlamento non ha ancora un potere legislativo esclusivo.

Gli Stati membri hanno per ora acconsentito solo a *dividere* tale funzione con il Parlamento, riservando però ancora un ruolo decisivo al *Consiglio dei ministri*, cioè all'organo dell'Unione nel quale ciascun ministro rappresenta gli interessi del proprio Paese.

Il sistema che ne deriva non è dei più agevoli. Senza addentrarci nei contorti aspetti tecnici possiamo dire che la procedura ormai prevalente è quella detta di **codecisione** (ovvero "decidere insieme") in base alla quale:

- l'iniziativa, cioè il potere di presentare un progetto di atto normativo, spetta alla *Commissione*;
- l'approvazione deve trovare concordi sia il Parlamento che il Consiglio dei ministri;
- se non c'è accordo tra le due istituzioni, l'atto non è approvato.

7. Quali norme emana l'Unione

Nel paragrafo precedente abbiamo genericamente parlato di *atti normativi*, cioè di atti che contengono norme giuridiche.

Ora è opportuno vedere quanti e quali tipi di atti normativi sono previsti dai Trattati.

Gli atti di maggiore rilievo sono i *regolamenti dell'Unione* e le *direttive*.

I regolamenti dell'Unione (chiamati anche *regolamenti comunitari*) contengono regole alle quali debbono uniformarsi i cittadini degli Stati membri come se fossero leggi emanate dai rispettivi Parlamenti.

Se una stessa materia fosse regolata in modi diversi da un regolamento Ue e da una legge nazionale, quale norma dovrebbe rispettare il cittadino?

La Corte di giustizia europea ha affermato che il diritto dell'Unione (limitatamente alle materie a essa riservate) prevale sul diritto interno dei singoli Paesi membri.

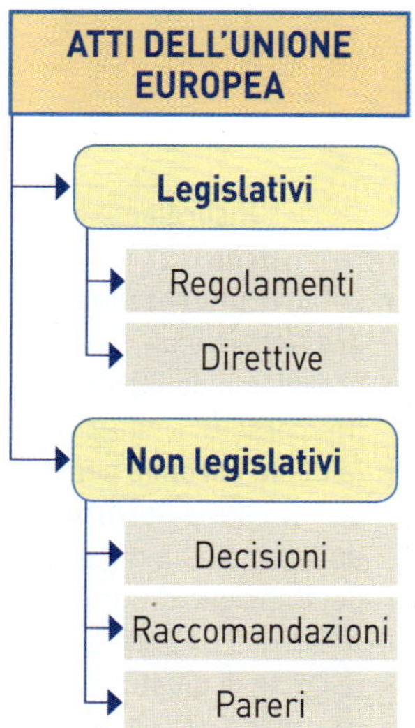

Ciò vuol dire che in caso di contrasto occorrerà rispettare il regolamento comunitario e non la legge nazionale.

Le direttive europee sono atti normativi che non entrano a far parte dell'ordinamento giuridico degli Stati membri, ma obbligano i Paesi dell'Unione a raggiungere un determinato risultato.

In pratica la direttiva indirizza le legislazioni nazionali sulle linee da essa tracciate, in modo che su determinate materie vi sia una disciplina uniforme in tutti i Paesi dell'Unione, ma lascia agli organi nazionali la libertà di decidere quali strumenti impiegare.

Oggetto delle direttive possono essere gli standard di sicurezza nella fabbricazione dei prodotti industriali, gli standard di genuinità nella produzione di alimenti, gli standard sulla qualità dei servizi, e così via.

Non riesco a capire in quali casi l'Ue emana regolamenti e in quali direttive.

Una regola non esiste. In via generale possiamo dire che ai regolamenti si fa ricorso quando la materia può essere disciplinata in modo compiuto in un unico atto normativo.
Alle direttive, invece, si fa ricorso quando si vuole che gli Stati adeguino un complesso ampio di norme alle indicazioni comunitarie.

Se tale adeguamento non viene effettuato nei tempi previsti, la Commissione può investire del caso la Corte di giustizia.

Il Parlamento italiano approva ogni anno una legge, detta *legge comunitaria*, con la quale vengono date le necessarie disposizioni per l'adeguamento dell'ordinamento interno alle disposizioni delle direttive europee.
Oltre ai regolamenti e alle direttive, l'Unione europea può emanare atti non legislativi. Sono così chiamati quegli atti che, pur ponendo norme, non richiedono per la loro approvazione la complessa procedura prevista per i regolamenti e le direttive.

▶ **Sono atti non legislativi** le *decisioni*, le *raccomandazioni* e i *pareri*:

- le **decisioni** hanno per lo più uno specifico destinatario e sono vincolanti solo per quello;
- le **raccomandazioni** e i **pareri** sono indicazioni autorevoli ma prive di effetto vincolante.

8. Altre istituzioni dell'Unione

Funzioni importanti, per il funzionamento della Ue, sono attribuite alla Corte di giustizia, alla Corte dei conti, alla Banca centrale europea.

Ricordiamo che:
- la **Corte internazionale di giustizia** è un organismo dell'ONU (Percorso B, Unità 1);
- la **Corte europea per la salvaguardia dei diritti dell'uomo** è un organo del Consiglio d'Europa (Percorso B, Unità 2);
- la **Corte di giustizia** è un organo dell'Unione europea.

- **La Corte di giustizia** ha il potere esclusivo di interpretare i trattati Ue e di sanzionare i comportamenti illegittimi dei Paesi membri. Nell'ordinamento europeo si configura come una sorta di Corte costituzionale. A essa può rivolgersi la Commissione per denunciare i Governi che non rispettino le norme comunitarie o anche i singoli Stati o soggetti privati che lamentino violazioni del diritto comunitario. Ha sede a Lussemburgo ed è composta da un giudice per ciascuno Stato membro.
- **La Corte dei conti** verifica la legittimità e la regolarità delle entrate e delle uscite del bilancio dell'Unione e ne accerta la sana gestione finanziaria. È composta da un membro per ogni Stato.
- **La Banca centrale europea** (Bce) ha un ruolo importantissimo per la vita dell'Unione e per l'economia dei Paesi che adottano l'euro come moneta comune.

Sappiamo tutti, per diffusa conoscenza, che la speculazione finanziaria internazionale trae una parte rilevante dei suoi profitti vendendo o acquistando valute e titoli del debito pubblico emessi dai singoli Stati. E queste operazioni creano spesso serie difficoltà alle economie dei Paesi colpiti.

Compiti principali della BCE sono, pertanto:

- difendere l'euro da attacchi speculativi esterni e garantire la stabilità della moneta unica sui mercati internazionali;
- controllare, attraverso la determinazione dei tassi di interesse, la quantità di moneta che circola all'interno dell'area euro in modo che i prezzi dei beni e dei servizi non salgano troppo generando inflazione, né scendano troppo innescando processi recessivi.

Organi della Bce sono:

- il Consiglio direttivo, che adotta la politica monetaria comune;
- il Comitato esecutivo, che ne dà attuazione e ha attualmente come presidente il prof. Mario Draghi;
- il Consiglio generale, che ha compiti essenzialmente di natura consultiva.

Il professor Mario Draghi è stato nominato presidente della Banca centrale europea per il periodo che va dal 1° novembre 2011 al 31 ottobre 2019.
Il prof. Draghi, già Governatore della Banca d'Italia, è il terzo presidente della Bce.

9. Gli organismi specializzati

L'Unione europea per svolgere le sue funzioni si serve di numerosi organismi, tra i quali ricordiamo per importanza il Mediatore europeo, il Comitato delle regioni e il Comitato economico e sociale.

Il Mediatore è un organo abilitato a ricevere denunce da parte di cittadini e imprese che lamentano casi di cattiva amministrazione nell'azione delle istituzioni e degli organi dell'Unione, come abuso di potere, mancanza di informazioni o rifiuto di fornirle, ritardo ingiustificato.

Il Mediatore europeo si trova in:
1 avenue du Président Robert Schuman
CS 30403
F-67001 Strasbourg Cedex
France
Tel: +33 3 88 17 23 13
Fax: +33 3 88 17 90 62

Il Comitato delle regioni è un organo consultivo. Il suo compito è fare in modo che la legislazione dell'Ue tenga conto della prospettiva locale e regionale. La Commissione, il Consiglio e il Parlamento devono consultare il Comitato prima che l'Ue prenda decisioni su temi di competenza delle amministrazioni locali e regionali (per esempio, in materia di occupazione, ambiente, istruzione o salute pubblica).

Il Comitato economico e sociale europeo (Cese) è stato istituito nel 1957 come forum di discussione sulle questioni legate al mercato unico. Il Cese offre ai gruppi di interesse europei (sindacalisti, datori di lavoro, agricoltori) la possibilità di esprimere formalmente un'opinione sulle proposte legislative della Ue.

UNITÀ 2

Riguardando gli appunti

1. Come si presenta l'organizzazione dell'Unione europea?

- Sono istituzioni della Ue il Consiglio europeo, il Consiglio dei ministri, la Commissione, il Parlamento, la Corte di giustizia, la Banca centrale europea e la Corte dei conti.

2. Quali sono le funzioni del Consiglio europeo?

- Il Consiglio europeo è composto dai capi di Stato e di Governo dei Paesi membri e dal Presidente della Commissione europea. La sua funzione fondamentale è definire gli orientamenti e le priorità politiche generali dell'Unione. Il Presidente del Consiglio europeo è eletto ogni sei mesi dal Consiglio stesso.

3. Quali sono le funzioni del Consiglio dei ministri?

- Il Consiglio dei ministri nell'attuale organizzazione dell'Unione europea esercita, insieme al Parlamento europeo, la *funzione legislativa*. Le deliberazioni possono essere assunte all'unanimità, a maggioranza semplice o a maggioranza qualificata (nella maggior parte dei casi).

4. Quali sono le funzioni della Commissione?

- La Commissione esercita la funzione di *iniziativa* (che consiste nel proporre regolamenti e direttive da sottoporre all'approvazione del Parlamento e del Consiglio), la funzione di *vigilanza* (che consiste nel controllare che gli Stati membri si uniformino a quanto disposto dalle norme comunitarie), la funzione *esecutiva* (che consiste nel dare concreta attuazione alle disposizioni contenute nei trattati comunitari e alle decisioni adottate da altri organi della Ue).

5. Quali sono le funzioni del Parlamento europeo?

- Il Parlamento europeo è eletto a suffragio universale dai cittadini della Ue e svolge numerose funzioni, tra le quali: la *collaborazione alla funzione legislativa*, che esso divide con il Consiglio dei ministri; la funzione di *impulso politico*, che consente di avviare a soluzione le più importanti questioni di ordine sociale, economico e culturale; la funzione di *controllo politico*, che consiste nel controllare gli atti compiuti dalla Commissione e nella possibilità di *sfiduciarla* costringendola alle dimissioni.

6. Quali tipi di norme può emanare l'Unione europea?

- Le norme emanate dall'Ue sono essenzialmente *regolamenti* e *direttive*.
- I regolamenti comunitari contengono regole generali e astratte alle quali debbono uniformarsi i cittadini degli Stati membri come se fossero leggi emanate dai rispettivi Parlamenti.
- Le direttive sono atti normativi che non entrano direttamente a far parte dell'ordinamento giuridico degli Stati membri, ma vincolano gli Stati ad adottare norme conformi al loro contenuto in modo che, su determinate materie, vi sia una disciplina omogenea in tutti i Paesi dell'Unione.

7. Quali sono i principali atti non legislativi?

- Sono atti non legislativi *decisioni*, *raccomandazioni* e *pareri*.
- Le decisioni hanno per lo più uno specifico destinatario e sono vincolanti solo per quello.
- Le raccomandazioni e i pareri sono indicazioni autorevoli ma prive di effetto vincolante.

8. Quali altri organi e istituzioni hanno grande importanza nell'Unione?

- Altri organi e istituzioni che svolgono funzioni rilevanti nell'Unione sono la Corte di giustizia, la Corte dei conti e la Banca centrale europea (Bce), che ha la piena responsabilità della politica monetaria.

Verifica le tue conoscenze

Test a risposta multipla

Indica con una crocetta l'affermazione esatta.

1. La Commissione Ue è un organo:
A. consultivo
B. giurisdizionale
C. che esegue le direttive del Parlamento
D. che svolge una funzione di iniziativa, di vigilanza ed esecutiva

2. La funzione principale del Consiglio dei ministri è:
A. occuparsi degli aspetti amministrativi del funzionamento dell'Ue
B. esercitare la funzione legislativa insieme al Parlamento
C. presentare disegni di legge al Parlamento Ue
D. sanzionare i comportamenti illegittimi dei Paesi membri

3. I membri del Parlamento europeo debbono:
A. rappresentare gli interessi del partito politici che li ha candidati
B. rappresentare gli interessi del Paese da cui provengono
C. rappresentare gli interessi dell'Unione europea
D. tutelare la posizione del proprio Governo

4. Le direttive:
A. obbligano gli Stati a raggiungere un determinato risultato
B. sono direttamente applicabili negli Stati membri
C. entrano in vigore dopo essere state approvate dagli Stati
D. sono emanate dai massimi dirigenti dell'Unione

5. Codecisione significa che le norme devono essere approvate:
A. dal Parlamento e dal suo Presidente
B. dal Parlamento e dalla Commissione
C. dal Parlamento e dal Consiglio dei ministri
D. dal Parlamento e dal Consiglio europeo

Sai qual è la differenza tra...

a. Consiglio europeo	*e*	Consiglio dei ministri
b. Commissione	*e*	Parlamento europeo
c. Regolamenti	*e*	Direttive
d. Corte di giustizia	*e*	Banca centrale europea
e. Deliberazione a doppia maggioranza	*e*	Deliberazione a maggioranza semplice

SÌ/NO... Perché?

Indica con una crocetta la risposta esatta e motiva la tua scelta.

1. Il Parlamento Ue ha la piena funzione legislativa? SÌ NO Perché ...

2. Il Presidente del Consiglio europeo rimane in carica per sei mesi? SÌ NO Perché ...

3. Le decisioni del Consiglio dei ministri devono sempre essere prese all'unanimità? SÌ NO Perché ...

4. Le decisioni della Ue sono vincolanti per tutti gli Stati membri? SÌ NO Perché ...

5. I regolamenti Ue obbligano i Paesi membri ad adeguare a essi il loro ordinamento? SÌ NO Perché ...

6. La Commissione europea partecipa alla funzione legislativa? SÌ NO Perché ...

Valuta le tue competenze

ZTE ONLINE
Mettiti alla prova con gli esercizi interattivi

Test a risposta multipla

Indica con una crocetta l'affermazione esatta.

1. Il Consiglio europeo:
A. esercita la funzione legislativa
B. esercita la funzione esecutiva
C. indica le priorità generali
D. dirige i lavori della Commissione

2. La Commissione della Ue è un organo:
A. consultivo
B. giurisdizionale
C. che esegue le direttive impartite dal Parlamento
D. che svolge una funzione di iniziativa, di vigilanza ed esecutiva

3. Il Consiglio dei ministri della Ue è composto:
A. da ministri eletti a suffragio universale dai cittadini dell'Unione
B. da ministri nominati dal Parlamento europeo
C. dai ministri competenti nella materia da trattare
D. dai Primi ministri di tutti gli Stati membri

4. La funzione principale del Consiglio dei ministri è:
A. occuparsi degli aspetti amministrativi relativi al funzionamento dell'Unione
B. presentare disegni di legge al Parlamento europeo
C. deliberare, insieme al Parlamento, i progetti normativi presentati dalla Commissione
D. controllare l'operato della Commissione

5. Il Parlamento europeo è composto da parlamentari:
A. eletti dai cittadini dell'Unione a suffragio universale
B. eletti dai Parlamenti degli Stati membri
C. designati dai Governi nazionali
D. nominati dalla Commissione

6. I membri del Parlamento europeo debbono:
A. rappresentare in sede comunitaria gli interessi del proprio Paese
B. rappresentare gli interessi dell'Unione, qualunque sia il loro Paese di provenienza
C. rappresentare gli interessi del partito politico che li ha candidati
D. tutelare la posizione del proprio Governo

7. Codecisione significa che le norme devono essere approvate:
A. dal Parlamento e dal suo Presidente
B. dal Parlamento e dalla Commissione
C. dal Parlamento e dal Consiglio dei ministri
D. dal Parlamento e dal Consiglio europeo

8. I regolamenti comunitari sono:
A. atti normativi che entrano direttamente a fare parte dell'ordinamento giuridico degli Stati membri
B. disposizioni che obbligano gli Stati membri a emanare una disciplina con esse compatibile
C. norme secondarie con cui si disciplinano aspetti particolari di determinate materie
D. norme poste in esecuzione di leggi

9. Le direttive sono:
A. norme direttamente applicabili negli Stati membri
B. norme emanate dai massimi dirigenti dell'Unione
C. disposizioni che obbligano gli Stati membri a emanare una normativa con esse compatibile
D. disposizioni che entrano in vigore dopo essere state approvate dagli Stati membri

10. Le cooperazioni rafforzate consentono ad alcuni Paesi membri:
A. di unirsi per realizzare obiettivi per i quali gli altri non sono ancora pronti
B. di unirsi per realizzare obiettivi che esorbitano i programmi dell'Unione
C. di unirsi per aumentare la loro forza militare
D. di rafforzare l'azione dell'Unione con l'aiuto di Paesi esterni

Valuta le tue competenze

Conoscenza del lessico giuridico

Scrivi la definizione, al massimo in tre righe, dei termini seguenti.

- Accordo di Schengen
- Banca centrale europea
- Codecisione
- Commissione europea
- Consiglio dei ministri
- Consiglio europeo
- Cooperazioni rafforzate
- Corte di giustizia
- Direttive comunitarie
- Parlamento europeo
- Politica di coesione
- Raccomandazioni
- Regolamenti dell'Unione

Domande con risposte brevi

- Quali diritti assegna l'attribuzione della cittadinanza europea?
- Qual è la funzione dell'accordo di Schengen?
- L'adozione della moneta unica europea si configura come una cooperazione rafforzata?
- È organo più rilevante il Consiglio europeo o il Consiglio?
- Come si esercita la funzione legislativa nell'Unione europea?
- Con quale criterio si decide se regolare una certa questione con regolamento o con direttiva?
- Le raccomandazioni hanno valore vincolante?
- Qual è la funzione delle cooperazioni rafforzate?
- Quali effetti produce la libera circolazione nell'Unione di persone, beni, servizi e capitali?
- A quale organo dell'Unione spetta avanzare proposte di direttive o di regolamenti?
- La norma europea può sempre prevalere sulle norme interne degli Stati membri?

Ragionamento e argomentazione

Rispondi ai quesiti seguendo la traccia fornita.

1. I membri del Parlamento europeo non sono raggruppati per Paese di provenienza. Per quale motivo?

I parlamentari europei sono raggruppati in base ....
Questo perché il loro compito è di rappresentare ....

2. L'Unione europea è composta da tanti Paesi. Come ci si regola se non tutti sono disposti a impegnarsi per conseguire gli obiettivi che l'Unione di volta in volta si prefigge?

Quando uno o più Stati membri non intendono partecipare a un determinato obiettivo comune, la soluzione può consistere nelle ....
In questo modo, i Paesi che intendono andare avanti possono ....
Gli altri, in futuro, possono ....

3. Può accadere che un regolamento Ue contenga disposizioni che sono in contrasto con la legge nazionale di uno Stato membro. La Corte di Giustizia ha stabilito che in questi casi il diritto comunitario (nelle materie di sua competenza) prevalga sul diritto nazionale. Che cosa ne pensi?

I regolamenti sono atti ....
Se, in caso di contrasto, a prevalere fosse la legge nazionale ....
A mio parere ....

LE CONTROVERSIE INTERNAZIONALI

COMPETENZE DI PERCORSO

COMPETENZE DI ASSE

- Orientare i propri comportamenti ai principi e ai valori espressi dalla Costituzione e dalle Carte internazionali
- Riconoscere i principali aspetti del sistema sociale ed economico allo scopo di operare in un determinato contesto produttivo

CONOSCENZE

- Comprendere la portata dei diversi strumenti utilizzabili dagli Stati per risolvere pacificamente le controversie che li dividono
- Conoscere il contenuto e le finalità degli strumenti, alternativi a quelli giudiziari, risolutivi delle controversie tra soggetti privati appartenenti a Stati diversi
- Conoscere il ruolo svolto dalla Camera di commercio internazionale nella soluzione delle controversie internazionali tra imprese

ABILITÀ

- Saper individuare lo strumento idoneo alla soluzione di una controversia internazionale, in relazione alla sua specifica natura
- Saper scegliere lo strumento più adatto per risolvere una controversia tra soggetti privati che appartengono a Stati diversi

UNITÀ 1

Le controversie tra Stati

1. Come risolvere pacificamente le controversie

Nel complesso intreccio delle relazioni internazionali può accadere, e frequentemente accade, che tra due o più Stati si sviluppi una *controversia.*

Controversia è il termine che indica un disaccordo, un contrasto, una differenza di opinioni sostenuta da parti contrapposte.

Quando la controversia si sviluppa tra due o più Stati, oppure tra Stati e un organismo sovranazionale, si parla di **controversia internazionale**.

La controversia può avere a oggetto:

- **motivi giuridici** e riguardare, per esempio, l'interpretazione delle clausole di un trattato o delle norme contenute in una consuetudine (molte controversie, per esempio, riguardano l'esatta interpretazione della norma che regola la delimitazione delle acque territoriali per quanto riguarda il diritto di pesca);
- oppure **comportamenti** e riguardare, per esempio, l'azione posta in essere da uno Stato in danno di un altro. Per esempio nel 2014 la controversia tra Ucraina e Russia ha avuto per oggetto la scelta del Governo russo di sostenere il movimento indipendentista della Crimea.

In linea generale, quando sorge una controversia, sia pure tra due compagni

La Repubblica autonoma di Crimea, a maggioranza russa, il 6 marzo 2014 ha dichiarato la propria indipendenza dall'Ucraina di cui era parte; il 16 marzo ha espresso, attraverso un referendum, la volontà di essere annessa alla Russia; il giorno successivo l'annessione è stata accordata dal Governo russo.

di scuola, è sempre utile cercare una soluzione pacifica. La ricerca diventa particolarmente urgente quando le parti in causa sono Stati e, come tali, sono dotati di una forza armata. In questi casi il contrasto rimasto irrisolto potrebbe trasformarsi in una minaccia per la pace e la sicurezza internazionale.

In Europa, fino al termine della Seconda guerra mondiale, la soluzione delle controversie è stata spesso affidata alla cosiddetta *diplomazia dei cannoni*, cioè alla minaccia di fare ricorso alle armi.

Oggi la Carta delle Nazioni Unite (art. 2, par. 4) impone a tutti i Paesi membri di astenersi dalla minaccia o dall'uso della forza contro l'integrità territoriale o l'indipendenza politica di ogni Stato.

Per **uso della forza**, nel diritto internazionale contemporaneo, si intende l'utilizzo del proprio esercito o arsenale militare contro un altro Paese.

Inoltre l'art. 33 dispone che le parti in lite debbano sempre impegnarsi a cercare una soluzione pacifica al conflitto attraverso:

- una **negoziazione**;
- il ricorso a un **tribunale internazionale** stabile;
- il ricorso a un **arbitrato**.

Esaminiamo le diverse ipotesi.

2. La negoziazione

Negoziazione è chiamato l'insieme delle trattative poste in essere nell'intento di raggiungere un accordo. Può essere diretta o indiretta.

► **La negoziazione diretta** si verifica quando le parti provano da sole a trovare una soluzione al conflitto attraverso l'incontro dei propri rappresentanti diplomatici.

► **La negoziazione indiretta** si verifica quando le parti si avvalgono:

- di una *mediazione*;
- di un'*inchiesta*;
- di una *conciliazione*;
- di *buoni uffici*.

La mediazione si ha quando un soggetto terzo, estraneo al conflitto (il mediatore), fa incontrare le parti su un terreno neutro e propone loro una soluzione equilibrata che tenga conto dei reciproci interessi. Il mediatore può essere scelto dalle parti oppure può proporsi esso stesso ed essere accettato dai contendenti.

Generalmente il ruolo di mediatore viene assunto dal rappresentante di un organismo sovranazionale (molti contrasti sono stati risolti con la mediazione del Segretario generale delle Nazioni Unite) oppure da un capo di Stato particolarmente autorevole in quel momento storico.

Un esempio importante di mediazione è stato quello condotto dal Presidente

In seguito agli accordi di Camp David venne sottoscritto a Washington, nel 1979, dai rappresentanti di Egitto e di Israele, il trattato di pace che pose fine allo stato di guerra che durava dal 1948. Di fatto, tuttavia, gli scontri armati erano cessati già dal 1973.

statunitense Jimmy Carter nel 1978, che portò agli Accordi di Camp David con i quali si stabilirono le condizioni per porre fine al conflitto tra Israele ed Egitto. In quell'occasione, il Presidente USA non si limitò a fornire alle parti in lite un luogo d'incontro, ma propose loro anche un testo da discutere e sulla cui base raggiungere un accordo.

L'inchiesta viene condotta da una **commissione**, nominata dai contendenti, che accerta i fatti che hanno generato il contrasto al fine di individuare torti o ragioni secondo il diritto internazionale. L'inchiesta solitamente è seguita dal *tentativo di conciliazione*.

La conciliazione è una soluzione di compromesso con cui si cerca di accontentare (o quanto meno non scontentare più di tanto) entrambe le parti. Solitamente è operata dalla stessa commissione che ha condotto l'inchiesta.

Con **i buoni uffici**, infine, un soggetto estraneo al conflitto si limita a mettere a disposizione delle parti in lite un territorio neutro dove possano incontrarsi in sicurezza per cercare una soluzione alla controversia. Un esempio di *buoni uffici* è quello svolto da papa Bergoglio, nella sua qualità di Capo di Stato della Città del Vaticano, tra Autorità palestinese e Israele nel giugno 2014. In quell'occasione, il papa si è limitato a fornire alle due parti semplicemente un luogo e un'occasione di incontro, senza intervenire direttamente sui loro negoziati.

3. Il ricorso alla Corte internazionale di giustizia

La CIG ha la propria sede nei Paesi Bassi, presso il Palazzo della Pace dell'Aja.
È l'unico organo istituito dalla Carta delle Nazioni Unite a non avere sede negli Stati Uniti.

La negoziazione, della quale ci siamo occupati sopra, viene praticata solitamente per risolvere questioni di natura politica. Quando invece il contrasto è di *natura giuridica*, è frequente che le parti cerchino di risolverlo appellandosi al giudizio della *Corte internazionale di giustizia*.

La Corte internazionale di giustizia (o **CIG**, come viene normalmente abbreviata) è un tribunale stabile istituito nel giugno 1945 dalla Carta delle Nazioni Unite ed è il principale organo giudiziario dell'ONU (> Percorso B).

È composta da 15 giudici, eletti per un periodo di nove anni dall'Assemblea generale e dal Consiglio di sicurezza delle Nazioni Unite.
Si occupa esclusivamente di risolvere le controversie tra Stati che ne riconoscono la giurisdizione.
I lavori sono svolti integralmente in lingua francese e inglese.

Su quali basi giudica questa Corte?

La Corte fonda le sue sentenze sull'analisi dei fatti e sulle norme di diritto internazionale, cioè le consuetudini e i trattati, oltre ai principi generali del diritto. Eccezionalmente, la Corte può anche decidere *secondo equità*, ossia semplicemente sulla base di ragionamenti logici. Ciò può avvenire però solo se le parti in causa le riconoscono esplicitamente questo potere.

Quali tipi di controversie può risolvere la Corte?

La Corte ha una **competenza generale**. Ciò significa che può essere chiamata a risolvere qualsiasi tipo di controversia insorga tra due o più Stati, purché questi riconoscano la sua giurisdizione.

Per esempio, se sorgesse un contrasto tra Italia e Austria per la delimitazione dei rispettivi confini, o tra Francia e Spagna per il diritto di pesca nelle acque antistanti le coste, i contendenti potrebbero rimettere la controversia alla decisione della CIG.

Non possono invece ricorrere alla CIG i privati cittadini perché, come abbiamo appena detto, la Corte è competente a risolvere solo controversie fra Stati.

Nel 2008 la Corte di cassazione italiana ha condannato lo Stato tedesco a **risarcire i familiari delle vittime delle stragi naziste** compiute a Civitella, Cornia e San Pancrazio, dove vennero trucidate 203 persone, tutte civili e in gran parte donne e bambini.
Ne è nato un contenzioso che la Corte di giustizia ha risolto in favore della Germania in base al principio che un giudice nazionale non può emettere una condanna nei confronti di uno Stato estero.

Come si ricorre alla Corte internazionale di giustizia?

A differenza dei tribunali nazionali nei quali il procedimento può essere avviato d'ufficio o su istanza di una parte, il ricorso alla CIG è regolato dal **principio di consensualità**. Ciò significa che il procedimento ha inizio solo se entrambe le parti in lite consensualmente decidono di rivolgersi alla Corte.

Tale decisione può derivare:

- **da un accordo diretto**: un esempio di questo tipo è la recente controversia tra Germania e Italia sull'immunità degli Stati, decisa il 3 febbraio 2012 e relativa alla riparazione per i crimini commessi dai nazisti durante l'occupazione del nostro Paese tra il 1943 e il 1945;
- **da un accordo preventivo**: per esempio quando gli Stati aderiscono a una convenzione è frequente che sottoscrivano una clausola, detta clausola giurisdizionale, con la quale si impegnano a rimettere alla CIG la definizione di eventuali future controversie riguardanti il mancato rispetto o la errata interpretazione della convenzione stessa;
- **dalla sottoscrizione di una dichiarazione unilaterale di accettazione della giurisdizione della Corte**: gli Stati che sottoscrivono tale dichiarazione si obbligano a rimettere alla giurisdizione della Corte qualsiasi controversia che possa sorgere tra loro e che riguardi il diritto internazionale. L'Italia non ha sottoscritto questa dichiarazione e per la verità non sono molti gli Stati che l'hanno fatto.

Il giudizio della Corte è soggetto al principio della **corrispondenza tra chiesto e pronunciato**. Ciò vuol dire che se, per esempio, una delle parti chiedesse solo una riparazione in denaro, i giudici non potrebbero accordarle altro, anche se scoprissero che avrebbe maggiori diritti. Il principio della corrispondenza tra chiesto e pronunciato è adottato anche nel diritto processuale italiano.

Durante il giudizio, la Corte esamina la documentazione scritta fornita dalle parti a sostegno delle proprie ragioni e in udienza pubblica ascolta esperti e testimoni.
Quindi emette una sentenza.

La sentenza emessa dalla Corte è **definitiva** e **inappellabile** e le parti sono tenute a rispettarla.

E se la parte soccombente non si attenesse a quanto disposto nella sentenza?

In questo caso la parte vincitrice potrebbe ricorrere al **Consiglio di sicurezza dell'ONU** ai sensi dell'art. 94 della Carta delle Nazioni Unite, chiedendo che siano adottate le misure necessarie per dare esecuzione alla sentenza. Tuttavia il Consiglio di sicurezza (vedi Percorso B) non è un organo giudiziario, ma politico, e come tale esso decide non tanto in base alla legge quanto piuttosto in base a criteri di opportunità e di convenienza. Possiamo così immaginare che non interverrà mai contro un Paese commercialmente o militarmente importante per tutelare questioni di limitato interesse generale.

4. La competenza consultiva della CIG

Con l'espressione "**competenza consultiva**" si intende la possibilità per la Corte di esprimere pareri su singole questioni giuridiche che le vengano sottoposte dall'Assemblea generale delle Nazioni Unite o dal Consiglio di sicurezza.

Nello svolgere questa funzione, la Corte è libera di prendere in considerazione ogni elemento di diritto internazionale che ritenga rilevante per la richiesta che le è stata rivolta.

L'atto conclusivo della procedura consultiva è un *parere*.
Il parere è un atto di per sé non vincolante, ma per l'autorevolezza di chi lo ha emesso può influenzare sia il comportamento delle organizzazioni internazionali che degli Stati.

Tra i più recenti pareri ricordiamo:

- il parere del 2010 con cui è stata sostenuta la liceità della dichiarazione d'indipendenza del Kosovo;
- il parere del 2004 in cui la Corte ha sostenuto l'illiceità della costruzione di un muro nei territori della Cisgiordania per separare la Striscia di Gaza da Israele;
- il parere del 1996 in cui la Corte ha affermato che il diritto internazionale non vieta l'uso delle armi nucleari.

QUESTIONI

Esiste una consuetudine internazionale che vieti il ricorso alle armi nucleari?

Affinché da un comportamento nasca una consuetudine giuridicamente vincolante per tutti è necessario che tale comportamento sia ripetuto nel tempo e che vi sia la convinzione di adempiere a un dovere giuridico.
In merito all'uso delle armi nucleari, una parte della dottrina ritiene che tale consuetudine si sia formata per il fatto che nel corso degli anni vi sono state ripetute risoluzioni dell'ONU che ne hanno sancito l'illiceità e che tali armi dopo il 1945 non sono mai più state utilizzate e nessuno ha mai neppure minacciato apertamente di utilizzarle.
In senso opposto si è però espressa la Corte internazionale di giustizia, argomentando che le risoluzioni ONU riflettono sicuramente il desiderio di grandissima parte della comunità internazionale di procedere sulla via del disarmo nucleare, ma non costituiscono ancora un elemento sufficiente per trasformare tale auspicio in una norma consuetudinaria.

5. Il ricorso alla CIG mediante "protezione diplomatica"

Protezione diplomatica è chiamato l'insieme di atti con i quali uno Stato tutela, davanti alla CIG, gli interessi di un proprio cittadino che si ritenga illegittimamente danneggiato dal comportamento di un altro Stato.

Ma non abbiamo appena detto che la CIG decide solo le controversie tra gli Stati?

Nel caso della *protezione diplomatica* la regola generale non è disattesa perché davanti alla Corte compaiono sempre e solo due Stati. Semplicemente l'interesse difeso da uno dei due è quello di un proprio cittadino.
In generale, perché lo Stato possa agire davanti alla Corte in *protezione diplomatica* occorre, tra l'altro, che il cittadino del cui interesse si discute abbia già fatto ricorso, con esito negativo, alla giurisdizione del Paese contro cui si intende agire. Questo è il cosiddetto principio del **previo esaurimento dei ricorsi interni**.
Non c'è chi non veda, tuttavia, come questa condizione introduca un elemento di grave rigidità nei rapporti commerciali internazionali. Immaginiamo che un imprenditore straniero voglia aprire una vertenza contro lo Stato italiano. Se prima di avvalersi della protezione diplomatica del proprio Paese dovesse aver esaurito tutti i gradi di giudizio della nostra giurisdizione, dovrebbe aspettare non pochi anni.
Per superare questo handicap vengono generalmente sottoscritti dagli Stati *accordi di amicizia commerciale* che consentono allo Stato di agire in *protezione diplomatica* direttamente e senza condizioni.

Gli Stati possono agire in **protezione diplomatica** dei propri cittadini anche se questi non hanno preventivamente fatto ricorso all'amministrazione della giustizia del Paese contro cui intendono agire, se risulta che in tale Paese l'apparato giudiziario non opera in modo indipendente, oppure se i tempi di amministrazione della giustizia sono particolarmente lunghi.

Sono un armatore e una mia nave è stata ingiustamente posta sotto sequestro in un Paese straniero. Ho chiesto al mio Paese di intervenire in protezione diplomatica ma ho ricevuto un diniego. Cosa posso fare?

Per la verità non molto, perché ciascun Governo è libero di decidere, in piena autonomia e in base a valutazioni politiche, se sia opportuno oppure no aprire un contenzioso con uno Stato estero. Possiamo così immaginare che non sarà indotto a farlo se, per esempio, con lo Stato in questione esiste un vantaggioso accordo di natura commerciale o militare, che potrebbe venire compromesso dall'apertura del contenzioso. In questo caso il buon diritto del singolo cittadino potrebbe essere sacrificato all'interesse generale.

È comunque da aggiungere che la tutela diplomatica viene richiesta raramente, perché i giudizi della Corte sono molto lunghi e soprattutto molto costosi. Al momento i casi in cui la CIG è stata chiamata a pronunciarsi per l'esercizio di una *protezione diplomatica* sono solamente tre.

QUESTIONI

La proliferazione dei tribunali internazionali

Oltre alla Corte internazionale di giustizia, che è sicuramente l'organo più autorevole in materia di diritto internazionale, sono stati creati nel tempo, in seguito a diversi trattati, molti altri tribunali tra i quali meritano menzione il *Tribunale penale internazionale*, la *Corte europea dei diritti dell'uomo*, la *Corte interamericana per i diritti dell'uomo*, la *Corte africana per i diritti dell'uomo*, il *Tribunale per il diritto del mare*, e così via.

Tale proliferazione crea seri problemi di compatibilità tra giudizi diversi emessi sullo stesso tema.

6. Le controversie in tema di diritto dell'Unione europea

La Corte di giustizia dell'Unione europea non va confusa con la Corte internazionale di giustizia (CIG), che è un organismo dell'ONU e ha una competenza molto più vasta.

A differenza del diritto internazionale, che è costituito da un corpo piuttosto scoordinato di consuetudini, trattati e convenzioni alle quali gli Stati possono aderire o non aderire, il diritto dell'Unione europea è costituito da norme che gli Stati membri si sono impegnati a rispettare.

Queste norme garantiscono il regolare funzionamento delle istituzioni dell'Ue e i regolari rapporti tra queste, gli Stati membri e cittadini.

Tuttavia, nella vita di relazione i motivi di contrasto non mancano mai e all'interno dell'Unione europea i contrasti che hanno come oggetto le norme comunitarie vengono risolti, su istanza delle parti, dalla **Corte di giustizia** dell'Unione europea e dal **Tribunale di prima istanza**.

Entrambi questi organi sono composti da un giudice per ciascuno Stato membro.

Come si fa a sapere se occorre rivolgersi all'una o all'altro?

Alla Corte di giustizia possono ricorrere:

- **i giudici nazionali** che, trovandosi ad applicare una norma europea di dubbia comprensione, ne chiedono la corretta interpretazione attraverso un procedimento denominato **rinvio pregiudiziale**;

▶ **gli Stati e le istituzioni** della Ue:

- per chiedere l'annullamento di una norma ritenuta illegittima perché emanata in violazione di disposizioni contenute nei trattati istitutivi (*ricorso per annullamento*);
- per agire contro uno Stato membro che non rispetti o non abbia rispettato le norme dell'Unione (*ricorso per inadempimento*). In questo caso la Corte, qualora ravvisi una effettiva responsabilità, può condannare lo Stato membro a cessare il comportamento illegittimo e a pagare una sanzione generalmente di natura economica;
- per agire contro una istituzione che non abbia adempiuto a un proprio obbligo o non abbia adottato un atto obbligatorio (*ricorso per carenza*).

Nel **rinvio pregiudiziale** e nel **ricorso per annullamento** la Corte di giustizia opera come fosse una Corte costituzionale.

▶ **Al Tribunale di prima istanza** possono rivolgersi i **soggetti privati** per chiedere:

- l'*annullamento* di un atto delle istituzioni ritenuto illegittimo (purché li riguardi direttamente e individualmente)
- e il *risarcimento* per un danno ingiusto causato da un atto delle istituzioni.

Il Tribunale di prima istanza è stato istituito nel 1989 come supporto alla Corte di giustizia, oberata da troppe cause.

Perché si chiama Tribunale "di prima istanza"?

Perché contro le sentenze emesse dal Tribunale si può ricorrere (*in seconda istanza*) alla Corte di giustizia, ma solo per contestare la non corretta applicazione o interpretazione della legge.
Al termine del procedimento sia la *Corte* sia il *Tribunale* emettono una sentenza le cui disposizioni sono vincolanti per le parti.

La differenza sostanziale è che:

- le sentenze emesse dalla *Corte* sono definitive e inappellabili;
- le sentenze emesse dal *Tribunale*, invece, sono impugnabili davanti alla Corte di giustizia, ma solo per **motivi di diritto**, cioè per presunta mancata applicazione o errata interpretazione del diritto comunitario.

7. L'arbitrato in generale

L'arbitrato è una procedura per la soluzione delle controversie che, a prima vista, potrebbe sembrare simile al procedimento giudiziario. Le parti, infatti (attore e convenuto), compaiono con i rispettivi difensori davanti a un giudice terzo (in questo caso rappresentato da un arbitro e da un collegio arbitrale) che al termine del procedimento emetterà una sentenza.

A ben guardare, però, si scoprono differenze notevoli.

- Innanzi tutto, mentre nel procedimento giudiziale è la legge a stabilire quale sia il giudice competente a giudicare quella certa questione, nel procedimento arbitrale sono le parti stesse a designare l'arbitro e a nominare, di comune accordo, un *Presidente del collegio arbitrale.*
- In secondo luogo, sono ancora le parti a stabilire, sempre di comune accordo, quali norme saranno applicabili alla loro controversia.
- Infine, la procedura arbitrale è notevolmente più celere di quella giudiziale.

In due conferenze tenutesi all'Aia, nei Paesi Bassi, nel 1899 e nel 1907 sono state concordate le regole generali per la soluzione arbitrale delle controversie ed è stata istituita una **Corte permanente d'arbitrato**. Tale Corte non ha tuttavia alcun potere ed è solo una lista di arbitri designati dagli Stati contraenti, tra i quali i Paesi coinvolti in una controversia possono scegliere, di volta in volta, gli arbitri a cui affidare la soluzione delle liti.

▶ **Collegio arbitrale** è chiamato l'insieme degli arbitri a cui è demandata la soluzione della controversia.
I membri del collegio sono sempre in un *numero dispari*, in modo da evitare situazioni di parità nel momento della decisione.

▶ **Accordo compromissorio** è chiamato l'accordo con cui le parti decidono di rimettere la controversia a un collegio arbitrale e stabiliscono le regole a cui gli arbitri dovranno attenersi.

La decisione che viene assunta al termine della procedura arbitrale è detta *lodo*.

▶ **Il lodo** è vincolante per le parti, le quali sono tenute a rispettarlo e a darvi esecuzione.

8. L'arbitrato nelle controversie tra Stati

Abbiamo già visto, nel paragrafo 3, che le controversie tra Stati possono essere risolte dalla Corte internazionale di giustizia.

Ma il procedimento davanti a questa Corte è reso rigido dalla quantità di norme procedurali da rispettare, e soprattutto è lungo. Per tale ragione non è infrequente che gli Stati ricorrano a un arbitrato internazionale.

Tale ricorso (similmente a quanto già visto per il ricorso davanti alla CIG) può essere attivato per effetto:

- **di un accordo diretto** tra gli Stati contendenti: in questo caso essi nominano, di comune accordo, un collegio arbitrale e si impegnano a rispettarne la decisione;
- **di un accordo preventivo**: quando gli Stati sottoscrivono un trattato o aderiscono a una convenzione è possibile che nel trattato o nella convenzione vi sia una clausola che li obbliga a risolvere in via arbitrale eventuali future controversie;
- **di un trattato generale di arbitrato**: con questo tipo di trattato gli Stati firmatari indicano un insieme di materie per le quali si obbligano a risolvere per via arbitrale eventuali futuri contrasti.

In taluni casi, gli Stati possono chiedere agli arbitri di risolvere la controversia in base a **criteri extragiuridici**. Si parla in questo caso di arbitrato *ex aequo et bono*, cioè equo e buono.

9. Il ricorso all'autotutela

Quando sorge un conflitto tra Stati e questo non pare risolvibile attraverso la negoziazione, né attraverso il ricorso alla Corte internazionale di giustizia o all'arbitrato internazionale, allo Stato offeso non rimane che il ricorso all'autotutela. Questa può essere pacifica ma, in caso di aggressione, può anche essere armata.

▶ **L'autotutela pacifica** consiste nell'applicazione di **contromisure** volte a ottenere la cessazione del comportamento ritenuto illecito.
Le contromisure possono consistere in un comportamento che di per sé sarebbe illecito ma che si giustifica come reazione al comportamento illecito dell'altra parte.
Nel 2014, per esempio, ritenendo illecito il comportamento della Russia nei confronti dell'Ucraina, molti Stati europei, benché non direttamente coinvolti nella questione, hanno applicato nei confronti della Russia una serie di *contromisure*, indirizzate a modificarne l'atteggiamento verso lo Stato ucraino.
Alcune di queste contromisure erano perfettamente lecite, come l'interruzione di taluni flussi commerciali. Altre erano decisamente illecite, come il congelamento (in pratica un sequestro) del denaro di taluni importanti cittadini russi depositato in alcune banche occidentali.

Nel 2014 i cittadini ucraini di lingua russa, residenti in Crimea e nell'Est dell'Ucraina, hanno reclamato l'indipendenza con il chiaro intento di chiedere successivamente l'annessione alla Russia. Il sostegno russo, arrivato ai rivoltosi in modo indiretto ma comunque molto evidente, ha indotto taluni Paesi occidentali a adottare una serie di **contromisure** successivamente in gran parte rientrate anche perché il Governo russo, come contro-ritorsione, ha minacciato di ridurre o addirittura sospendere le forniture di gas all'Europa.

L'uso della forza armata

Fino alla prima metà del Novecento il ricorso all'uso o alla minaccia della forza armata per risolvere le controversie tra Stati era piuttosto frequente. Oggi una simile pratica è assolutamente vietata dall'art. 2 della Carta delle Nazioni Unite che nei commi 3 e 4 dispone che gli Stati membri:

- devono risolvere le loro controversie internazionali con mezzi pacifici;
- devono astenersi nelle loro relazioni internazionali dalla minaccia o dall'uso della forza contro l'integrità territoriale o l'indipendenza politica di qualsiasi Stato.

Una eccezione a questo generale divieto è contenuta nell'art. 51 della *Carta* nel quale si afferma che:
"Nessuna disposizione del presente Statuto pregiudica il diritto naturale di autotutela individuale o collettiva, nel caso che abbia luogo un attacco armato contro un membro delle Nazioni unite [...]."

Ciò vuol dire, in buona sostanza, che non si può negare a uno Stato il diritto di respingere con la forza un attacco armato proveniente dall'esterno.
Non sembra invece che sia consentito (ma ci sono pareri discordanti) usare la forza per proteggere la vita dei propri cittadini che si trovino in un Paese ostile.

Riguardando gli appunti

1. Che cosa si intende per "controversia internazionale"?

- Controversia è il termine che indica un disaccordo, una differenza di opinioni sostenuta da parti contrapposte. Quando la controversia si sviluppa tra due o più Stati, oppure tra Stati e un organismo sovranazionale, si parla di controversia internazionale.
- La controversia internazionale può avere a oggetto motivi giuridici oppure comportamenti.

2. Come si può risolvere una controversia internazionale?

- La Carta delle Nazioni Unite (art. 2, par. 4) impone a tutti i Paesi membri di astenersi dalla minaccia o dall'uso della forza contro l'integrità territoriale o l'indipendenza politica di ogni Stato.
- Le controversie si possono legittimamente risolvere attraverso una mediazione, o con il ricorso a un tribunale internazionale stabile o a un arbitrato.
- Negoziazione è chiamato l'insieme delle trattative poste in essere nell'intento di raggiungere un accordo. Può essere diretta o indiretta.

3. Quando una negoziazione è diretta e quando è indiretta?

- La negoziazione diretta si verifica quando le parti provano da sole a trovare una soluzione al conflitto attraverso l'incontro dei propri rappresentanti diplomatici.
- La negoziazione indiretta si verifica quando le parti si avvalgono di una *mediazione*, di una *inchiesta*, di una *conciliazione*.
- La mediazione si ha quando un soggetto terzo, estraneo al conflitto (il mediatore) fa incontrare le parti su un terreno neutro e propone loro una soluzione equilibrata che tenga conto dei reciproci interessi.
- L'inchiesta viene condotta da una commissione, nominata dai contendenti, che accerta i fatti e opera un tentativo di conciliazione.

4. Che cosa è la Corte internazionale di giustizia?

- La Corte internazionale di giustizia (o CIG) è il principale organo giudiziario dell'ONU. È composta da 15 giudici, e suo compito è risolvere le controversie tra Stati che ne riconoscono la giurisdizione.
- La Corte ha una competenza generale e ciò significa che può essere chiamata a risolvere qualsiasi tipo di controversia insorga tra due o più Stati.
- Il ricorso alla CIG è regolato dal principio di consensualità, per effetto del quale il procedimento ha inizio solo se entrambe le parti in lite consensualmente decidono di rivolgersi alla Corte.
- La sentenza emessa dalla Corte è definitiva e inappellabile.
- Se la parte condannata non rispetta il dispositivo della sentenza, l'altra parte può ricorrere al Consiglio di sicurezza delle Nazioni Unite il quale, però, non è giuridicamente obbligato a intervenire.
- La CIG ha anche una funzione consultiva.

5. Come si esercita il ricorso alla CIG in "protezione diplomatica"?

- Protezione diplomatica è chiamato l'insieme di atti con i quali uno Stato tutela, davanti alla CIG, gli interessi di un proprio cittadino che si ritengono illegittimamente danneggiati dal comportamento di un altro Stato.
- Lo Stato a cui il cittadino appartiene non è però obbligato a intraprendere l'azione.

6. Come vengono risolte le controversie internazionali all'interno dell'Unione europea?

- I contrasti che hanno come oggetto le norme comunitarie vengono risolti, su istanza delle parti, dalla Corte di giustizia dell'Unione europea o dal Tribunale di prima istanza.
- Alla Corte di giustizia possono ricorrere i giudici nazionali, gli Stati e le istituzione della Ue. Le sue sentenze sono inappellabili.
- Al Tribunale di prima istanza possono rivolgersi i soggetti privati per chiedere l'annullamento di un atto delle istituzioni ritenuto illegittimo. Le sue sentenze sono appellabili ma solo per contestare la non corretta applicazione o interpretazione della legge.

Test a risposta multipla

Indica con una crocetta l'affermazione esatta.

1. Il procedimento davanti alla CIG può essere avviato:
- A. su iniziativa d'ufficio della stessa CIG
- B. su istanza di uno dei due Stati
- C. solo se tutti gli Stati coinvolti sono s'accordo
- D. su istanza dei cittadini degli Stati coinvolti

2. La competenza della CIG è:
- A. generale
- B. generale, ma gli Stati in lite devono accettarne la giurisdizione
- C. limitata alle materie elencate nella Carta ONU
- D. limitata alle materie indicate dall'Assemblea generale

3. Le sentenze del Tribunale di prima istanza:
- A. sono inappellabili
- B. sono appellabili davanti alla CIG
- C. sono appellabili solo per motivi di diritto
- D. sono appellabili solo per motivi di fatto

4. Il "previo esaurimento dei ricorsi interni" è un requisito:
- A. per poter agire in protezione diplomatica
- B. per poter effettuare un arbitrato
- C. per poter agire davanti alla Corte di giustizia Ue
- D. per avviare una negoziazione

5. Le contromisure sono uno strumento:
- A. di autotutela
- B. di mediazione
- C. di arbitrato
- D. di uso della forza

Sai qual è la differenza tra...

- a. Mediazione *e* Buoni uffici
- b. Corte internazionale di giustizia *e* Corte di giustizia della Ue
- c. Contromisura *e* Autotutela armata
- d. Negoziazione diretta *e* Accordo compromissorio
- e. Collegio arbitrale *e* Corte permanente di arbitrato

SÌ/NO... Perché?

Indica con una crocetta la risposta esatta e motiva la tua scelta.

1. L'art. 33 della Carta Onu consente il ricorso alla forza armata nelle controversie internazionali? SÌ NO Perché ...
2. La Corte internazionale di giustizia può giudicare soltanto alcuni tipi di controversie? SÌ NO Perché ...
3. La CIG emette solo sentenze? SÌ NO Perché ...
4. C'è un modo per i privati di ottenere una sentenza dalla CIG? SÌ NO Perché ...
5. I cittadini della Ue possono ricorrere alla Corte di giustizia per risolvere le loro controversie? SÌ NO Perché ...
6. Le contromisure prevedono l'uso della forza armata? SÌ NO Perché ...
7. Il ricorso alla forza armata è sempre e comunque escluso dalla Carta Onu? SÌ NO Perché ...

PERCORSO D — LE CONTROVERSIE INTERNAZIONALI

UNITÀ 2

Le controversie internazionali di natura privata

1. La tutela degli investimenti privati

Ho investito un capitale notevole per l'acquisto di una grande azienda agricola in Centroamerica che ora mi è stata espropriata e per la quale mi è stato proposto un indennizzo ridicolo. Posso ricorrere a un arbitrato internazionale?

Con il ricorso all'arbitrato internazionale si possono tentare di risolvere anche le controversie tra Stati e soggetti privati (persone fisiche o giuridiche). Tuttavia, non c'è chi non veda come indurre uno Stato a comparire davanti a un arbitro sia impresa tutt'altro che semplice per un soggetto privato. A meno che non si tratti di una potente multinazionale. L'attività economica internazionale vede però la partecipazione anche di imprenditori di minore forza che sono ugualmente importanti sotto il profilo della crescita generale. Come tutelarli e rassicurarli?

Per rassicurare gli operatori privati e agevolare gli investimenti esteri nel 1966 è stato istituito il **Centro internazionale per la risoluzione delle controversie relative agli investimenti** (*International Centre for the Settlement of Investment Dispute* o *ICSID*).

▶ **L'ICSID** è un organo del Gruppo della Banca mondiale, che tuttavia agisce in modo completamente autonomo. Fondato nel 1966, ha sede a Washington negli Stati Uniti e conta oggi 158 Stati membri, tra cui l'Italia.
Il Centro non conduce direttamente procedure arbitrali o conciliative, ma fornisce comunque un importante supporto logistico e istituzionale offrendo proprie **regole di procedura** a cui le parti in lite possono rimettersi, oltre a una serie di regolamenti interni che possono tornare utili laddove non ci sia accordo sul diritto applicabile alla controversia.
Inoltre il Centro, attraverso il **Segretariato**, e su richiesta delle parti in lite, si occupa anche della predisposizione di collegi arbitrali (detti *arbitration panels*).

I lodi di questi collegi sono direttamente eseguibili dal giudice interno di qualsiasi Stato membro. Così, per esempio, se un investitore italiano vincesse una causa contro gli USA relativa a un investimento operato in quel Paese, potrebbe andare di fronte al giudice statunitense e pretendere l'esecuzione della sentenza.

Dalla sua costituzione a oggi il **Centro internazionale per la risoluzione delle controversie relative agli investimenti** ha favorito la soluzione di oltre 400 casi di controversia in materia di investimento estero.

2. L'arbitrato internazionale per le controversie tra soggetti privati

Nelle controversie che possono svilupparsi tra soggetti privati, ciascuno ha la possibilità di ricorrere alla magistratura ordinaria del proprio Paese o a quella del Paese a cui appartiene la controparte.
Ma se i contendenti intendono definire la propria vertenza più rapidamente e senza troppo clamore, possono concordare di risolverla con un arbitrato.
Nei conflitti che sorgono tra soggetti (siano essi persone fisiche o persone giuridiche), si può fare ricorso all'arbitrato internazionale se è presente almeno una delle seguenti condizioni:

- i contendenti hanno residenza o sede in due Stati diversi;
- i contendenti hanno residenza o sede nello stesso Paese ma la prestazione deve essere eseguita all'estero.

Questo tipo di arbitrato è detto anche **arbitrato commerciale internazionale** perché le vertenze riguardano essenzialmente questioni di natura commerciale.

Quali tipi di norme guidano la decisione del collegio arbitrale?

Generalmente, nell'*accordo compromissorio*, le parti indicano le norme che vogliono che siano applicate al loro rapporto. Possono essere norme di diritto internazionale o norme ricavate dall'ordinamento giuridico del Paese a cui appartiene uno dei contendenti, oppure norme proposte da organismi internazionali.

E se la parte soccombente non rispettasse le disposizioni del lodo?

In questo caso la parte vincitrice potrà rivolgersi alla magistratura ordinaria del Paese dove risiede la parte soccombente e chiedere che sia data esecuzione al lodo.

In particolare potrà chiedere al giudice:

- di emanare un decreto ingiuntivo nei confronti del debitore;
- di procedere a esecuzione forzata sui beni del debitore;
- di ordinare l'iscrizione forzata di un'ipoteca sugli immobili del debitore.

Occorre però avvertire che il riconoscimento del lodo arbitrale da parte delle magistrature locali non è automatico.
Esso prevede un esame e una valutazione di compatibilità del lodo con l'ordinamento nazionale, e questa operazione può comportare ritardi o addirittura il rigetto della decisione arbitrale.
Favorisce il superamento di questo tipo di rigidità la *Convenzione di New York* del 1958 ma **solo tra i Paesi che l'hanno sottoscritta**.

La Convenzione di New York è un trattato internazionale multilaterale sponsorizzato dalle Nazioni Unite, che ha lo scopo di favorire il riconoscimento delle sentenze arbitrali.

In particolare, la Convenzione prevede una **clausola di non discriminazione**, che impone agli Stati firmatari di non prevedere, relativamente al riconoscimento e all'esecuzione di lodi stranieri, condizioni più gravose rispetto a quelle previste per i lodi nazionali.
Attualmente hanno sottoscritto questo trattato 149 Paesi, tra cui l'Italia.

3. Alcune considerazioni sull'arbitrato internazionale

I vantaggi che offre il ricorso all'arbitrato, rispetto al ricorso alle magistrature nazionali o internazionali sono diversi.
Il vantaggio più importante è la rapidità del giudizio, che non è legato a troppe rigidità procedurali.
Un secondo vantaggio è dato dal fatto che ciascuna delle parti contendenti può nominare un arbitro di sua fiducia. Questi dovrà pur sempre essere imparziale nel suo giudizio, ma è ragionevole aspettarsi che controlli con molta attenzione il rispetto dei diritti della parte che lo ha nominato.
Infine, soprattutto nelle controversie tra grandi imprese, l'arbitrato garantisce maggiore riservatezza e minore probabilità che i segreti, in particolare di natura fiscale, siano resi pubblici.
Per contro il lodo arbitrale ha generalmente un costo molto elevato, che lo rende praticabile solo se l'oggetto della controversia è di notevole valore.

4. La mediazione

MEDIAZIONE
↓
Transazione

Non volendo impegnarsi in un procedimento arbitrale, le parti possono anche cercare di risolvere la loro controversia ricorrendo a una mediazione.

La mediazione è il procedimento con il quale un mediatore, scelto tra professionisti che si suppongono imparziali, aiuta i contendenti a trovare un accordo.

Se l'accordo viene raggiunto le parti possono sottoscrivere *un atto di transazione.*
La transazione ha un valore simile a quello di un contratto. Quindi non è né una sentenza giudiziale né un lodo arbitrale. E ciò comporta che se una delle parti, dopo averla sottoscritta, decide di non rispettarla, l'altra parte dovrà necessariamente ricorrere a un giudice o a un arbitro.

5. La Camera di commercio internazionale per la prevenzione e soluzione delle controversie

Le controversie tra imprese che operano sul mercato internazionale possono sicuramente nascere dal mancato rispetto di norme giuridiche. Questo, tuttavia, non è il caso più frequente. Più frequente è che per determinate

fattispecie le norme manchino del tutto o siano incomplete o poco chiare. In questi casi gli operatori commerciali, soprattutto piccoli importatori o esportatori, sono costretti a muoversi nell'incertezza, e ciò rallenta l'intensità degli scambi.
Con la funzione di assistere gli imprenditori, di prevenire al massimo grado l'insorgere delle controversie e di dirimerle quando è possibile, è stata istituita, fin dal 1919, la *Camera di commercio internazionale.*

▶ **La Camera di commercio internazionale** (in inglese, *International Chamber of Commerce* o anche **ICC**) è un'organizzazione non governativa con sede a Parigi, che oggi conta tra i propri membri centinaia di migliaia di grandi imprese attive nei diversi settori economici, in oltre 180 Paesi del mondo.

La ICC si occupa soprattutto di:

- assistere le imprese che operano sul mercato internazionale;
- definire regole per una corretta politica commerciale;
- favorire la soluzione negoziale o arbitrale delle controversie.

La sua struttura è di tipo federativo, in quanto, oltre all'ICC "centrale", esistono appositi comitati nazionali ai quali si iscrivono le imprese.

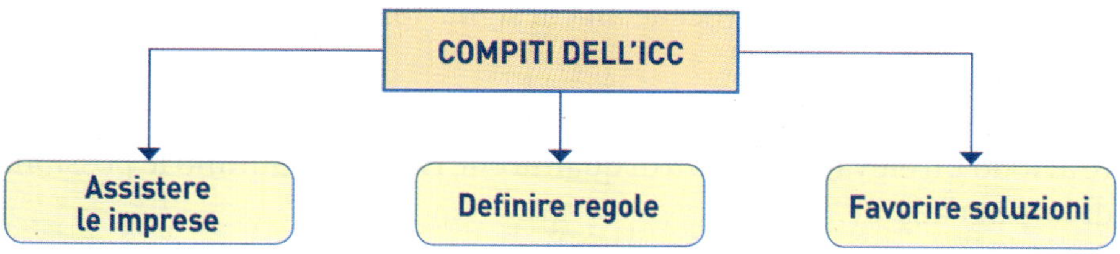

6. La ICC e la politica commerciale

L'ampia partecipazione delle imprese all'ICC permette a questo organismo di esercitare una particolare influenza nella definizione di norme di comportamento e nella individuazione di una corretta *politica commerciale* che eviti il più possibile l'insorgere di contrasti e incomprensioni.

In quest'ottica, l'ICC opera come un'organizzazione che:

- tutela, sul piano internazionale, gli interessi delle imprese,
- ma sollecita anche le stesse imprese a operare con doverosa correttezza imponendo loro il rispetto dei propri *codici di condotta.*

Un **codice di condotta** è un documento che, pur non essendo vincolante per le imprese, stabilisce standard da rispettare per ottenere un business che tenga conto non solo degli interessi economici ma anche di altri e più ampi valori.

Un esempio di codice di condotta è quello emanato nel settembre 2011, con lo scopo di stabilire standard etici e linee guida relativi alle attività pubblicitarie e di marketing al fine di tutelare i consumatori, e più in generale la collettività, da un uso inappropriato della pubblicità e delle ricerche di mercato.

7. La ICC e la soluzione delle controversie

La ICC, sebbene questa non sia la sua funzione primaria, si occupa anche di assistere le imprese nella risoluzione delle controversie in materia di affari, mettendo a loro disposizione alcuni strumenti quali:

- la *Corte internazionale di arbitrato*;
- i *Centri di mediazione* per una soluzione concordata della lite;
- gli esperti che rilasciano *expertise*.

▸ **La Corte internazionale di arbitrato** (*Court of Arbitration*) dell'ICC è considerata l'istituzione più importante e più rappresentativa al mondo per la risoluzione delle controversie internazionali tra soggetti privati.
Istituita dal 1923, ha sede a Parigi e attualmente conta l'adesione di 85 Paesi. Fino a oggi ha favorito la soluzione di oltre 20.000 controversie.
Nonostante la denominazione, essa non è una vera *Corte*, nel senso che non emette giudizi. Però:

- su richiesta delle parti procede alla designazione degli arbitri e ne stabilisce il compenso;
- effettua un controllo sulla regolarità della procedura allo scopo di garantire al lodo un elevato *standard* di qualità che riduca al minimo le possibilità di impugnazione.

> In veste di organo che facilita la risoluzione delle controversie, per esempio, l'ICC si occupa di decidere tutte le questioni attinenti ai **domini Internet**.

▸ **I Centri di mediazione** mettono a disposizione delle parti che ne facciano richiesta un mediatore neutrale o *facilitator*, che le aiuta a trovare un accordo negoziato, seguendo regole di mediazione codificate (*mediation rules*).

▸ **Gli *expertise*** sono pareri rilasciati da esperti (dietro compenso) utili alle parti soprattutto per capire quale percorso intraprendere per la soluzione della vertenza (arbitrato, mediazione o altro) e quali concrete possibilità di vittoria si prospettano.

8. Altre funzioni della ICC

L'ICC ha anche sezioni specializzate che si occupano di singoli settori dell'attività commerciale internazionale.

Tra questi, di grande importanza è il **Servizio per la criminalità commerciale** (*Commercial Crime Service*). Si tratta di una divisione specializzata nel contrasto a tutte quelle forme di criminalità che possono incidere negativamente sull'economia, siano esse di natura privata, come il contrabbando, la contraffazione, le frodi telematiche, oppure legate alla Pubblica amministrazione, come la criminalità di tipo finanziario, la corruzione e la concussione. Per esempio gli scandali del 2014 sulla corruzione nella realizzazione del Mose di Venezia e sull'*Expo* di Milano 2015 rientrano nell'ambito di ricerca di questo Servizio.

Il Servizio per la criminalità commerciale è diviso in più sezioni, tra le quali l'*International Maritime Bureau*, anche noto come l'IMB.
L'IMB elabora ogni anno, tra le altre cose, un rapporto sulle zone a maggior rischio di pirateria in mare, oltre a tenere costantemente monitorati gli andamenti statistici del commercio marittimo.
Il *Bureau* fornisce anche studi specifici sui singoli contratti di trasporto per nave e organizza corsi di formazione e aggiornamento per chiunque sia interessato al settore.

Di notevole utilità è anche il lavoro svolto:

- dal *Financial Investigation Bureau*, che si occupa di criminalità finanziaria,
- dal *Counterfeiting Intelligence Bureau*, che si occupa di tutela della proprietà intellettuale e in particolare dei marchi
- e dal *FraudNet*, una "rete" globale di avvocati e altri giuristi specializzati nel recupero di denaro e beni persi per via di frodi telematiche.

Oltre l'80% del commercio internazionale naviga via mare. Per questo, le organizzazioni internazionali si occupano della **pirateria marittima**, che incide notevolmente sui premi di assicurazione pagati dagli armatori e quindi sul prezzo dei prodotti trasportati.

UNITÀ

2 Riguardando gli appunti

1. Qual è la funzione del Centro internazionale per la risoluzione delle controversie relative agli investimenti (ICSID)?

- L'ICSID è un organo del Gruppo della Banca mondiale che fornisce supporto logistico e istituzionale nelle controversie tra Stati e soggetti privati in tema di investimenti esteri.

2. Come opera l'arbitrato internazionale nella soluzione delle controversie tra soggetti privati?

- Il ricorso all'arbitrato internazionale deve essere preceduto da un *accordo compromissorio* nel quale le parti indicano le norme che vogliono che siano applicate al loro rapporto.

3. Che cosa accade se la parte soccombente non rispetta il lodo arbitrale?

- In questo caso la parte vincitrice può rivolgersi alla magistratura ordinaria del Paese dove risiede la parte soccombente e chiedere che la sentenza arbitrale sia riconosciuta e gli venga data esecuzione.
- Il riconoscimento del lodo da parte delle magistrature nazionali è più semplice negli Stati che hanno aderito alla *Convenzione di New York* del 1958. La Convenzione contiene una clausola di non discriminazione, che impone agli Stati firmatari di non prevedere, relativamente al riconoscimento e all'esecuzione di lodi stranieri, condizioni più gravose rispetto a quelle previste per i lodi nazionali.

4. Che cosa è la mediazione?

- La mediazione è il procedimento con il quale un mediatore, scelto tra professionisti che si ritengono imparziali, aiuta i contendenti a trovare un accordo. Se l'accordo viene raggiunto, le parti possono sottoscrivere un *atto di transazione* che ha un valore simile a quello di un contratto.

5. Che cosa è la Camera di commercio internazionale?

- La Camera di commercio internazionale (in inglese, *International Chamber of Commerce*, o anche ICC) è un'organizzazione non governativa con sede a Parigi che si occupa soprattutto di assistere le imprese che operano sul mercato internazionale; di definire regole per una corretta politica commerciale; di favorire la soluzione negoziale o arbitrale delle controversie.

6. Come opera la ICC per una corretta politica commerciale?

- La ICC impone alle imprese associate il rispetto dei propri codici di condotta che stabiliscono quali *standard* siano da rispettare per ottenere un *business* che tenga conto non solo degli interessi economici ma anche di altri e più ampi valori.

7. Come favorisce la ICC la soluzione negoziale delle controversie?

- Favorisce la soluzione delle controversie soprattutto attraverso la Corte internazionale di arbitrato, i centri di mediazione e l'opera di esperti.
- La Corte internazionale di arbitrato, nonostante la denominazione, non è una vera *Corte*, nel senso che non emette giudizi. Però, su richiesta delle parti, procede alla designazione degli arbitri e ne stabilisce il compenso; effettua un controllo sulla regolarità della procedura allo scopo di garantire al lodo un elevato *standard* di qualità che riduca al minimo le possibilità di impugnazione.
- I Centri di mediazione mettono a disposizione delle parti che ne facciano richiesta un mediatore neutrale o *facilitator* che le aiuta a trovare un accordo negoziato, seguendo regole di mediazione codificate (*mediation rules*).
- Gli esperti della ICC rilasciano pareri, detti *expertise*, utili alle parti soprattutto per capire quale percorso intraprendere per la soluzione della vertenza (arbitrato, mediazione o altro) e quali concrete possibilità di vittoria si prospettano.

Verifica le tue conoscenze

Test a risposta multipla

Indica con una crocetta l'affermazione esatta.

1. L'ICSID è:
- A. un organo del gruppo della Banca mondiale
- B. un organo dell'Unione europea
- C. un organo giurisdizionale
- D. un organo preposto alle controversie fra Stati

2. Si può ricorrere all'arbitrato internazionale se le parti hanno sede nello stesso Stato?
- A. no
- B. sì
- C. sì, se la prestazione deve essere eseguita all'estero
- D. sì, se le parti sono persone giuridiche

3. La clausola per cui gli Stati non possono porre, per i lodi stranieri, condizioni più gravose rispetto ai lodi nazionali è detta:
- A. clausola di equità
- B. clausola di non discriminazione
- C. clausola di non differenziazione
- D. clausola di composizione

4. La Camera di commercio internazionale (ICC):
- A. si occupa di controversie commerciali fra Stati
- B. opera nell'ambito della Banca mondiale
- C. è stata istituita dalla Convenzione di New York
- D. assiste le imprese che operano sul mercato internazionale

5. La Corte internazionale di arbitrato:
- A. è un organismo della ICC messo a disposizione delle imprese
- B. è un organismo dell'ICSID
- C. rilascia expertise alle imprese
- D. è un tribunale internazionale

Sai qual è la differenza tra...

a. ICSID	*e*	ICC
b. Corte internazionale di arbitrato	*e*	Centri di mediazione
c. Lodo arbitrale	*e*	Expertise
d. Mediazione	*e*	Transazione

SÌ/NO... Perché?

Indica con una crocetta la risposta esatta e motiva la tua scelta.

1. I lodi emessi dagli *arbitration panel* predisposti dall'ICSID sono direttamente eseguibili? SÌ NO Perché ...

2. Si può fare ricorso all'arbitrato internazionale anche se entrambe le parti risiedono nello stesso Paese? SÌ NO Perché ...

3. Si può svolgere un arbitrato se non è preceduto da un accordo compromissorio? SÌ NO Perché ...

4. La clausola di non discriminazione contenuta nella Convenzione di New York del 1958 riguarda questioni razziali? SÌ NO Perché ...

5. La Camera di commercio internazionale si occupa solo di favorire la soluzione delle controversie? SÌ NO Perché ...

6. L'ICC si occupa di criminalità commerciale? SÌ NO Perché ...

7. Il Codice di condotta della ICC è vincolante per le imprese che operano in campo internazionale? SÌ NO Perché ...

Valuta le tue competenze

Test a risposta multipla

Indica con una crocetta l'affermazione esatta.

1. La Corte internazionale di giustizia è composta:
A. da un solo giudice
B. da 10 giudici
C. da 15 giudici
D. da un giudice per ogni Stato membro delle Nazioni Unite

2. La competenza della CIG è:
A. generale
B. speciale
C. limitata
D. illimitata

3. Il ricorso alla CIG è regolato dal principio di:
A. consensualità
B. discrezionalità
C. parziarietà
D. autonomia

4. Se la parte soccombente non rispetta la sentenza della CIG, la parte vincitrice può appellarsi:
A. a un giudice di secondo grado o di appello
B. alla magistratura ordinaria
C. a una magistratura speciale
D. al Consiglio di sicurezza delle Nazioni Unite

5. Per ricorrere alla CIG in protezione diplomatica occorre prima:
A. aver notificato il ricorso all'altra parte
B. aver esaurito i ricorsi davanti alla giurisdizione ordinaria
C. aver tentato una conciliazione
D. aver tentato una mediazione

6. La Convenzione di New York del 1958 impone il rispetto del principio di:
A. equità
B. correttezza
C. non discriminazione
D. non partecipazione

7. Tra i compiti della Camera di commercio internazionale non rientra:
A. assistere le imprese che operano sul mercato internazionale
B. definire regole per una corretta politica commerciale
C. favorire la soluzione negoziale o arbitrale delle controversie
D. fornire prestiti alle imprese in crisi

8. L'applicazione di contromisure costituisce una forma di reazione:
A. pacifica
B. armata
C. pacifica ma normalmente illecita
D. armata ma con portata limitata

9. L'uso della forza armata nelle controversie internazionali è consentito:
A. solo dopo che si è tentata una mediazione
B. solo dopo essere ricorsi alla CIG
C. solo come reazione a un attacco armato
D. solo dopo l'approvazione del Consiglio di sicurezza della Nazioni Unite

10. L'ICSID si occupa delle controversie:
A. tra Stati
B. tra Stati e investitori privati esteri
C. tra privati
D. tra privati e comunità internazionale

Conoscenza del lessico giuridico

Scrivi la definizione, al massimo in tre righe, dei termini seguenti.

- Controversia
- Negoziazione
- Inchiesta
- Conciliazione
- Protezione diplomatica
- Collegio arbitrale
- Codice di condotta
- Expertise

Valuta le tue competenze

Domande con risposte brevi

- Che cosa si intende per "diplomazia dei cannoni"?
- Su quali basi giuridiche giudica la Corte internazionale di giustizia?
- Quali tipi di controversie può risolvere la Corte internazionale di giustizia?
- Che cos'è una "dichiarazione unilaterale di accettazione" della giurisdizione della Corte?
- Che cosa prevede il principio di corrispondenza tra il chiesto e il pronunciato?
- Che cos'è il principio di consensualità?
- Chi può chiedere la protezione diplomatica?
- Uno Stato è obbligato ad agire in protezione diplomatica a tutela dei suoi cittadini?
- Che cos'è l'accordo compromissorio?
- Quando è ammessa la legittima difesa tra Stati?
- Di cosa si occupa l'ICSID?
- Che cos'è un accordo compromissorio?
- Quali sono i vantaggi di un arbitrato?

Ragionamento e argomentazione

Rispondi ai quesiti seguendo la traccia fornita.

1. A tuo parere, è giusto o ingiusto che uno Stato possa rifiutare a un proprio cittadino di assisterlo in un ricorso in protezione diplomatica?

Può ricorrere in protezione diplomatica ....
Lo Stato di appartenenza del ricorrente però ....
In merito alla possibilità che lo Stato rifiuti di assistere il proprio cittadino penso che ....

2. Quando uno Stato perdente in un giudizio davanti alla Corte internazionale di giustizia non rispetta il dispositivo della sentenza, lo Stato vincitore può ricorrere al Consiglio di sicurezza delle Nazioni Unite, ma questo non ha l'obbligo giuridico di intervenire. Che cosa ne pensi?

Il Consiglio di sicurezze delle Nazioni Unite è un organo Di solito non interviene quando ....
Personalmente ritengo che ....
perché ....

3. Ci sono pareri discordi sul fatto che si sia formata oppure no una consuetudine internazionale che inibisce l'uso delle armi nucleari. Che cosa ne pensi?

Sulla mancanza di una consuetudine si è pronunciata ....
Personalmente ritengo che ....
perché ....

4. Non sembra che allo Stato sia consentito dalla Carta delle Nazioni Unite (ma ci sono pareri contrastanti) di intervenire con la forza per proteggere la vita dei propri cittadini che si trovino in un Paese ostile. Esprimi la tua opinione in materia.

Personalmente ritengo che ....
perché ....

International Disputes between States

In this module you will learn about:

- The main methods for settling disputes between states
- How the International Court of Justice works
- A case recently submitted to the ICJ
- Terms, verbs and expressions related to the topic and to law in general

Warm-up

1. Pair work. Give at least two examples for each of the following elements. Compare your answers with those of your classmates:

1. Common reasons for international disputes: *an act of aggression*
2. Methods for settling disputes between states:
3. International judicial bodies in charge of resolving interstate disputes:

Reading

Ken Keith discusses the internal process of the International Court of Justice as a Judge of the Court

The International Court of Justice was established by the founders of the United Nations in 1945. It reflects the fundamental concept of the United Nations, that the judicial process must have a central role in the peaceful settlement of international disputes.

I would like to deal here with the issue of internal processes. It must be understood that the court works in a careful, professional, independent manner in deciding the matters the various states bring to it. All matters are studied and presented in a series of transparent processes to maintain the **trust** of the participating states.

In fact the public process involves very extensive series of written and oral proceedings, which are available on the ICJ website.

The internal processes of the ICJ provide a sharp contrast to my earlier experiences. There is a court of 15 judges (sometimes more) who preside over the court. They listen to an oral hearing on the **matter** before them. After the oral hearing, the fifteen members write notes addressing what they see as the main questions to be resolved and their answers, are more or less tentative in that they reflect an overall personal opinion on the problem at hand. Those notes can consist of from 5 to 100 pages. These are translated into the other working languages and distributed. It should be noted that the the court works in French and English. We then have the first of three deliberations, each of which may **last** for several days. The first deliberation begins with the most junior judge and proceeds up the table to the president. In the course of the process of deliberation, there is much questioning and commenting on the problem at hand.

GLOSSARY

trust: firm belief in the reliability or truth of something

matter: a situation or subject that is being dealt with or considered

last: to continue to exist

draft: a piece of text, a formal suggestion, or a drawing in its original state, often containing the main ideas and intentions

The president of the court is elected every three years as the membership changes following the regular election of five of the fifteen judges. He (the president) sums up where the main lines of agreement appear to be and the court elects two members to form a **drafting** committee.

2. **Read the text and answer the following questions.**

1. Where can the written and oral proceedings of the Court be found?
2. How many judges are on the Court?
3. When is the president elected?

Listening

3. **Listen to the passage and complete the following document issued by the International Court of Justice.**

International Court of Justice
Year 2014 - 16 June 2014

OBLIGATIONS CONCERNING NEGOTIATIONS RELATING TO

1. ____________________

AND TO 2. ____________________

ORDER

Present: President Tomka; Vice-President Sepùlveda-Amor; Judges Owada, Abraham, Keith; Bennouna, Skotnikov, Cançado Trinidade, Yusuf, Greenwood, Xue, Donogue, Gaja, Sebutinde, Rhandari; Registrar Couvreur

The International Court of Justice,
Composed as above,
After deliberation,

Having regard to Article 48 of the Statute of the Court and to Articles 44, 45, paragraph 1, 48 and 49 of the Rules of Court.

Having regard to the Application filed in the Registry of Court on 24 April 2014 whereby the Republic of the Marshall Islands instituted 3. ____________ against the United Kingdom of Great Britain and Northern Ireland with regard to alleged 4. ____________ regarding to the cessation of the nuclear arms at an early date and to to nuclear disarmament.

Whereas an original of the Application was communicated to the United Kingdom on the day it was filed;

Whereas at a meeting held by the President of the Court with the 5. ____________ on 11 June 2014, pursuant to Article 31 of the Rules of Court, those representatives expressed the views of their respective Governments regarding the 6. ____________ required in order to prepare the first round of written pleadings and agreed that a period of 7. ____________ would be appropriate for the preparation of the 8. ____________ and for that of the Counter-Memorial;

Taking into account the agreement of the Parties,
Fixes the following time-limits for the filing of the written pleadings:

9. ____________ for the Memorial of the Republic of the Marshall Islands;

10. ____________ for the Counter-Memorial of the United Kingdom of Great Britain and Northern Island; and

Reserves the subsequent procedure for further decision.

Done in English and in French, the English text being authoritative, at the Peace Palace, The Hague, the sixteenth day of June, two thousand and fourteen, in three copies, one of which will be placed in the archives of the Court and the others transmitted to the Government of the Republic of the Marshall Islands and the Government of the United Kingdom of Great Britain and Northern Ireland, respectively.

(*Signed*) Peter TOMKA,
President

(*Signed*) Philippe COUVRERUR,
Registrar

Reading

Peaceful settlement of international disputes

Despite the existence of a **pattern** of generally recognized standards of conduct, states, like individuals, often find that their interests **clash** with those of the other members of the international community. In the absence of a superior authority with the power to **settle** such conflicts and enforce the settlements, states have often been tempted and have in fact resorted to violence. The development of techniques for the peaceful settlement or adjustment of disputes between states has long been regarded as an essential condition in maintaining international peace and security.

Article 33(1) of the UN **Charter** gives a list of the usual methods of the peaceful settlement of disputes between states in international law:
negotiation, enquiry, mediation, conciliation, arbitration, judicial settlement, resort to regional agencies or arrangements, or other peaceful means of their choice.

These methods can be categorized into: diplomatic means of dispute settlement, legal (or judicial) means of dispute settlement, and dispute settlement procedures among the member states of international organizations.

Diplomatic means are negotiation, **good offices**, mediation, inquiry and conciliation.

Should the diplomatic, **non binding** methods fail to work, the dispute can be settled by legal means, namely arbitration and **judicial settlement** or verdict.

The **involvement** of regional and global international organizations has **increased** dramatically since the end of World War II. Many of their charters (or constitutions) contain specific peaceful-settlement mechanisms applicable to disputes between member states. The UN may be utilized on several levels. The Secretary General, for example, may use his good offices (good offices in this instance means his power or influence) to suggest the terms or modalities of a settlement. The General Assembly may recommend particular solutions or methods to resolve disputes. Similarly, the Security Council may recommend solutions or, if there is a **threat** to or a **breach** of international peace and security or an act of aggression, it could **issue** binding decisions to impose economic sanctions or to authori-

GLOSSARY

pattern: the regular and repeated way in which something happens or is done

clash: to come into conflict

settle: to resolve conclusively

charter: a document issued by a government that gives rights to a person or group

good offices: a means of peacefully resolving disputes between states or services rendered by a mediator in a dispute or third party influence that facilitates one party's dealing with another

non binding: that does not obligate

judicial settlement: a legal means of settlement performed by a permanent court

involvement: the fact or condition of participating in something

increase: to become or make greater in size, amount, or degree

threat: a statement of an intention to inflict pain, injury, damage, or other hostile action

breach: an act of breaking or failing to observe a law, agreement, or code of conduct

issue: an important topic or problem for debate or discussion

trade: the act or process of buying, selling, or exchanging commodities, at either wholesale or retail, within a country or between countries

ze the use of military force. Regional organizations, such as the Organization of American States and the African Union, also have played active roles in resolving interstate disputes.

Disputes which have to be settled by legal means are placed before an existing independent court.

The most important and comprehensive of these courts is the International Court of Justice (ICJ). Other similar bodies are available to deal with interstate disputes. These include the European Court of Human Rights, established by the European Convention on Human Rights; the Inter-American Court of Human Rights, created by the Inter-American Convention on Human Rights; and the International Tribunal for the Law of the Sea, set up under the Law of the Sea Treaty. The World Trade Organization (WTO), established in 1995 to supervise and liberalize world **trade**, also has created dispute-settlement mechanisms.

4. Complete the following sentences. Your answers must be related to the concepts contained in the text.

1. The peaceful settlement of interstate disputes is vital for ________________
2. The means for settling disputes include: ________________
3. Since ________________ there has been an increment in the involvement of regional and international organizations
4. In dispute-settlement the UN can take diferent kinds of actions such as ________________
5. The main international judicial bodies that may settle international disputes are: ________________

5. Find in the text verbs that are associated with the following terms. When you have fnished translate the expressions you have found with the help of your dictionary.

1. ________________ violence
2. ________________ peace
3. ________________ a solution
4. ________________ a dispute
5. ________________ a sanction
6. ________________ a role

6. Research paper. In groups carry out a research on The World Trade Organization. Focus on the following elements:

1. Date of foundation: ________________
2. Location: ________________
3. Number of State members: ________________
4. Main goals: ________________

PERCORSO **E** IL DIRITTO INTERNAZIONALE DELL'ECONOMIA

COMPETENZE DI PERCORSO

COMPETENZE DI ASSE

- Orientare i propri comportamenti ai principi e ai valori espressi dalla Costituzione e dalle Carte internazionali
- Riconoscere i principali aspetti del sistema sociale ed economico allo scopo di operare in un determinato contesto produttivo

CONOSCENZE

- Comprendere l'importanza della disciplina internazionale dell'economia
- Conoscere la struttura e le funzioni delle principali organizzazioni che operano nell'ambito del commercio internazionale
- Conoscere i principi e i trattati ai quali si ispira l'attività svolta dall'Organizzazione mondiale del commercio
- Capire le ragioni delle critiche avanzate alla politica attuata dall'Organizzazione mondiale del commercio
- Conoscere l'attività svolta dalle organizzazioni regionali

ABILITÀ

- Saper individuare l'organizzazione competente a intervenire in una determinata situazione economica
- Saper riflettere sulle problematiche connesse alla disciplina internazionale del commercio
- Saper riconoscere le caratteristiche di ciascuna organizzazione impegnata a favorire l'integrazione economica

UNITÀ 1 Gli organismi di Bretton Woods

1. Le ragioni di un diritto internazionale dell'economia

Gli scambi commerciali tra Paesi diversi ci sono sempre stati e storicamente hanno costituito un potente stimolo alla crescita economica. Ma tra passato e presente ci sono alcune grandi differenze che converrà considerare.

La diversità più evidente è l'intensità e la velocità degli scambi raggiunta in tempi di inarrestabile globalizzazione.

Una ulteriore diversità è rappresentata dal diverso modo di atteggiarsi degli Stati in merito alle attività commerciali e finanziarie che rivestano caratteri di internazionalità.

In un passato non troppo lontano era ampiamente operante la politica *protezionista* con la quale ciascuno Stato cercava:

- di favorire le esportazioni dei prodotti nazionali;
- di scoraggiare le importazioni di prodotti stranieri attraverso l'imposizione di dazi in entrata.

Il dazio è una tassa che viene posta sulle merci estere in entrata in modo che sul mercato interno queste si presentino con un prezzo di vendita particolarmente elevato (il costo del prodotto più il dazio). E ciò generalmente induce i consumatori a preferire i prodotti nazionali.

Gli effetti di questa politica, quando è stata praticata, sono stati assolutamente e incontestabilmente negativi.

Per quale ragione?

Innanzi tutto perché, senza la concorrenza straniera, i produttori nazionali non sono stimolati a migliorare la qualità dei loro prodotti né a tenere bassi i prezzi.
In secondo luogo perché se tutti i Paesi pongono dazi sulle merci in entrata il commercio internazionale si blocca e le imprese di ciascun Paese dovranno limitare la produzione (e quindi l'occupazione e i redditi) al solo mercato interno.
Naturalmente anche ai tempi del protezionismo si effettuavano scambi tra Paesi diversi perché ciascuno deve necessariamente importare almeno i beni di cui non ha disponibilità: metalli, materie prime, fonti di energia.
I trattati bilaterali o multilaterali con cui sono stati regolati questi scambi hanno costituito, nel loro insieme, il primo nucleo di un *diritto internazionale dell'economia.*

Dazio è un termine che deriva da *datio*, che significa "dare", "pagare".
I dazi generalmente **non sono posti sulle merci in transito**, cioè quelle che attraversano uno Stato e sono dirette a un altro.

Diritto internazionale dell'economia è chiamato l'insieme di regole che si danno gli Stati e le grandi organizzazioni internazionali per regolare i rispettivi flussi commerciali e finanziari.

I soggetti a cui si rivolgono queste regole sono detti ***soggetti di diritto internazionale dell'economia*** e sono:

- gli Stati, che per un verso collaborano a porre tali regole e per altro verso si impegnano a rispettarle;
- le grandi organizzazioni internazionali.

2. Il diritto internazionale dell'economia oggi

Con la fine della Seconda guerra mondiale è tramontata l'era dei protezionismi e hanno trovato accoglimento, nelle politiche nazionali, le tesi di quegli economisti che da tempo prospettavano il **libero scambio** come il miglior modo per favorire la produzione, l'occupazione e in definitiva la crescita della ricchezza nazionale.

Tuttavia il libero scambio non può essere senza regole. Abbandonare il protezionismo non significa che si debba abbandonare ogni prudenza contro l'invasione di beni e servizi dall'estero. Occorre, quanto meno, che sia adottato e rispettato il criterio della parità di trattamento.

Con la funzione di porre regole e favorire lo sviluppo della produzione e dei commerci sono sorte, nella seconda metà del Novecento, alcune grandi organizzazioni con *vocazione universale*, cioè predisposte per accogliere tutti gli Stati che volessero farne parte.

Fra tali organizzazioni rivestono grande importanza:

- il Fondo monetario internazionale e la Banca mondiale, nati dagli accordi di Bretton Woods;
- l'Organizzazione mondiale del commercio.

3. Gli accordi di Bretton Woods

Le due guerre mondiali che hanno funestato l'Europa nella prima metà del Novecento avevano prostrato l'economia di tutti i Paesi europei. Il sistema industriale era a pezzi; l'oro, impiegato per sostenere le spese di guerra, era quasi scomparso dalle banche centrali; le monete nazionali, stampate dai Governi per sostenere la ricostruzione, non avevano più una copertura aurea e il loro valore, sul mercato dei cambi, oscillava paurosamente verso il basso.

La convertibilità del dollaro in oro è stata abbandonata dagli USA nel 1973.

L'unica economia rimasta forte era quella degli Stati Uniti d'America e il **dollaro** era la sola moneta ancora **convertibile in oro**. Tuttavia, anche per gli USA si poneva qualche problema. I Paesi europei, verso i quali si era da sempre indirizzata gran parte della produzione americana, non erano più in grado di mantenere gli stessi volumi di importazioni, né di pagare quello che comperavano con una moneta affidabile. Bisognava, pertanto, aiutare le economie europee a riprendersi e fare in modo che le monete nazionali assumessero un valore stabile.
Con questo intento, su impulso dell'economista inglese J.M. Keynes e del Governo americano, venne convocata una conferenza internazionale che si riunì nel 1944 nella località di **Bretton Woods**, negli Stati Uniti, e alla quale parteciparono 44 Stati.

A Bretton Woods si stabilì, in base alla situazione economica e finanziaria di ciascun Paese partecipante, quale dovesse essere il corretto tasso di cambio tra ciascuna moneta nazionale (lira, franco francese, franco belga, ecc.) e il dollaro.

Inoltre vennero create due istituzioni destinate, nel bene e nel male, a giocare un grande ruolo:

- il **Fondo monetario internazionale** (in sigla FMI),
- e il Gruppo della **Banca mondiale**.

4. Il Fondo monetario internazionale

▶ **Al Fondo monetario internazionale** (*International Monetary Fund*) venne assegnata una duplice funzione:

- controllare che i rapporti di cambio fissati a Bretton Woods rimanessero stabili nel tempo;
- erogare prestiti a breve termine a quei Paesi la cui moneta nazionale, per qualche ragione, minacciava di svalutarsi.

La prima funzione, cioè quella di controllo delle parità monetaria, si è andata esaurendo dopo che gli USA, nel 1973, hanno abbandonato la convertibilità del dollaro in oro e il valore di cambio delle monete ha cominciato a essere calcolato in base ad altri parametri.

L'attività prevalente del fondo è rimasta pertanto l'erogazione di **prestiti a breve termine** (tre o cinque anni) ai Paesi in difficoltà economiche.

Dei 44 Stati che parteciparono alla conferenza di Bretton Woods, solo **22** sottoscrissero inizialmente l'accordo. Oggi **gli Stati membri del Fondo** sono diventati **188**, e quelli del Gruppo Banca mondiale poco meno.

La struttura del Fondo

Il Fondo monetario, per svolgere la funzione di prestito, dispone di risorse finanziarie che provengono dalle quote associative dei Paesi membri. Ma queste quote non sono uguali per tutti.
Alcuni Paesi, soprattutto Stati Uniti, Giappone, Germania, Francia e Regno Unito, versano quote molto più elevate degli altri.

Perché alcuni Paesi accettano di versare contributi più elevati?

Tra i Paesi europei che in tempi recenti sono ricorsi a tali prestiti ricordiamo la **Grecia** e la **Spagna**, che in cambio della concessione hanno dovuto subire l'imposizione delle politiche ultraliberiste adottate dal Fondo.

Perché il potere che ciascuno assume nel determinare la politica del FMI è proporzionale all'importo della quota associativa che versa.

In particolare sono proporzionali all'importo della quota associativa:

- la somma che ciascun Paese può chiedere in prestito in caso di bisogno,
- ma soprattutto il numero di voti di cui dispone nel Consiglio esecutivo che, come vedremo tra breve, unitamente al suo Presidente, è l'organo più importante del Fondo.

Le votazioni in seno al Consiglio esecutivo, infatti, non sono paritetiche. Non si applica la regola di *un voto a testa* ma, un po' come avviene nelle società per azioni, il numero di voti di cui ciascun membro dispone è proporzionale ai versamenti effettuati dal proprio Stato di appartenenza.

Paesi	n. voti	%
USA	421,964	16,77
Giappone	157,025	6,24
Germania	146,395	5,82
Francia	108,125	4,30
Regno Unito	108,125	4,30
Cina	95,999	3,82
Italia	95,996	3,81

Attualmente, secondo questo criterio, gli Stati Uniti hanno una maggioranza schiacciante nella determinazione della politica del Fondo, potendo contare da soli sul 16,77 per cento dei voti che, uniti a quelli di Giappone, Germania, Francia e Regno Unito, formano quasi il 40 per cento.

In pratica il controllo delle attività del Fondo è in mano a questi cinque Paesi.

Organi di gestione del Fondo sono:

- il *Consiglio dei Governatori*,
- il *Consiglio esecutivo*
- e il suo *Presidente*.

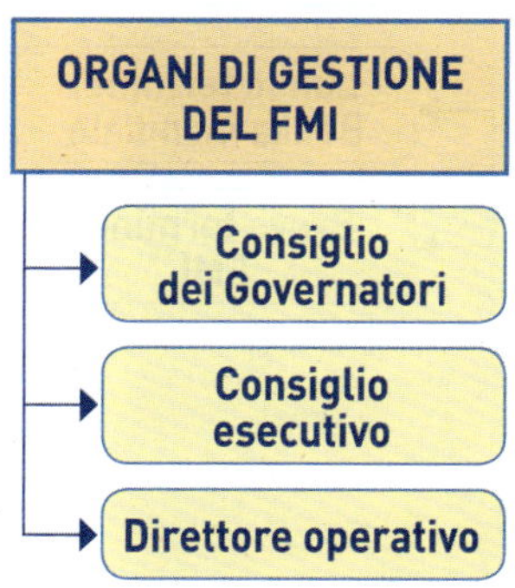

Il Consiglio dei Governatori (*Board of Governors*) è l'organo plenario a cui partecipano i rappresentanti di tutti gli Stati aderenti (solitamente si tratta di ministri delle Finanze o dei Governatori delle banche centrali).

Si riunisce una volta l'anno e sostanzialmente delega la maggior parte delle proprie funzioni a un *Consiglio esecutivo* da esso stesso eletto.

▶ **Il Consiglio esecutivo** (*Executive Board*) è formato da 24 membri.
Cinque di questi membri appartengono, di diritto, ai cinque Paesi che detengono la maggior parte delle quote (come abbiamo detto, USA, Giappone, Germania, Francia e Regno Unito) e per questa loro costante presenza in seno al Consiglio vengono anche indicati, sebbene impropriamente, come *membri permanenti*.
Gli altri 19 consiglieri sono eletti tra i rappresentanti dei rimanenti 183 Paesi.

▶ **Il Presidente del Consiglio esecutivo**, detto anche **Direttore operativo** (*Managing Director*), viene nominato dal Consiglio stesso a maggioranza. In questa elezione, per quanto abbiamo visto sopra, assumono un peso notevole i voti dei cinque membri permanenti, che finiscono così per essere determinanti anche nella scelta del Presidente.

5. Il Gruppo Banca mondiale

La Banca mondiale per la ricostruzione e lo sviluppo (*International Bank for Reconstruction and Development*, in acronimo **IBRD**) è il secondo pilastro dell'architettura creata a Bretton Woods.
Si tratta di una vera banca istituita inizialmente con il compito di erogare prestiti a lungo termine (12 o 15 anni) ai Paesi le cui economie erano state devastate dal secondo conflitto mondiale.
Quando l'Europa ha terminato la sua ricostruzione, la Banca ha orientato la sua attività verso i Paesi in via di sviluppo.
Azionisti della Banca sono gli Stati membri e, come per il FMI, le maggiori quote di partecipazione sono in mano agli USA, al Giappone e ai Paesi europei, che in questo modo hanno assunto di fatto il controllo della Banca e ne determinano le strategie.

Il primo Paese a giovarsi degli aiuti della Banca mondiale è stato la Francia, che ottenne nel 1947 un prestito di 250 milioni dollari.

Su quali basi la Banca concede prestiti?

Quando un Paese chiede il suo aiuto, la Banca ne analizza la situazione economico-finanziaria e prepara un documento detto CAS (*Country Assistance Strategy*) che contiene le linee della politica economica che il Paese deve impegnarsi a seguire se vuole ottenere il prestito.
Teoricamente questo documento dovrebbe essere concordato tra le parti, ma in realtà difficilmente il Paese interessato al prestito può trattare ad armi pari con la potente banca e l'accordo si riduce nei fatti a un *prendere o lasciare*.
I prestiti concessi dalla Banca sono **a lungo termine** (25 o 30 anni) e questa è una evidente differenza rispetto al FMI che concede, come abbiamo detto, prestiti a **breve termine**.

DURATA DEL PRESTITO
- **Lungo termine: Banca mondiale**
- **Breve termine: FMI**

Le altre agenzie del Gruppo

La IBRD, cioè la banca vera e propria, è solo l'organismo di maggior rilievo di un gruppo complesso che riunisce più agenzie specializzate in interventi settoriali. Consideriamole brevemente.

- Il finanziamento agli investimenti privati nei Paesi in via di sviluppo è offerto dalla **IFC**. L'acronimo sta per *International Finance Corporation*, ovvero "Società internazionale di finanziamento".
- I finanziamenti ai Paesi con un reddito lordo pro capite molto basso (inferiore a mille dollari) è offerto dall'**IDA**. L'acronimo sta per *International Development Association* ovvero "Associazione internazionale per lo sviluppo". I prestiti sono senza interessi e prevedono tempi di restituzione fra i 35 e i 45 anni.
- Per la soluzione delle controversie in materia di investimenti internazionali è stato istituito l'**ICSID** (*International Centre for Settlement in Investment Dispute*).
- L'attività assicurativa è invece svolta dalla **MIGA** (*Multilateral Investment Guarantee Agency*), cioè "Agenzia per la garanzia degli investimenti multilaterali". Questa agenzia assicura le imprese soprattutto da rischi derivanti da insurrezioni, guerre civili, colpi di Stato e simili, troppo elevati per essere coperti da assicurazioni private.

L'organizzazione del Gruppo

Al vertice di ciascuna delle cinque agenzie c'è un ***Consiglio dei Governatori***, composto da un rappresentante per ciascuno Stato membro.
Il Consiglio si riunisce solo una volta l'anno e delega gran parte delle sue funzioni a un ***Comitato esecutivo*** composto da 25 membri alla cui valutazione sono rimesse le decisioni operative.
In questo comitato (come per il FMI) ciascuno Stato dispone di un numero di voti proporzionale alla quota versata o sottoscritta nella formazione del capitale sociale. E poiché le maggiori quote sono versate dagli USA e dai principali Paesi industrializzati, questi di fatto esercitano il vero potere decisionale.
Al vertice dell'intero Gruppo c'è un **Presidente**, che rappresenta tutte le agenzie collettivamente intese. Il Presidente, tradizionalmente, è un cittadino americano.

La politica del FMI e della Banca mondiale

Quando il FMI o la Banca mondiale si accingono ad accordare un prestito a una Paese, pretendono, come è ragionevole, di capire se e come questo avrà la possibilità di restituirlo. A questo scopo i loro funzionari monitorano il Paese in tutti i suoi aspetti (debito pubblico, imposizione fiscale, disoccupazione, consumi, investimenti, e così via) e tracciano un quadro utile a capire

Il Prodotto interno lordo (abbreviato Pil) misura il valore delle merci prodotte in un anno all'interno di un Paese. Un Pil in aumento significa che la produzione è cresciuta e con essa l'occupazione e il reddito. Un Pil in diminuzione significa esattamente l'opposto.

quale strategia di risanamento si possa attuare per aumentare il *Prodotto interno lordo* di quel Paese e metterlo in grado, con i modi e nei tempi concordati, di restituire il prestito più gli interessi. E la strategia individuata è la condizione che viene imposta per avere accesso al prestito.
Tutto ciò è assolutamente ragionevole. Solo che, alla prova dei fatti, le strategie di risanamento imposte dal Fondo o dalla Banca quasi mai si sono rivelate giuste. Si tratta generalmente di ricette ultraliberiste che prevedono riduzione dei salari, riduzione della spesa pubblica (soprattutto per assistenza e sanità), privatizzazione delle imprese pubbliche, liberalizzazione della finanza e, soprattutto, l'apertura totale del mercato interno alle imprese e alle merci straniere. E con questo tipo di cura qualsiasi economia depressa non può fare altro che affondare.

Quale interesse avrebbero il Fondo e la Banca a imporre ricette inefficaci o addirittura dannose?

Come abbiamo visto illustrando l'organizzazione delle strutture di Bretton Woods, gli Stati Uniti, il Giappone e i Paesi europei, con le loro quote detengono il controllo di queste organizzazioni. Il sospetto non infondato è che tale potere non sia sempre impiegato per aiutare le economie depresse, quanto per favorire le grandi società multinazionali. Queste:

- grazie alla eliminazione dei dazi possono invadere commercialmente il Paese "aiutato";
- grazie alla elevata disoccupazione possono dislocarvi le loro aziende e giovarsi di lavoro a basso costo;
- grazie alle privatizzazioni possono acquisire a poco prezzo imprese pubbliche di importanza strategica, come quelle minerarie o, peggio, quelle che si occupano della distribuzione dell'acqua potabile.

Riguardando gli appunti

1. Cos'è il diritto internazionale dell'economia?

- Diritto internazionale dell'economia è chiamato l'insieme di regole che si danno gli Stati e le grandi organizzazioni internazionali per regolare i rispettivi flussi commerciali e finanziari.
- I soggetti a cui si rivolgono queste regole sono detti *soggetti di diritto internazionale dell'economia* e sono gli Stati e le grandi organizzazioni internazionali come il Fondo monetario internazionale e la Banca mondiale (nati dagli accordi di Bretton Woods) e l'Organizzazione mondiale del commercio.

2. Quale era la finalità degli accordi di Bretton Woods?

- A Bretton Woods si stabilì, in base alla situazione economica e finanziaria di ciascun Paese partecipante, quale dovesse essere il corretto tasso di cambio tra ciascuna moneta nazionale e il dollaro, che era la sola moneta ancora convertibile in oro.
- L'obiettivo era fare in modo che tutte le monete nazionali assumessero un valore stabile.

3. Come opera il Fondo monetario internazionale?

- Il Fondo monetario internazionale (FMI) è un'organizzazione che ormai si occupa quasi solo di fornire prestiti a breve termine (3-5 anni) a Paesi in crisi finanziaria.
- I Paesi membri versano annualmente una quota al Fondo e nelle deliberazioni il numero di voti di cui ciascun membro dispone è proporzionale alle quote possedute.
- Organi del Fondo sono:
  - il Consiglio dei Governatori, cui partecipa un rappresentante per ogni Stato membro;
  - il Consiglio esecutivo, composto da 24 membri di cui cinque sono sempre espressione degli Stati detentori della maggioranza delle quote (USA, Giappone, Germania, Francia e Regno Unito) e per questa loro costante presenza in seno al Consiglio vengono anche indicati, sebbene impropriamente, come membri permanenti;
  - il Presidente, detto anche Direttore operativo.

4. Quali funzioni svolge il Gruppo della Banca mondiale?

- La Banca mondiale ha la funzione di fornire finanziamenti a lungo termine (12-15 o 25-30 anni) agli Stati che ne hanno bisogno per risanare la propria economia.
- Azionisti della banca sono gli Stati membri. Come per l'FMI, il sistema di voto è per quote e le maggiori quote di partecipazione sono in mano agli USA, al Giappone e ai Paesi europei.

5. Come si integrano le politiche del FMI e della Banca mondiale?

- Quando il FMI o la Banca mondiale si accingono ad accordare un prestito a un Paese, pongono condizioni di politica economica che il Paese debitore dovrà rispettare per risanare la propria economia.
- Alla prova dei fatti, le strategie di risanamento imposte dal Fondo o dalla Banca quasi mai si sono rivelate giuste. Si tratta generalmente di ricette ultraliberiste che prevedono riduzione dei salari, riduzione della spesa pubblica, privatizzazione delle imprese pubbliche, liberalizzazione della finanza e, soprattutto, l'apertura totale del mercato interno alle imprese e alle merci straniere (in pratica alle merci provenienti dai Paesi più industrializzati).

Verifica le tue conoscenze

Test a risposta multipla

Indica con una crocetta l'affermazione esatta.

1. Il dazio è:
A. una tassa sulle merci estere in entrata
B. una tassa sulle merci nazionali in uscita
C. uno sconto sulle merci nazionali
D. uno strumento per stimolare la concorrenza

2. L'attività principale del Fondo monetario internazionale consiste:
A. nel garantire la convertibilità in oro delle monete
B. nell'erogare prestiti a breve termine agli Stati
C. nel controllare la parità monetaria fissata a Bretton Woods
D. nell'erogare prestiti a lungo termine agli Stati

3. Gli Stati membri del FMI hanno diritto a un numero di voti:
A. proporzionale al PIL
B. proporzionale al numero di abitanti
C. proporzionale al numero di rappresentanti nel Consiglio esecutivo
D. proporzionale alla quota versata

4. Quale delle seguenti affermazioni sulla Banca mondiale è falsa?
A. è nata dagli accordi di Bretton Woods
B. eroga prestiti a breve termine
C. ha un'impostazione fortemente liberista
D. non è davvero una banca

5. Una critica all'operato del FMI e della Banca mondiale è che:
A. concedono aiuti eccessivi ai Paesi svantaggiati
B. impongono una politica protezionista
C. finiscono per privilegiare gli interessi delle multinazionali
D. trascurano le esigenze dei Paesi più avanzati

Sai qual è la differenza tra...

a. Libero scambio *e* Protezionismo
b. Fondo monetario internazionale *e* Gruppo della Banca mondiale
c. Consiglio dei Governatori del FMI *e* Consiglio esecutivo del FMI

SÌ/NO... Perché?

Indica con una crocetta la risposta esatta e motiva la tua scelta.

1. Il protezionismo favorisce gli scambi internazionali? SÌ NO Perché ...

2. Bretton Woods era il nome di uno statista americano? SÌ NO Perché ...

3. La funzione iniziale del FMI era dare assistenza ai Paesi in via di sviluppo? SÌ NO Perché ...

4. I contributi versati al FMI sono uguali per tutti gli Stati membri? SÌ NO Perché ...

5. Attualmente la principale funzione del FMI è concedere prestiti a lungo termine? SÌ NO Perché ...

6. Nel Consiglio esecutivo del FMI ogni membro ha diritto a un voto? SÌ NO Perché ...

L'Organizzazione mondiale del commercio

1. La OMC (o WTO)

L'**Organizzazione mondiale del commercio** (in sigla **OMC**), internazionalmente conosciuta con il nome inglese di *World Trade Organization* (**WTO**), è stata istituita nel 1994, con la *Conferenza di Marrakech* e costituisce l'ultimo pilastro del sistema iniziato con gli accordi di Bretton Woods.
Gli Stati membri dell'OMC sono attualmente 159 e rappresentano complessivamente il 97 per cento del commercio mondiale.
Obiettivo principale della OMC è favorire la formazione di accordi intesi a porre regole che agevolino la liberalizzazione degli scambi internazionali e diano stabilità ai mercati.

▶ **Le principali regole** sono contenute in tre accordi:

- l'accordo **GATT**, che tende alla progressiva riduzione delle tariffe doganali nel commercio di **beni**;
- l'accordo **GATS**, che pone regole per la libera circolazione dei **servizi** (servizi professionali, bancari, assicurativi, e così via);
- l'accordo **TRIPs**, che si occupa della tutela della **proprietà intellettuale** operando affinché essa abbia un pari grado di tutela in ogni Stato membro.

La partecipazione di uno Stato all'OMC comporta l'automatica accettazione degli accordi GATT, GATS e TRIPs.

Attraverso la propria struttura organizzativa, l'OMC:

- gestisce questi accordi;
- controlla che vengano rispettati;
- promuove conferenze internazionali, dette ***round***, dirette a fare progredire sempre di più il generale processo di liberalizzazione degli scambi.

I *round*

Nel linguaggio sportivo il termine *round* indica ogni ripresa di un incontro di pugilato. E i *round* promossi dall'OMC somigliano spesso a riprese di pugilato, durante le quali ogni Stato cerca di promuovere o di difendere i propri interessi.
Le liberalizzazioni, infatti, non hanno per tutti la stessa valenza. Possiamo immaginare che un Paese economicamente sviluppato e tecnologicamen-

Oltre ai 159 membri con diritto di voto, ci sono altri **25 Paesi** che non sono stati ancora ammessi nell'Organizzazione e hanno solo il **ruolo di osservatori**. I loro rappresentanti partecipano alle assemblee *senza diritto di voto*.

GATT è un acronimo che sta per *General Agreement on Tariffs and Trade*, cioè "Accordo generale su tariffe e commercio". **GATS** sta per *General Agreement on Trade in Services*, ovvero "Accordo generale sui servizi". **TRIPs** sta per *Trade-Related aspects of Intellectual Property Rights*, ovvero "Accordo sugli aspetti commerciali dei diritti di proprietà intellettuale".

I *round* prendono il nome del Paese in cui si sono svolti e spesso si articolano in sotto-conferenze. Per esempio, l'***Uruguay Round*** si articolò in una serie di conferenze che tra il 1986 e il 1994 si tennero a Punta del Este, in Uruguay, a Ginevra, in Svizzera, e a Marrakech, in Marocco.

te avanzato tragga grande vantaggio da un sistema che gli consenta di invadere liberamente con i propri prodotti i mercati esteri. Ma ci sono Paesi meno sviluppati che verrebbero schiacciati da questa invasione e che si battono per una liberalizzazione più graduale o per ottenere un trattamento speciale.

Trovare un equilibrio accettabile per tutti non è, chiaramente, un obiettivo semplice da conseguire. Esso viene perseguito dall'OMC attraverso conferenze (*round*) che durano anni e non sempre si concludono con un successo, generalmente per effetto della resistenza dei Paesi più deboli a non essere economicamente strangolati da quelli più forti.

2. Il principio generale di non discriminazione

Immaginiamo che lo Stato A ponga, in via generale, un dazio dell'1% sulle merci provenienti dall'estero. Ma per bloccare l'ingresso sul proprio territorio delle merci che giungono dallo Stato B imponga, su queste, un dazio del 10%. Questa *discriminazione* susciterebbe sicuramente in B qualche forma di ritorsione, che potrebbe estendersi ai Paesi amici o alleati dell'uno e dell'altro con effetti a catena potenzialmente destabilizzanti.

Ugualmente discriminatorio sarebbe il comportamento dello Stato A se, per agevolare l'ingresso sul proprio territorio delle merci dello Stato B, creasse ostacoli all'ingresso di merci *simili* provenienti da altri Paesi.

Poiché gli attriti fra Stati potrebbero creare ostacoli al libero dispiegarsi del commercio internazionale, l'OMC impone a tutti i Paesi membri:

- il rispetto del *principio di non discriminazione*
- e l'applicazione, nei loro scambi, della cosiddetta *clausola della Nazione più favorita.*

Un prodotto si considera similare a un altro se entrambi hanno caratteristiche identiche o simili. Per esempio si ritiene che siano similari il melone e l'anguria perché entrambi frutti ricchi di acqua.

▶ **Il principio di non discriminazione** comporta il divieto di applicare a uno Stato membro condizioni più svantaggiose rispetto a quelle applicate ad altri Stati.

▶ **La clausola della Nazione più favorita** (in inglese *Most-Favoured Nation*) comporta che tutti i vantaggi, i favori, i privilegi o le immunità, concessi a uno Stato membro devono essere estesi a tutti gli altri.

Nell'ambito del principio di non discriminazione rientra anche la regola per la quale i prodotti provenienti dall'estero, una volta entrati sul territorio dello Stato, debbono avere lo stesso trattamento, soprattutto fiscale, riservato ai prodotti nazionali *simili.* Non sarebbe possibile, pertanto, applicare aliquote IVA differenziate a merci provenienti dall'estero.

3. I trattati facoltativi dell'OMC

Oltre ai trattati ai quali debbono aderire tutti i membri dell'OMC (GATT, GATS e TRIPs) ve ne sono altri due **facoltativi** negoziati durante l'*Uruguay*

Round ed entrati in vigore nel 1995. Il fatto che siano facoltativi significa che non tutti gli Stati parte dell'OMC sono obbligati a aderirvi. Si tratta:

- dell'accordo SPS
- e dell'accordo TBT.

L'accordo SPS

▶ **SPS** sta per *Agreement on the Application of Sanitary and Phytosanitary Measures*, ovvero **Accordo sull'applicazione di misure sanitarie e fitosanitarie**.

Per favorire i prodotti alimentari nazionali a scapito di quelli simili provenienti dall'estero, è possibile che taluni Paesi cerchino di limitare l'ingresso di questi ultimi sul proprio territorio frapponendo ostacoli basati su considerazioni soprattutto di natura sanitaria che possono riguardare alimenti, animali o piante.

▶ **L'accordo SPS stabilisce** che gli Stati membri possano imporre limiti all'importazione di prodotti sanitari o fitosanitari **solo se** questi non rispettino gli *standard* fissati:

- nel *Codex Alimentarius*, aggiornato annualmente dall'Organizzazione per il cibo e l'agricoltura (FAO);
- nel rapporto annuale dell'Organizzazione mondiale per la sanità animale (OMSA);
- nel rapporto annuale del Segretariato della Convenzione per la protezione internazionale delle piante (IPPC, dalla formula inglese *International Plant Protection Convention*).

FAO sta per *Food and Agriculture Organization* ed è l'agenzia delle Nazioni Unite che si occupa di politiche alimentari e di fame nel mondo.
OMSA è internazionalmente conosciuta come **OIE** (*Office international des épizooties*) e si occupa di sanità animale.
IPPC sta per *International Plant Protection Convention* e si occupa di botanica.

L'accordo TBT

▶ **TBT** sta per *Agreement on Technical Barriers to Trade*, cioè **Accordo sulle barriere tecniche al commercio**.

Con tale accordo i Paesi membri si impegnano a non imporre ai prodotti di importazione requisiti tecnici o *standard* di sicurezza pensati unicamente per ostacolarne la circolazione e favorire i prodotti nazionali. Limitazioni possono essere imposte solo se ciò risponde a un effettivo interesse collettivo, come la tutela dei consumatori o dell'ambiente.
Uno speciale Ufficio, l'*International Standard Office*, definisce ogni anno i requisiti che debbono avere i prodotti in circolazione.

4. L'organismo di risoluzione delle controversie

Con l'accordo di Marrakech, l'Organizzazione mondiale del commercio si è dotata di uno specifico organo preposto alla soluzione delle controversie, chiamato in inglese *Dispute Settlement Body*, abbreviato **DSB**.

Come opera questo organismo?

Quando il DSB riceve un ricorso da parte di uno Stato contro un altro Stato (per esempio perché quest'ultimo non ha rispettato la *clausola della Nazione più favorita*) attende 60 giorni prima di intervenire, contando che in questo arco di tempo i due contendenti trovino un'intesa.

Generalmente nella soluzione di questo tipo di controversie **non si arriva di fronte all'Organo di appello** perché le parti trovano una soluzione concordata già in base al rapporto risolutivo.

Se l'intesa non viene raggiunta, verrà costituito un ***panel***, cioè una commissione, che avrà 90 giorni di tempo per presentare un **rapporto risolutivo**, sulla base del quale i due Paesi in lite potranno nuovamente tentare di raggiungere un accordo.

Se l'accordo ancora non viene raggiunto, la parte interessata potrà rivolgersi all'**Organo di appello** (*Appellate Body*) che, a quel punto, emanerà una **decisione** vincolante.

E se la parte perdente non rispettasse la decisione dell'Organo di appello?

Come accade per altre organizzazioni internazionali, l'OMC non ha il potere di imporre con la forza il rispetto delle decisioni prese dai suoi organi. Può solo autorizzare il Paese vincitore ad applicare misure ritorsive nei confronti del Paese perdente che non si adegui spontaneamente a quanto disposto nella *decisione*.

RICORSO AL DSB

↓

PANEL (RAPPORTO RISOLUTIVO)

↓

ORGANO DI APPELLO (DECISIONE VINCOLANTE)

Nella realtà accade spesso che i Paesi economicamente più potenti tendano a ignorare i reclami avanzati dai Paesi economicamente più deboli, dato che questi ultimi difficilmente saranno in grado di attuare misure effettivamente ritorsive nei loro confronti.

QUESTIONI

La controversia sulla carne agli ormoni

La controversia sulla **carne agli ormoni** è sorta nel 1996 quando USA e Canada citarono l'Ue di fronte **all'Organo di risoluzione delle controversie** della OMC.

I due Stati americani sostenevano la infondatezza della decisione dell'Unione europea di impedire l'importazione sul territorio Ue della carne agli ormoni.

Nel 1997, l'*Organo di risoluzione delle controversie* si pronunciò a favore di USA e Canada, sostenendo che non esistevano prove che quel tipo di carne fosse dannoso.

La Ue, tuttavia, mantenne il proprio divieto e la questione è stata definitivamente risolta solo nel 2012, quando, tramite un accordo con USA e Canada, si è stabilito che l'Ue può continuare a mantenere il proprio divieto, ma in cambio dovrà aumentare la quota di importazione di carne bovina "di alta qualità", ossia non agli ormoni, da quei due Paesi.

5. L'organizzazione interna della OMC

Gli organi principali della OMC sono la *Conferenza ministeriale*, il *Consiglio generale* e il *Direttore generale.*

▶ **La Conferenza ministeriale** è l'organo deliberativo, nel senso che delibera, decide attraverso una votazione finale, se accogliere o respingere le proposte messe in discussione. A essa partecipano tutti i rappresentanti degli Stati membri.
Le votazioni sono regolate dal **metodo del consenso** per effetto del quale, quando viene posta in votazione una proposta, **chi tace acconsente** e solo chi intende opporsi deve manifestare il proprio dissenso votando contro.
La proposta è bocciata anche se si oppone un solo membro.

▶ **Il Consiglio generale** è l'organo esecutivo. Si occupa di:

- far progredire le politiche commerciali dell'OMC (per esempio organizzando conferenze per la revisione e il miglioramento degli accordi);
- dare esecuzione alle decisioni dell'Organo per la soluzione delle controversie.

Sotto il Consiglio generale, i cui membri sono nominati dalla Conferenza, si trovano vari *Consigli specifici*, competenti per singole materie.

▶ **Il Direttore generale** è il terzo organo. Viene nominato dalla Conferenza ed è il rappresentante ufficiale dell'OMC.

Perché la Conferenza ministeriale vota con il sistema del consenso?

La ragione è evitare il più possibile attriti e contrapposizioni frontali tra gli Stati membri.

Con i normali sistemi deliberativi, infatti, chi non è favorevole alla proposta in discussione deve dirlo apertamente ponendosi in tal mondo in aperto contrasto con chi è favorevole.

Con il *sistema del consenso*, invece, si espone solo chi vota contro e la sua opposizione farà cadere la proposta senza che gli altri abbiano dovuto apertamente manifestare il loro dissenso.

Alla prova dei fatti, tuttavia, sembra che questo sistema non funzioni come si vorrebbe. Quando gli interessi in gioco sono elevati, i contrasti in seno al Consiglio sorgono ugualmente e sono a volte molto aspri.

In tempi recenti il dissenso palese di alcuni Paesi in via di sviluppo su proposte avanzate dagli Stati Uniti e dall'Unione europea ha determinato il fallimento di diverse conferenze. I più recenti fallimenti del modello decisorio dell'OMC, basato sul consenso, si sono avuti alle conferenze di Seattle del 1999, di Cancún del 2003 e del *Doha Round*, iniziato a Doha in Qatar nel novembre 2001.

Per talune materie è possibile adottare un **sistema di voto tradizionale**. In questi casi le maggioranze richieste possono essere diverse. Per esempio, per una decisione relativa all'interpretazione autentica di un qualsiasi accordo WTO, oppure relativa alla sospensione di un obbligo specifico di uno Stato membro, occorre una maggioranza dei tre quarti dei votanti. Per ammettere nuovi membri occorre la maggioranza di due terzi. Per modificare un trattato può essere richiesta una maggioranza di due terzi o l'unanimità, in funzione del tipo di modifica.

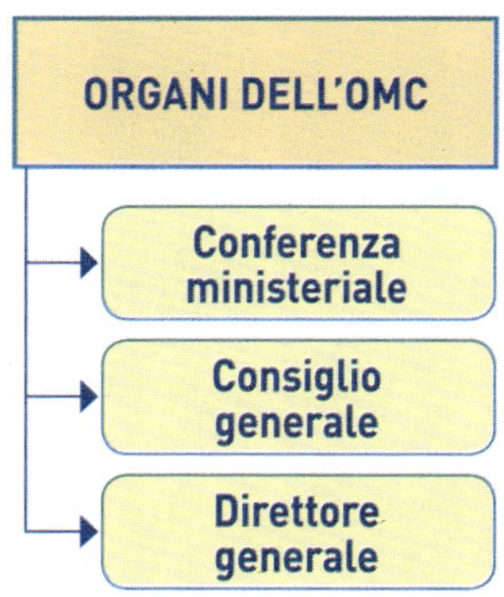

QUESTIONI

L'origine del GATT

Il 30 ottobre 1947, subito dopo la fine della Seconda guerra mondiale, venne stipulato a Ginevra un **Accordo Generale in materia di Tariffe e Commercio**, in inglese *General Agreement on Tariffs and Trade*, comunemente abbreviato in **GATT**.

Il GATT nasceva come parte di un più ampio quadro organizzativo che avrebbe dovuto essere predisposto in una *Conferenza* da tenersi a Cuba l'anno successivo.

Il progetto saltò, soprattutto per la forte opposizione del Partito repubblicano in seno al Congresso degli Stati Uniti, ma l'accordo GATT rimase in vigore e seguitò a funzionare.

Tuttavia esso risentiva dell'assenza di un apparato istituzionale che imponesse il rispetto delle regole concordate e che agevolasse la soluzione delle controversie tra gli Stati membri.

Per questo, tra il 1986 e il 1994, durante quello che venne chiamato *Uruguay Round*, gli Stati membri del GATT concordarono la creazione di un apparato istituzionale che venne battezzato *World Trade Organization* (***WTO*** o, per noi, **OMC**).

6. Le critiche all'OMC

Le critiche all'operato dell'OMC sono piuttosto numerose e provengono da fonti diverse, ma tutte possono riassumersi in una considerazione: la politica dell'OMC tende prevalentemente a favorire gli interessi delle grandi società multinazionali americane, giapponesi ed europee in danno delle economie dei Paesi in via di sviluppo e senza alcuna considerazione per l'interesse e la sopravvivenza delle popolazioni coinvolte.

È proprio così?

Pur non volendo assumere una posizione di totale concordanza con tali critiche, è innegabile che le strategie dell'OMC finiscano generalmente per favorire "i soliti noti" in danno dei Paesi economicamente più deboli.
Le maggiori osservazioni critiche riguardano la liberalizzazione indistinta degli scambi, la mancata salvaguardia dei diritti umani, la politica dei brevetti, soprattutto in campo sanitario, e gli aiuti all'agricoltura.
Vediamo singolarmente questi diversi aspetti della politica dell'OMC.

La liberalizzazione indistinta

Per ogni Paese, grande o piccolo, le esportazioni di beni e servizi sono vitali perché consentono di ricevere in pagamento quelle valute forti (dollari, euro, yen) che consentono poi di acquistare sui mercati internazionali i prodotti, i servizi o i brevetti di cui il Paese ha bisogno.
Ma per esportare senza essere discriminati è quasi inevitabile chiedere l'am-

missione all'OMC e godere così della *clausola della Nazione più favorita* (> paragrafo 2).
Tale clausola, però, se per un verso consente di esportare liberamente, per altro verso impone di accettare le esportazioni altrui, comprese quelle operate dai grandi potentissimi gruppi multinazionali. E quando un Paese a economia fragile, con un'industria tecnologicamente poco avanzata, è costretto ad aprirsi a questo tipo di concorrenza, perde inevitabilmente in competitività e comincia a importare più di quanto esporti. A quel punto la sua bilancia dei pagamenti inizia ad andare in deficit e per ripianarla il Paese deve generalmente fare ricorso ai prestiti del Fondo monetario internazionale o della Banca mondiale con tutto ciò che di negativo ne consegue (> Unità 1).

Quale sarebbe una giusta soluzione?

La Conferenza di Doha sullo sviluppo (*Doha Development Round*) è l'ultimo degli incontri sviluppatisi in seno all'OMC per la modifica degli accordi dell'organizzazione stessa. Questo *round* è iniziato nel novembre 2001 a Doha, nel Qatar, ma si è successivamente sviluppato in Messico, Hong Kong, Francia e Germania, e non è servito a raggiungere un accordo completo su tutti i temi in discussione.
Le negoziazioni hanno visto contrapporsi, da un lato, il blocco dei Paesi sviluppati, nello specifico Giappone, Unione europea e Stati Uniti d'America, e dall'altro i Paesi emergenti, guidati da India, Brasile, Cina, Corea del Sud e Sudafrica.

La richiesta più comune avanzata dai Paesi in via di sviluppo è di avere un trattamento preferenziale che consenta loro di esportare liberamente ma anche di porre qualche barriera doganale all'entrata delle merci straniere.
Questa richiesta è stata dibattuta in seno al ***Doha Round*** e nel 2005 si è raggiunto un accordo di massima che consente agli Stati sviluppati di prevedere trattamenti differenziati per i Paesi in via di sviluppo, in base a specifiche negoziazioni. Tuttavia queste ulteriori negoziazioni tardano a concludersi e i Paesi in via di sviluppo seguitano a essere danneggiati dalla concorrenza delle grandi multinazionali.

La salvaguardia dei diritti umani

Ci sono Paesi (e le critiche si appuntano soprattutto sulla Cina) nei quali vengono spesso violati i diritti umani e vengono compresse le libertà individuali.
Condizionare l'ingresso di questi Paesi nell'OMC al rispetto delle più elementari regole della democrazia non sarebbe solo un modo per aiutare le popolazioni locali, ma anche un modo per evitare, da parte loro, una concorrenza sleale.
In questi Paesi la mancanza di libertà e soprattutto di libere organizzazioni sindacali consente di tenere bassissimo il costo del lavoro e talvolta di impiegare minorenni nelle campagne e nelle fabbriche, come periodicamente rivelano le indagini degli organismi internazionali, soprattutto dell'ONU.
I bassi salari permettono di praticare prezzi bassi, che a loro volta consentono di invadere i mercati occidentali con grave danno per le nostre imprese.

Social dumping è un'espressione usata per indicare il contenimento dei costi di produzione ottenuto non con le innovazioni tecnologiche ma con la sistematica violazione dei diritti umani e la compressione delle libertà dei lavoratori. Il *social dumping* sul piano economico è una forma di concorrenza sleale e sul piano umano una tragedia.

Per quale ragione allora la Cina e altri Paesi con scarsa democrazia interna sono stati ammessi nell'OMC?

L'osservazione che viene generalmente fatta è che per le grandi imprese multinazionali i vantaggi di questa ammissione sono superiori agli svantaggi.

Vediamone alcuni.

Innanzi tutto questi Paesi (pensiamo alla vastità della Cina) si presentano come enormi mercati da invadere.

In secondo luogo ammetterli nell'Organizzazione mondiale del commercio significa poter impiantare fabbriche sui loro territori giovandosi del basso costo del lavoro e da lì poter esportare liberamente la produzione in tutto il mondo.

Infine (quante volte ce lo siamo sentito dire!) per sopportare la concorrenza della Cina e dei Paesi asiatici bisogna abbassare anche in Occidente il costo del lavoro e in generale ridurre le garanzie per i lavoratori, per esempio abbandonando l'idea del *posto fisso* e precarizzando il lavoro, con tutte le conseguenze di ordine sociale che ne derivano.
In questo modo, come è stato autorevolmente osservato, l'Occidente invece di *esportare* standard di lavoro sempre più elevati, *importa* condizioni sempre peggiorative.

I brevetti sui medicinali

I brevetti sui medicinali sono stati oggetto di un vivace scontro, in seno al *Doha Round*, tra Paesi emergenti e i Paesi sedi delle grandi multinazionali farmaceutiche.
In particolare i primi denunciavano l'eccessivo costo dei medicinali, soprattutto dei vaccini indispensabili per salvare milioni di vite umane, sostenendo che tale costo fosse tenuto alto con il ricorso alla pratica dell'***evergreen*** ("sempreverde").

In che cosa consiste questa pratica?

I brevetti industriali (e quindi anche quelli farmaceutici) hanno una durata di venti anni. Si ritiene, infatti, che in questo arco di tempo siano stati ampiamente ammortizzati i costi della ricerca e sia stato conseguito un giusto profitto.
Oltre i venti anni, ciascuno è libero di produrre la cosa brevettata senza pagare più *royalties*.

Tra le multinazionali farmaceutiche però, è invalso l'uso di fare in modo che il brevetto sia *sempreverde* introducendo leggere modifiche che lo rendano nuovo e consentano di brevettarlo ancora e di seguitare ad accumulare profitti.

La conseguenza è che farmaci indispensabili, come i vaccini, continuano a rimanere inaccessibili per qualche miliardo di individui.

In seno al *Doha Round* si è raggiunta, su questo punto, una parziale intesa, che consente a taluni Paesi emergenti di sospendere provvisoriamente l'accordo TRIPs sulla tutela dei brevetti e produrre in proprio alcuni tipi di farmaci.

Gli aiuti all'agricoltura

Il ruolo dell'agricoltura è fondamentale per molti Paesi emergenti e in via di sviluppo, visto che la maggior parte della popolazione ancora vive in zone rurali. Anche nei Paesi sviluppati, però, il settore primario è di importanza strategica e per tale ragione viene normalmente tutelato.
In tutto il mondo, quindi, gli Stati sostengono l'attività degli agricoltori con appositi sussidi all'esportazione, dazi sui prodotti in ingresso o altre forme di aiuto.

Un tipico aiuto di Stato è quello cosiddetto della **quota fissa**. Con tale sistema lo Stato fissa un prezzo di vendita per i prodotti agricoli e compensa l'agricoltore nel caso in cui le fluttuazioni del mercato lo facessero scendere sotto la quota prefissata.

Per esempio, se lo Stato prevede che il prezzo del grano non debba essere inferiore a 2 dollari al quintale, compenserà l'agricoltore qualora questo scendesse sotto tale quota.
Questa situazione viene denunciata da tutti, ma nessuno fa il primo passo e gli aiuti di Stato seguitano a distorcere il mercato.

Riguardando gli appunti

1. Quando è nata l'Organizzazione mondiale del commercio?

- L'OMC è stata istituita nel 1994, con la Conferenza di Marrakech, e costituisce l'ultimo pilastro del sistema iniziato con gli accordi di Bretton Woods.
- Gli Stati membri dell'OMC sono attualmente 159 e rappresentano complessivamente il 97 per cento del commercio mondiale.
- L'OMC si occupa di favorire la formazione di accordi intesi a porre regole che agevolino la liberalizzazione degli scambi internazionali e diano stabilità ai mercati.
- Le principali regole sono contenute in tre accordi:
  - l'accordo GATT, che tende alla progressiva riduzione delle tariffe doganali nel commercio di beni;
  - l'accordo GATS, che pone regole per la libera circolazione dei servizi (professionali, bancari, assicurativi e così via);
  - l'accordo TRIPs, che si occupa della tutela della proprietà intellettuale operando affinché essa abbia un pari grado di tutela in ogni Stato membro.

2. Che cosa dispongono il principio di non discriminazione e la clausola della Nazione più favorita?

- Il principio di non discriminazione comporta il divieto di applicare a uno Stato membro condizioni più svantaggiose rispetto a quelle applicate ad altri Stati.
- La clausola della Nazione più favorita comporta che tutti i vantaggi, i favori, i privilegi o le immunità concessi a uno Stato membro devono essere estesi a tutti gli altri.

3. Che cosa è l'organismo di risoluzione delle controversie?

- Con l'accordo di Marrakech, l'Organizzazione mondiale del commercio si è dotata di uno specifico organo preposto alla soluzione delle controversie, chiamato in inglese *Dispute Settlement Body*, abbreviato DSB.
- Quando il DSB riceve un ricorso da parte di uno Stato contro un altro Stato sollecita un'intesa. Se non viene raggiunta, viene istituita un'apposita commissione, detta *panel*, che propone un accordo risolutivo.
- Se l'accordo ancora non viene raggiunto, la parte interessata potrà rivolgersi all'Organo di appello (*Appellate Body*) che, a quel punto, emanerà una decisione vincolante.

4. Quali critiche vengono mosse all'OMC?

- L'OMC viene imputata di favorire gli interessi delle grandi società multinazionali americane, giapponesi ed europee arrecando danno alle economie dei Paesi in via di sviluppo.

5. Che cosa sono i *round*?

- I *round* sono conferenze internazionali dirette a fare progredire sempre il generale processo di liberalizzazione degli scambi. Generalmente prendono il nome del Paese in cui si sono svolti e spesso si articolano in sotto-conferenze.

6. Quali sono i trattati facoltativi dell'OMC?

- Oltre ai trattati ai quali debbono aderire tutti i membri dell'OMC (GATT, GATS e TRIPs), ve ne sono altri due facoltativi chiamati SPS e TBT.
- SPS sta per *Agreement on the Application of Sanitary and Phytosanitary Measures*, ovvero Accordo sull'applicazione di misure sanitarie e fitosanitarie.
- TBT sta per *Agreement on Technical Barriers to Trade*, cioè accordo sulle barriere tecniche al commercio.

Test a risposta multipla

Indica con una crocetta l'affermazione esatta.

1. Il divieto di applicare a uno Stato dell'OMC condizioni più svantaggiose rispetto agli altri:
A. è detto principio di non discriminazione
B. è detto principio della Nazione meno favorita
C. è detto clausola del libero scambio
D. è detto clausola della Nazione più favorita

2. I *round* promossi dall'OMC sono:
A. modalità di risoluzione delle controversie
B. conferenze internazionali rivolte alla liberalizzazione degli scambi
C. accordi per abbattere le barriere commerciali
D. organi interni all'OMC

3. In base alla clausola della Nazione più favorita:
A. lo Stato più avvantaggiato deve astenersi nelle deliberazioni
B. vengono concessi particolari privilegi a un solo Stato
C. non si applicano a uno Stato condizioni più svantaggiose che agli altri
D. i vantaggi concessi a uno Stato vengono estesi anche agli altri

4. Il DSB (*Dispute Settlemetn Body*) è:
A. l'organo deliberativo dell'OMC
B. l'organo di risoluzione delle controversie
C. l'organo che presiede i *round* dell'OMC
D. un accordo che mira alla riduzione delle tariffe doganali

5. In seno al Doha Round i Paesi in via di sviluppo hanno chiesto:
A. di entrare a far parte dell'OMC
B. di poter importare liberamente le merci dall'estero
C. di sospendere il TRIPs sulla tutela dei brevetti sui medicinali
D. di poter contare su maggiori aiuti da parte del Fondo monetario internazionale

Sai qual è la differenza tra...

a. GATT *e* GATS
b. TRIPs *e* TBT
c. Principio di non discriminazione *e* Clausola della Nazione più favorita

SÌ/NO... Perché?

Indica con una crocetta la risposta esatta e motiva la tua scelta.

1. OMC e WTO sono la stessa cosa? SÌ NO Perché ...

2. L'accordo GATT tende alla riduzione progressiva delle tariffe doganali sui servizi? SÌ NO Perché ...

3. L'accordo TRIPs ha come oggetto i beni immobili? SÌ NO Perché ...

4. La clausola della Nazione più favorita comporta che una Nazione può essere più favorita rispetto a tutte le altre? SÌ NO Perché ...

5. Le deliberazioni della Conferenza dei ministri dell'OMC sono assunte a maggioranza? SÌ NO Perché ...

6. Il GATT è nato prima dell'OMC? SÌ NO Perché ...

7. L'opera dell'OMC è universalmente apprezzata? SÌ NO Perché ...

PERCORSO E — IL DIRITTO INTERNAZIONALE DELL'ECONOMIA

UNITÀ 3

Verso l'integrazione economica

1. Le organizzazioni regionali

Nell'Unità precedente abbiamo accennato al fatto che i *round* organizzati dall'OMC si protraggono per anni e non sempre raggiungono i risultati sperati. Una delle ragioni di questi parziali fallimenti sta nel fatto che è difficilissimo elaborare una strategia comune con 198 Stati che si trovano su livelli diversissimi di sviluppo e di capacità produttiva e che si presentano alle conferenze con problemi diversi e aspirazioni spesso contrapposte.
Molto più semplice è trovare accordi, soprattutto sulle tariffe doganali, tra Stati limitrofi che abbiano capacità produttiva e gradi di sviluppo tra loro comparabili e che siano portatori di esigenze comuni.

L'OMC conserva anche una banca dati su tutti gli Accordi commerciali regionali (*Regional Trade Agreements, RTA*), in modo che sia noto a tutti quali **integrazioni** economiche hanno prodotto.

Per agevolare queste intese "regionali" l'art. 24 dell'accordo GATT consente a Stati limitrofi di creare aree all'interno delle quali operano accordi speciali che possono anche comportare (pensiamo all'Unione europea) la libera circolazione delle merci, del lavoro, dei capitali e persino una unione monetaria.

Regioni, nel diritto internazionale, sono chiamate aree molto vaste che raccolgono più Stati limitrofi. Sotto questo profilo sono regioni l'Europa, l'America del Nord, l'America del Sud, il Nordafrica, e così via.

Il principio ispiratore del GATT è quello della non discriminazione. Se si creano delle aree speciali non si opera una discriminazione nei confronti degli Stati che ne rimangono fuori?

L'art. 24 GATT, mentre consente la creazione di tali aree, impone di applicare la clausola della Nazione più favorita a tutti gli Stati che si trovino fuori dell'area, salvando così il principio generale di non discriminazione *individuale*.
In realtà, la strategia generale non è quella di *contrastare*, ma piuttosto quella di *favorire* la formazione di aree di libero scambio, di unioni doganali e altre simili iniziative.
Se, infatti, tutti i Paesi del mondo fossero raccolti in tali organizzazioni, i *round* non avverrebbero più tra i rappresentanti di 198 Stati ma tra i rappresentanti di una decina di *aree*. E questo ragionevolmente faciliterebbe il dialogo e avvicinerebbe l'obiettivo di una integrazione economica mondiale.

Se si trovassero intorno a un tavolo quattro organizzazioni regionali come il **MERCOSUR** per l'America Latina atlantica, il **PATTO ANDINO** per l'America Latina pacifica, l'**ASEAN** per i Paesi dell'Estremo oriente, il **NAFTA** per Stati Uniti, Canada e Messico, oltre all'Unione Europea, alla Federazione Russa e al Commonwealth, si coprirebbe gran parte della popolazione mondiale con soli 7 soggetti, in luogo di circa 120 Stati.

La concreta esperienza ci presenta alcuni tipi di organizzazione regionale commerciale che vengono denominati: area di commercio preferenziale; area di libero scambio; unione doganale; mercato unico; unione economica e monetaria; completa integrazione economica.
Vedremo brevemente, nei paragrafi che seguono, quali sono le caratteristiche tipiche di ciascuna.

2. Le aree di commercio preferenziale

▶ **L'area di commercio preferenziale** è il primo e più basso stadio di integrazione economica tra Paesi.
Essa viene costituita attraverso un apposito accordo commerciale tra due o più Stati che viene detto **Accordo di commercio preferenziale** perché offre un trattamento di favore solo alle merci provenienti dagli Stati aderenti all'accordo.
Tale trattamento preferenziale può consistere:

- in una riduzione (ma non in una completa eliminazione) dei dazi,
- oppure nella fissazione di quote di importazioni riservate ad alcune tipologie di merci (per esempio prodotti alimentari, materie prime, automobili, ecc.).

3. Le aree di libero scambio

▶ **Le aree di libero scambio** nascono da accordi conclusi tra Paesi che hanno un intenso interscambio commerciale e che, visto che i dazi da riscuotere e da pagare in linea di massima si compensano, trovano più pratico eliminarli del tutto. Si crea così un'**area** che comprende i territori degli Stati aderenti all'accordo, all'interno della quale servizi e merci possono circolare liberamente.
L'accordo può essere generale o può essere limitato solo ad alcuni tipi di merce e ad alcuni tipi di servizio (banche, assicurazioni, ecc.).

I trattati di libero scambio possono essere conclusi "a cascata". Si ha questo effetto quando alcuni Stati, che hanno formato un'area di libero scambio tra di loro, si uniscono a un'altra area di libero scambio comprendente altri Paesi.
In questo senso è di grande interesse l'intesa che si sta cercando di negoziare tra USA e Unione europea.

Solitamente gli accordi di libero scambio non vengono stipulati tra Paesi concorrenti (entrambi forti produttori industriali o agricoli o altro), ma tra Paesi le cui produzioni si integrano. Per esempio l'uno produce materie prime e l'altro prodotti finiti. Si parla in questo caso di **integrazione complementare** perché le rispettive economie puntano a settori diversi che si completano a vicenda.

Secondo una antica teoria economica (la *teoria del vantaggio comparato*), l'integrazione complementare favorisce la specializzazione degli Stati nel tipo di produzione per essi meno costosa e quindi più conveniente.
David Ricardo sosteneva, già nel 1817, che se ciascuno Stato si limitasse a produrre solo ciò che per esso è meno costoso (per esempio agricoltura e vini al Sud, industria al Nord, e così via), ciascun Paese sarebbe dipendente da tutti gli altri e questa interdipendenza garantirebbe la pace perché non sarebbe più conveniente per nessuno scompaginare questo equilibrio con una guerra.

I rapporti con i Paesi estranei all'area di libero scambio come sono regolati?

I membri di un'area di libero scambio non hanno generalmente una politica doganale comune verso i non membri: in questo senso, quindi, ciascuno Stato membro può applicare differenti dazi o quote agli Stati terzi.

AREA DI LIBERO SCAMBIO
↓
Tariffe doganali esterne differenziate

Questo fatto può generare qualche inconveniente. Per esempio l'accordo NAFTA (*North American Free Trade Agreement*) che unisce il Canada, gli Stati Uniti e Messico, prevede che le merci prodotte in uno di questi Paesi possano liberamente circolare anche negli altri.
Ora immaginiamo che il Messico ponga un dazio del 5% sulle importazioni dal Giappone mentre gli USA lo pongono all'1%. Le merci giapponesi potrebbero essere importate negli Stati Uniti pagando solo l'1% e da lì scivolare (come fossero merci prodotte negli USA) verso il Messico, evadendo la maggiore tassa.
Per evitare questo tipo di inconvenienti, si adotta generalmente il sistema della **certificazione di origine**, che definisce la quantità minima di fattori produttivi e di valore aggiunto che devono essere immessi nel bene perché questo sia considerato prodotto in uno Stato membro. Nel nostro esempio le merci giapponesi potrebbero essere trattate come americane solo se una parte della lavorazione-produzione avvenisse negli USA.

4. L'unione doganale

Il Patto andino (conosciuto anche come Gruppo andino o Accordo di Cartagena) fu fondato nel maggio del 1969 e attualmente comprende Bolivia, Colombia, Ecuador Venezuela e Perù.

▶ **L'unione doganale** è il terzo stadio di integrazione economica tra Paesi facenti parte di una determinata area geografica e comporta, tra questi, l'eliminazione di ogni barriera che costituisca limitazione alla libera circolazione delle merci. Un esempio di unione doganale è quella realizzata con il *Patto andino* stipulato dai Paesi dell'America Latina a ridosso delle Ande.
La differenza con l'*area di libero scambio* è che l'unione doganale comporta l'istituzione di una **tariffa doganale esterna comune** a tutti i Paesi membri.
Ciò significa che ai fini delle importazioni e delle esportazioni da o verso i Paesi non membri, l'unione doganale si propone come un'entità unitaria.
Solitamente viene istituito anche un organo apposito che si occupa di negoziare i vari accordi commerciali internazionali.

UNIONE DOGANALE
↓
Tariffe doganali esterne omogenee

5. Il mercato unico (o mercato comune)

▶ **Il mercato unico** è simile all'unione doganale ma si pone l'obiettivo, più ampio, di favorire (oltre al commercio) anche la semplificazione nei movimenti di capitale e lavoro tra i Paesi membri.
Con il mercato unico, si costituisce un unico grande spazio economico, all'interno del quale le merci e le persone possano spostarsi senza controlli alle frontiere interne con risparmio di tempo e denaro.
Anche i capitali possono muoversi più agevolmente grazie alla creazione di sistemi rapidi di trasferimento del denaro. Uno di questi strumenti è stato la creazione di un sistema unificato di coordinate bancarie (il notissimo IBAN), che rende possibile effettuare bonifici di pagamento da un Paese all'altro con grande celerità e senza rischi.
Il mercato unico non prevede, però, la eliminazione delle *barriere tecniche e normative*.
Con questa espressione si indica quell'insieme di leggi e regolamenti con i

quali ciascun Paese stabilisce quali standard tecnici o qualitativi deve possedere una merce per essere commercializzata sul proprio territorio.
Così, per esempio, l'Italia prevede, come standard tecnico, che tutte le spine per la presa di corrente debbano possedere il terzo polo per la *messa a terra*, e ciò comporta che non potrebbero essere commercializzate spine elettriche a due poli anche se fossero prodotte da un Paese europeo.

6. L'unione economica e monetaria

▶ **L'unione economica e monetaria** rappresenta un livello di integrazione superiore rispetto a quella del mercato unico:

- viene elaborata, almeno come linea di tendenza, una politica economica comune tra gli Stati parte;
- vengono uniformati gli standard di qualità dei prodotti in modo che possano circolare liberamente nell'area dell'unione;
- viene stabilita una unione monetaria che prevede l'abbandono delle monete nazionali e la creazione di una moneta unica e di una Banca centrale che ne controlli l'andamento sui mercati interni e internazionali.

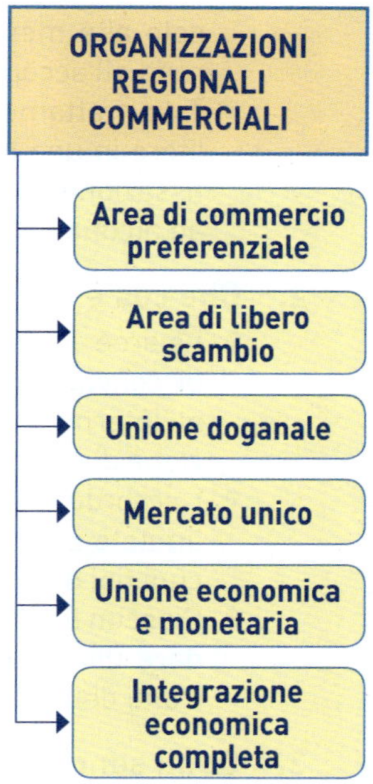

7. L'integrazione economica completa

▶ **L'integrazione economica completa** è lo stadio finale del processo di integrazione.
In questo sistema la politica economica dei Paesi membri non viene più decisa dalle autorità dei singoli Stati, ma dagli organismi di una apposita istituzione sovranazionale che ne definisce gli indirizzi e provvede alla concreta esecuzione. Sarà questa istituzione, pertanto, a decidere tasse, dazi, politica industriale e a ispirare tutte quelle leggi che incidono direttamente o indirettamente sull'attività economica, come la normativa su lavoro, previdenza e assistenza.
Come si può capire si tratta di un **modello teorico**, perché in concreto non esistono ancora esempi di questo tipo. Per similitudine potremmo solo pensare a uno Stato federale, come gli USA, nel quale le grandi scelte economiche sono operate dall'apparato federale e ai singoli Stati della federazione rimane solo qualche discrezionalità su temi residuali.

L'Unione europea come si colloca nel quadro generale degli accordi di integrazione?

L'Europa ha conosciuto l'esperienza del **mercato unico** quando era solo *Comunità economica europea* (CEE). Poi, con il trattato di Maastricht del 1992, si è trasformata in una **unione economica e monetaria** e non è escluso che in un futuro più o meno prossimo possa raggiungere una **integrazione completa.**
Al momento, però, gli Stati membri hanno delegato alle istituzioni dell'Unione solo alcuni aspetti della politica economica, soprattutto agricola, e mantengono ancora un'ampia indipendenza in tema di politica industriale e fiscale.

UNITÀ 3

Riguardando gli appunti

1. Che cosa sono le aree di commercio preferenziale?

- L'area di commercio preferenziale è il primo e più basso stadio di integrazione economica tra Paesi.
- Viene costituita attraverso un apposito accordo commerciale tra due o più Stati che viene detto Accordo di commercio preferenziale perché offre un trattamento di favore solo alle merci provenienti dagli Stati aderenti all'accordo.
- Tale trattamento preferenziale può consistere in una riduzione dei dazi oppure nella fissazione di quote di importazioni riservate ad alcune tipologie di merci.

2. Che cos'è un'area di libero scambio?

- Le aree di libero scambio nascono da accordi conclusi tra Paesi vicini che accordano, all'interno dei loro territori, la libera circolazione di merci e servizi.
- L'accordo può essere generale o può essere limitato solo ad alcuni tipi di merce e ad alcuni tipi di servizio.
- Ciascun Paese aderente all'area può concordare una propria tariffa doganale nei confronti dei Paesi esterni.

3. Quali sono i caratteri dell'unione doganale?

- Tra i Paesi aderenti a una unione doganale viene eliminata ogni barriera che costituisca limitazione alla libera circolazione delle merci.
- La differenza con l'area di libero scambio è che l'unione doganale comporta l'istituzione di una tariffa doganale esterna comune a tutti i Paesi membri.
- Solitamente viene istituito anche un organo apposito che si occupa di negoziare i vari accordi commerciali internazionali.

4. Che cos'è il mercato unico?

- Il mercato unico è simile all'unione doganale ma si pone l'obiettivo, più ampio, di favorire anche la semplificazione nei movimenti di capitale e lavoro tra i Paesi membri.
- Con il mercato unico si costituisce un unico grande spazio economico, all'interno del quale le merci e le persone possano spostarsi senza controlli alle frontiere interne, risparmiando tempo e denaro.
- Il mercato unico non prevede, però, l'eliminazione delle barriere tecniche e normative, ossia quell'insieme di leggi e regolamenti con i quali ciascun Paese stabilisce quali standard tecnici o qualitativi deve possedere una merce per essere commercializzata sul proprio territorio.

5. Che cos'è un'unione economica e monetaria?

- Nel caso di un'unione economica e monetaria, viene elaborata una politica economica comune tra gli Stati partecipanti; vengono uniformati gli *standard* di qualità dei prodotti in modo che possano circolare liberamente nell'area dell'unione.
- Viene inoltre adottata una moneta unica comune e viene prevista la creazione di una Banca centrale che ne controlli l'andamento sui mercati interni e internazionali.

6. Come si presenta una integrazione economica completa?

- Nel caso dell'integrazione economica completa, tutta la politica economica dei Paesi membri non viene più decisa dalle autorità dei singoli Stati, ma dagli organismi di una apposita istituzione sovranazionale che ne definisce gli indirizzi e provvede alla concreta esecuzione.
- Si tratta di un modello teorico, perché in concreto non esistono ancora esempi di questo tipo.

7. Come si situa l'Unione europea in questo schema?

- L'Europa ha conosciuto l'esperienza del mercato unico quando era solo Comunità economica europea (CEE). Poi, con il trattato di Maastricht del 1992, si è trasformata in una unione economica e monetaria e non è escluso che in un futuro più o meno prossimo possa raggiungere una integrazione completa.

Test a risposta multipla

Indica con una crocetta l'affermazione esatta.

1. La creazione di aree di organizzazioni regionali commerciali:
- A. non è ammessa dal GATT
- B. è ammessa dal GATT, ma viene fortemente contrastata
- C. è prevista dall'art. 24 del GATT
- D. consente di derogare alla clausola della Nazione più favorita

2. Quale fra le seguenti non è un'organizzazione regionale commerciale?
- A. area di commercio preferenziale
- B. unione doganale
- C. area di libero scambio
- D. unione tariffaria

3. Un accordo di commercio preferenziale può prevedere:
- A. quote riservate all'importazione di alcune merci
- B. la creazione di un mercato unico
- C. l'eliminazione dei dazi
- D. la creazione di un'area di libero scambio

4. Rispetto all'unione doganale, il mercato unico mira a:
- A. introdurre una moneta unica
- B. semplificare la circolazione delle merci
- C. semplificare la circolazione di capitale e lavoro
- D. eliminare le barriere tecniche e normative

5. Attualmente l'Unione europea si presenta come:
- A. un mercato unico
- B. un'unione doganale
- C. un'area a integrazione economica completa
- D. un'unione economica e monetaria

Sai qual è la differenza tra...

a. Area di commercio preferenziale	*e*	Area di libero scambio
b. Unione doganale	*e*	Unione economica e monetaria
c. Integrazione economica completa	*e*	Mercato comune

SÌ/NO... Perché?

Indica con una crocetta la risposta esatta e motiva la tua scelta.

1. L'accordo GATT è in conflitto con la costituzione di organizzazioni regionali?	SÌ	NO	Perché ...
2. L'unione doganale si differenzia dall'area di libero scambio?	SÌ	NO	Perché ...
3. L'unione economica e monetaria prevede il completo abbandono delle monete nazionali?	SÌ	NO	Perché ...
4. Esistono nel panorama mondiale esempi di integrazione economica completa?	SÌ	NO	Perché ...
5. L'Unione europea costituisce un'area di libero scambio?	SÌ	NO	Perché ...

Valuta le tue competenze

ZTE ONLINE
Mettiti alla prova con gli esercizi interattivi

Test a risposta multipla

Indica con una crocetta l'affermazione esatta.

1. Una politica protezionista tende a:
- A. favorire le importazioni e limitare le esportazioni
- B. favorire le esportazioni e limitare le importazioni
- C. favorire sia le importazioni che le esportazioni
- D. limitare le importazioni e le esportazioni

2. Gli accordi di Bretton Woods erano volti a:
- A. concordare un dazio unico per tutto il mondo
- B. liberalizzare il mercato mondiale
- C. liberalizzare solo il commercio tra Paesi aderenti all'accordo
- D. definire il tasso di cambio stabile tra le diverse monete

3. Il Fondo monetario internazionale si occupa prevalentemente di:
- A. elaborare statistiche sull'andamento dell'economia globale
- B. rendere stabili i prezzi sul mercato internazionale
- C. erogare finanziamenti ai Paesi in difficoltà economica
- D. fornire finanziamenti alle banche e alle imprese in crisi

4. Il sistema di voto del FMI prevede che ciascun partecipante abbia diritto:
- A. a un solo voto
- B. a un numero di voti proporzionale alle quote versate
- C. a un numero di voti proporzionale alla popolazione che rappresenta
- D. a un numero di voti proporzionale alla ricchezza del Paese che rappresenta

5. Non è parte degli accordi OMC:
- A. il GATT
- B. il TRIPs
- C. il TBT
- D. il TIP-TAP

6. Il Dispute Settlement Body (DSB) è l'organo di risoluzione delle controversie:
- A. del FMI
- B. dell'OMC
- C. della Banca mondiale
- D. del *round*

7. La votazione con il sistema del consenso è adottata:
- A. dalla Conferenza dei ministri dell'OMC
- B. dal Consiglio esecutivo del FMI
- C. dal Comitato esecutivo della Banca mondiale
- D. dalla Banca centrale europea

8. I Paesi aderenti alle aree di libero scambio applicano, ai prodotti importati dai Paesi terzi:
- A. una tariffa doganale unica
- B. una tariffa doganale ridotta
- C. non applicano alcuna tariffa
- D. ciascuno applica la tariffa che preferisce

9. La liberalizzazione completa degli scambi commerciali:
- A. favorisce i Paesi poveri
- B. favorisce i Paesi in via di sviluppo
- C. favorisce i Paesi ricchi
- D. non favorisce nessuno

10. L'accordo sulle barriere tecniche al commercio (TBT) promosso dall'OMC prevede:
- A. che non si possano imporre standard qualitativi alle merci in entrata
- B. che non si possano imporre standard ingiustificati
- C. che ciascun Paese possa imporre gli standard che ritiene più utili
- D. che le merci in entrata vengano rigorosamente controllate

Conoscenza del lessico giuridico

Scrivi la definizione, al massimo in tre righe, dei termini seguenti.

- Dazio
- Diritto internazionale dell'economia
- Accordi di Bretton Woods
- Fondo monetario internazionale
- Banca mondiale
- GATT
- GATS
- TRIPs
- Principio di non discriminazione
- Metodo del consenso
- Area di commercio preferenziale

- Organismo di risoluzione delle controversie (DSB)
- Mercato comune
- Area di libero scambio
- Unione doganale
- Unione economica e monetaria
- Organizzazione mondiale del commercio

Domande con risposte brevi

- Che cosa prevede l'Accordo SPS?
- Che cosa prevede il TRIPs?
- A quali tipi di Paesi eroga finanziamenti la Banca mondiale?
- Quali sono gli scopi dell'OMC?
- Come funziona la clausola della Nazione più favorita?
- Come funziona il DSB?
- Che cos'è il *Doha Round*?
- Che cosa prevede l'art. 24 del GATT?
- Come sono regolati i rapporti con i Paesi esterni a un'area di libero scambio?
- Quali vantaggi comporta il mercato unico per i Paesi aderenti?
- Quali sono le caratteristiche di una integrazione economica completa?
- Sotto il profilo dell'integrazione economica, come si colloca l'Unione europea?

Ragionamento e argomentazione

Rispondi ai quesiti seguendo la traccia fornita.

1. Spiega che cosa pensi degli accordi di Bretton Woods e quali Paesi ritieni che ne abbiano tratto maggiore vantaggio.

Gli accordi di Bretton Woods erano volti a ....
Personalmente ritengo che i vantaggi di tali accordi ....
perché ....

2. Spiega se ritieni che abbia qualche fondamento la pretesa dei Paesi meno sviluppati di avere un trattamento preferenziale nella liberalizzazione del commercio di beni.

I Paesi meno sviluppati non possono non aderire all'OMC perché ....
Per altro verso l'adesione comporta l'accettazione ....
Personalmente ritengo che ....
perché ....

3. Qual è la tua opinione sulla questione della tutela internazionale dei brevetti farmaceutici discussa nel *Doha Round*?

Durante il *Doha round* è stata denunciata la tecnica dell'*evergreen* adottata dalle multinazionali farmaceutiche. Questa tecnica consiste ....
Personalmente ritengo che ....
perché ....

4. Qual è la tua opinione in merito alla controversia sulla carne agli ormoni tra Usa e Ue?

La controversia tra Usa e Ue riguardava ....
Personalmente ritengo che ....
perché ....

PERCORSO F

IL MERCATO GLOBALE

COMPETENZE DI PERCORSO

COMPETENZE DI ASSE

- Orientare i propri comportamenti ai principi e ai valori espressi dalla Costituzione e dalle Carte internazionali
- Riconoscere i principali aspetti del sistema sociale ed economico allo scopo di operare in un determinato contesto produttivo

CONOSCENZE

- Comprendere il fenomeno della globalizzazione, con particolare riguardo alle sue implicazioni economiche
- Conoscere il processo formativo delle società multinazionali e il ruolo da esse svolto
- Conoscere i modelli societari previsti da alcuni ordinamenti europei

ABILITÀ

- Saper riflettere sugli aspetti positivi e negativi della globalizzazione
- Saper individuare i profili critici presenti in una determinata situazione economica

UNITÀ 1

La globalizzazione e le imprese multinazionali

1. I due aspetti della globalizzazione

Globalizzazione è un termine che designa, seppure in maniera molto generale e approssimativa, un complesso processo di trasformazione che riguarda l'economia, la politica, la tecnologia, la cultura, e che da alcuni decenni sta subendo una notevolissima accelerazione.

È un fatto positivo o negativo?

GLOBALIZZAZIONE
- → Culturale
- → Economica

Come tutti i grandi fenomeni che comportano importanti trasformazioni, anche per la globalizzazione si può dire tutto il bene o tutto il male possibile. L'importante è che i giudizi si fondino su considerazioni oggettive e non su impressioni emotive.

Diciamo allora che la globalizzazione va analizzata almeno sotto due aspetti.

▶ **Sotto l'aspetto culturale** questo fenomeno si presenta come sicuramente apprezzabile perché il superamento degli angusti limiti nazionali e l'apertura delle frontiere, anche semplicemente attraverso la rete telematica, favorisce la circolazione su scala planetaria delle idee, delle informazioni, delle scoperte. E la libera circolazione delle persone incoraggia incontri tra culture diverse che inizialmente possono anche respingersi,

ma nel tempo, superate le reciproche diffidenze, tendono a contaminarsi e a integrarsi.
In questo senso possiamo dire che la globalizzazione si presenta come una sorta di utopia che può rendere gli individui *cittadini del mondo.*

▶ **Sotto l'aspetto strettamente economico** questo processo subisce un notevole impulso con la fine della Seconda guerra mondiale quando si chiude, almeno nei Paesi occidentali, l'era dei nazionalismi e dei protezionismi e diventa patrimonio culturale comune il principio che solo la libera concorrenza può favorire la crescita economica. Le frontiere, prima protette da forti dazi, cominciano gradualmente ad abbassarsi, e le merci e i capitali iniziano a circolare sempre più liberamente tra gli Stati.
La formazione, nel Vecchio continente, delle comunità europee (oggi Unione europea) è stato il più chiaro e concreto segnale di questa svolta.

Ma la libera circolazione delle merci e dei capitali ha segnato anche l'avvio di un processo destinato a diventare sempre più condizionante per la vita economica e sociale del pianeta. Le grandi società industriali, minerarie, commerciali e di trasporto hanno cominciato a estendere la loro attività in altre Nazioni, assumendo così la forma di **società multinazionali**.
Nell'ultimo quarto del Novecento le società multinazionali hanno esteso le loro ramificazioni in tutti i continenti, dislocando le loro attività produttive dove appariva via via più opportuno e più conveniente.
Contemporaneamente, l'accresciuta competizione internazionale spingeva le più grandi società a fondersi con altre, formando gruppi di dimensioni colossali. Si calcola che oggi 60 mila *società madri*, per lo più con sede negli USA, in Giappone e in Europa, controllino oltre mezzo milione di filiali estere.

2. Come si forma una società multinazionale

Le grandi società hanno generalmente la forma di *società per azioni* nelle quali, come sappiamo, i soci versano ciascuno una parte del capitale e ricevono in cambio delle speciali *ricevute*, dette azioni.
Quando si vota in assemblea per assumere le più importanti decisioni (come l'elezione degli amministratori), ogni azione vale un voto. Ciò significa che il socio che possiede la maggioranza delle azioni ha il controllo della società.

Immaginiamo ora che la società giapponese **A**, che produce automobili, acquisti la maggioranza delle azioni della società italiana **B** che produce pneumatici e poi acquisti la maggioranza della società belga **C** che produce navigatori satellitari e ancora la maggioranza della società spagnola **D** che produce componentistica. Da questa serie di acquisti:

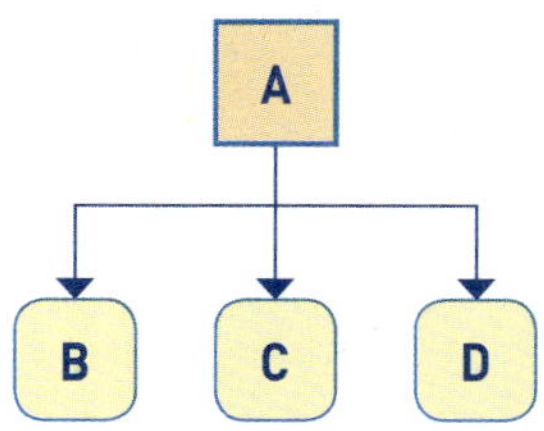

- sarà nato un **gruppo** di società;
- il gruppo sarà **multinazionale** perché opera in più Nazioni;
- la società **A**, che detiene la maggioranza azionaria di tutte le altre, verrà indicata come **società madre** o **capogruppo** (*holding* in inglese), perché dirigerà la politica dell'intero gruppo.

Ora supponiamo che un'altra società madre, la statunitense **K**, abbia il controllo di un altro gruppo multinazionale che si occupa di aerei, e immaginiamo che essa acquisti la maggioranza azionaria della società **A**. In questo modo si sarà formato un mega gruppo che controllerà una parte rilevante del mercato mondiale di automobili e aerei, al vertice del quale si troverà la società **K**.

Questo processo è un bene o un male?

La risposta è complessa. Se in un Paese una certa impresa si trova in difficoltà finanziarie e minaccia la chiusura, il fatto di essere acquistata da una società straniera, che vi immetta capitali freschi e rilanci la produzione e l'occupazione è sicuramente un evento positivo.
Il rovescio della medaglia è che la società acquistata, entrando a far parte di un gruppo multinazionale, perde la propria autonomia e le scelte che sarà obbligata ad assumere in futuro non risponderanno più alle sue specifiche esigenze, ma alla strategia generale del gruppo decisa dalla società madre. Può accadere così che, dopo il rilancio, si decida il ridimensionamento dell'impresa in questione o la sua chiusura, o il suo trasferimento. E le autorità locali non avranno alcuna possibilità di influire su scelte che sono state operate magari dall'altra parte dell'oceano.

È opinione diffusa che le multinazionali siano condotte con estremo cinismo e producano nel mondo più guai che vantaggi. È così?

Le grandi società multinazionali non godono generalmente di buona fama. Ma a ben guardare esse non fanno nulla di diverso da ciò che fa ogni imprenditore: operano per ottenere il massimo profitto. Questo obiettivo può essere perseguito nel rispetto delle regole, come è costume di tanti imprenditori, o in modo scorretto, come è comune a tanti altri: dal piccolo imprenditore che cerca, nei limiti del possibile, di pagare meno tasse e magari di assumere qualche lavoratore in nero, alla grande industria che, per risparmiare sui costi, cinicamente scarica nell'aria e nei corsi d'acqua fumi inquinanti oppure sostanze cancerogene, o ancora alla grandissima multinazionale che sfrutta il lavoro minorile nelle regioni interne della Cina o che sostiene regimi illiberali per avere manodopera a basso costo, o che condiziona, con la propria influenza, la politica delle grandi organizzazioni internazionali, come il Fondo monetario, la Banca mondiale o l'OMC.
La differenza, a ben guardare, è solo una questione di quantità. La multinazionale fa in grande quello che tanti altri spesso fanno in piccolo.

C'è qualcosa che si salva nell'opera delle multinazionali?

Un merito importantissimo da attribuire alle grandi società multinazionali è il progresso scientifico e tecnologico di cui alla fine tutti ci gioviamo.

La ricerca scientifica e l'innovazione tecnologica richiedono investimenti colossali e solo una impresa di adeguate dimensioni può operare questo tipo di investimenti.

Anche sotto il profilo sociale occorre considerare che le imprese che vanno a investire in India, in Asia o in Africa in qualche modo creano lavoro e reddito. Magari basso, bassissimo, ma pur sempre reddito. E la storia dell'Occidente ha insegnato che quando il reddito comincia a crescere, cominciano a crescere anche le aspettative dei lavoratori e le loro pretese. Ciò spinge alla sindacalizzazione, alla rivendicazione dei propri diritti e, in definitiva, alla richiesta di democrazia.

Certo i tempi di questo processo evolutivo possono essere anche molto lunghi. Ne sanno qualcosa, per esempio, gli studenti cinesi che periodicamente si ribellano e sistematicamente vengono repressi. Ma del resto anche in Italia, nel 1898, il generale Bava Beccaris disperse a cannonate, a Milano, una folla di persone che protestava contro il carovita e per questo venne fatto senatore del regno. Ancora, durante il fascismo, scioperare era un reato punibile con la galera.

QUESTIONI

Qual è la differenza tra imprese nazionali, multinazionali e transnazionali?

Impresa nazionale è chiamata quella che nasce in un Paese e in esso conserva la propria sede, la totalità del proprio capitale e l'esercizio della propria attività.
L'impresa multinazionale, come abbiamo visto sopra, è costituita da un gruppo di imprese che fanno capo alla società madre, o *holding*, la quale detiene il pacchetto azionario di maggioranza dell'intero gruppo e pertanto decide e impone la strategia del gruppo.
Transnazionale invece (anche se la definizione non ha valore giuridico) è chiamata l'impresa che ha in un Paese la sede centrale e in altri Paesi più filiali, ciascuna delle quali ha una propria indipendenza gestionale e tutte insieme concorrono a determinare la strategia del gruppo.
La più evidente differenza con le società multinazionali, pertanto, è la diversità del centro decisionale.

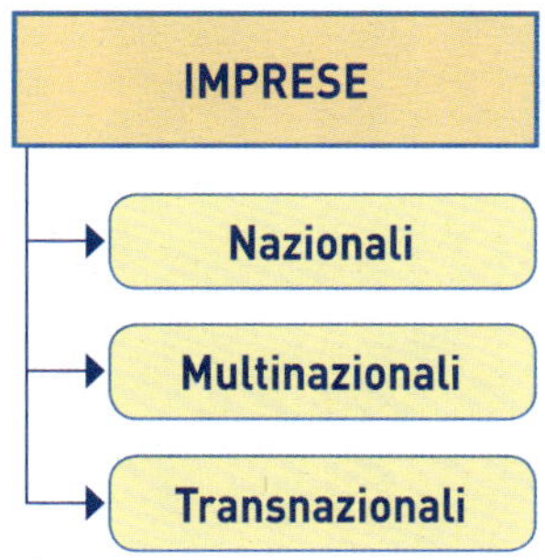

3. Quali effetti produce la finanza globalizzata

Una rapida accelerazione al processo di globalizzazione dell'economia è stata impressa dalla liberalizzazione della circolazione monetaria, operata da un numero sempre maggiore di Stati.
Si è formato in tal modo un mercato finanziario globale che si avvale della rete telematica per spostare capitali da una Borsa all'altra e da un mercato valutario all'altro ventiquattr'ore su ventiquattro.
Questi continui spostamenti condotti alla ricerca di un elevato e rapido profitto stanno però creando difficoltà molto gravi all'economia reale.

Per avere un'idea del problema dobbiamo innanzi tutto distinguere:

- **l'attività economica**, nella quale il profitto è dato dalla produzione e vendita di beni e servizi,
- **dall'attività finanziaria**, nella quale il profitto è dato dall'impiego di grandi masse monetarie utilizzate spesso in scommesse speculative ad alto rischio.

Queste scommesse, nei casi più semplici, simulano l'acquisto o la vendita di titoli azionari e obbligazionari o di materie prime, come il petrolio, facendone salire o precipitare le quotazioni e sconvolgendo i piani industriali delle imprese.

Chi conduce queste speculazioni finanziarie con tutto il loro carico di negatività?

Paradossalmente, le conducono o comunque vi partecipano gli stessi protagonisti dell'economia reale (banche, assicurazioni, grandi multinazionali) che vi impegnano una parte dei loro capitali. E può accadere che operazioni troppo rischiose causino vere catastrofi finanziarie come quella che, partita dagli USA nel 2008, ha sconvolto le economie di mezza Europa.

4. Quale ruolo assume lo Stato nell'era globale

Nell'ultima metà del Novecento, in quasi tutti i Paesi industrializzati lo Stato era diventato soggetto attivo della vita economica gestendo, direttamente o indirettamente, molte imprese pubbliche.
Ma verso la fine del secolo, una ventata di nuovo liberismo ha indotto quasi tutti i Governi occidentali a procedere a una massiccia opera di **privatizzazione**.
Hanno cominciato a essere vendute a società private non solo banche pubbliche e imprese industriali, ma anche aziende addette alla erogazione di servizi fondamentali come i servizi postali, di telecomunicazione, dei trasporti oppure di fornitura di energia elettrica, acqua, gas.

Chi ha acquistato tutte queste imprese?

Come è facile immaginare, la parte del leone l'hanno fatta i grandi gruppi *multinazionali.* È accaduto così, in molti Paesi, che servizi pubblici fondamentali per la vita del cittadino siano ora gestiti in funzione della strategia globale del gruppo e non più in funzione delle esigenze della collettività nazionale.

Particolarmente penetrante è l'azione dei *gruppi* nelle aree in via di sviluppo.

Nei Paesi soffocati dal debito estero i Governi, spinti dall'esigenza di incassare denaro, stanno cedendo le grandi aziende pubbliche a prezzi spesso molto inferiori al loro valore reale. E le grandi società transnazionali che le stanno acquistando assumono senza sforzo il controllo quasi assoluto dei settori strategici dell'economia.

QUESTIONI

La privatizzazione dell'acqua

La privatizzazione delle aziende pubbliche che forniscono acqua potabile è in forte crescita sia nei Paesi più sviluppati sia in quelli meno sviluppati. Negli ultimi decenni si è così creato un mercato privato dell'acqua il cui giro di affari equivale, secondo alcune stime, a circa il 40% di quello del petrolio. Questo mercato è controllato da una decina di grandi gruppi transnazionali. Il gruppo francese Suez, per esempio, gestisce in oltre 40 Paesi circa 1.000 centrali idriche che alimentano quasi 125 milioni di clienti.
Si calcola che nei prossimi quindici anni i maggiori gruppi controlleranno in Europa e in Nord America il 65 o il 75% degli acquedotti pubblici.
I sostenitori delle privatizzazioni affermano che la gestione privata degli acquedotti alla lunga abbasserà i costi per il consumatore e diminuirà gli sprechi. Purtroppo l'esperienza dimostra il contrario: le imprese che acquisiscono il controllo delle reti idriche non hanno alcun interesse immediato a spendere soldi per risanare gli impianti. Però, a causa del monopolio o dell'oligopolio che viene a formarsi, esse hanno la possibilità di aumentare le tariffe per l'erogazione.
In Francia, per esempio, dove il servizio di distribuzione è stato delegato ai privati, si è registrato un aumento medio dei prezzi del 50%.
Molto più consistenti sono stati gli aumenti nei Paesi in via di sviluppo. In diversi casi le tariffe sono raddoppiate o addirittura triplicate, permettendo ai gestori privati di accrescere l'utile netto del 700%.
Le conseguenze sociali e sanitarie sono gravissime. In Sudafrica quasi 10 milioni di persone si sono viste sospendere l'erogazione dell'acqua perché non hanno potuto pagare le bollette.

5. Globalizzazione e delocalizzazione

Delocalizzazione significa, in generale, trasferimento da un luogo all'altro. In economia con questo termine si intende soprattutto il trasferimento dell'attività produttiva dai Paesi di origine verso Paesi che offrono maggiori opportunità di profitto.

Tra le tante specifiche ragioni che generalmente spingono alla delocalizzazione possiamo individuarne due: la necessità di *penetrare in nuovi mercati* e la possibilità di *ridurre i costi* di produzione.

La ricerca di nuovi mercati

Abbiamo visto nel Percorso E come, per agevolare il commercio internazionale, si siano costituite **aree di libero scambio** all'interno delle quali circolano senza ostacoli merci e capitali. Ma chi voglia esportare fuori di queste aree deve ancora sopportare le limitazioni imposte dal Paese importatore.

DELOCALIZZAZIONI
- Ricerca di nuovi mercati
- Riduzione dei costi di produzione

Anche molte imprese italiane hanno attuato ormai da decenni in tutto o in parte il trasferimento delle proprie attività produttive all'estero, soprattutto in America Latina, in Asia e nell'Europa centro-orientale.
Una corrente particolarmente intensa è diretta verso la Romania, dove sono attualmente registrate più di diecimila aziende italiane operanti nei settori calzaturiero, tessile, meccanico e della lavorazione del legno.

Pertanto, se un'impresa, poniamo italiana, volesse esportare i propri prodotti in un Paese non facente parte dell'Unione europea, dovrebbe prendere accordi con il Paese di importazione, magari con l'assistenza di organismi intergovernativi, come l'Organizzazione mondiale del commercio.
Ma se trasferisse in quel Paese parte della sua attività produttiva, non sarebbe più qualificata come *straniera*, e potrebbe espandersi liberamente su quel mercato.

La ricerca del basso costo di produzione

Diverso, rispetto all'ipotesi sopra prospettata, è il caso in cui il trasferimento delle imprese all'estero (soprattutto in taluni Paesi asiatici e dell'Est europeo) sia operato solo perché consente di impiegare manodopera a basso costo. In questo caso siamo in presenza di un'attività speculativa che perpetua lo sfruttamento del lavoro umano e altera le condizioni del libero mercato ponendo in seria difficoltà le imprese che, per scelta o per necessità, mantengono la loro attività in patria e sopportano i maggiori costi indotti dal progresso sociale.

Si presume che a spingere molti imprenditori a trasferire la produzione nei Paesi meno sviluppati siano soprattutto:

- il basso costo del lavoro;
- la debole presenza dei sindacati;
- la maggiore libertà di licenziamento;
- la presenza di norme sulla sicurezza, sulla salute in fabbrica e sulla difesa dell'ambiente molto più permissive che in Italia e, soprattutto, più facilmente eludibili.

6. I diversi giudizi sulla globalizzazione

I pareri sugli effetti della globalizzazione sono sicuramente variegati, ma in grande sintesi possono essere così riassunti.

Per i grandi organismi intergovernativi, soprattutto Fondo monetario internazionale, Banca mondiale e Organizzazione internazionale del commercio, la globalizzazione dell'economia è da valutare positivamente perché ha portato una maggiore crescita economica a livello globale e ha contribuito a migliorare le condizioni sociali anche nei Paesi in via di sviluppo ai quali ha consentito di esportare i loro prodotti verso mercati più ricchi.

Piuttosto critiche, su tali conclusioni, sono le **organizzazioni non governative** che operano a sostegno dei Paesi in via di sviluppo. I loro operatori ritengono generalmente (e in verità i fatti lo confermano) che la globalizzazione non ha portato alcuna crescita in quei Paesi ma solo un aumento delle disuguaglianze sociali tra ricchi sempre più ricchi e poveri sempre più poveri. Né vale a contraddire questa affermazione il fatto che in taluni di questi

Paesi, come la Cina, il *prodotto interno lordo* sia in aumento. L'aumento del PIL è un fatto positivo solo se si traduce in benessere sociale.

Ipercritico, sugli effetti della globalizzazione, è il cosiddetto **movimento no-global**, secondo i cui attivisti la globalizzazione ha dato una forza inimmaginabile alle grandi società multinazionali, che per un verso riescono a condizionare la politica interna ed estera dei Governi occidentali, e per altro verso possono favorire il persistere nel mondo di zone franche nelle quali i diritti umani non sono garantiti e i salari sono mantenuti a un bassissimo livello.

Una posizione più possibilista ha assunto invece il **movimento new-global**, cioè *nuova globalizzazione*. La tesi sostenuta è che il fenomeno può anche essere valutato positivamente se fatto rientrare in una strategia politica globale che aiuti i Paesi in via di sviluppo a crescere aprendo loro i mercati all'Occidente senza soffocarli con l'invasione dei nostri prodotti e senza favorire regimi illiberali utili a mantenere bassi i salari con la violenza poliziesca.

Nel 2013 papa Bergoglio si è espresso contro il modello di globalizzazione attuale sostenendo che essa sta rubando dignità alle persone.

QUESTIONI

Una riflessione tra aumento del PIL e benessere sociale

Prodotto interno lordo (in acronimo PIL) è chiamato il valore di tutti i beni e servizi prodotti in un anno in un Paese. E non v'è dubbio che più un Paese produce e più è ricco.

Produrre ricchezza non basta. Perché in un Paese ci sia benessere diffuso è importante capire come la ricchezza prodotta viene impiegata e distribuita.

Condizioni minime affinché in un Paese *prodotto interno lordo* e *benessere sociale* tendano a coincidere sono:

- che il tasso di disoccupazione sia molto basso;
- che i cittadini dispongano di un ragionevole reddito;
- che i servizi pubblici siano di buon livello;
- che l'ambiente sia ben tutelato.

Solo così si può dire che la crescita economica è fonte di benessere collettivo.

Riguardando gli appunti

1. **Che cosa si intende per globalizzazione dell'economia?**
   - Globalizzazione è un termine che designa, seppure in maniera molto generale e approssimativa, un complesso processo di trasformazione che riguarda l'economia, la politica, la tecnologia, la cultura e che, da alcuni decenni, sta coinvolgendo (e sconvolgendo) il mondo intero.

2. **Quando inizia questo processo?**
   - Sotto l'aspetto strettamente economico questo processo si avvia con la fine della Seconda guerra mondiale. In quel periodo si chiude, almeno nei Paesi occidentali, l'era dei nazionalismi e dei protezionismi e le grandi società industriali, minerarie, commerciali e di trasporto cominciano a estendere la loro attività in altre Nazioni, assumendo così la forma di società multinazionali.

3. **Come operano tradizionalmente le società multinazionali?**
   - Solitamente la società madre fonda o acquista all'estero altre imprese, le quali assumono o conservano una loro autonomia solo per la gestione ordinaria.
   - Per la strategia generale esse dipendono dalle scelte operate dalla società madre.

4. **La formazione di gruppi multinazionali è un bene o un male?**
   - È un fatto positivo che, quando un'impresa si trova in difficoltà finanziarie, essa venga acquistata da una società straniera che vi immetta capitali freschi e rilanci la produzione e l'occupazione. È negativo che la società acquistata, entrando a far parte di un gruppo multinazionale, perda la propria autonomia.

5. **Quale ruolo vanno assumendo gli Stati in questa fase dello sviluppo economico?**
   - Gli Stati stanno perdendo buona parte dei loro tradizionali strumenti di controllo dell'economia. Per un verso, infatti, le privatizzazioni hanno consegnato ai gruppi transnazionali il controllo di imprese di vitale importanza per la vita del Paese, che ora vengono gestite non più in funzione delle esigenze nazionali, ma in funzione della strategia globale del gruppo.

6. **Quali effetti ha prodotto la liberalizzazione della circolazione monetaria?**
   - La liberalizzazione ha permesso la formazione di un mercato finanziario globale per effetto del quale grandi masse monetarie vengono spostate continuamente alla ricerca dell'impiego più remunerativo, e ciò talvolta comporta gravi difficoltà all'economia reale.

7. **Che cosa intendiamo per "delocalizzazione"?**
   - Delocalizzazione è chiamato il trasferimento di imprese da un Paese all'altro. Questo trasferimento può essere motivato dall'esigenza di penetrare in nuovi mercati, oppure dalla volontà di aumentare i profitti delocalizzando in luoghi dove il costo del lavoro è molto basso e le garanzie a tutela dei lavoratori sono minime.

8. **All'aumento del prodotto interno lordo corrisponde sempre un uguale aumento del benessere sociale?**
   - Prodotto interno lordo (in acronimo PIL) è chiamato il valore di tutti i beni e servizi prodotti in un anno in un Paese.
   - Condizioni minime affinché in un Paese *prodotto interno lordo* e *benessere sociale* tendano a coincidere sono:
     - che il tasso di disoccupazione sia molto basso;
     - che i cittadini dispongano di un ragionevole reddito;
     - che i servizi pubblici siano di buon livello;
     - che l'ambiente sia ben tutelato.

     Solo così si può dire che la crescita economica è fonte di benessere collettivo.

Test a risposta multipla

Indica con una crocetta l'affermazione esatta.

1. La globalizzazione come fenomeno economico ha inizio:
A. con la rivoluzione industriale
B. dopo la Prima guerra mondiale
C. dopo la Seconda guerra mondiale
D. all'inizio del Duemila

2. Con il termine *holding* si indica:
A. una società che ha sede all'estero
B. la società capogruppo
C. una società multinazionale
D. un gruppo societario

3. La globalizzazione favorisce un maggiore intervento dello Stato nell'economia?
A. no
B. sì
C. solo nei Paesi in via di sviluppo
D. la globalizzazione non ha alcun effetto sul ruolo dello Stato nell'economia

4. Il trasferimento dell'attività produttiva verso un Paese che offre maggiori profitti:
A. è detto globalizzazione
B. è detto privatizzazione
C. è detto decentralizzazione
D. è detto delocalizzazione

5. Esprimono una posizione possibilista verso la globalizzazione:
A. i movimenti no-global
B. i movimenti yes-global
C. i movimenti new-global
D. i movimenti now-global

Sai qual è la differenza tra...

a. Globalizzazione *e* Delocalizzazione
b. Impresa multinazionale *e* Impresa nazionale
c. Attività economica *e* Attività finanziaria
d. Movimento no-global *e* Movimento new-global

SÌ/NO... Perché?

Indica con una crocetta la risposta esatta e motiva la tua scelta.

1. La globalizzazione è un processo che riguarda solo l'aspetto economico? SÌ NO Perché ...
2. Hanno un ruolo importante le società multinazionali nel campo della ricerca scientifica e tecnologica? SÌ NO Perché ...
3. Le privatizzazioni, soprattutto nei Paesi in via di sviluppo, hanno favorito le grandi multinazionali? SÌ NO Perché ...
4. La delocalizzazione consiste solo nella ricerca di minori costi di produzione? SÌ NO Perché ...
5. Il ruolo dello Stato è aumentato nel mondo globalizzato? SÌ NO Perché ...
6. Il movimento new-global è contrario alla globalizzazione? SÌ NO Perché ...

UNITÀ 2

Le società commerciali nel diritto internazionale

1. La nazionalità delle persone giuridiche

Tutte le persone fisiche, come abbiamo visto nel Percorso A, hanno una **cittadinanza** (a parte gli apolidi) che indica l'appartenenza a un determinato Stato e la soggezione alle leggi di questo.
Per le persone giuridiche (soprattutto associazioni e società commerciali) si parla, per convenzione, di *nazionalità.*

▶ **La nazionalità della persona giuridica** indica lo Stato a cui questa appartiene e, per conseguenza, il regime giuridico a cui è soggetta.
Pertanto a un'impresa con nazionalità francese si dovrà applicare il diritto francese, a una con nazionalità tedesca il diritto tedesco, e così via.

Come si individua la nazionalità di una persona giuridica?

Il nostro ordinamento, in armonia con il diritto dell'Unione europea, opera una distinzione tra persone giuridiche con o senza scopo di lucro:

- **le persone giuridiche senza scopo di lucro** (per esempio le associazioni di volontariato o le fondazioni) sono considerate italiane se sono state *costituite e registrate in Italia*;
- **le persone giuridiche aventi scopo di lucro** (e quindi essenzialmente le società commerciali) sono italiane se hanno la propria *sede in Italia.*

La sede è il luogo in cui la persona giuridica svolge prevalentemente la propria attività e normalmente corrisponde al luogo nel quale ha i propri uffici principali o il proprio stabilimento industriale.

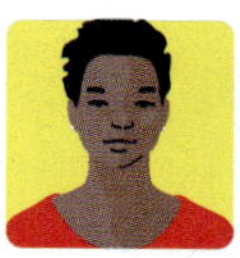

E se un imprenditore, per esempio italiano, aprisse all'estero una o più sedi secondarie?

L'apertura di una o più sedi secondarie in un Paese diverso da quello nel quale si trova la sede principale non modifica la nazionalità.
Pertanto, un'impresa italiana che apra una sede secondaria in America sarà sempre italiana, come sarà sempre americana l'impresa statunitense che apra una sede secondaria in Italia.
L'unico obbligo disposto per questi casi dal nostro Codice civile riguarda la registrazione. L'art. 2197 c.c. dispone in proposito che:

Per la nazionalità delle persone giuridiche senza scopo di lucro vedi gli articoli 1, 3 e 4 della legge 361/2000, recante norme sulla semplificazione del procedimento di riconoscimento delle persone giuridiche, nonché l'art. 25 della legge 218 del 1995, recante la riforma del sistema italiano del diritto internazionale privato.
Per la nazionalità delle società vedi gli articoli 16, 2295, 2328, 2463 del Codice civile, nonché l'art. 25 della legge 218 del 1995.

- se un imprenditore straniero apre una sede secondaria in Italia, deve registrarla presso l'*Ufficio del registro delle imprese* del luogo dove la sede secondaria sarà collocata;
- se un imprenditore italiano apre una sede secondaria all'estero deve chiederne l'iscrizione anche in Italia presso l'*Ufficio del registro* nella cui circoscrizione si trova la sede *principale.*

Sottolineiamo che *sedi secondarie* sono i luoghi in cui si svolge l'attività della persona giuridica in misura quantitativamente inferiore rispetto alla sede principale.

Le imprese straniere possono essere in qualche modo discriminate?

La costituzione di aree di libero scambio e la rete di accordi e convenzioni tessuta soprattutto dagli organismi internazionali come l'*Organizzazione mondiale del commercio* tende a ridurre moltissimo le possibili discriminazioni, cioè le diversità di trattamento. In un mondo globalizzato si tende sempre di più a riconoscere alle imprese straniere gli stessi diritti delle società nazionali.
Ciò non di meno il diritto nazionale può escludere che le sedi secondarie di società straniere possano svolgere attività capaci di influire sugli interessi strategici del Paese, sulla salute e sull'ordine pubblico.

2. La libertà di stabilimento nell'Unione europea

La qualifica di società straniera è sicuramente applicabile alle società appartenenti a Paesi non compresi nell'Unione europea.
È sempre meno applicabile, invece, alle società che hanno la loro sede in uno qualsiasi dei Paesi dell'Unione. Per queste opera la regola della *libertà di stabilimento* sancita dagli artt. 49-55 del Trattato sul funzionamento dell'Unione europea.
La libertà di stabilimento garantisce la mobilità delle imprese e dei professionisti all'interno della Ue e riconosce il diritto alla parità di trattamento tra le imprese di qualsiasi Paese membro. Quindi, un'impresa operante nel settore dell'energia di nazionalità tedesca dovrà poter accedere al mercato italiano come un'impresa italiana, e viceversa.

È come se le imprese avessero una nazionalità europea?

La risposta è negativa. Libertà di stabilimento non significa uniformità normativa.
Per le persone giuridiche in generale, e per le società commerciali in particolare, siamo ancora ben lontani da una nazionalità unica europea. Ancora oggi le normative nazionali sull'attività delle persone giuridiche, sui loro ob-

> La parola "**dumping**" non ha un corrispettivo in italiano. Il concetto nasce in ambito economico e indica una vendita operata a un prezzo talmente basso da eliminare dal mercato le imprese che non possono sostenerlo perché hanno costi di produzione più alti.

blighi legali e soprattutto sulle tasse a esse imposte variano molto da Paese a Paese all'interno dell'Ue.
Questa disomogeneità normativa è fonte di non pochi problemi. E tra questi di grande importanza è quello della *delocalizzazione*. Le imprese, sfruttando la libertà di stabilimento, possono spostare la propria sede nei Paesi dove la normativa fiscale o del lavoro è più favorevole.
Così, per esempio, un'impresa italiana che sposti la propria sede in Irlanda pagherà in quel Paese le imposte, giovandosi di aliquote decisamente inferiori. Similmente, un'impresa spagnola che sposti la propria sede in Polonia potrà applicare ai contratti di lavoro la legislazione polacca, che riconosce minori tutele al lavoratore dipendente. Ma in questo modo si impoverisce il proprio Paese e si arricchisce quello in cui ci si insedia.
Questa discutibile strategia commerciale viene chiamata di *law shopping* (letteralmente, "compravendita del diritto") o *social dumping* (letteralmente, "dumping sociale") ed è uno dei più seri problemi attuali dell'Europa.

A quali norme sono soggette le società di Paesi europei che abbiano nel nostro Paese una o più sedi secondarie?

> **Ai terzi che hanno compiuto operazioni con la sede secondaria**, stabilisce ancora l'art. 2508 c.c., non può essere opposta la difformità degli atti pubblicati nel nostro Paese rispetto a quelli pubblicati nello Stato dove è situata la sede principale della società.
> Fino all'adempimento delle formalità indicate dalla legge, coloro che agiscono in nome della società rispondono illimitatamente e solidalmente per le obbligazioni sociali.

Il nostro ordinamento non pone particolari condizioni per la costituzione in Italia di una sede secondaria di società europee. L'art. 2508 c.c., in attuazione alla direttiva comunitaria 89/666, dispone solo che le società costituite all'estero, le quali stabiliscono nel territorio del nostro Stato una o più sedi secondarie, siano soggette alle disposizioni della legge italiana **sulla pubblicità degli atti**.
Esse devono inoltre pubblicare nel registro delle imprese il cognome, il nome, la data e il luogo di nascita delle persone che le rappresentano stabilmente nel territorio dello Stato con l'indicazione dei relativi poteri.
L'assenza di altre condizioni o limitazioni risponde chiaramente alla convenienza, per lo Stato ospitante, di agevolare l'ingresso sul proprio territorio di imprese che opereranno investimenti, e creeranno nuova occupazione.

Eppure sento spesso dire che l'Italia è un Paese che non attira investitori stranieri!

Questo è vero, ma non dipende dalle disposizioni relative alle società. Il problema principale italiano, da quel punto di vista, è rappresentato dall'elevata tassazione e dalle difficoltà di prevedere l'andamento dei rapporti con la Pubblica amministrazione. Questi fattori non sollecitano gli investitori esteri a svolgere le proprie attività in Italia e penalizzano l'intero Paese.

3. La società europea

Per agevolare operazioni di fusione o la creazione di *holding* tra società dell'Unione europea, è stata concepita, dopo una lunga gestazione, la **società eu-**

ropea (S.e.). Si tratta di un nuovo modello societario regolato per gran parte da norme dell'Unione.

Chi ha interesse a giovarsi di questo nuovo modello societario?

Alla costituzione della S.e. si può ricorrere con vantaggio tutte le volte in cui:

- si vuole operare la **fusione** tra S.p.a. con sedi sociali in differenti Stati membri dell'Unione europea;
- si vuole **costituire una *holding*** da parte di almeno due S.p.a. o S.r.l. con sede sociale in Stati membri differenti;
- si vuole **trasformare** una S.p.a. che abbia da almeno due anni una filiale in un altro Stato membro.

LA SOCIETÀ EUROPEA È UTILE PER

- operare fusioni
- costituire *holding*
- trasformare società

Come si presenta questa nuova società?

▶ **La società europea**:

- è una società di capitali;
- acquista la personalità giuridica con l'iscrizione, in un apposito albo, effettuata nello Stato membro in cui essa ha sede;
- può essere costituita con un capitale minimo di 120 mila euro suddiviso in azioni;
- può essere organizzata secondo un sistema monistico (un'assemblea degli azionisti e un organo di amministrazione) oppure secondo un sistema dualistico (un'assemblea degli azionisti e un organo di direzione affiancato da un organo di vigilanza).

Sono società di capitali quelle per le quali risponde delle obbligazioni sociali solo la società con il proprio patrimonio.
Sono società di persone quelle nelle quali per le obbligazioni sociali rispondono anche i soci solidalmente e illimitatamente.

Una caratteristica di grande importanza è la obbligatorietà, per questa società, di prevedere la costituzione di un organo di rappresentanza dei lavoratori che partecipi non alla gestione corrente ma all'attività di vigilanza e alle scelte strategiche più rilevanti. Senza tale organo la S.e. non può essere costituita.

Ha avuto successo il modello di società europea?

Per la verità non molto. Il capitale sociale minimo è ritenuto generalmente troppo elevato e la normativa, caratterizzata da numerosi rinvii alle leggi nazionali, è giudicata troppo complessa. Per tali ragioni si chiede da più parti di riconsiderare questo modello societario e renderlo maggiormente fruibile. Nel 2014 le società europee costituite erano 1.601 ma di queste solo 234 sono effettivamente operanti.

4. Il Gruppo europeo di interesse economico (GEIE)

Per agevolare le imprese, anche extraeuropee, che operano in più Paesi dell'Unione è stato introdotto nel nostro ordinamento, con il d.lgs. 240 del 1991, il *Gruppo europeo di interesse economico* (GEIE).

▶ **Il GEIE** è una organizzazione che ha lo scopo di facilitare ai propri membri lo svolgimento dell'attività economica nei vari Paesi dell'Unione europea compiendo per loro conto importanti funzioni ausiliarie. Per esempio, il GEIE può acquistare o vendere beni e servizi per conto dei suoi membri, può partecipare ad appalti di opere pubbliche e può fornire servizi di assistenza e consulenza di vario genere.
Nel nostro ordinamento il GEIE costituisce una figura del tutto nuova, ma per la funzione che svolge può essere avvicinato a un consorzio.
Ha una sua propria capacità di agire che gli consente di stipulare contratti e di assumere obbligazioni per il cui inadempimento rispondono solidalmente e illimitatamente i membri del gruppo. Se il GEIE svolge attività commerciale può essere sottoposto alla procedura fallimentare.
Possono costituire un GEIE e usufruire dei suoi servizi le società, gli imprenditori individuali, i professionisti e in genere qualsiasi ente che voglia operare in diversi Paesi dell'Unione europea.
L'atto costitutivo deve essere redatto per atto pubblico e iscritto nel registro delle imprese del luogo dove il GEIE ha sede.

Il consorzio è un contratto con il quale più imprenditori costituiscono una organizzazione per svolgere alcune attività comuni alle rispettive imprese, come gli approvvigionamenti, la pubblicità, la vendita dei prodotti, e così via.

5. Modelli societari in alcuni Paesi europei

I modelli societari previsti dagli ordinamenti nei maggiori Paesi industrializzati presentano tra loro notevoli analogie. Ovunque è possibile riconoscere gli schemi delle società in nome collettivo, delle società in accomandita, delle società a responsabilità limitata e delle società per azioni. Vediamo ora brevemente queste similitudini, avvertendo tuttavia che quando si scende a un'analisi più puntuale le diversità normative tra un Paese e l'altro sono molte e significative.

Le società nell'ordinamento giuridico francese

Il sistema societario francese presenta molte affinità con quello italiano, dovute alla comune tradizione *romanistica*, ma presenta anche alcune differenze.

▶ **Le società commerciali** si distinguono, proprio come in Italia, in due grandi gruppi:

- le società di persone, che comprendono la *société en nom collectif* (S.n.c.) e la *société en commandite simple* (S.a.s.),
- e le società di capitali.

Sia le une che le altre debbono essere iscritte nel registro delle imprese e con l'iscrizione acquistano tutte la cosiddetta *personnalité morale*. Ricordiamo che in Italia, invece, l'iscrizione nel registro comporta l'acquisto della *personalità giuridica* soltanto per le società di capitali.

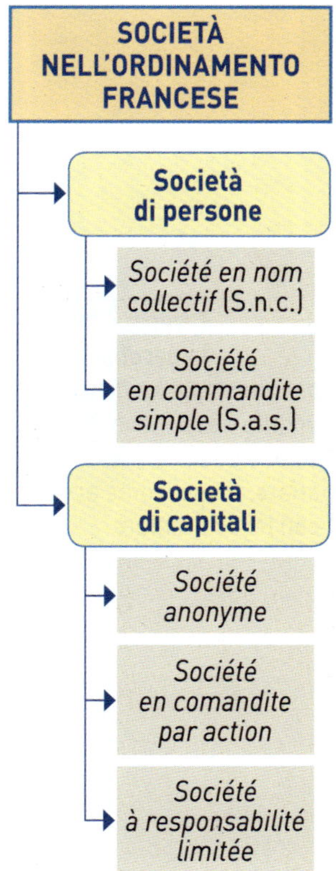

▸ **Le società di persone** presenti nell'ordinamento francese, come detto, sono di due tipi:

- la *société en nom collectif* (S.n.c.) nella quale per le obbligazioni sociali rispondono i soci solidalmente e illimitatamente;
- la *société en commandite simple* (S.a.s.) nella quale per le obbligazioni sociali rispondono solidalmente e illimitatamente i soci accomandatari e, limitatamente alla quota conferita, i soci accomandanti.

▸ **Le società di capitali**, proprio come nel nostro ordinamento, si dividono in tre forme principali:

- *société anonyme* (corrispondente alla nostra S.p.a.);
- *société en commandite par action* (S.a.p.a.);
- *société à responsabilité limitée* (S.r.l.).

Le società nell'ordinamento giuridico tedesco

Il sistema delle società in Germania è affine a quello francese e italiano e presenta la medesima articolazione in società di persone e società di capitali. Sia le une che le altre debbono essere iscritte nel registro delle imprese e, come in Francia, con l'iscrizione acquistano quella che in Italia è chiamata *personalità giuridica*.

▸ **Alle società di persone appartengono**:

- la *offene Handelsgesellschaft*, corrispondente alla nostra società in nome collettivo (S.n.c.);
- la *Kommanditgesellschaft*, corrispondente alla nostra S.a.s.

▸ **Alle società di capitali appartengono**:

- la *Gesellschaft mit beschränkter Haftung* che è molto simile alla nostra S.r.l.;
- la *Aktiengesellschaft*, che richiama la nostra S.p.a., nella forma costituita con sistema di governo di tipo dualistico.

Le società nell'ordinamento giuridico britannico

Molto diverso dal nostro è invece il sistema britannico, dove non esiste neppure una distinzione tra diritto civile e diritto commerciale, e dove qualsiasi cittadino insolvente, anche non imprenditore, può essere assoggettato all'istanza di fallimento. Per quanto attiene alle società, esse si possono suddividere in due grandi gruppi: le *partnership* e le *company*.

▸ **La *partnership*** è un tipo di società commerciale caratterizzata dal fatto che può contemplare un numero limitato di soci. Si costituisce con un contratto a forma libera, detto *partnership agreement*, e può assumere la forma di *ordinary partnership* o di *limited partnership*:

- la *ordinary partnership* è una società nella quale tutti i soci sono solidalmente responsabili per le obbligazioni sociali (come i soci delle nostre S.n.c.), ma non beneficiano della preventiva escussione del patrimonio sociale;
- la *limited partnership* è una società nella quale sono presenti soci illimitatamente responsabili, detti *general partners* e soci limitatamente responsabili, detti *limited partners*, a cui non è consentito occuparsi dell'amministrazione. Si tratta di un modello societario molto simile alle nostre società in accomandita.

Diversa è invece la ***peculiar partnership***, che nasce da un atto associativo diretto a concludere un solo affare, un po' come accade con le *joint venture*.

▶ **Anche le *company*** si dividono in due grandi gruppi:

- le *unlimited company*, nelle quali i soci hanno una responsabilità illimitata per le obbligazioni sociali;
- le *company limited by share*, nelle quali la responsabilità dei soci è limitata alla quota conferita.

  Le ***company limited by share***, a loro volta, si suddividono in:

  - *public company*, che corrisponde alla nostra S.p.a e deve avere un capitale minimo stabilito dalla legge;
  - *private company*, che costituisce una via di mezzo tra una nostra S.r.l. e una S.p.a. di piccole dimensioni.

6. L'assistenza alle imprese italiane esportatrici

Svolgere attività d'impresa all'estero non è semplice. Oltre agli ovvi problemi economici legati al proporsi su un mercato diverso da quello di appartenenza, un'impresa italiana che voglia esportare deve considerare tutta una serie di altri ostacoli. Tra questi, uno dei più rilevanti è la normativa del Paese sul cui mercato vuole vendere i propri prodotti.

Per agevolare le imprese italiane è stata costituita con la legge n. 111 del 2011 l'Agenzia ICE.

Il sito dell'Agenzia ICE è disponibile al seguente indirizzo: http://www.ice.gov.it/

▶ **L'Agenzia ICE** è un'organizzazione inquadrata all'interno del Ministero dello Sviluppo economico che si occupa della promozione all'estero e della internazionalizzazione delle imprese italiane.

La sede principale dell'ICE si trova a Roma ma sedi distaccate si trovano a Milano e soprattutto in ogni Ambasciata italiana all'estero. In particolare l'Agenzia ICE si occupa di:

- promuovere consorzi tra piccole e medie imprese in modo da raggiungere dimensioni imprenditoriali capaci di competere sui mercati internazionali;

- concludere accordi con Paesi esteri che garantiscano alle imprese italiane condizioni simili a quelle delle imprese nazionali;
- promuovere i prodotti italiani all'estero, organizzando specifici eventi per farne conoscere la qualità;
- fornire assistenza alle imprese all'estero.

Per svolgere questi compiti, l'Agenzia ICE si rapporta con le Regioni e con ogni altra organizzazione rappresentativa delle imprese, come le Camere di commercio o le confederazioni di industriali e artigiani.

7. I servizi assicurativi per il commercio estero

L'Agenzia ICE non è l'unico organismo che si occupa di promuovere le esportazioni italiane. Esistono infatti altre strutture che, pur non operando direttamente sul commercio estero, ne facilitano lo svolgimento.
La prima struttura di questo tipo è il *Gruppo per i Servizi assicurativi del commercio estero* (*SACE*).

▶ **SACE** si occupa del cosiddetto "export credit", ossia di dare liquidità alle imprese che vogliano competere sui mercati internazionali.
Inoltre, SACE fornisce un ampio spettro di prodotti assicurativi volti a garantire le imprese italiane e svolge anche attività di informazione analizzando annualmente le tendenze economiche globali e preparando una "mappa dei rischi", contenente l'indicazione di quali Paesi e settori siano più rischiosi o più proficui per le imprese italiane.
In base alla mappa dei rischi stilata da SACE, per esempio, il Canada è un Paese a basso o bassissimo rischio; il Brasile è un Paese a rischio medio, soprattutto per quanto riguarda le espropriazioni; il Venezuela è un Paese ad alto rischio, soprattutto per i mancati pagamenti sia da parte di banche che di privati.

Il Gruppo SACE nasce come costola dell'Istituto nazionale assicurazioni (INA), per poi divenire un soggetto privato trasformato in una società per azioni dall'art. 6 della legge 326/2003.
Il sito del Gruppo è disponibile al seguente indirizzo:
http://www.sace.it/

La top 10 dei Paesi col PIL più alto nel mondo

1	2	3	4	5
CINA	USA	INDIA	GIAPPONE	GERMANIA
17,632 bilioni di $	**17,416** bilioni di $	**7,277** bilioni di $	**4,788** bilioni di $	**3,621** bilioni di $

PIL, ricchezza e benessere

Il PIL, o "prodotto interno lordo", indica il valore di beni e servizi finali prodotti all'interno di un certo Stato, indipendentemente dalla nazionalità di chi li produce. Per esempio, i beni prodotti in Italia da un'azienda spagnola rientrano nel PIL italiano, e non in quello della Spagna.
Di solito, il PIL viene calcolato su base annuale: il PIL dell'Italia nel 2014 indica, quindi, il valore di ciò che è stato prodotto in Italia durante quell'anno.
Per questo il PIL viene anche considerato come un indicatore della ricchezza o del benessere di un Paese. Se il PIL aumenta, l'economia del Paese è in espansione; se invece cala, l'economia è in crisi.

Ma il PIL dice davvero tutto sul livello di benessere di un Paese?

NO

... perché il PIL non tiene conto delle attività che non creano redditi, ma che possono contribuire significativamente al benessere della comunità: pensiamo per esempio al volontariato. Ma pensiamo anche alle prestazioni che effettuiamo gratuitamente all'interno della nostra famiglia: se mi impegno a fare le pulizie in casa una volta alla settimana, questo mio lavoro non viene calcolato nel PIL (se invece i miei genitori assumono un collaboratore domestico perché se ne occupi, allora sì!).

Reddito pro-capite

Dividendo il PIL di uno Stato per il numero degli abitanti, si ottiene il reddito pro capite. Attualmente il **reddito pro capite italiano** è di circa **30.000 $** l'anno.

La crescita del Pil in Italia

Andamento del PIL a prezzi costanti e variazioni in %

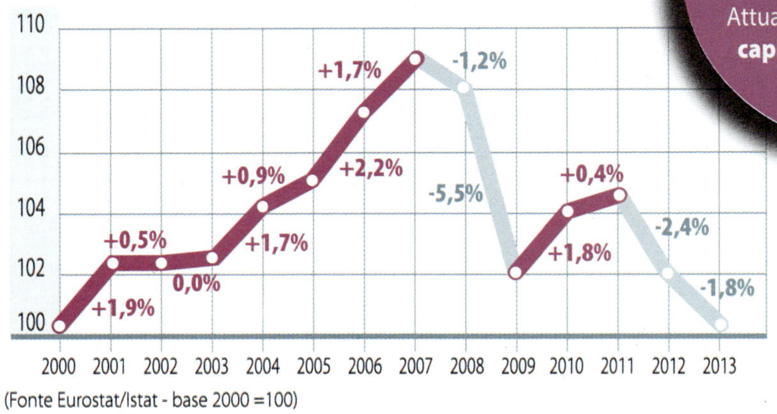

(Fonte Eurostat/Istat - base 2000 =100)

6	7	8	9	10
RUSSIA	BRASILE	FRANCIA	INDONESIA	REGNO UNITO
3,559 bilioni di $	**3,073** bilioni di $	**2,587** bilioni di $	**2,554** bilioni di $	**2,435** bilioni di $

L'Indice di sviluppo umano (ISU)

Per questo gli studiosi (tra cui alcuni premi Nobel per l'economia) hanno introdotto altri indici oltre al PIL, come il *subjective well-being* (SWB) e l'"Indice di sviluppo umano", che misurano la percezione che gli individui hanno della qualità della propria vita, a prescindere dal reddito (per esempio gli USA sono primi al mondo per PIL, ma solo quinti nella classifica dello sviluppo umano). L'indice di sviluppo umano è utilizzato dall'ONU, accanto al PIL, per misurare la qualità della vita. Insomma, il detto per cui i soldi non sempre fanno la felicità sembra proprio essere confermato!

NO

Solo 2 dei Paesi col PIL più alto (USA e Germania) compaiono anche nella classifica dell'Indice di sviluppo umano

... perché bisogna considerare quello che gli economisti chiamano il paradosso della felicità. Perché un paradosso? Gli studiosi hanno verificato, con indagini empiriche, che il livello di felicità percepita dagli abitanti di un Paese non corrisponde al livello di ricchezza che essi possiedono. Ecco il paradosso: di solito, si pensa che più il reddito è alto, più si vive felici. Ma non è necessariamente così. I Paesi con il PIL più alto al mondo non corrispondono a quelli con l'indice di felicità più elevato (vedi grafico a fianco).

Indice di sviluppo umano

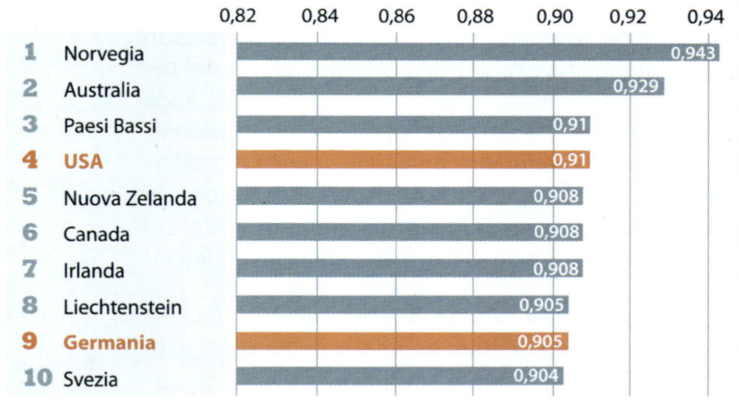

(Fonte: HDRO)

Economia sommersa ed economia illegale

L'economia sommersa (l'evasione fiscale e contributiva) viene calcolata nel PIL? Sì. Ed è preoccupante osservare come oggi, in Italia, il lavoro nero ammonti a ben il 21% del PIL (pari a oltre 330 miliardi di euro). Dal 2014 nel PIL rientra anche l'economia illegale, cioè legata ad attività illecite quali il traffico di stupefacenti e lo sfruttamento della prostituzione.

Riguardando gli appunti

1. Come si individua la nazionalità della persona giuridica?

- La nazionalità della persona giuridica indica lo Stato a cui questa appartiene e, per conseguenza, il regime giuridico a cui è soggetta.
- Le persone giuridiche senza scopo di lucro (per esempio le associazioni di volontariato o le fondazioni) sono considerate italiane se sono state costituite e registrate in Italia; le persone giuridiche aventi scopo di lucro (e quindi essenzialmente le società commerciali) sono italiane se hanno la propria sede in Italia.
- La sede principale è il luogo in cui la persona giuridica svolge prevalentemente la propria attività. Si distingue dalla sede secondaria all'estero, che è il luogo in cui si svolge l'attività della persona giuridica in misura quantitativamente inferiore rispetto alla sede principale.
- L'art. 2197 c.c. dispone che se un imprenditore straniero apre una sede secondaria in Italia, deve registrarla presso l'Ufficio del registro delle imprese del luogo dove la sede secondaria sarà collocata; se un imprenditore italiano apre una sede secondaria all'estero deve chiederne l'iscrizione anche in Italia presso l'Ufficio del registro nella cui circoscrizione si trova la sede principale.

2. Che cos'è la libertà di stabilimento?

- La libertà di stabilimento, sancita dagli artt. 49-55 del Trattato sul funzionamento dell'Unione europea, garantisce la mobilità delle imprese e dei professionisti all'interno della Ue e riconosce il diritto alla parità di trattamento tra le imprese di qualsiasi Paese membro.

3. Che cosa sono la società europea e il Gruppo europeo di interesse economico?

- La società europea è una società di capitali che acquista la personalità giuridica con l'iscrizione, in un apposito albo, effettuata nello Stato membro in cui essa ha sede. Può essere costituita con un capitale minimo di 120 mila euro suddiviso in azioni e può essere organizzata secondo un sistema monistico oppure secondo un sistema dualistico.
- Il Gruppo europeo di interesse economico (GEIE) è un'organizzazione che ha lo scopo di facilitare ai propri membri lo svolgimento dell'attività economica nei vari Paesi dell'Unione europea compiendo per loro conto importanti funzioni ausiliarie.

4. Quali sono i modelli tipici di società nel resto dell'Europa?

- Il sistema societario francese e quello tedesco presentano molte affinità con quello italiano, dovute alla comune tradizione romanistica che prevede una distinzione tra società di persone e di capitali.
- Molto diverso dal nostro è invece il sistema britannico, dove non esiste neppure una distinzione tra diritto civile e diritto commerciale, e dove qualsiasi cittadino insolvente, anche non imprenditore, può essere assoggettato all'istanza di fallimento. I modelli societari più diffusi sono la *partnership*, con un numero limitato di soci normalmente senza responsabilità limitata, e la *company*, più ampia e con possibilità di responsabilità limitata.

5. Lo Stato italiano assiste le imprese esportatrici?

- Con la legge n. 111 del 2011 è stata costituita l'Agenzia ICE, un'organizzazione che si occupa della promozione all'estero e dell'internazionalizzazione delle imprese italiane.
- Il Gruppo per i servizi assicurativi del commercio estero (SACE) si occupa invece del cosiddetto "export credit", ossia di fornire liquidità alle imprese che vogliano competere sui mercati internazionali.

Verifica le tue conoscenze

Test a risposta multipla

Indica con una crocetta l'affermazione esatta.

1. La libertà di stabilimento:
- A. riguarda solo le persone fisiche
- B. si basa sul fatto che nella Ue le imprese sono ovunque soggette alla stessa normativa
- C. comporta parità di trattamento tra le imprese dei Paesi Ue
- D. consente alle società extraeuropee di stabilirsi in Europa

2. Se un imprenditore con sede a Milano apre una sede secondaria in Giappone, la deve iscrivere:
- A. solo presso l'Ufficio del registro giapponese
- B. solo presso l'Ufficio del registro di Milano
- C. anche presso l'Ufficio del registro di Milano
- D. le sedi secondarie non devono essere iscritte

3. La società europea deve obbligatoriamente prevedere:
- A. un organo di rappresentanza dei lavoratori
- B. un capitale minimo di 50.000 euro
- C. un responsabile dei rapporti con l'Unione europea
- D. un sistema di governo monistico

4. La partnership è:
- A. l'equivalente della nostra S.p.a.
- B. una società costituita fra due soci, detti partner
- C. una società facente parte di un gruppo multinazionale
- D. una società commerciale caratterizzata da un numero limitato di soci

5. L'agenzia ICE si occupa di:
- A. attirare investimenti stranieri in Italia
- B. promuovere le imprese italiane all'estero
- C. assistere le imprese europee con sede in Italia
- D. dare liquidità alle imprese che vogliono operare sui mercati internazionali

Sai qual è la differenza tra...

a. Sede principale di un'impresa *e* Sede secondaria

b. Agenzia ICE *e* Gruppo SACE

c. Società europea *e* Gruppo europeo di interesse economico

SÌ/NO... Perché?

Indica con una crocetta la risposta esatta e motiva la tua scelta.

1. Se un'impresa nazionale apre una sede secondaria all'estero, cambia nazionalità? SÌ NO Perché ...

2. L'art. 2197 c.c. pone obblighi all'imprenditore straniero che voglia aprire una sede secondaria in Italia? SÌ NO Perché ...

3. L'Italia potrebbe applicare norme più severe alle imprese Ue che vengono a stabilirsi sul nostro territorio? SÌ NO Perché ...

4. Esiste una nazionalità europea per le imprese? SÌ NO Perché ...

5. Il GEIE è un nuovo tipo di società? SÌ NO Perché ...

6. Esiste un organismo che si occupa dell'*export credit*? SÌ NO Perché ...

Valuta le tue competenze

ZTE ONLINE
Mettiti alla prova con gli esercizi interattivi

Test a risposta multipla

Indica con una crocetta l'affermazione esatta.

1. La cosiddetta globalizzazione dell'economia sta comportando:
A. una maggiore presenza dello Stato nell'economia
B. una minore presenza dello Stato nell'economia
C. una presenza saltuaria dello Stato nell'economia
D. non ha alcuna influenza sulla presenza dello Stato nell'economia

2. Società madre è chiamata:
A. la società da cui tutte le altre derivano
B. la società che controlla un gruppo societario
C. la società che è controllata da alcune società del gruppo
D. una società molto vecchia

3. Con la parola delocalizzazione si intende:
A. il trasferimento delle imprese da un luogo all'altro dello Stato
B. il trasferimento delle imprese da uno Stato all'altro
C. la ricerca del luogo in cui impiantare un'impresa
D. la ricerca dei locali adatti all'impresa

4. Per privatizzazione si intende:
A. il passaggio di imprese pubbliche in mani private
B. il passaggio di imprese private in mano pubblica
C. il trasferimento di imprese private all'estero
D. l'ingresso di società private in grandi gruppi multinazionali

5. Sono dette multinazionali le società che:
A. vendono i loro prodotti in più Nazioni
B. hanno imprese dislocate in più Nazioni
C. nascono da trattati stipulati da più Nazioni
D. hanno nazionalità multipla

6. *Holding* è un termine inglese che indica:
A. un gruppo di società
B. un gruppo di imprese
C. una società capogruppo
D. una società multinazionale

7. L'attività economica e l'attività finanziaria:
A. sono la stessa cosa
B. sono attività confliggenti
C. dovrebbero essere attività complementari
D. sono concetti del passato

8. La libertà di stabilimento è prevista:
A. dagli accordi promossi dall'OMC
B. dalla Costituzione italiana
C. dalla normativa europea
D. da nessuna normativa

9. L'Agenzia ICE offre assistenza:
A. solo alle imprese esportatrici
B. solo alle imprese importatrici
C. solo alle imprese che producono per il mercato italiano
D. solo alle imprese in crisi

10. La globalizzazione della finanza ha comportato:
A. un incentivo a investire capitali nel proprio Paese
B. un incentivo a investire nell'economia reale
C. un disincentivo a investire nell'economia reale
D. non ha comportato alcun apprezzabile mutamento nella destinazione degli investimenti

Conoscenza del lessico giuridico

Scrivi la definizione, al massimo in tre righe, dei termini seguenti.

- Globalizzazione
- Società multinazionale
- *Holding*
- Delocalizzazione
- Nazionalità delle società commerciali
- Libertà di stabilimento
- Sede principale
- Sede secondaria

Valuta le tue competenze

- Società europea
- Agenzia ICE
- Gruppo europeo di interesse economico
- Gruppo SACE

Domande con risposte brevi

- Come si forma una società multinazionale?
- Quali sono gli effetti della finanza globalizzata?
- Quale ruolo ha lo Stato nel mondo globalizzato?
- Che cosa sono le privatizzazioni?
- Che cos'è la delocalizzazione?
- Come sono organizzate le società multinazionali?
- Come si individua la nazionalità di una società commerciale?
- Che differenza c'è tra sede principale e secondaria?
- Che cosa prevede la libertà di stabilimento?
- Che cos'è la società europea?
- Che cos'è il Gruppo europeo di interesse economico?
- Esistono ordinamenti in Europa con modelli societari simili a quelli italiani?
- Come è strutturata la *partnership*?
- Come è strutturata la *company*?

Ragionamento e argomentazione

Rispondi ai quesiti seguendo la traccia fornita.

1. La globalizzazione economica è un processo dagli effetti molto rilevanti. Qual è la tua posizione al riguardo?

La globalizzazione è ....
Personalmente ritengo che sia ....
perché ....

2. La ricerca del minor costo di produzione è una delle ragioni che spingono molti imprenditori a delocalizzare. Esprimi la tua opinione su questo comportamento.

La delocalizzazione è ....
Serve per ....
Personalmente ritengo che ....
perché ....

3. A tuo parere, quale ruolo dovrebbe avere lo Stato nel mondo globalizzato?

Storicamente, lo Stato svolge ....
Nel mondo globalizzato, invece ....
Ritengo preferibile che ....
perché ....

4. Esprimi la tua opinione sui movimenti di opposizione alla globalizzazione.

Nei confronti della globalizzazione vi è un duplice orientamento ....
Ritengo che sia ....
perché ....

La globalizzazione intorno a noi

IL TEMA

La globalizzazione è uno dei fenomeni più caratteristici dell'epoca in cui stiamo vivendo. Basti pensare a quanto spesso questa parola rimbalza in Tv, sui giornali, nell'agenda dei politici, nei discorsi di imprenditori e sindacalisti, nei convegni degli economisti e... nei libri di scuola. D'altro canto, anche se siamo immersi nei discorsi sul mondo globale, può capitare di percepire la globalizzazione come un fenomeno lontano da noi, appannaggio dei governi mondiali e delle multinazionali, e in qualche modo estraneo alla nostra vita quotidiana. Ma è davvero così? Proviamo a chiederci quale impatto ha la globalizzazione sul nostro stile di vita, non solo a livello economico ma anche culturale. Quanti degli oggetti che possediamo (dai vestiti ai prodotti tecnologici, dal cibo agli articoli sportivi) sono made in Italy e quanti, invece, vengono da Paesi lontani? E in che misura i nostri riferimenti culturali (dai film alla musica, dai libri alla moda) provengono da altre parti del mondo?

Scopo del compito e risorse a disposizione

Il compito intende stimolare una riflessione sulla globalizzazione dell'economia e dei modelli culturali attraverso un'indagine "sul campo" che coinvolga gli studenti in prima persona nella raccolta dei dati, nella loro rappresentazione geografica e nella loro interpretazione.

Le risorse a disposizione sono:

- il libro di testo (Unità F1);
- un atlante geografico.

Il risultato finale del compito consiste nella realizzazione di un planisfero, da appendere in classe, che indichi la provenienza di beni materiali e culturali abitualmente consumati dagli studenti.

materiale occorrente: un cartoncino formato poster (70 × 100 cm),
5 fogli di carta colorati, forbici, colla, pennarelli.

LE FASI DEL COMPITO

FASE 1. Costituzione dei gruppi e analisi del materiale

Dividetevi in 3 gruppi. Ogni gruppo si occuperà di una diversa area di indagine.

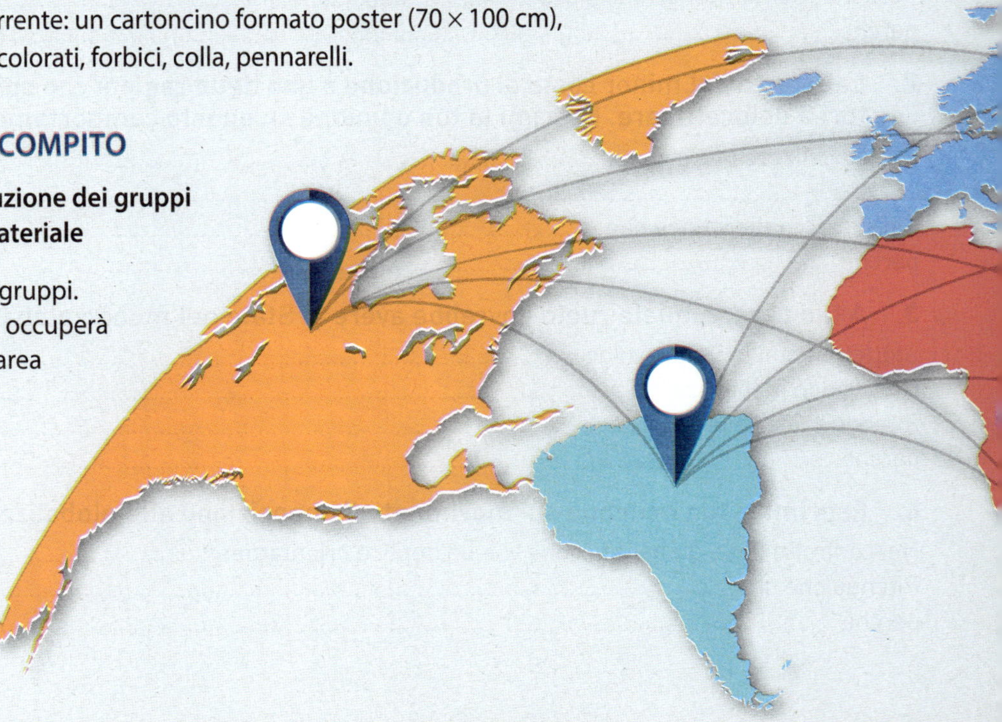

Gruppo 1 – *Abbigliamento e scarpe*

Esplorate i vostri armadi e selezionate 20 oggetti fra capi di abbigliamento e scarpe.

Gruppo 2 – *Alimentari*

Aprite frigoriferi e dispense delle vostre case e selezionate 20 cibi e bevande acquistati al supermercato.

Gruppo 3 – *"Prodotti" culturali*

Selezionate i 10 film e i 10 cantanti/gruppi musicali preferiti dal gruppo, per un totale di 20 elementi.

Ciascun gruppo elenca in una tabella le venti voci selezionate, riportando accanto a ciascuna di esse il Paese di provenienza (a seconda dei casi: leggete le etichette dei prodotti; documentatevi sul Paese di produzione dei film o di provenienza degli artisti).

FASE 2. Realizzazione del planisfero

Prendete un atlante geografico e ricalcate le sagome dei cinque continenti su altrettanti fogli colorati (possibilmente di colori diversi). Ritagliate le sagome e incollatele sul cartoncino formato poster in modo da comporre un planisfero.

A turno, i gruppi segnano sul planisfero la provenienza dei 20 prodotti selezionati, tracciando una crocetta sul Paese d'origine ci ciascuno. Per tenere distinti i tre gruppi, usate colori diversi:

Gruppo 1 – crocette verdi

Gruppo 2 – crocette blu

Gruppo 3 – crocette rosse

Aggiungete al planisfero una legenda in cui spiegate il significato dei tre colori (verde = abbigliamento e scarpe; blu = generi alimentari; rosso = prodotti culturali).

FASE 3. Interpretazione dei dati e discussione in classe

Discutendo in classe insieme ai vostri compagni, cercate di interpretare i dati rappresentati sul planisfero. Utilizzate i seguenti spunti:

- Quanti dei prodotti rappresentati sono italiani e quanti invece provengono dall'estero?
- Da quali aree geografiche proviene la maggior parte dei prodotti? (Europa, Asia, Usa...).
- I Paesi da cui proviene la maggior parte dei beni materiali (Gruppo 1 e Gruppo 2) sono gli stessi da cui provengono i prodotti culturali (Gruppo 3)? Se c'è differenza, che cosa può significare?

VALUTAZIONE

Il lavoro verrà valutato in base alla congruenza del prodotto finale con le consegne, all'accuratezza dei dati raccolti, alla chiarezza e leggibilità del planisfero, alla capacità di collegare fenomeni e interpretare i dati durante la discussione in classe.

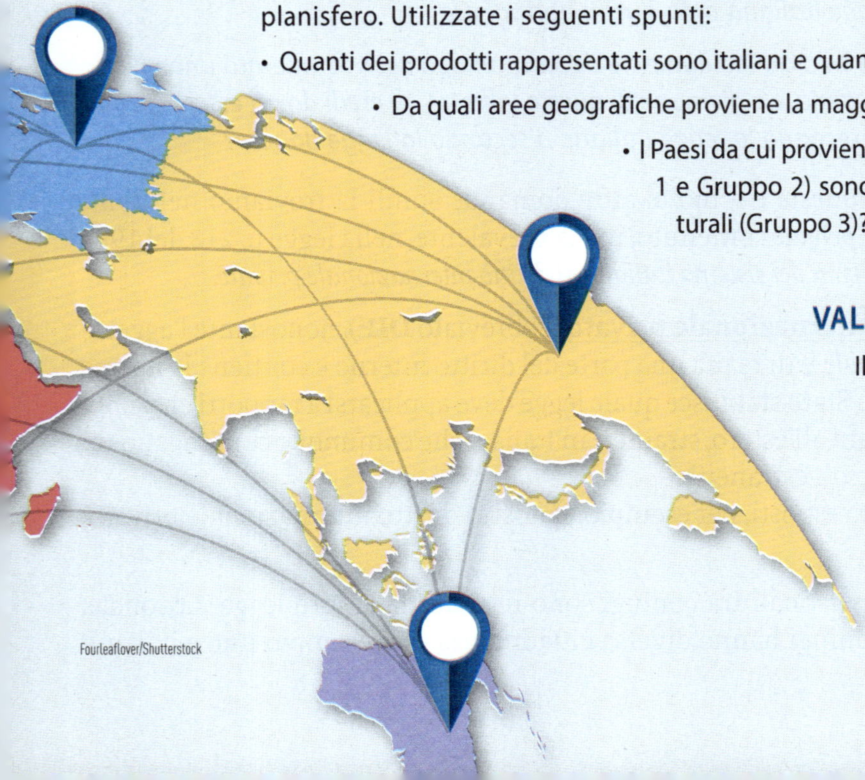

Fourleafflover/Shutterstock

PERCORSO **G**

IL DIRITTO INTERNAZIONALE PRIVATO

COMPETENZE DI PERCORSO

COMPETENZE DI ASSE

- Orientare i propri comportamenti ai principi e ai valori espressi dalla Costituzione e dalle Carte internazionali
- Riconoscere i principali aspetti del sistema sociale ed economico allo scopo di operare in un determinato contesto produttivo

CONOSCENZE

- Comprendere l'ambito di applicazione e la funzione delle norme di diritto internazionale privato
- Conoscere gli organismi internazionali impegnati nell'attività di uniformazione del diritto internazionale privato
- Conoscere i profili essenziali delle normative di diritto internazionale privato in relazione ai rapporti di lavoro e di famiglia

ABILITÀ

- Saper cogliere l'elemento di estraneità presente in una situazione data
- Saper individuare l'ordinamento competente a regolare una situazione data

UNITÀ **1**

Funzione e caratteri del diritto internazionale privato (DIP)

1. L'oggetto del diritto internazionale privato

Vivo da alcuni anni con una ragazza portoghese. Se decidessimo di sposarci, il nostro rapporto matrimoniale sarebbe regolato dalla legge italiana o da quella portoghese?

Un mio amico danese è deceduto dopo aver comperato una villa in Toscana. La divisione di questa villa tra gli eredi dovrà essere eseguita secondo la legge italiana o secondo la legge danese?

La risposta a queste e a molte altre domande simili la troviamo nel *diritto internazionale privato* contenuto, in via prevalente, nella legge n. 218 del 1995 rubricata *Riforma del sistema italiano di diritto internazionale privato.*

▶ **Il diritto internazionale privato** (abbreviato **DIP**), nonostante l'aggettivo *internazionale*, è in realtà una parte del diritto interno e contiene le norme con le quali lo Stato stabilisce quale legge deve applicarsi a rapporti che coinvolgano italiani all'estero, stranieri in Italia o che comunque contengano un forte elemento di estraneità.
Per i casi sopra esposti, per esempio, il nostro diritto internazionale privato dispone che:

- i rapporti personali tra coniugi sono regolati dalla loro legge nazionale. Se però i coniugi hanno diversa cittadinanza (per esempio uno è italiano

La legge penale e le norme di polizia non ammettono deroghe e si applicano su tutto il territorio italiano a chiunque vi si trovi, sia esso cittadino italiano o straniero.

e l'altro straniero) si applica la legge dello Stato dove prevalentemente si svolge la loro vita matrimoniale (art. 29);

- la divisione ereditaria è regolata (salvo casi particolari) dalla legge nazionale del defunto (art. 46).

Come si può capire da queste soluzioni, quando appare giusto e ragionevole l'Italia, e in generale tutti i Paesi, accettano che sul proprio territorio possa talvolta operare una legge straniera.
Le norme che compongono il DIP sono dette **norme di conflitto** (o anche *di rinvio* o *di scelta*) non perché regolino un conflitto tra due o più parti, ma perché, in presenza di un conflitto, stabiliscono quale legge (nazionale o straniera) sia applicabile o quale giudice (nazionale o straniero) sia competente a giudicare.

Ogni Paese ha un proprio *diritto internazionale privato* con il quale assume questo tipo di decisione.

2. I criteri di collegamento

Criterio di collegamento è chiamato il criterio con cui nel DIP si individua l'ordinamento a cui si ritiene che il fatto sia più direttamente *collegabile.*

Ero in vacanza in Spagna e ho subìto un incidente automobilistico di cui è responsabile un cittadino tedesco. A quale giudice dovrò ricorrere per chiedere il risarcimento del danno e quale legge sarà applicabile?

Il caso in questione è **collegabile** a tre ordinamenti diversi: quello dell'investitore, quello dell'investito o quello del luogo in cui il fatto è avvenuto.
Quale **criterio** è ragionevole adottare per scegliere l'ordinamento e la giurisdizione competenti?
Il nostro DIP ha scelto, per simili casi, di adottare il **criterio del luogo** in cui il fatto è avvenuto (e ciò tutto sommato è ragionevole, perché entrambi i soggetti coinvolti nell'incidente erano tenuti a rispettare la legge spagnola sulla circolazione veicolare).
In altre situazioni il **criterio** adottato potrebbe essere diverso. Per esempio, se insorge una controversia tra due coniugi stranieri che risiedono in Italia, con quale criterio si deciderà se applicare la legge italiana o quella straniera? In tema di rapporti di famiglia il nostro legislatore ha deciso (art. 29 DIP) che la questione trova un migliore **collegamento** con la legge nazionale dei due coniugi, e quella si applicherà alla loro controversia.

▶ **Tra i più utilizzati criteri di collegamento** segnaliamo:

- la cittadinanza;
- il domicilio o la residenza dei soggetti interessati;
- il luogo in cui si trova un bene;

La determinazione del giudice competente a conoscere una certa causa non è questione meno importante della legge applicabile. Immaginiamo, a tale proposito, di essere in conflitto con un cittadino polacco. Non c'è dubbio che per noi sarebbe molto più agevole se il processo si celebrasse in Italia con un avvocato italiano, piuttosto che in Polonia con un avvocato polacco e il supporto di un traduttore.

- il luogo dove è avvenuto un fatto illecito produttivo di obbligazione;
- la volontà dei soggetti interessati, soprattutto nelle obbligazioni contrattuali.

Per gli apolidi, nei casi in cui venga adottato, come criterio di collegamento, quello della cittadinanza, si fa riferimento alla legge dello Stato in cui l'apolide è domiciliato (art. 19 DIP).

Le divergenze nei criteri di collegamento

In generale, come abbiamo capito, ciascun Paese pone nel proprio DIP regole ragionevoli in merito alla legge e alla giurisdizione applicabili a questioni che coinvolgono persone appartenenti a ordinamenti diversi.
Tuttavia, ciò che è ragionevole per qualcuno potrebbe non esserlo per altri. E in questo caso potrebbero crearsi conflitti insolubili. Per esempio, se nella controversia tra un cittadino italiano e uno austriaco si scoprisse che il DIP italiano ritiene applicabile la legge italiana e il DIP austriaco ritiene applicabile la legge austriaca, come si uscirebbe dall'impasse? E ancora: se il DIP italiano rimandasse la soluzione della controversia al DIP austriaco e quello austriaco la rimandasse a quello italiano, quale legge finirebbe per essere applicata?
Per evitare, o quanto meno limitare, il prodursi di questi conflitti tra ordinamenti, sono intervenuti, nel tempo, accordi e convenzioni volti a rendere più omogenei possibili i *criteri di collegamento* adottati dai DIP dei diversi Paesi.

3. La ricerca di uniformità nei DIP

REGOLAMENTI DELL'UNIONE EUROPEA

- **Roma I** legge applicabile alle obbligazioni contrattuali
- **Roma II** legge applicabile alle obbligazioni extracontrattuali
- **Roma III** legge applicabile alle separazioni e ai divorzi
- **Bruxelles I** foro competente a giudicare sulle obbligazioni contrattuali
- **Bruxellese II *bis*** foro competente a giudicare sulla responsabilità genitoriale

Per i Paesi aderenti all'Unione europea, una serie di importanti regolamenti disciplina ormai le principali questioni, soprattutto di natura commerciale, ma anche di natura familiare, come la separazione e il divorzio. E poiché i regolamenti comunitari prevalgono sulle leggi nazionali nelle materie di competenza della Ue, di fatto vi è stata una progressiva sostituzione di buona parte dei DIP nazionali con i regolamenti comunitari.

Significativi sono a questo proposito:

- il regolamento **Roma I** sulla legge applicabile alle **obbligazioni contrattuali**;
- il regolamento **Roma II** sulla legge applicabile alle **obbligazioni extracontrattuali**;
- il regolamento **Roma III** sulla legge applicabile al **divorzio** e alla **separazione personale**;
- il regolamento **Bruxelles I** sul foro competente a giudicare le **controversie in materia di contratti**;
- il regolamento **Bruxelles II *bis*** sul foro competente a giudicare in materia di **responsabilità dei genitori**.

Incontreremo più avanti questi regolamenti e vedremo meglio qual è il loro contenuto.

E se, per esempio, un'impresa europea ha rapporti commerciali con gli USA o con la Cina o con la Federazione Russa o con qualsiasi altro Paese che sia al di fuori della Ue, come ci si regola se i rispettivi DIP contengono norme contrastanti?

Per cercare di uniformare quanto più possibile il diritto internazionale privato anche al di fuori della Ue, sono state elaborate soluzioni contenute in **convenzioni** che gli Stati firmatari si sono obbligati a rispettare.

Se parte dei rapporti è regolata da norme comunitarie e parte dalle convenzioni internazionali, che cosa resta ai DIP nazionali?

In verità piuttosto poco. Poiché le convenzioni a cui un Paese volontariamente aderisce prevalgono sulle norme interne, queste ultime hanno solo un valore residuale.
Non è un caso che la nostra *Riforma del sistema italiano di diritto internazionale privato* contenga solo 74 articoli.

4. L'Unidroit e l'Uncitral

▶ **L'Unidroit** (Istituto per l'unificazione del diritto internazionale privato) è una organizzazione intergovernativa con sede a Roma il cui scopo principale è favorire la conclusione di convenzioni che, una volta sottoscritte, regolino in modo uniforme, tra gli Stati firmatari, temi di diritto internazionale privato.
Attualmente l'Unidroit conta 63 Stati membri, tra cui l'Italia, l'Argentina, gli Stati Uniti, il Giappone, l'Arabia Saudita, il Sudafrica, l'Australia e la Repubblica Popolare Cinese.

Il sito di Unidroit è www.unidroit.org.

UNIDROIT
↓
favorisce la conclusione di convenzioni per l'unificazione dei DIP

Tra le convenzioni più significative ricordiamo:

- la Convenzione dell'Aja, del 1964, sulla formazione dei contratti in materia di **compravendita**;
- la Convenzione internazionale sui **contratti di viaggio**, conclusa a Bruxelles nel 1970;
- la Convenzione di Ginevra, del 2009, sulle **forme di garanzia**.

▶ **Uncitral** è un acronimo che sta per *United Nations Commission on International Trade Law*, che noi traduciamo come **Commissione delle Nazioni Unite per il diritto del commercio internazionale**.
Si tratta di un organismo permanente costituito dall'Assemblea generale delle Nazioni Unite nel 1966 con lo scopo di favorire la progressiva formazione di regole uniformi in materia di commercio internazionale. Ha sede a Vienna, ed essendo una commissione delle Nazioni Unite, ne possono far parte tutti gli Stati membri dell'Organizzazione. Allo stato attuale, sono 60 i membri di questa Commissione.

Il sito di Uncitral è https://www.uncitral.org.

L'Uncitral è uno degli organi delle Nazioni Unite più attivi.

UNCITRAL
↓
elabora regole uniformi in materia di commercio internazionale e ne sollecita l'adozione

Esso:

- elabora prevalentemente dei **modelli di legge** che raccomanda agli Stati membri di recepire nel loro ordinamento interno nella considerazione che una normativa uniforme possa favorire il commercio internazionale. Un esempio di *modello Uncitral* è la legge sul commercio elettronico del 2001, recepita dall'Unione europea, e quindi anche dall'Italia;
- elabora e propone raccolte di **clausole tipiche** da inserire nei contratti internazionali;
- elabora i **contenuti di convenzioni** aperte all'adesione degli Stati. Tra queste si possono ricordare la *Convenzione sul trasporto di beni via mare*, del 1978, o la più recente *Convenzione sull'uso delle comunicazioni elettroniche nei contratti internazionali*, del 2005.

▶ **Organi dell'Uncitral** sono:

- la Commissione, composta dai rappresentanti dei Paesi membri, che ha il compito di individuare le priorità nei lavori;
- i gruppi di lavoro intergovernativi (cioè composti dai delegati inviati dai diversi Governi) che concretamente elaborano modelli di legge, convenzioni e clausole;
- un segretariato, che si occupa della parte logistica e burocratica.

5. I limiti all'applicazione della legge straniera richiamata dal DIP

Immaginiamo che si presenti davanti al giudice una coppia di stranieri e che la donna lamenti di essere stata ripudiata dal marito e cacciata di casa insieme ai figli minorenni senza alcun sussidio economico. Quali norme si applicheranno a questo caso?

L'art. 29 del DIP, rubricato *Rapporti personali tra coniugi*, dispone che tali rapporti siano regolati dalla legge nazionale comune.

Ciò significa che se la legge nazionale della coppia prevedesse il ripudio senza alimenti, il nostro giudice dovrebbe applicarla in virtù di quanto dispone il DIP in via generale?

La risposta è palesemente negativa, perché una simile legge sarebbe incompatibile con tutta la nostra cultura giuridica.
Diciamo allora che ci sono casi particolari, come quello sopra prospettato, nei quali la possibilità di applicare la norma straniera, come disposto in via generale nel diritto internazionale privato, incontra dei limiti insormontabili.
Analizzeremo questi limiti nei prossimi paragrafi.

6. I limiti di ordine pubblico

La legge straniera non è mai applicabile, stabilisce l'art. 16 del nostro DIP, se i suoi effetti sono contrari all'*ordine pubblico*.

Questo significa che il giudice italiano, prima di applicare la legge straniera, dovrà valutare se non ci siano elementi di incompatibilità con il nostro ordine pubblico. Se ci fossero, non dovrebbe né potrebbe applicarla.

Ma che cosa è l'ordine pubblico?

Per ordine pubblico, secondo una condivisa definizione data dalla Corte di cassazione (sent. 13928/1999) deve intendersi:

- il complesso di principi e norme contenuti nella Costituzione
- e il complesso di principi posti a fondamento dei più importanti istituti giuridici nazionali *in un determinato momento storico.*

Il giudizio sulla incostituzionalità della norma straniera richiamata dal DIP è rimesso alla valutazione del giudice ordinario che sarebbe chiamato ad applicarla e non della Corte costituzionale, come invece avviene per le leggi nazionali.

Sul primo punto c'è poco da dire. Non v'è alcun dubbio che nel nostro ordinamento non possano trovare accoglimento norme straniere che si pongano in contrasto con le norme o i principi contenuti nella nostra Costituzione.

Il secondo punto, invece, può sollevare qualche perplessità. Quali sono i principi *posti a fondamento dei più importanti istituti giuridici nazionali*?

Il legislatore deliberatamente non lo precisa e rimette alla sensibilità del giudice individuarli in base al caso concreto che si trovi a giudicare. Così, per esempio, la nostra magistratura ha individuato come contrarie al nostro *ordine pubblico* (e quindi non applicabili) le norme straniere che:

- consentono il ripudio del coniuge;
- vietano il matrimonio tra persone di razza o di religione diversa;
- consentono deroghe all'obbligo di allegare la motivazione al licenziamento del dipendente.

QUESTIONI

Perché il legislatore non compila un elenco dei principi di ordine pubblico?

A sconsigliare una rigida elencazione dei principi di ordine pubblico concorre il fatto che questi principi tendono a evolversi nel tempo, e ciò che è reputato contrario all'ordine pubblico oggi potrebbe non esserlo più domani. Per esempio, nel nostro Paese l'indissolubilità del matrimonio era ritenuta, fino a un recente passato, un principio fondamentale di ordine pubblico, e ciò vietava l'applicazione in Italia delle norme straniere che riconoscessero e regolassero lo scioglimento del vincolo matrimoniale. Successivamente, con l'introduzione nel 1970 anche nel nostro ordinamento della possibilità di divorziare, questo principio è venuto a cadere.

L'art. 116 c.c. nel secondo comma in merito al matrimonio contratto in Italia dispone che anche lo straniero è soggetto alle disposizioni contenute negli artt. 85, 86, 87, 88, 89 c.c.

7. Le norme "di applicazione necessaria"

Norme di applicazione necessaria sono chiamate quelle norme, presenti nell'ordinamento nazionale, che per l'importanza che rivestono nel nostro sistema e nella nostra cultura debbono essere *necessariamente* applicate anche **in deroga** a quanto stabilito nel DIP.

Prendiamo ancora una volta come esempio il matrimonio, che è un istituto a tutti certamente familiare. Ebbene, l'art. 27 del nostro DIP dispone che le condizioni per contrarre matrimonio sono regolate dalla legge nazionale di ciascun nubendo al momento del matrimonio. Tuttavia questa norma generale subisce una deroga (e non è la sola) per effetto dell'art. 86 c.c., il quale dispone che:
"Non possono contrarre matrimonio le persone ancora vincolate a un matrimonio precedente."

Pertanto, se l'ordinamento di uno dei nubendi ammettesse la poligamia e costui avesse già una moglie, troverebbe *necessaria applicazione* l'art. 86 c.c., che impedisce un tale matrimonio.

Qual è esattamente la differenza tra i principi di ordine pubblico e le norme di applicazione necessaria?

I principi di **ordine pubblico** impediscono che una norma straniera trovi applicazione nel nostro Paese. Quando invece una determinata materia rientra nella fattispecie prevista da una **norma di applicazione necessaria**, non ci si chiede nemmeno che cosa stabilisca la norma straniera in proposito, ma si applica *necessariamente*, cioè obbligatoriamente, la norma italiana.

Chi stabilisce se una norma è di applicazione necessaria?

L'ordinamento rimette questa valutazione al prudente apprezzamento del giudice, che dovrà tenere conto anche della situazione sociale e culturale del momento. Può accadere infatti che norme (per esempio sul buon costume) un tempo ritenute di applicazione necessaria, oggi non siano più da considerare tali.

8. L'applicazione della legge penale

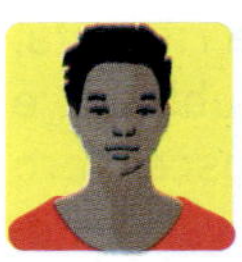

Se un cittadino straniero commette un reato in Italia, verrà sanzionato secondo la legge penale italiana o secondo la legge del suo Paese?

In tutti gli ordinamenti prevale, in tema di reati e di violazione delle leggi di polizia, il **criterio della territorialità**.

Ciò significa che si applicherà sempre la legge dello Stato sul cui territorio il reato è stato commesso, chiunque sia stato a commetterlo.

Il Codice penale italiano (art. 6 c.p.) dispone in proposito che:
"Chiunque commetta un reato nel territorio dello Stato è punito dalla legge italiana".

E l'art. 9 c.p. sostanzialmente aggiunge che il cittadino italiano che si trovi in Italia e che abbia commesso un delitto in uno Stato estero è punito secondo la legge italiana.

9. Il limite della reciprocità

Se in un Paese straniero i cittadini italiani subiscono delle discriminazioni, possiamo noi operare le stesse discriminazioni nei confronti dei cittadini di quel Paese?

Dipende dal tipo di discriminazione. Nel mondo degli affari, per esempio, è pienamente operante il **principio di reciprocità**, per effetto del quale allo straniero non è consentito compiere operazioni economiche in Italia (acquisti immobiliari, acquisti azionari e altro) se queste non sono consentite anche al cittadino italiano nel Paese straniero.
Diverso è il caso in cui in un ordinamento straniero non vengano rispettati i diritti fondamentali della persona umana. In questo caso il principio della reciprocità non trova applicazione né in Italia, né in Europa né in altri Paesi di consolidata democrazia, dove lo straniero gode degli stessi diritti del cittadino.
Non sarebbe accettabile, infatti, che l'arretratezza culturale di un qualsiasi Paese possa essere trasferita *per reciprocità* nei Paesi che hanno raggiunto (a volte faticosamente) una concezione più ampia e universale dei diritti umani e delle libertà fondamentali.

L'art. 16 delle **Disposizioni preliminari al Codice civile** dispone che lo straniero è ammesso a godere dei diritti civili attribuiti al cittadino a condizione di reciprocità.

10. La *lex mercatoria*

Lex mercatoria (o "legge dei mercanti") è l'antica denominazione con la quale si indicavano le regole consuetudinarie che, in assenza o in carenza di una normativa statale, regolavano l'attività mercantile.

Non si trattava, dunque, di **una** legge, ma di un **insieme di norme** sparse di natura consuetudinaria.
Oggi la denominazione di *lex mercatoria* è utilizzata per indicare l'insieme di regole non statali, e non poste da organismi intergovernativi, generalmente applicate ai contratti che presentino elementi di internazionalità e in parte utilizzate negli arbitrati internazionali per definire torti e ragioni.
La libertà, o autonomia, contrattuale consente infatti alle parti, entro limiti piuttosto ampi, di regolare il loro rapporto come meglio credono. E ciò può essere fatto concordando di applicare al rapporto contrattuale le norme di

un ordinamento dalle parti stesse scelto, oppure concordando di utilizzare le **regole consuetudinarie** (in gran parte raccolte e sistematizzate dalla Camera di commercio internazionale) o le regole suggerite da organismi non governativi come l'Unidroit.

QUESTIONI

La *lex mercatoria* ieri e oggi

Le regole indicate come ***lex mercatoria*** cominciarono a formarsi verso la fine del basso Medioevo, quando iniziarono a riprendere i traffici commerciali interrotti con la caduta dell'Impero romano. Intorno all'anno Mille, il rifiorire delle arti e dei commerci pose l'esigenza di avere norme adatte a regolare l'intensa attività di scambio che si stava sviluppando. E poiché la frammentazione politica non consentiva l'emanazione di un nuovo sistema giuridico, furono gli stessi mercanti, riuniti nelle *corporazioni di arti e mestieri*, a porre le regole necessarie per disciplinare i loro rapporti.

In Italia, i grandi armatori delle Repubbliche marinare (Genova, Venezia, Pisa, Amalfi) posero una serie di regole relative ai trasporti marittimi internazionali, che per alcuni secoli successivi vennero spontaneamente applicate dagli armatori delle maggiori potenze marittime europee.

Ma con l'inizio delle grandi scoperte geografiche, dal Cinquecento in poi, le monarchie nazionali, fortemente interessate alla conquista di nuovi mercati, iniziarono ad avocare a sé la regolamentazione dei commerci internazionali. Il **diritto dei mercanti**, nato come una forma di autoregolamentazione, divenne diritto dello Stato. E tale è rimasto per secoli, anche se nel corso del tempo sono cambiati i sistemi politici, i sistemi economici e le ragioni stesse della statalizzazione del diritto.

La ***lex mercatoria***, per conseguenza, ha finito per scomparire.

In tempi recenti, però, il quadro politico ed economico è cambiato nuovamente. La liberalizzazione dei mercati, che ha trovato impulso soprattutto nella seconda metà del Novecento, ha evidenziato come la disciplina di ciascuno Stato, se non coordinata con quella degli altri, crei serie difficoltà agli operatori internazionali. Oggi il compito delle grandi organizzazioni internazionali, come l'*Organizzazione mondiale del commercio*, è proprio quello di favorire accordi o proporre convenzioni che in qualche modo superino le divaricazioni esistenti tra le diverse legislazioni. Ma per tutto quanto rimane fuori da tali accordi e da un diritto tendenzialmente uniforme, è tornato a prendere corpo un diritto volontario.

Soprattutto i contratti predisposti dalle grandi imprese transnazionali, dalle grandi *corporations* americane, contengono regole e clausole che nella ripetizione della loro applicazione hanno finito per costituire una prassi osservata poi dalla generalità degli operatori internazionali.

Regole di responsabilità contrattuali, *standards* professionali, clausole arbitrali, clausole risolutive, clausole penali, clausole di gradimento, tecniche assicurative e fiscali, procedure di Borsa e molti altri aspetti della contrattualistica internazionale delle imprese formano oggi la ***nuova lex mercatoria***.

Riguardando gli appunti

1. Che cos'è il diritto internazionale privato?

- Il diritto internazionale privato (DIP) è composto dall'insieme di norme con le quali il legislatore italiano prende in considerazione rapporti tra soggetti privati nei quali compare qualche elemento di estraneità.
- Esso stabilisce se il rapporto, in virtù dell'elemento di estraneità che lo caratterizza, debba essere regolato o giudicato dalla legge o dal giudice straniero, oppure se debba essere comunque regolato dalla legge italiana e giudicato da un magistrato italiano.
- Il DIP, nonostante l'aggettivo "internazionale", è in realtà un diritto interno, perché è il legislatore nazionale che autonomamente decide in quali casi rimettere alla disciplina o alla giurisdizione straniera la regolamentazione o il giudizio su determinate materie.
- Il diritto internazionale privato italiano è contenuto, in via prevalente, nella legge n. 218 del 1995, rubricata *Riforma del sistema italiano di diritto internazionale privato*.
- Per uniformare il DIP, all'interno dell'Unione europea sono stati elaborati: il regolamento Roma I sulla legge applicabile alle obbligazioni contrattuali; il regolamento Roma II sulla legge applicabile alle obbligazioni extra contrattuali; il regolamento Roma III sulla legge applicabile al divorzio e alla separazione personale; il regolamento Bruxelles I sul foro competente a giudicare le controversie in materia di contratti; il regolamento Bruxelles II *bis* sul foro competente a giudicare in materia di responsabilità dei genitori.

2. Che cosa sono i criteri di collegamento?

- Criterio di collegamento è chiamato il criterio con cui si individua l'ordinamento a cui il fatto è più direttamente collegabile.
- Tra i più utilizzati criteri di collegamento vanno ricordati la cittadinanza, il domicilio o la residenza dei soggetti interessati, il luogo in cui si trova un bene, il luogo dove è avvenuto un fatto illecito produttivo di obbligazione e la volontà dei soggetti interessati soprattutto nelle obbligazioni contrattuali.

3. Com'è stato uniformato il DIP fuori dall'Unione europea?

- Per cercare di uniformare il DIP fuori dalla Ue, sono state elaborate delle convenzioni internazionali.
- L'Unidroit è una organizzazione intergovernativa con sede a Roma il cui scopo principale è favorire la conclusione di convenzioni che regolino in modo uniforme, tra gli Stati firmatari, temi di DIP.
- L'Uncitral è un organismo permanente costituito dall'Assemblea generale delle Nazioni Unite con lo scopo di favorire la progressiva formazione di regole uniformi in materia di commercio internazionale.

4. Quali limiti esistono all'applicazione del DIP?

- La legge straniera non è mai applicabile, stabilisce l'art. 16 del nostro DIP, se i suoi effetti sono contrari all'ordine pubblico, ossia al complesso di principi e norme contenuti nella Costituzione o posti a fondamento dei più importanti istituti giuridici nazionali in un determinato momento storico.
- Le norme di applicazione necessaria sono quelle norme che, per l'importanza che rivestono nel nostro sistema e nella nostra cultura, debbono essere necessariamente applicate anche in deroga a quanto stabilito nel DIP.
- Vale inoltre il generale principio di reciprocità, per cui allo straniero non è consentito compiere operazioni economiche in Italia se queste non sono consentite anche al cittadino italiano nel Paese straniero.

5. Che cos'è la *lex mercatoria*?

- *Lex mercatoria* (o legge dei mercanti) è l'antica denominazione con la quale si indicavano le regole consuetudinarie che, in assenza o in carenza di una normativa statale, regolavano l'attività mercantile.
- Oggi la denominazione di *lex mercatoria* è utilizzata per indicare l'insieme di regole non statali, e non poste da organismi intergovernativi, in parte utilizzate negli arbitrati internazionali.

Verifica le tue conoscenze

Test a risposta multipla

Indica con una crocetta l'affermazione esatta.

1. Il DIP è una branca:
A. del diritto internazionale
B. del diritto interno
C. del diritto commerciale
D. del diritto dell'Unione europea

2. Le norme di conflitto:
A. regolano i conflitti tra privati cittadini
B. regolano i conflitti tra Stati
C. regolano i conflitti fra coniugi di nazionalità diversa
D. stabiliscono quale legge sia applicabile e quale giudice competente

3. I regolamenti Roma I e Roma II:
A. riguardano la legge applicabile a separazioni e divorzi
B. hanno istituito l'Unicitral
C. servono a uniformare il DIP nei Paesi membri dell'Onu
D. servono a uniformare il DIP nei Paesi Ue

4. Il principio di reciprocità:
A. si applica agli stranieri
B. si applica solo ai cittadini Ue
C. riguarda i diritti fondamentali della persona
D. riguarda l'applicazione della legge penale

5. L'ordine pubblico:
A. è l'ordine emesso da un pubblico ufficiale
B. è una norma di applicazione necessaria
C. pone un limite all'applicazione della legge straniera
D. consiste in un insieme di principi elencati dal legislatore

Sai qual è la differenza tra...

a. Diritto internazionale *e* Diritto internazionale privato
b. Unidroit *e* Uncitral
c. Norme di ordine pubblico *e* Norme di applicazione necessaria
d. Regolamento Roma I *e* Regolamento Roma II

SÌ/NO... Perché?

Indica con una crocetta la risposta esatta e motiva la tua scelta.

1.	**Il DIP è uguale in tutti i Paesi?**	SÌ	NO	Perché ...
2.	**I criteri di collegamento servono a definire la legge applicabile?**	SÌ	NO	Perché ...
3.	**Unidroit si occupa di uniformare il DIP solo in Europa?**	SÌ	NO	Perché ...
4.	**Le norme di applicazione necessaria costituiscono un limite alla legge applicabile?**	SÌ	NO	Perché ...
5.	**La *lex mercatoria* è un codice di leggi scritte?**	SÌ	NO	Perché ...
6.	**L'Uncitral è un organo dell'Unione europea?**	SÌ	NO	Perché ...
7.	**Allo straniero che commette un reato può essere applicata la legge del suo Paese?**	SÌ	NO	Perché ...

I rapporti di lavoro e di famiglia nel diritto internazionale privato

1. Il rapporto di lavoro

Sorprenderà sapere che il diritto internazionale privato non si occupa in modo specifico dei rapporti di lavoro. Questo perché il diritto del lavoro comprende generalmente molte norme di *ordine pubblico*, come quelle sul lavoro minorile o sulla tutela della maternità, che non possono certo essere rinviate a ciò che dispongono ordinamenti stranieri. E comprende molte norme di *applicazione necessaria*, come quelle sulla sicurezza in fabbrica e in generale sulla tutela della salute del lavoratore che debbono essere "necessariamente" applicate.
Ciò non di meno il nostro diritto del lavoro non è refrattario a influenze esterne. In particolare l'appartenenza all'Unione europea comporta per tutti i Paesi membri l'automatica introduzione dei regolamenti nei rispettivi ordinamenti. E poiché l'Unione è intervenuta ripetute volte sul tema del lavoro, è accaduto che, almeno nelle linee fondamentali, il diritto del lavoro degli Stati membri sia diventato quasi un diritto uniforme.

▶ **Tra le condizioni minime** imposte dai regolamenti europei significative sono quelle che:

- vietano di assumere giovani che abbiano meno di 14 anni;
- limitano la durata del lavoro notturno;
- limitano l'impegno settimanale di lavoro a un massimo di 48 ore;
- stabiliscono che il dipendente ha diritto a riposare almeno 11 ore consecutive al giorno;
- impongono di concedere al lavoratore almeno 24 ore di riposo consecutivo ogni sette giorni lavorativi;
- riconoscono al lavoratore il diritto ad almeno quattro settimane di ferie retribuite ogni anno.

Sottolineiamo che quelle sopra elencate sono condizioni minime, e ciò significa che ogni Stato membro può ben disporre condizioni di lavoro più favorevoli.

Se in un Paese sono previste condizioni più favorevoli rispetto al nostro, un lavoratore che da quel Paese venisse a prestare la propria opera in Italia da quali norme vedrebbe regolato il proprio rapporto?

In mancanza di una specifica norma di diritto internazionale privato, la dottrina ritiene che a questo tipo di situazione sia da applicare sempre la legge del Paese nel quale il lavoratore presta la propria opera.

2. La disciplina dei rapporti di famiglia

La disciplina dei rapporti di famiglia presenta, rispetto alle altre materie di diritto civile, la particolarità di essere molto legata ai principi etici vigenti in ogni Paese.
Per esempio:

- l'ordinamento italiano non consente la poligamia, accettata in molti Paesi orientali;
- impone una tutela dei figli particolarmente accentuata imponendo ai genitori di mantenerli fin quando non abbiano raggiunto una indipendenza economica;
- considerava, fino a poco tempo fa, eticamente inaccettabili i rapporti coniugali tra persone dello steso sesso, mentre tali rapporti erano già regolati da tempo in molti altri Paesi occidentali.

Il rinvio a un ordinamento straniero non comporta necessariamente anche il rinvio alla giurisdizione straniera, così come il rinvio alla giurisdizione non comporta necessariamente anche un rinvio alla normativa. Può accadere, pertanto, che un giudice italiano si trovi ad applicare leggi di altri ordinamenti.

Per queste e per altre importanti diversità registrabili tra un ordinamento giuridico e l'altro, in tema di diritto di famiglia la **scelta della legge applicabile** al rapporto coniugale è rimessa a quanto dispongono in ciascun Paese le norme del proprio diritto internazionale privato.

▶ **Le disposizioni** del nostro diritto internazionale privato possono essere sintetizzate come segue.

- **L'art. 27** dispone che la capacità matrimoniale è regolata dalla legge nazionale di ciascun nubendo al momento del matrimonio. Noi sappiamo che sono ritenuti capaci di contrarre matrimonio solo le persone che abbiano compiuto la maggiore età. Ma ciò non toglie che un cittadino italiano potrebbe validamente sposare in Italia una cittadina straniera per esempio sedicenne se nel suo Paese la capacità di agire si raggiungesse a 16 anni.
- **L'art. 28** dispone che il matrimonio è valido, quanto alla forma, se è considerato tale dalla legge del luogo di celebrazione.
- **L'art. 29** precisa che i rapporti personali tra coniugi sono regolati dalla legge nazionale comune. Ma se i coniugi hanno diversa cittadinanza, al loro rapporto si applicherà la legge del Paese dove la vita matrimoniale è prevalentemente localizzata, cioè dove hanno la residenza o il domicilio abituale.

Foro nell'antica Roma era il centro della città, la piazza nella quale si celebravano anche i processi.
Oggi con questo termine si indica l'ufficio giudiziario competente su un determinato territorio.

3. Il foro competente

Diverso dal tema delle norme applicabili è il tema della giurisdizione competente.

In pratica se i coniugi litigano, a quale giudice dovranno rivolgersi?

Sulla scelta del giudice competente (che è cosa diversa dalla scelta delle norme che si dovranno applicare) interviene la normativa europea soprattutto con il regolamento denominato **Bruxelles II *bis***, che pone norme sulla competenza, sul riconoscimento e sulla esecuzione delle decisioni in materia matrimoniale e in materia di responsabilità genitoriale.

Il regolamento **Bruxelles II *bis*** (in realtà reg. 1347/2000/Ue) è così chiamato perché abroga e sostituisce il regolamento Bruxelles I, che trattava la medesima materia.

Sinteticamente possiamo dire che i criteri principali rinvenibili nel regolamento sono i seguenti:

- nelle cause di separazione personale e di divorzio è competente a giudicare il giudice del luogo in cui è domiciliato o è residente il convenuto;
- nelle cause che riguardano la responsabilità genitoriale, cioè cause che hanno per oggetto i diritti dei figli, vale il criterio del luogo in cui è domiciliato il figlio se questo è ancora minore di 18 anni. Così, per esempio, se un cittadino italiano e una cittadina francese fossero in causa per qualcosa che riguarda il figlio residente presso i nonni a Madrid, il giudice competente sarebbe quello spagnolo.

Sulle adozioni di minori non esiste ancora una normativa internazionale. Esistono però una serie di convenzioni volte a garantire il minore. La più importante è la Convezione sulla protezione dei minori e l'adozione internazionale, conclusa all'Aja nel 1993.

4. Gli accordi preventivi di separazione e divorzio

Come ciascuno può constatare, sono ormai sempre più numerosi i matrimoni tra cittadini appartenenti a Paesi diversi (e quindi a ordinamenti giuridici diversi) o tra cittadini dello stesso Paese che però risiedono all'estero, oppure tra cittadini di Paesi diversi che risiedono in un terzo Paese.

È facile capire che nel momento in cui, all'interno di tali coppie, un conflitto minacciasse di sfociare in una separazione personale o in un divorzio si porrebbe il serio problema non solo del giudice competente a giudicare, ma anche della legge applicabile.

Nel tentativo di prevenire possibili conflitti su questi temi, l'Unione europea, con il regolamento denominato **Roma III** (reg. Ue n. 1259/2010), ha introdotto la facoltà, per le coppie cosiddette *internazionali*, di designare **in anticipo** (anche al momento della celebrazione del matrimonio) e di comune accordo la legge applicabile a un eventuale divorzio o separazione personale.

In particolare l'art. 5 del regolamento stabilisce che esse possano scegliere:

- la legge dello Stato in cui entrambe risiedono quando stipulano l'accordo,
- oppure la legge dello Stato della loro ultima residenza se uno di essi vi risiede ancora al momento della conclusione dell'accordo,
- oppure ancora la legge dello Stato di cui uno dei coniugi ha la cittadinanza al momento della conclusione dell'accordo.

Non abbiamo detto che la determinazione della legge applicabile al matrimonio è lasciata al DIP di ciascuno Stato senza interferenze da parte di norme di diritto internazionale?

Il regolamento Roma III non è imposto dall'Unione europea a tutti gli Stati membri come sono in genere i regolamenti Ue. Esso sollecita solo gli Stati membri che ne condividono il contenuto ad aderire a tale accordo.

Al momento vi hanno aderito solo Italia, Austria, Belgio, Bulgaria, Francia, Germania, Lettonia, Lussemburgo, Malta, Portogallo, Romania, Slovenia, Spagna, Ungheria.

5. La tutela dei minori nel diritto internazionale

Il trattato internazionale che contiene le più rilevanti disposizioni a favore della tutela dei minori è la "Convenzione ONU sui diritti dell'infanzia e dell'adolescenza" (*Convention on the Rigths of the Child*) approvata dall'Assemblea generale delle Nazioni Unite il 20 novembre 1989.

▶ **La Convenzione** è composta da 54 articoli dai quali si ricavano tre principi fondamentali:

- **il principio di non discriminazione** (art. 2) estende i diritti sanciti dalla Convenzione a tutti i minori, senza distinzione di razza, sesso, lingua, religione del bambino/adolescente o dei genitori;
- **il principio del superiore interesse** (art. 3) stabilisce che l'interesse del bambino/adolescente deve avere la priorità in ogni legge, provvedimento o iniziativa pubblica o privata;
- **il principio del diritto alla vita, alla sopravvivenza e allo sviluppo** del bambino (art. 6) impegna gli Stati a stanziare il massimo delle risorse disponibili per tutelare la vita e il sano sviluppo dei minori.

La Convenzione è il trattato in materia di diritti umani che ha ricevuto il maggior numero di ratifiche (a oggi sono 194). L'Italia l'ha ratificata con legge n. 176 del 1991.

Tra le organizzazioni internazionali che si propongono di tutelare il minore giova ricordare il **Fondo delle Nazioni Unite per l'Infanzia** (*United Nations Children's Emergency Fund*, meglio noto come UNICEF), che è presente in 158 Paesi e finanzia progetti per la tutela dell'infanzia, sia come programmi di educazione, sia come tutela della salute.
Altre organizzazioni, anche non governative, sono **Save the Children** o **Telefono Azzurro**, particolarmente attive nel contrasto agli abusi e alle violenze sui minori.

6. Il ricongiungimento familiare

Sempre nell'ambito della tutela internazionale della famiglia, anche se non strettamente collegata al diritto internazionale privato, ricade la materia del ricongiungimento familiare.

▶ **Il ricongiungimento** è la procedura attraverso cui il cittadino di un Paese non facente parte dell'Unione europea ma residente nel nostro Paese può chiedere che alcuni tra i propri familiari lo raggiungano e risiedano con lui in Italia. Lo scopo di questo istituto è garantire l'unità familiare anche agli stranieri.

L'istituto del ricongiungimento familiare è disciplinato dall'art. 29 del decreto legislativo 286 del 25 luglio 1998, recante il testo unico delle disposizioni concernenti la disciplina dell'immigrazione e norme sulla condizione dello straniero.
Il ricongiungimento non riguarda i cittadini dell'Unione europea perché questi possono liberamente stabilirsi con la propria famiglia in qualsiasi Paese dell'Unione.

▶ **Può essere richiesto** però solo per ricongiungersi:

- al coniuge, se di età non inferiore ai 18 anni;
- ai figli minori;
- ai figli maggiorenni, purché non coniugati e *a carico* del richiedente, ossia privi di un proprio reddito;
- ai genitori, purché anche questi siano a carico e non abbiano altri figli nel loro Paese di provenienza.

▶ **Il ricongiungimento è consentito**, se il richiedente dimostra di:

- essere in possesso di regolare *permesso di soggiorno*, ossia di un documento, rilasciato dallo Stato, con cui si attesta che egli ha diritto a risiedere in territorio italiano pur non essendo cittadino europeo;
- avere una dimora fissa che soddisfi i minimi requisiti igienici e sanitari;
- avere un reddito minimo che garantisca la sopravvivenza a lui e ai familiari di cui si chiede il ricongiungimento;
- avere realmente il rapporto di parentela con il familiare di cui chiede il ricongiungimento.

L'assenza di anche solo uno di questi requisiti rende impossibile il ricongiungimento.
Se la procedura va a buon fine, lo Stato rilascia i permessi di soggiorno per le persone per le quali il ricongiungimento è stato richiesto.

Il permesso di soggiorno in Italia è rilasciato dalla Polizia di Stato allo straniero che ne faccia richiesta e che si trovi in Italia per motivi di lavoro subordinato, stagionale o autonomo, per motivi di studio o formazione o, infine, per ricongiungimento familiare. Il permesso di soggiorno ha una scadenza, ma può essere rinnovato un numero indefinito di volte finché sussistono i requisiti richiesti dalla legge.

Riguardando gli appunti

1. I DIP si occupano generalmente di diritto del lavoro?

- Il diritto internazionale privato non si occupa in modo specifico dei rapporti di lavoro.
- Questo perché il diritto del lavoro comprende generalmente molte norme di ordine pubblico, come quelle sul lavoro minorile o sulla tutela della maternità, e molte norme di applicazione necessaria, come quelle sulla sicurezza in fabbrica e in generale sulla tutela della salute del lavoratore. L'Unione europea è comunque intervenuta ripetute volte sul tema del lavoro, armonizzando, almeno nelle linee fondamentali, il diritto del lavoro degli Stati membri.

2. I DIP solitamente si occupano di rapporti familiari?

- In tema di diritto di famiglia, la scelta della legge applicabile al rapporto coniugale è rimessa a quanto dispongono in ciascun Paese le norme del proprio diritto internazionale privato.
- Le disposizioni italiane in materia sono contenute agli artt. 27-29 del DIP.
- Sulla scelta del giudice competente interviene invece la normativa europea, soprattutto con il regolamento Bruxelles II *bis* che pone norme sulla competenza, sul riconoscimento e sulla esecuzione delle decisioni in materia matrimoniale e in materia di responsabilità genitoriale.
- Il regolamento Roma III (reg. Ue n. 1259/2010) ha introdotto la facoltà, per le coppie cosiddette internazionali, di designare in anticipo e di comune accordo la legge applicabile a un eventuale divorzio o separazione personale.

3. Qual è la disciplina per la tutela dei minori?

- Il trattato internazionale che contiene le più rilevanti disposizioni a favore della tutela dei minori è la Convenzione ONU sui diritti dell'infanzia e dell'adolescenza. Essa contiene alcuni fondamentali principi.
- Il principio di non discriminazione estende i diritti sanciti dalla Convenzione a tutti i minori, senza distinzione di razza, sesso, lingua, religione del bambino e dell'adolescente o dei genitori.
- Il principio del superiore interesse stabilisce che l'interesse del bambino e dell'adolescente deve avere la priorità in ogni legge o iniziativa pubblica o privata.
- Il principio del diritto alla vita, alla sopravvivenza e allo sviluppo del bambino impegna gli Stati a stanziare il massimo delle risorse disponibili per tutelare la vita e il sano sviluppo dei minori.

4. Cosa si intende per "ricongiungimento familiare"?

- Il ricongiungimento è la procedura attraverso cui il cittadino di un Paese non facente parte dell'Unione europea ma residente nel nostro Paese può chiedere che alcuni tra i propri familiari lo raggiungano e risiedano con lui in Italia. Lo scopo di questo istituto è garantire l'unità familiare anche agli stranieri.
- Può essere richiesto però solo per ricongiungersi: al coniuge se di età non inferiore ai 18 anni; ai figli minori; ai figli maggiorenni; ai genitori purché siano economicamente a carico del richiedente.
- Il ricongiungimento è consentito se il richiedente dimostra: di essere in possesso di regolare permesso di soggiorno; di avere una dimora fissa che soddisfi i minimi requisiti igienici e sanitari; di avere un reddito minimo che garantisca la sopravvivenza a lui e ai familiari di cui si chiede il ricongiungimento; di avere realmente il rapporto di parentela con il familiare di cui chiede il ricongiungimento.

Verifica le tue conoscenze

Test a risposta multipla

Indica con una crocetta l'affermazione esatta.

1. Il DIP si occupa in modo specifico di diritto del lavoro?
- A. no, perché comprende molte norme di ordine pubblico e di applicazione necessaria
- B. no, si occupa solo di diritto di famiglia
- C. sì, perché molti lavoratori stranieri lavorano in Italia
- D. sì, perché l'Ue non è competente in materia di lavoro

2. Nelle cause di separazione il giudice competente:
- A. è quello del Paese del marito
- B. è quello del Paese della moglie
- C. è quello del Paese in cui è residente il convenuto
- D. è quello del Paese in cui risiede la coppia

3. La capacità matrimoniale è regolata:
- A. dalla legge nazionale di ciascun nubendo
- B. dalla legge del luogo in cui si celebrano le nozze
- C. dalla legge del Paese in cui la coppia risiede
- D. dalla legge del Paese del marito

4. La convenzione Onu sui diritti di infanzia e adolescenza prevede:
- A. il principio del minor interesse
- B. il principio del ricongiungimento familiare
- C. il principio della responsabilità genitoriale
- D. il principio di non discriminazione

5. Salvo il possesso dei requisiti previsti, il ricongiungimento familiare può essere chiesto:
- A. per ricongiungersi a qualsiasi parente
- B. per ricongiungersi ai genitori purché anziani
- C. per ricongiungersi al coniuge, ai figli, ai genitori
- D. solo per ricongiungersi ai figli

Sai qual è la differenza tra...

- **a.** Regolamento Bruxelles II *bis* *e* Regolamento Roma III
- **b.** "DIP di famiglia" *e* "DIP del lavoro"
- **c.** Principio del diritto alla vita *e* Principio del superiore interesse

SÌ/NO... Perché?

Indica con una crocetta la risposta esatta e motiva la tua scelta.

1. I DIP solitamente si occupano di diritto del lavoro? SÌ NO Perché ...

2. Ci sono regolamenti della Ue che si occupano di rapporti familiari? SÌ NO Perché ...

3. Gli accordi preventivi di separazione sono vietati dal diritto europeo? SÌ NO Perché ...

4. Nei Paesi Ue l'orario di lavoro può essere superiore a 48 ore settimanali? SÌ NO Perché ...

5. Un immigrato clandestino può chiedere il ricongiungimento familiare? SÌ NO Perché ...

Valuta le tue competenze

ZTE ONLINE
Mettiti alla prova con gli esercizi interattivi

Test a risposta multipla

Indica con una crocetta l'affermazione esatta.

1. Il DIP è:

A. una parte del diritto internazionale
B. una parte del diritto europeo
C. un insieme di consuetudini
D. una parte del diritto interno

2. Le norme di conflitto servono:

A. a determinare quale sia la legge applicabile
B. a regolare i metodi di soluzione delle controversie
C. a evitare conflitti armati
D. a regolare i conflitti armati

3. L'Unidroit è un'organizzazione che opera per l'uniformità:

A. dei tribunali internazionali
B. dei collegi arbitrali internazionali
C. dei DIP nazionali
D. delle regole sugli investimenti esteri

4. L'Uncitral favorisce la formazione di regole uniformi in materia di:

A. famiglia
B. lavoro
C. commercio internazionale
D. finanza internazionale

5. Le norme di applicazione necessaria costituiscono:

A. un limite all'applicazione del diritto europeo
B. un limite all'applicazione del diritto internazionale privato
C. un limite al diritto internazionale pubblico
D. un limite al diritto costituzionale

6. Il cittadino italiano che commetta un reato all'estero e lì venga arrestato è punito secondo:

A. la legge straniera
B. il diritto europeo
C. il DIP
D. il diritto italiano

7. La *lex mercatoria*:

A. è un insieme di consuetudini e prassi applicate nel commercio
B. è un codice
C. è un trattato internazionale
D. è una legge dell'antica Roma

8. Il diritto del lavoro:

A. è una branca del DIP
B. è un diritto tipico dei Paesi socialisti
C. si caratterizza per molte norme di ordine pubblico e applicazione necessaria
D. è regolato da consuetudini

9. Per il DIP italiano, il matrimonio tra due stranieri celebrato all'estero è valido in Italia:

A. se è stato celebrato in una chiesa
B. se è valido nel Paese di celebrazione
C. se ci sono figli
D. se i coniugi hanno un reddito minimo definito per legge

10. Nelle cause di responsabilità genitoriale, il giudice competente è quello del Paese:

A. di residenza del minore
B. del convenuto
C. del marito
D. della moglie

11. Gli accordi preventivi di separazione e divorzio:

A. servono a predeterminare gli alimenti
B. servono a predeterminare le condizioni di matrimonio
C. servono a predeterminare le condizioni in caso di morte di uno dei coniugi
D. servono a predeterminare la legge applicabile alla separazione o al divorzio

12. Il minore:

A. è tutelato solo da una convenzione internazionale
B. deve essere tutelato in ogni ordinamento, in virtù del principio del superiore interesse
C. non deve essere tutelato se non è cittadino
D. ha meno diritti dell'adulto

13. Il ricongiungimento familiare:

A. serve a regolarizzare la posizione degli immigrati clandestini
B. serve ad agevolare le adozioni
C. serve a tutelare l'unità familiare degli immigrati
D. consente di ottenere immediatamente la cittadinanza

14. Il DIP non contiene:

A. norme sul lavoro
B. norme sui contratti
C. norme sui rapporti di famiglia
D. norme di applicazione necessaria

Valuta le tue competenze

Conoscenza del lessico giuridico

Scrivi la definizione, al massimo in tre righe, dei termini seguenti.

- Diritto internazionale privato
- Norme di conflittoUnidroit
- Uncitral
- Ordine pubblico
- Norme di applicazione necessaria
- Reciprocità
- *Lex mercatoria*
- Accordo preventivo di separazione e divorzio
- Ricongiungimento familiare

Domande con risposte brevi

- Qual è l'oggetto del diritto internazionale privato?
- A che cosa servono i criteri di collegamento?
- Dove sono contenute le norme di DIP italiano?
- Com'è intervenuta l'Unione europea per uniformare il DIP?
- Quale organizzazione sta tentando di uniformare il DIP anche fuori dall'Europa?
- Quali sono i limiti all'applicazione del DIP?
- Come opera la legge penale rispetto al DIP?
- Che cos'è il principio di reciprocità?
- Come nasce la *lex mercatoria*?
- Da chi è utilizzata prevalentemente oggi la *lex mercatoria*?
- Perché i DIP non si occupano di diritto del lavoro?
- Quali sono i regolamenti europei che si occupano della famiglia?
- Qual è il vantaggio degli accordi preventivi di separazione e divorzio?
- Quali sono i diritti del minore secondo la Convenzione sui diritti del fanciullo?
- Quali sono i requisiti per richiedere il ricongiungimento familiare?
- Chi può chiedere il ricongiungimento familiare?
- Quali criteri si applicano per determinare il foro competente nelle cause di famiglia secondo il diritto europeo?
- Secondo il DIP italiano, come viene determinata la capacità matrimoniale di una persona?

Ragionamento e argomentazione

Rispondi ai quesiti seguendo la traccia fornita.

1. Il DIP di ciascun Paese consente che a taluni rapporti si applichi una legge straniera. Esprimi la tua opinione su questa singolarità.

Il DIP è ....

Personalmente ritengo che ....

perché ....

2. Il principio di reciprocità non si applica ai diritti fondamentali della persona. Spiega che cosa significa ed esprimi, motivandola opportunamente, la tua opinione.

La ragione per la quale il principio di reciprocità non trova applicazione in tema di diritti fondamentali è la seguente ....

Personalmente ritengo che ....

perché ....

3. Esprimi, motivandola opportunamente, la tua opinione sul ricongiungimento familiare.

Il ricongiungimento familiare è ....

Serve a ....

Personalmente ritengo che ....

perché ....

COMPETENZE DI PERCORSO

COMPETENZE DI ASSE
- Orientare i propri comportamenti ai principi e ai valori espressi dalla Costituzione e dalle Carte internazionali
- Riconoscere i principali aspetti del sistema sociale ed economico allo scopo di operare in un determinato contesto produttivo

CONOSCENZE
- Comprendere la natura e le problematiche connesse alla stipulazione dei contratti internazionali
- Conoscere la natura dei rischi quali cause di inadempimento contrattuale e i mezzi idonei a tutelare le parti in tali situazioni
- Conoscere le diverse modalità di pagamento nei contratti internazionali

ABILITÀ
- Saper riconoscere gli elementi essenziali di un contratto internazionale
- Saper predisporre lo schema di un contratto idoneo a regolare una situazione data
- Saper scegliere la modalità di pagamento più adatta in riferimento a una situazione data

UNITÀ 1 Formazione e inadempimento del contratto

1. Contratti nazionali e internazionali

Immaginiamo di acquistare uno scooter da un amico. Sicuramente concorderemo il prezzo, i tempi e le modalità di consegna. Ma supponiamo di scoprire, dopo l'acquisto, che lo scooter aveva subito un grosso incidente che lo ha reso insicuro.
Che cosa fare se nel contratto non abbiamo previsto nulla a proposito di garanzie?

Come dovremmo già sapere dal secondo biennio, nel Codice civile si trovano le **norme suppletive** (o dispositive) che integrano le disposizioni contrattuali omesse. Nel caso specifico, la questione sarà risolta dall'art. 1490 c.c., nel quale si dispone che il venditore risponde per i vizi (occulti) della cosa venduta.

In generale nel nostro ordinamento giuridico e in quelli di tradizione romanistica, i contratti **tipici** trovano una precisa regolamentazione nel Codice civile talché le parti, nella stesura di uno specifico contratto (vendita, locazione, mutuo, ecc.) possono limitarsi a stabilire le condizioni essenziali, come il prezzo, la data, il luogo di esecuzione della prestazione, e così via, nella certezza che qualunque aspetto abbiano dimenticato di regolare è già regolato dal Codice civile.

Ricordiamo che:
- **norme suppletive** (o dispositive) sono quelle che *suppliscono* alla eventuale incompletezza delle disposizioni contrattuali;
- **contratti tipici** sono quelli regolati dal Codice civile;
- **contratti atipici** sono quelli non espressamente regolati, come i nuovi contratti di Borsa, i contratti di sponsorizzazione, e così via.

Anche i contratti **atipici** trovano nella disciplina generale del contratto la loro regolamentazione.

Del tutto diversa è l'ipotesi in cui il contratto presenti *elementi di internazionalità.*

Contratti internazionali sono chiamati i contratti stipulati tra soggetti appartenenti a Paesi diversi.

In questi casi, se sorgesse una divergenza sull'interpretazione di qualche clausola o intervenisse una controversia su una questione non espressamente regolata nel contratto (garanzia, termini di consegna, diligenza nell'esecuzione, e così via) a quale ordinamento dovrebbero fare riferimento le parti?
Per esempio, se un cittadino italiano e uno olandese concludessero un contratto per la realizzazione di un'opera in Germania, dove troverebbero le norme suppletive di cui dovessero avere bisogno? Nel Codice civile italiano, in quello olandese o in quello tedesco?
Più in generale: quale legge è applicabile ai contratti internazionali?

Anche un contratto concluso tra soggetti appartenenti allo stesso Paese può qualificarsi come internazionale quando i suoi **effetti non si esauriscono nell'ambito del loro Stato** (per esempio il contratto con il quale un'impresa italiana affida a un agente italiano la vendita dei propri prodotti all'estero).

2. La questione della legge applicabile

▶ **Il principio dell'autonomia contrattuale**, generalmente riconosciuto, consente alle parti di scegliere la legge applicabile al loro rapporto. Potranno scegliere la legge nazionale dell'uno o dell'altro contraente o anche la legge di un terzo Paese.

L'autonomia (o libertà) contrattuale consente a ciascuno di concludere o non concludere contratti, di determinarne l'oggetto, i tempi, i modi e le altre condizioni nel rispetto della legge. **Nei contratti internazionali** consente anche di stabilire la legge applicabile e il foro competente a giudicare su eventuali controversie.

Che cosa accade se le parti non riescono a trovare un'intesa sulla legge applicabile?

L'ipotesi non è improbabile perché, come possiamo ragionevolmente immaginare, ciascun contraente vorrebbe che fosse scelta la legge del proprio Paese con la quale ha sicuramente maggiore familiarità.

▶ **In caso di mancato accordo** si adotta generalmente, come terza via, quella di assoggettare il contratto:

- ai principi Unidroit sui contratti internazionali
- oppure agli usi del commercio internazionale.

E se le parti non facessero nulla di tutto questo?

Se non lo facessero e successivamente si presentassero motivi di contrasto, dovrebbero ricorrere a un arbitro o a un giudice.

- **L'arbitro** è generalmente più libero di cercare la soluzione della controversia negli usi internazionali o in precedenti sentenze arbitrali.
- **Il giudice**, invece, è più legato alle disposizioni del *diritto internazionale privato* prodotto dall'ordinamento al quale appartiene.

> Nell'applicare la legge straniera richiamata dalle parti per regolare il loro contratto, il giudice non potrebbe mai applicare norme che siano contrarie ai **principi di ordine pubblico** o alle **norme di applicazione necessaria** del Paese nel quale il giudice stesso si trova a operare.

In ogni caso è buona consuetudine, nei contratti internazionali, redigere il testo in modo molto dettagliato affinché sia ridotta al minimo la necessità, in futuro, di ricorrere a disposizioni di legge integrative o a sentenze giudiziali o arbitrali.

La legge applicabile nell'Unione europea

All'interno dell'Unione europea il problema della legge applicabile è stato risolto con il regolamento denominato *Roma I* del 17 giugno 2008.

▶ **Il regolamento Roma I**, dopo aver ribadito che le parti sono libere di scegliere la legge applicabile al loro rapporto, aggiunge che in assenza di espressa dichiarazione:

- se il contratto ha per oggetto *beni immobili*, la legge applicabile sarà quella del Paese dove l'immobile si trova (salvo casi particolari indicati dal regolamento stesso);
- se oggetto del contratto è la *vendita di beni*, la *fornitura di servizi*, l'*affiliazione commerciale* o la *distribuzione*, la legge applicabile sarà quella del Paese nel quale, al momento del perfezionamento dell'accordo, risiede (o ha la propria sede amministrativa) il contraente che deve eseguire la *prestazione principale*.

> In Italia il rinvio alle norme della **Convenzione di Roma** è disposto dall'art. 57 della legge di riforma del sistema italiano di diritto internazionale privato (legge n. 218/1995).

Prestazione principale è ritenuta quella che caratterizza il contratto. Per esempio, nella vendita l'obbligazione principale è trasmettere la proprietà della cosa venduta, nel contratto d'opera è eseguire l'opera, e così via.

Altre disposizioni riguardano i contratti di trasporto, di assicurazione, di lavoro e tra consumatori e professionisti.

3. Il foro competente

Vorrei commercializzare all'estero i prodotti della mia impresa olearia. Se qualche acquirente non mi pagasse, dovrei chiamarlo in giudizio davanti a un giudice del suo Paese o davanti a un giudice italiano?

Così come le parti sono libere di stabilire quale sarà la legge applicabile al loro contratto, sono libere anche di stabilire quale dovrà essere il foro competente a giudicare una eventuale controversia.
Tuttavia è buona regola indicare il foro del medesimo Paese di cui si adotta la legge, perché sicuramente il giudice avrà maggiore competenza a conoscere le norme applicabili.

Per esempio, se facessimo regolare il contratto dalla legge tedesca e fissassimo in Italia il foro competente, potremmo creare un bel problema al giudice che dovrà studiarsi la normativa tedesca, con una perdita di tempo facile da immaginare.

In mancanza di un'espressa disposizione delle parti, per i Paesi dell'Unione europea la competenza è fissata dal regolamento n. 44 del 2001, meglio conosciuto come *Bruxelles I*.

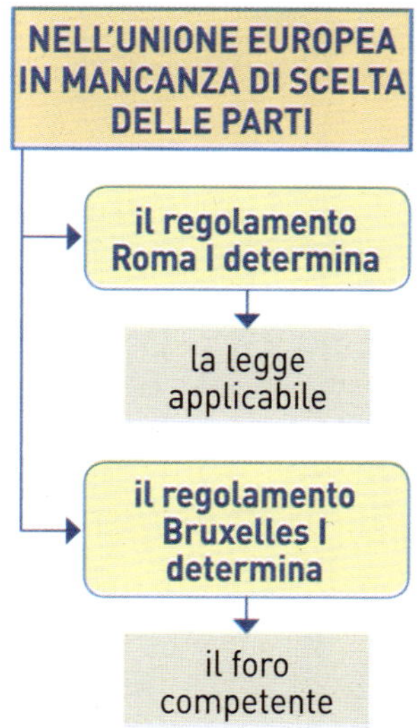

▶ **Il regolamento Bruxelles I** stabilisce, come principio generale, che la competenza a conoscere la causa spetta al giudice dello Stato membro nel quale è **domiciliato il convenuto**, indipendentemente dalla cittadinanza di quest'ultimo.

Immaginiamo che io perda la causa con un imprenditore tedesco che ho convenuto in giudizio in Germania. La sentenza del giudice tedesco sarà applicabile in Italia? In sostanza, il giudice italiano potrà sottoporre a vendita forzata i miei beni sulla base della sentenza emessa da un tribunale straniero?

La risposta è affermativa. Il regolamento Bruxelles I stabilisce che le decisioni emesse in uno Stato membro dell'Unione europea siano riconosciute in tutti gli Stati membri e che la dichiarazione di esecutività deve essere rilasciata a seguito di un controllo puramente formale dei documenti prodotti, senza che il giudice possa opporre alcun diniego.

4. La necessità di completezza nei contratti internazionali

I contratti *domestici*, cioè *non* internazionali, sono regolati dalla legge comune dei contraenti, e ciò lascia supporre che costoro (o i loro assistenti legali) abbiano con questa legge la familiarità necessaria per valutare ciò che nel contratto deve essere specificato e ciò che può essere lasciato alla regolamentazione delle norme suppletive nazionali.
Ma quando il contratto deve essere concluso tra soggetti appartenenti a Stati (e quindi a ordinamenti) diversi la questione si complica. Se si sceglie la legge di uno dei contraenti, l'altro potrebbe essere penalizzato dal fatto di non conoscere tale legge bene quanto la sua controparte. E se, per equità, si scegliesse la legge di un Paese terzo o si facesse riferimento a convenzioni internazionali, è probabile che entrambe le parti verrebbero a trovarsi in difficoltà.
Per superare questi ostacoli si cerca di prevedere tutte le ragioni di conflitto che possono svilupparsi durante l'esecuzione del contratto inserendo nel documento contrattuale tutte le clausole necessarie a risolverle. In questo modo le parti evitano (o quanto meno limitano) la necessità di ricorrere, in caso di contrasto, a leggi poco conosciute.

Possiamo pertanto dire che:

▶ i contratti internazionali tendono alla **completezza** e alla **autosufficienza**.

Il problema della lingua

La scelta della lingua da adottare nella stesura del contratto costituisce un altro bel problema, perché ciascuno vorrebbe, ragionevolmente, che fosse scritto nella propria.

Non si può scrivere il contratto nella lingua di uno dei contraenti e poi tradurlo nella lingua dell'altro?

Se la soluzione fosse così ovvia, il problema non sussisterebbe. Invece sussiste, perché della traduzione letterale non sempre c'è da fidarsi.
Per esempio, noi chiamiamo "contratto" un rapporto giuridico di natura *patrimoniale*, mentre per l'ordinamento tedesco l'equivalente della parola contratto (*Vertrag*) ha un significato più ampio e si estende anche a rapporti giuridici non patrimoniali.

Negli ordinamenti anglosassoni, poi, il contratto è genericamente considerato *an agreement which will be enforced by the law*, cioè "un accordo che è fatto rispettare dalla legge".
La traduzione letterale, pertanto, non garantisce identità di significati dei termini in tutti i Paesi e in tutti gli ordinamenti, e ciò può dare luogo a equivoci che in sede di contenzioso potrebbero risultare molto gravi.

Che fare allora?

Una soluzione utile per tutti non c'è. Solitamente, nella compilazione dei contratti internazionali ci si affida a esperti che utilizzano una delle lingue generalmente conosciute da tutti, come l'inglese, il francese, e in taluni casi anche lo spagnolo o il tedesco.

5. Le clausole contrattuali

La necessità di completezza, di cui abbiamo parlato sopra, rende il contratto internazionale lungo e complesso da preparare e da leggere. E la lettura prima della firma, come si può capire, è fondamentale.
Per rendere il contratto più facilmente comprensibile è diventata consuetudine, nella pratica internazionale, inserirlo in uno schema in cui le diverse disposizioni sono divise in paragrafi o in articoli e seguono sempre lo stesso ordine.

Normalmente il contratto si apre con l'indicazione del **nome delle parti** (o dei loro rappresentanti) e del luogo di stipulazione. Tali indicazioni, tuttavia, possono anche essere inserite alla fine del documento.

Segue, generalmente, la **denominazione del contratto** (vendita, appalto, trasporto) che è utile, nei contratti tipici, per individuare immediatamente il tipo di rapporto che si andrà a stabilire tra le parti.
La denominazione, tuttavia, non è un elemento essenziale. In caso di controversia, il giudice individuerà il tipo di contratto dai suoi contenuti effettivi e non dal modo in cui lo hanno chiamato le parti, magari sbagliando (per esempio chiamando contratto di spedizione un contratto di trasporto).

Seguendo la tradizione anglosassone, viene poi spesso inserita una premessa contenente i cosiddetti "**considerando**", nei quali si espongono le ragioni

che hanno indotto alla conclusione del contratto, e talvolta si illustrano anche le diverse fasi delle trattative precontrattuali.
Questa parte può tornare utile nel caso in cui il linguaggio utilizzato non fosse sufficientemente chiaro e un giudice fosse chiamato a interpretare il contratto risalendo alle *intenzioni dei contraenti*.

Un altro accorgimento importante è dare una **definizione dei termini** che sono più volte ricorrenti nel contratto.
Per esempio in un contratto di appalto si potrebbe stabilire che la parola "Opera" indica la realizzazione di complesse opere infrastrutturali. In seguito basterà utilizzare questo termine perché si sappia di che cosa si parla, senza ripetere ogni volta la descrizione delle infrastrutture da realizzare. In questi casi si usa la lettera maiuscola per evitare confusioni con l'utilizzazione della medesima parola con significati diversi: per esempio "opera d'arte".

Al contratto possono essere aggiunti degli **allegati**, cioè documenti che contengono tabelle, perizie, valutazioni e quanto altro possa servire a definire meglio i termini contrattuali.

L'oggetto, come sappiamo, è un elemento essenziale del contratto e va inserito a pena di nullità. Esso definisce le obbligazioni delle parti e deve essere illustrato analiticamente.

Un'altra clausola da inserire, soprattutto nei contratti conclusi a distanza, è quella che stabilisce **in quale momento il contratto si considera perfezionato**. Se, infatti, in mancanza di una espressa determinazione, dovesse intervenire la *legge richiamata*, si potrebbero avere delle sorprese perché alcuni ordinamenti stabiliscono che il contratto si perfeziona nel momento in cui l'accettazione viene *spedita* al proponente, mentre altri (come il nostro) stabiliscono che si perfeziona quando la proposta *giunge a conoscenza* del proponente.

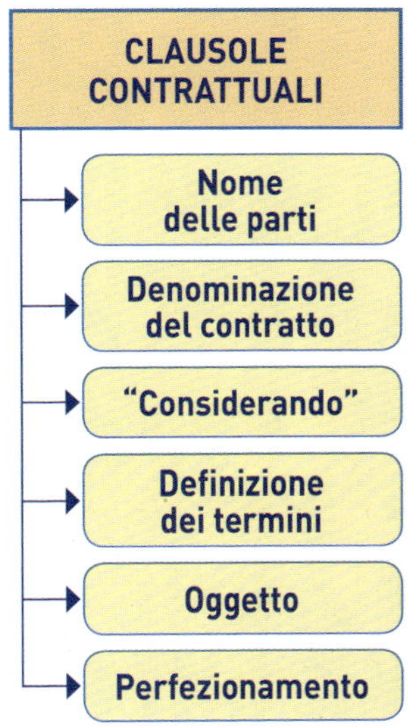

QUESTIONI

Il valore delle trattative precontrattuali

La conclusione di un contratto, solitamente, è il punto di arrivo di una trattativa che inizia con i primi contatti e, se le parti trovano punti di intesa, prosegue con scambi reciproci di documenti, perizie, richieste e offerte di garanzie, mediazioni sul prezzo, sui tempi di esecuzione, sulla lingua, sulla legge applicabile, sul foro competente, e così via.
Ma che cosa accade se una delle parti inaspettatamente si ritira dalla trattativa?
Che cosa può fare la parte che nella trattativa ha investito tempo e denaro?
Pressoché in tutti gli ordinamenti nazionali, e anche nella giurisprudenza internazionale, è accolto il principio per il quale la trattativa precontrattuale deve essere condotta secondo **buona fede e correttezza** e il ritiro che non sia motivato da ragioni obiettive o da un comportamento censurabile della controparte è considerato contrario a tale principio.
È generalmente considerato contrario al principio di buona fede e correttezza anche divulgare informazioni riservate delle quali ciascuna parte è venuta a conoscenza durante la fase precontrattuale, o tacere all'altra parte informazioni rilevanti per la formazione del consenso.
In alcuni ordinamenti la mancanza di buona fede e correttezza nelle trattative può legittimare la richiesta di risarcimento dei danni.

6. Il principio di reciprocità

L'art. 2 della Costituzione riconosce a ogni persona (italiana o straniera, regolare o irregolare) la tutela dei *diritti inviolabili*, e ciò vale anche se in un Paese straniero a un cittadino italiano non sono riconosciuti tali diritti. Ciò perché l'arretratezza culturale di un Paese non può fare arretrare anche chi ha una concezione più ampia e universale dei diritti umani e delle libertà fondamentali.
Ciò però non vale per il mondo degli affari, dove vige il principio della **reciprocità**. Allo straniero che voglia operare in Italia, per esempio, non è consentito compiere operazioni economiche (acquisti immobiliari, acquisti azionari e altro) che non siano consentiti anche al cittadino italiano nel suo Paese.
È appena da sottolineare che non sono da considerare stranieri i cittadini degli Stati membri dell'Unione europea poiché tutti siamo ormai diventati "cittadini europei".

7. La risoluzione del contratto per inadempimento

Ho vinto l'appalto per la posa in opera di duemila metri quadri di parquet in un centro commerciale. Ma il produttore brasiliano dal quale ho acquistato il parquet tarda a inviarmelo e io rischio di perdere l'appalto e di pagare una salata penale. Che cosa posso fare?

Quando si stipula un contratto si presume (e si spera) che tutto vada per il meglio, ma le contrarietà sono sempre in agguato.
Può accadere, per esempio, che una delle parti non adempia la prestazione o non la adempia nei tempi e nei modi previsti dal contratto.

Che cosa si può fare in questi casi?

In linea generale l'inadempimento di una parte consente all'altra di chiedere al giudice competente:

- la **risoluzione del contratto**, cioè il suo scioglimento,
- oltre alla **ripetizione dell'indebito** (cioè restituzione di quanto indebitamente pagato) e al **risarcimento del danno**.

Tuttavia in ogni ordinamento la risoluzione è consentita solo se l'inadempimento **non è di scarsa importanza**, avuto riguardo all'interesse dell'altra parte.
Così, nell'esempio precedente, un ritardo di pochi giorni nella consegna del legname non giustificherebbe la risoluzione.

Chi decide se l'inadempimento è o non è di scarsa importanza?

Generalmente, negli ordinamenti di *civil law* questa valutazione è rimessa al prudente apprezzamento del giudice.

Ma nei contratti di grande impegno economico, come solitamente sono quelli internazionali, non sempre si ha tempo di attendere una sentenza giudiziale o arbitrale.

Ecco allora la necessità di inserire nel contratto una ***termination clause***, cioè una clausola che definisca in modo puntuale quali comportamenti costituiscono inadempimento e, per conseguenza, danno diritto alla risoluzione (*termination*) del contratto e al risarcimento del danno.

8. L'inadempimento per causa di forza maggiore

La mia impresa sta per realizzare un tratto di oleodotto in una zona dell'Africa politicamente molto instabile. Se una rivoluzione rendesse impossibile concludere l'opera, che cosa potrei fare?

In tutti gli ordinamenti l'impossibilità sopravvenuta di eseguire la prestazione per *cause di forza maggiore* non imputabili al debitore consente di **risolvere** il contratto senza alcun obbligo di risarcimento per i danni che la controparte possa aver subito.
Tuttavia, poiché nei diversi ordinamenti la *causa di forza maggiore* non è sempre valutata nel medesimo modo, la *legge richiamata* potrebbe riservare qualche brutta sorpresa.

Per tale ragione la **Camera di commercio internazionale** ha previsto una clausola standard che può essere inserita nel contratto attraverso un semplice rinvio alla *clausola di forza maggiore della ICC*.
La clausola contiene una elencazione degli eventi che possono essere considerati *forza maggiore*, quali guerra, cataclismi naturali, esplosioni, incendi, scioperi, serrate e divieti delle autorità.
Si tratta però di una elencazione esemplificativa che non esclude, in linea di principio, la necessità di verificare se nel caso specifico le circostanze previste nell'elenco fossero prevedibili al momento della conclusione del contratto e se i loro effetti fossero evitabili.
Per esempio, se ci impegniamo a trasportare merce attraverso una regione in cui è presente un clima insurrezionale, non possiamo poi reclamare la forza maggiore se la rivoluzione effettivamente scoppia.
Per evitare incertezze che possono essere fonte di contenzioso, gli operatori internazionali spesso preferiscono definire essi stessi nel contratto quali eventi sono da considerare forza maggiore e quali conseguenze saranno collegate al loro verificarsi.
In questo modo, tra l'altro, si potranno prevedere ipotesi specifiche strettamente collegate al tipo di contratto in oggetto (per esempio non si parlerà di mare in burrasca in un contratto di trasporto aereo).

Nella **Convenzione di Vienna** relativa ai contratti di vendita l'art. 79, c. 1, stabilisce che: "Una parte non risponde per inadempimento a uno dei suoi obblighi se prova che tale inadempimento è dovuto a un impedimento indipendente dalla sua volontà e che non era ragionevole attendersi che essa lo prendesse in considerazione al momento della conclusione del contratto".

9. La clausola *hardship*

Sono un armatore e ho concluso un contratto per il trasporto in Italia di un carico di petrolio passando per il Canale di Suez. Ma il Canale è stato momentaneamente chiuso a causa di turbolenze politiche. Potrei circumnavigare l'Africa e passare per il Capo di Buona Speranza, ma dovrei sopportare costi notevolmente più elevati. Che cosa posso fare? Posso pretendere di rinegoziare il contratto per riportare le prestazioni a equità?

In Italia l'art. 1664 c.c. consente, nel contratto di appalto, la revisione del prezzo concordato se, per effetto di circostanze imprevedibili, il costo di esecuzione è aumentato di più del 10%.

L'aggravamento dei costi che una parte deve sopportare per eventi sopravvenuti e imprevedibili non consente, in tutti gli ordinamenti nazionali, di operare una revisione del prezzo concordato.
Per tale ragione, poiché simili aggravamenti non sono improbabili, gli operatori internazionali tendono a inserire nel contratto una clausola di *hardship*.
Il termine inglese *hardship* viene tradotto in italiano come "disagio", "avversità".

Con l'inserimento di una clausola di *hardship* in un documento contrattuale le parti stabiliscono come reagire a una situazione in cui l'equilibrio contrattuale viene alterato da un fattore esterno, allo scopo di adattare i loro rapporti alle nuove circostanze attraverso la rinegoziazione delle condizioni contrattuali.

Non ho capito bene la differenza tra hardship *e* forza maggiore.

Con la clausola di *forza maggiore* vengono disciplinate le conseguenze di un evento imprevedibile o imprevisto che rende una delle prestazioni del tutto impossibile a eseguirsi.
La circostanza contemplata dalla clausola di *hardship*, invece, non impedisce alla parte di dare esecuzione al contratto, ma rende la sua prestazione eccessivamente onerosa rispetto alla controprestazione ed economicamente sconveniente.

10. La clausola penale

Abbiamo visto che l'inadempimento o il ritardo nell'esecuzione della prestazione consentono al creditore di chiedere il risarcimento dei danni.

Tuttavia chiedere e ottenere non sono la stessa cosa.

Pensiamo, per esempio, alla difficoltà che può incontrare una grande impresa con molti stabilimenti nel dover provare al giudice il danno causato alla sua produzione globale dall'inadempienza di uno dei tanti piccoli fornitori. E se anche potesse provarlo, quanto tempo durerebbe il processo?

Per superare questo tipo di difficoltà si usa talvolta inserire nel contratto una *clausola penale*.

Con la clausola penale si concorda preventivamente l'entità del risarcimento che dovrà pagare la parte che si renda inadempiente o adempia in ritardo.

In uno stesso contratto è possibile stabilire una penale per il ritardo e una diversa penale per l'inadempimento.

La *liquidated damages*

Nei Paesi anglosassoni piuttosto che di *clausola penale* si preferisce parlare di *liquidated damages*, cioè di liquidazione del danno.

La differenza non è solo terminologica.

Nel nostro ordinamento, e in generale in quelli di *civil law*, la clausola penale non ha solo funzione risarcitoria ma anche punitiva. Tanto è vero che l'importo stabilito nella clausola deve essere pagato anche se la controparte non ha ricevuto, dall'inadempienza, alcun danno dimostrabile.

Negli ordinamenti di *common law*, invece, la funzione penale non è accolta e la clausola ha solo funzione risarcitoria di un danno dimostrabile almeno approssimativamente.

Sono un piccolo fornitore di una grande impresa, la quale ha preteso di inserire nel contratto una penale elevatissima in caso di ritardo della mia prestazione. Poiché sono effettivamente un po' in ritardo, rischio veramente di pagare l'intera penale?

Generalmente, negli ordinamenti di *civil law*, e a maggior ragione in quelli di *common law*, l'ammontare della penale può essere diminuito dal giudice se appare manifestamente eccessivo.

In Italia la riduzione giudiziale della penale eccessiva è prevista dall'art. 1384 c.c.

ITC MODEL CONTRACT FOR THE INTERNATIONAL COMMERCIAL SALE OF GOODS

PARTIES:

Seller

Name: ....

Address: ....

Buyer

Name: ....

Address: ....

Hereinafter: "the Parties"

1. Goods

1.1. Subject to the terms agreed in this contract, the Seller shall deliver the following good(s) (hereinafter: "the Goods") to the Buyer.

1.2. Description of the Goods (details necessary to define/specify the Goods which are the object of the sale, including required quality, description, certificates, country of origin, other details).

1.3. Quantity of the Goods: ......

2. Delivery

2.1. Applicable International Chamber of Commerce (hereinafter: ICC) Incoterms: ......

2.2. Place of delivery: ......

2.3. Date or period of delivery: ......

3. Payment conditions

3.1. Total price: ......

3.2. Currency: ......

3.3. Means of payment: ......

3.4. Is of Seller's bank account (if appropriate): ......

3.5. Time for payment: ......

4. Documents

4.1. The Seller shall make available to the Buyer (or shall present to the bank specified by the Buyer) the following documents: ......

4.2. In addition, the Seller shall make available to the Buyer the documents indicated in the ICC Incoterms the Parties have selected under Article 2 of this contract.

5. Non-performance of the Buyer's obligation to pay the price at the agreed time

5.1. If the Buyer fails to pay the price at the agreed time, the Seller shall fix to the Buyer an additional period of time of ...... days for performance of payment. If the Buyer fails to pay the price at the expiration of the additional period, the Seller may declare this contract avoided in accordance with Article 9 of this contract.

5.2. If the Buyer fails to pay the price at the agreed time, the Seller shall in any event be entitled, without limiting any other rights it may have, to charge interest on the outstanding amount (both before and after any judgment) at the rate of ... % per annum.

6. Non-performance of the Seller's obligation to deliver the Goods at the agreed time

6.1. If the Seller fails to deliver the Goods at the agreed time, the Buyer shall fix to the Seller an additional period of time of ... days for performance of delivery. If the Seller fails to deliver the Goods at the expiration of the additional period, the Buyer may declare this contract avoided in accordance with Article 9 of this contract.

7. Lack of conformity

7.1. The Buyer shall examine the Goods, or cause them to be examined within as short period as is practicable in the circumstances. The Buyer shall notify the Seller of any lack of conformity of the Goods, specifying the nature of the lack of conformity, within ...... days after the Buyer has discovered or ought to have discovered the lack of conformity. In any event, the Buyer loses the right to rely on a lack of conformity if he fails to notify the Seller thereof at the latest within a period of ... years from the date on which the Goods were actually handed over to the Buyer.

7.2. Where the Buyer has given due notice of non-conformity to the Seller, the Buyer may at his option, without any additional expense to the Buyer:

7.2.1. Require the Seller either to: deliver any missing quantity of the Goods, replace the Goods with conforming Goods or repair the Goods;

7.2.2. Declare this contract avoided in accordance with Article 10 of this contract.

7.3. The Buyer shall in any event be entitled to claim damages.

8. Transfer of property

8.1. The Seller must deliver to the Buyer the Goods specified in Article 1 of this contract free from any right or claim of a third person.

9. Avoidance of contract

9.1. There is a breach of contract where a party fails to perform any of its obligations under this contract, including defective, partial or late performance.

9.2. There is a fundamental breach of contract where:

9.2.1. Strict compliance with the obligation which has not been performed is of the essence under this contract; or

5.2.2. The non-performance substantially deprives the aggrieved party of what it was reasonably entitled to expect under this contract.

9.3. In a case of a breach of contract according to paragraph 9.1 of this Article, the aggrieved party shall, by notice to the other party, fix an additional period of time of (specify the length) for performance. During the additional period of time the aggrieved party may withhold performance of its own reciprocal obligations and may claim damages, but may not declare this contract avoided. If the other party fails to perform its obligation within the additional period of time, the aggrieved party may declare this contract avoided.

9.4. In case of a fundamental breach of contract according to paragraph 9.2 of this Article, the aggrieved party may declare this contract avoided without fixing an additional period of time for performance to the other party.

9.5. A declaration of avoidance of this contract is effective only if made by notice to the other party.

10. Force majeure – excuse for non-performance

10.1. "Force majeure" means war, emergency, accident, fire, earthquake, flood, storm, industrial strike or other impediment which the affected party proves was beyond its control and that it could not reasonably be expected to have taken the impediment into account at the time of the conclusion of this contract or to have avoided or overcome it or its consequences.

10.2. A party affected by force majeure shall not be deemed to be in breach of this contract, or otherwise be liable to the other, by reason of any delay in performance, or the non-performance, of any of its obligations under this contract to the extent that the delay or non-performance is due to any force majeure of which it has notified the other party in accordance with Article 10.3.

10.3. If any force majeure occurs in relation to either party which affects or is likely to affect the performance of any of its obligations under this contract, it shall notify the other party within a reasonable time as to the nature and extent of the circumstances in question and their effect on its ability to perform.

11. Entire agreement

11.1. This contract sets out the entire agreement between the Parties. Neither party has entered into this contract in reliance upon any representation, warranty or undertaking of the other party that is not expressly set out or referred to in this contract. This Article shall not exclude any liability for fraudulent misrepresentation.

12. Dispute resolution procedure

12.1. Any dispute, controversy or claim arising out of or relating to this contract, including its conclusion, interpretation, performance, breach, termination or invalidity, shall be finally settled under the rules of [*specify the arbitration institution*] by [*specify the number of arbitrators, e.g. sole arbitrator or, if appropriate, three arbitrators*] appointed in accordance with the said rules. The place of arbitration shall be [*specify*]. The language of the arbitration shall be [*specify*].

13. Applicable law and guiding principles

13.1. Questions relating to this contract that are not settled by the provisions contained in the contract itself shall be governed by the United Nations Convention on Contracts for the International Sale of Goods (Vienna Sales Convention of 1980, hereafter referred to as CISG).

13.2. Questions not covered by the CISG shall be governed by the UNIDROIT Principles of International Commercial Contracts (hereafter referred to as UNIDROIT Principles), and to the extent that such questions are not covered by the UNIDROIT Principles, by reference to [*specify the relevant national law*].

13.3. This contract shall be performed in a spirit of good faith and fair dealing.

DATE AND SIGNATURE OF The Parties

UNITÀ 1

Riguardando gli appunti

1. Quale legge si applica ai contratti internazionali?

- Il principio dell'autonomia contrattuale, generalmente riconosciuto, consente alle parti di scegliere la legge applicabile al loro rapporto.
- In caso di mancato accordo si può assoggettare il contratto ai principi Unidroit sui contratti internazionali oppure agli usi del commercio internazionale.
- All'interno dell'Unione europea il problema della legge applicabile è stato risolto con il regolamento denominato Roma I del 17 giugno 2008. Secondo questo regolamento, se le parti non si accordano diversamente e se oggetto del contratto è la vendita di beni, la fornitura di servizi, l'affiliazione commerciale o la distribuzione, la legge applicabile sarà quella del Paese nel quale, al momento del perfezionamento dell'accordo, risiede il contraente che deve eseguire la prestazione principale; se il contratto ha per oggetto beni immobili, la legge applicabile sarà quella del Paese dove l'immobile si trova.
- Per ridurre queste fonti di incertezza i contratti internazionali tendono alla completezza, cioè a contenere tutte le clausole necessarie a prevenire ragioni di conflitto.

2. Quale sarà il giudice competente a giudicare una eventuale controversia?

- Le parti sono libere di stabilire quale dovrà essere il foro competente. In mancanza di un'espressa disposizione, per i Paesi dell'Unione europea, la competenza a conoscere la causa spetta al giudice dello Stato membro nel quale è domiciliato il convenuto, indipendentemente dalla cittadinanza di quest'ultimo.

3. Cos'è la risoluzione del contratto?

- La risoluzione del contratto è lo scioglimento del vincolo contrattuale per cause ammesse dalla legge o concordate dalle parti.
- Generalmente nei contratti internazionali si inserisce una *termination clause*, cioè una clausola che definisce in modo puntuale quali comportamenti consentono la risoluzione.

4. Che cos'è la forza maggiore?

- In tutti gli ordinamenti l'impossibilità sopravvenuta di eseguire la prestazione per cause di forza maggiore non imputabili al debitore consente di risolvere il contratto senza alcun obbligo di risarcimento per i danni che la controparte possa aver subito.
- Poiché nei diversi ordinamenti la causa di forza maggiore non è sempre valutata nel medesimo modo, la Camera di Commercio Internazionale ha previsto una clausola *standard* che può essere inserita nel contratto attraverso un semplice rinvio alle clausola di forza maggiore della ICC.

5. Che cos'è la *hardship*?

- Il termine inglese *hardship* viene tradotto in italiano come "disagio", "avversità". Con l'inserimento di una clausola di *hardship* in un documento contrattuale, le parti stabiliscono come reagire a una situazione in cui l'equilibrio contrattuale viene alterato da un fattore esterno, allo scopo di adattare i loro rapporti alle nuove circostanze attraverso la rinegoziazione delle condizioni contrattuali.

6. Cos'è la clausola penale?

- La clausola penale serve a concordare preventivamente l'entità del risarcimento che dovrà pagare la parte che si renda inadempiente o adempia in ritardo.
- Nei Paesi anglosassoni piuttosto che di clausola penale si preferisce parlare di *liquidated damages*, cioè di liquidazione del danno.

Verifica le tue conoscenze

Test a risposta multipla

Indica con una crocetta l'affermazione esatta.

1. Il Regolamento Roma I individua:
A. la legge applicabile
B. i principali tipi di contratto internazionale
C. il foro competente
D. la legge applicabile e il foro competente

2. Per ristabilire l'equilibrio fra le prestazioni nel caso in cui venga alterato da un fattore esterno:
A. si può prevedere la clausola di forza maggiore
B. si possono utilizzare i "considerando"
C. si può inserire nel contratto la clausola *hardship*
D. si può inserire nel contratto la clausola *liquidated damages*

3. È rilevante la denominazione che le parti hanno dato al contratto?
A. sì, perché va inserita a pena di nullità
B. sì, perché è vincolante per il giudice
C. sì, perché determina la legge applicabile
D. no, perché non è un elemento essenziale del contratto

4. Il regolamento Bruxelles I prevede che il giudice competente sia:
A. quello del Paese in cui è domiciliato il convenuto
B. quello del Paese in cui risiede chi esegue la prestazione principale
C. quello del Paese in cui viene eseguita la prestazione
D. quello del Paese in cui risiede il contraente più debole

5. I *liquidated damages* hanno una funzione
A. identica a quella della clausola penale
B. solo risarcitoria
C. solo punitiva
D. sia risarcitoria sia punitiva

Sai qual è la differenza tra...

a. Clausola penale	e	*Liquidated damages*
b. Roma I	e	Bruxelles I
c. Forza maggiore	e	*Hardship*
d. Considerando	e	Definizioni dei termini
e. Contratto internazionale	e	Contratto domestico

SÌ/NO... Perché?

Indica con una crocetta la risposta esatta e motiva la tua scelta.

1. Il principio dell'autonomia contrattuale si applica anche ai contratti internazionali? SÌ NO Perché ...

2. Nella Ue, se oggetto del contratto è un bene immobile, la legge applicabile è quella del venditore? SÌ NO Perché ...

3. È utile che il contratto internazionale sia completo? SÌ NO Perché ...

4. È importante nel contratto definire esattamente l'oggetto? SÌ NO Perché ...

5. Qualcuno può abbassare d'autorità una penale ritenuta eccessiva? SÌ NO Perché ...

6. Qualsiasi tipo di inadempimento può giustificare la risoluzione del contratto? SÌ NO Perché ...

Rischi e garanzie nei contratti internazionali

1. Il rischio Paese

Come abbiamo appena visto, l'inadempimento del contratto, o il ritardo nella sua esecuzione, possono trovare una motivazione in una *causa di forza maggiore* che rende impossibile eseguire la prestazione o eseguirla nei tempi e nei modi concordati.
Tra le possibili cause di forza maggiore, oltre ai disastri naturali, vanno considerati quegli accidenti che, nel loro insieme, sono indicati come **rischio Paese**, in quanto connessi alla instabilità politica ed economica del Paese in cui risiede una delle parti.
Sappiamo tutti, per esempio, quali turbolenze agitano alcuni Paesi del Centro America o del Centro Africa o del Maghreb o dell'Asia e possiamo immaginare quali rischi (giustificati dagli alti profitti) corrano gli operatori internazionali che concludono contratti di compravendita o di appalto con imprenditori di questi Paesi. Rischi che possono derivare da improvvise espropriazioni, nazionalizzazioni, restrizioni ai pagamenti in valuta estera, e così via.
Può anche accadere che siano i Governi a concludere contratti per la realizzazione di grandi infrastrutture come autostrade, dighe, ponti e simili, ma anche in questi casi le garanzie possono non essere troppo solide. Un mutamento improvviso di Governo, un *golpe*, una tentativo di rivoluzione possono rendere molto incerto il pagamento.
Generalmente questi rischi sono coperti dalle assicurazioni o dalle banche, come vedremo meglio più avanti, ma la copertura raramente è totale e comunque ha un costo non indifferente.

QUESTIONI

Il rischio Paese e i debiti sovrani (*sovereign risk*)

Debiti sovrani sono chiamati i debiti contratti dai Governi e garantiti da titoli del debito pubblico (in Italia BOT, BTP e CCT). Anche in questi casi può accadere che una tempesta finanziaria non consenta più al Paese di pagare il debito alla scadenza dei titoli o di pagarlo integralmente.
Per aiutare gli investitori internazionali a valutare i rischi, operano le cosiddette **agenzie di rating**, che analizzano l'affidabilità dei Paesi ed emettono valutazioni espresse in lettere dell'alfabeto. La tripla A è il voto massimo; D è il minimo. Le maggiori società di rating attualmente sono Standard & Poor's, Moody's e Fitch, tutte americane e tutte sospettate di non essere completamente imparziali nei loro giudizi.

2. Il rischio valuta

Dovrei concludere un contratto con il quale mi impegno a fornire macchine agricole a un Paese in via di sviluppo. L'acquirente vorrebbe pagare a sessanta giorni dalla consegna con la moneta locale. Posso accettare?

Quando due operatori appartenenti a Paesi diversi concludono un contratto devono anche stabilire in quale valuta dovranno essere regolati i conti. Normalmente è il contraente più forte a stabilire la valuta e, ragionevolmente, sceglierà una valuta forte. Una valuta, cioè, che non rischia di perdere valore sul mercato dei cambi nel tempo che intercorre tra la conclusione del contratto e il momento del pagamento.
Nel caso sopra prospettato, pertanto, nessun operatore internazionale accetterebbe una moneta debole come in genere sono quelle dei Paesi in via di sviluppo.
Ma il rischio cambio esiste anche quando i contraenti appartengono a Paesi con moneta forte, per esempio euro e dollaro. Sappiamo tutti che il tasso di cambio tra euro, dollaro, sterlina, yen varia quotidianamente. E anche le oscillazioni di pochi centesimi diventano rilevanti su commesse di qualche milione. Come tutelarsi?

Per tutelarsi contro questo tipo di rischio si effettuano solitamente *operazioni di copertura* sul mercato finanziario.

Tra le più utilizzate sono le **opzioni *call*** o ***put***.

L'opzione è un contratto con il quale si acquista (pagando un premio, cioè una somma di denaro) il diritto di **comperare** (opzione *call*) o **vendere** (opzione *put*) un certo ammontare di una specifica moneta (per esempio un milione di dollari) a una determinata scadenza e a un prezzo predeterminato.

Opzione significa scelta. Con l'opzione ***put*** o ***call*** si *sceglie* se vendere o comperare.

Per esempio, immaginiamo di aver venduto moto italiane negli USA per un totale di un milione di dollari pagabili a tre mesi. Poiché noi operiamo in Italia, dovremo poi convertire questo importo in euro.

Supponendo che un dollaro valga 1 euro, noi dovremo incassare un milione di euro. Ma se nei tre mesi di attesa il dollaro perdesse valore passando, per esempio, da 1 a 0,95 euro, noi ci ritroveremmo con un incasso di 950.000 euro.
Per garantirci potremmo acquistare una *opzione put* con la quale ci riserviamo di vendere un milione di dollari a un milione di euro:

- se il dollaro perdesse valore come abbiamo ipotizzato nell'esempio, noi potremo esercitare l'opzione e vendere il milione di dollari a un milione di euro;
- se, al contrario, il dollaro acquistasse valore passando da 1 a 1,10 euro, non eserciteremo l'opzione, ci terremo i dollari e li cambieremo con 1.100.000 euro.

3. Le garanzie di adempimento

Immaginiamo, a titolo di esempio, che un Governo nazionale, per esempio nordafricano, voglia realizzare una linea ferroviaria e lanci una gara di appalto internazionale per la realizzazione dell'opera e la successiva manutenzione.

Quali rischi presenta questo tipo di contratto e quali garanzie possono richiedere le parti?

Le garanzie più diffuse nei contratti internazionali sono denominate *bid bonds*, *performance bonds*, *maintenance bonds* e *payment bonds*. Vediamo di che cosa si tratta.

La serietà d'intenti e i *bid bonds*

Il contratto di appalto è il contratto con il quale una parte assume dietro compenso il compimento di un'opera, la realizzazione di un servizio o la fornitura di beni, con l'organizzazione dei mezzi necessari e con la gestione a proprio rischio. Parti nel contratto sono:
- **l'appaltante** (o committente) che assegna l'opera da realizzare;
- **l'appaltatore**, che si obbliga a eseguire l'opera.

Lanciare una gara d'appalto internazionale non è un'operazione di poco impegno. Bisogna capire con esattezza quale opera si vuole realizzare e come; trovare il denaro, valutare le proposte dei concorrenti, comparare qualità e prezzi e procedere all'aggiudicazione.
Tutto questo lavoro (che richiede spesso qualche anno di tempo) potrebbe andare in fumo se l'impresa aggiudicatrice decidesse, per proprie ragioni, di ritirarsi dall'appalto vinto.
Per limitare questo rischio è nata una forma di garanzia bancaria denominata *bid bond*.

I **bid bonds** (detti anche *tender bonds*) sono garanzie bancarie che generalmente vengono richieste alle imprese che vogliono partecipare a gare di appalto internazionali proposte da enti pubblici.

Con tale garanzia una banca si impegna a pagare all'ente pubblico che propone la gara una somma di denaro a titolo di indennizzo nel caso in cui l'impresa assicurata ritiri la propria offerta prima della scadenza oppure, vinta la gara di appalto, rinunci a realizzare l'opera. Si tratta, in buona sostanza, di una garanzia di affidabilità che viene richiesta alle imprese che vogliono partecipare alla gara.
L'importo del *bid bond* è generalmente pari al 5% dell'ammontare dell'appalto e serve a coprire le spese necessarie per indire una nuova gara.

Parti nei bonds sono:
- **l'ordinante**, cioè colui che ordina alla banca di pagare una certa somma se egli si rendesse inadempiente;
- **la banca** che riceve l'ordine;
- **il beneficiario**, cioè colui che potrà riscuotere la somma se l'ordinante non eseguisse la prestazione.

La buona esecuzione e i *performance bonds*

Una volta vinta la gara, l'impresa vincitrice dovrà realizzare l'opera. Ma chi garantisce l'appaltante che l'opera sarà eseguita nei tempi e con le caratteristiche concordate nel capitolato di appalto?
Se, una volta terminata, presentasse carenze nella qualità o difetti nel funzionamento, quante probabilità avrebbe l'appaltante di ottenere il risarcimento del danno da un'impresa straniera?
Offrono una parziale garanzia, per questo tipo di eventualità, i *performance bonds*.

Il **performance bond** è una garanzia con la quale una banca si impegna a corrispondere all'appaltante una somma a titolo di indennizzo per la mancata o non corretta esecuzione del contratto.

Generalmente la somma concordata con questa garanzia ammonta al 10 o 15% del valore dell'appalto e viene intesa come risarcimento del danno.

La cura dell'opera e i *maintenance bonds*

Immaginiamo di aver appaltato la costruzione di una grande centrale elettrica. Si tratta di un'opera così complessa che nessuno, più di chi l'ha realizzata, sa come gestirla e dove andare a mettere le mani in caso di mal funzionamento di qualche parte dell'apparato. Per tale ragione spesso il contratto di appalto prevede anche l'obbligo di mantenere l'opera in perfetta efficienza. Ma chi ci garantisce che l'impresa appaltatrice manterrà tale impegno?

I **maintenance bonds** sono garanzie con le quali una banca si impegna a pagare una somma di denaro al committente qualora l'impresa che si è aggiudicata l'appalto non provveda alla corretta manutenzione.

I *payment bonds*

E se a non mantenere l'impegno fosse il committente? Che cosa accadrebbe se costui non pagasse l'opera realizzata, il servizio reso o la fornitura di merce effettuata?

I bonds possono avere per oggetto anche la garanzia di pagamento e in questo caso sono chiamati *payment bonds*.

I **payment bonds** sono garanzie con le quali una banca si obbliga a versare a titolo di indennizzo una somma di denaro al beneficiario qualora questi non venisse pagato per il lavoro svolto o per la merce fornita.

La fideiussione

La **fideiussione** è il contratto con il quale un soggetto (una banca o anche un privato) garantisce per un debito altrui. Se l'obbligato principale non pagherà, pagherà per lui il fideiussore.
Caratteristica della fideiussione è di essere strettamente legata al contratto che garantisce. Pertanto, la eventuale nullità di tale contratto renderebbe nulla anche la fideiussione.
Inoltre, nei contratti con prestazioni corrispettive, il beneficiario potrà pretendere di essere pagato dal fideiussore solo dimostrando di avere adempiuto esattamente la propria parte di prestazione.
Per queste complicazioni, nel commercio internazionale si preferisce ricorrere alle *garanzie a prima richiesta*, che offrono una tutela molto più rapida ed efficace.

QUESTIONI

Le garanzie autonome

I beneficiari dei bonds debbono dimostrare alla banca garante l'inadempienza dell'altra parte?

Per esempio, se l'opera appaltata viene eseguita male, l'appaltante dovrà dimostrare alla banca garante dove e perché l'opera non è conforme a quanto concordato nel contratto?

La questione è importante, perché fornire questo tipo di prove può non essere semplice: occorrono delle perizie eseguite da professionisti specializzati e la banca a sua volta, per evitare di pagare, potrebbe presentare contro perizie predisposte da propri tecnici e il rischio è che la questione si prolunghi nel tempo.

In realtà tutto questo non può accadere perché i bonds costituiscono una *garanzia autonoma*.

Garanzia autonoma vuol dire che sono concordati in un contratto diverso da quello di appalto o di vendita che essi garantiscono e dunque sono autonomi da eventuali irregolarità nella formazione o nella esecuzione dello stesso.

I bonds sono anche chiamati **garanzie a prima richiesta** perché il beneficiario non dovrà provare nulla alla banca. Gli basterà solo **dichiarare**, sotto la propria responsabilità, che l'ordinante non ha adempiuto in tutto o in parte all'obbligazione assunta.

La banca può rifiutarsi di pagare solo se fosse evidente e immediata la natura fraudolenta della richiesta.

4. Modalità di pagamento

Le cause di inadempimento considerate nei precedenti paragrafi sono per lo più cause oggettive. Se scoppia una rivoluzione o viene effettuato un colpo di Stato o c'è un crollo nei mercati valutari, nessuno può farci nulla, tranne che garantirsi nei modi che abbiamo visto.

A parte questi macro eventi che interessano per lo più contratti di grandi appalti, rimane, nel commercio internazionale, una causa di rischio molto più banale ed è che il debitore semplicemente non paghi.

Immaginiamo di contrattare l'invio di dodici trattori a una grande *farm* in Sud America.

Se l'acquirente ci spedisce prima il denaro, corre il rischio che noi non gli inviamo i trattori. Se inviamo prima i trattori, anticipando le spese di trasferimento, c'è il rischio che ritiri i trattori e non paghi.

In generale chi esegue la propria prestazione per primo, è esposto al rischio di non ricevere (o non ricevere esattamente) la prestazione dalla controparte.

Per tale ragione la **modalità del pagamento** è uno degli elementi che le parti devono negoziare con maggiore attenzione.

Quale tipo di pagamento offre maggiore sicurezza?

Nella pratica commerciale esistono diverse modalità di pagamento che comportano un diverso grado di rischio.
Si possono effettuare pagamenti mediante assegno, cambiale, bonifico bancario, incasso documentario, credito documentario.
Vedremo nei prossimi paragrafi le caratteristiche di queste diverse modalità di pagamento, ma risulta già evidente che tutte sono effettuate attraverso il sistema bancario.
Le banche, grazie alla loro capacità finanziaria e alla grande ramificazione in tutto il mondo, sono diventate uno strumento indispensabile per il transito e il controllo dei pagamenti.

SISTEMI DI PAGAMENTO
- Assegno
- Cambiale
- Bonifico bancario
- Incasso documentario
- Credito documentario
  - confermato
  - non confermato

5. Il pagamento tramite assegno

Il pagamento tramite assegno non è un sistema molto pratico. L'assegno è un titolo cartaceo che deve essere materialmente consegnato dal compratore al venditore e, salvo che costoro non abbiano uffici di rappresentanza nello stesso luogo, dovrebbe essere spedito da un Paese all'altro con i rischi che ciascuno può immaginare.
Inoltre l'assegno potrebbe essere falsificato, oppure scoperto (cioè l'emittente non ha un deposito in denaro presso la banca che dovrebbe pagarlo).
Se il venditore, dopo aver spedito la merce, si trovasse in mano un assegno non riscuotibile avrebbe un bel problema da risolvere.

Sotto il profilo della copertura e dell'autenticità offre maggiori certezze l'**assegno circolare**, ma rimane comunque il problema della consegna materiale nelle mani del venditore o di un suo rappresentante.

Ricordiamo che:
- **l'assegno bancario** è un titolo di credito contenente l'ordine incondizionato rivolto dal traente a una banca di pagare a vista una determinata somma di denaro;
- **l'assegno circolare** è un titolo di credito contenente la promessa incondizionata di un istituto di credito (emittente) di pagare a vista una somma determinata al prenditore.

La differenza è nel fatto che l'assegno bancario, materialmente compilato dal traente, può anche essere emesso a vuoto, cioè senza copertura. L'assegno circolare, al contrario, è emesso dalla banca ed è sicuramente riscuotibile.

6. Il pagamento tramite cambiale

Il ricorso alla cambiale interviene generalmente quando il pagamento deve essere effettuato in un momento successivo rispetto alla ricezione della merce. È possibile, infatti, che un importatore acquisti all'estero cose da rivendere nel proprio Paese e chieda al venditore di pagare in ritardo contando, nel frattempo, di averle rivendute e di aver incassato il denaro con cui verrà pagata la cambiale.
Non v'è dubbio che chi accetta una cambiale in pagamento si assume un rischio considerevole, perché non è affatto certo che alla scadenza il debitore possa o voglia pagare.
Unico conforto può venire dal fatto che negli ordinamenti di *civil law* cambiali e assegni sono **titoli esecutivi** e come tali consentono al possessore del titolo di domandare al giudice di sottoporre a esecuzione forzata i beni del debitore. Ma nei Paesi dove opera la *common law* né l'una, né l'altro sono considerati titoli esecutivi.

La forma di pagamento mediante assegno o cambiale è definita **a incasso semplice** perché consente al venditore di incassare la somma presentando semplicemente il titolo in banca.

Ricordiamo che:
- **la cambiale** è un titolo di credito che può assumere la duplice forma di vaglia cambiario (detto anche pagherò cambiario) o di cambiale tratta;
- **il vaglia cambiario** è un titolo nel quale il sottoscrittore, detto *emittente*, promette incondizionatamente di pagare una somma a un altro soggetto, detto *prenditore*, nel tempo e nel luogo indicati sul titolo;
- **la cambiale tratta** è un titolo con il quale il *traente* (o *emittente*) ordina a un soggetto di pagare a un terzo una certa somma nel tempo e nel luogo indicato sul titolo. Nella tratta compaiono tre parti: il *traente*, il *trattario* e il *prenditore*. Il suo corretto funzionamento prevede che il trattario accetti l'ordine in essa contenuto e lo esegua alla scadenza indicata. Se ciò non avviene, il traente risponde dell'accettazione del pagamento.

7. Il pagamento tramite bonifico bancario

Il bonifico è un ordine con il quale un cliente chiede alla banca presso la quale ha un deposito in conto corrente di accreditare una determinata somma di denaro sul conto di una terza persona chiamata beneficiario.

Così, per esempio, se dobbiamo pagare un carico di petrolio acquistato in Venezuela possiamo fare un bonifico a favore del produttore. La nostra banca, verificato che vi sia sul nostro conto la valuta occorrente, chiederà alla banca venezuelana di procedere all'accredito della somma sul conto del proprio cliente. In un secondo tempo le due banche regoleranno il loro rapporto di dare e avere, presumibilmente insieme a tanti altri rapporti dello stesso tipo.

Normalmente l'operazione di accredito non è istantanea e il pagamento si considera avvenuto nel momento in cui la somma entra effettivamente nella disponibilità del beneficiario.

Quali garanzie offre il pagamento mediante bonifico?

Quando un creditore riceve la notifica che il bonifico è stato effettuato, può nutrire la ragionevole certezza di trovare il denaro sul suo conto perché il transito è effettuato e garantito dal sistema bancario. Si tratta dunque di un transito sicuro.

Rimane però aperto un altro problema.
Immaginiamo che il bonifico serva a pagare un grosso acquisto di petrolio. Se viene emesso prima della spedizione del petrolio, il compratore corre il rischio che il beneficiario riscuota il denaro e non spedisca nulla.
Se viene emesso dopo la spedizione, è il venditore a correre il rischio che l'acquirente ritiri il carico e non effettui il bonifico.
Possiamo allora concludere che il bonifico è pratico e sicuro solo tra imprenditori tra i quali si è stabilita una consuetudine di scambio.
Per altre situazioni esistono altre e più complesse modalità di pagamento che appresso vedremo.

8. L'incasso documentario

Ordinante è chiamato chi dà alla banca l'ordine di pagamento.
Beneficiario è chiamato chi dovrà riceverlo.

Immaginiamo di essere esportatori di parmigiano negli USA e di trasferire il nostro prodotto per nave.
Sappiamo che in questo tipo di trasporto riceveremo dall'armatore o dal comandante della nave una **polizza di carico** che sarà indispensabile esibire per ritirare il carico all'arrivo.
Ricevuta la polizza, la spediamo alla filiale americana della banca di cui siamo clienti (o a una banca con essa collegata) ordinando di consegnarla solo a chi verserà sul nostro conto una determinata somma.
L'acquirente delle nostre forme di parmigiano si recherà in detta banca, ver-

serà sul nostro conto la somma concordata e avrà in cambio la polizza di carico con la quale potrà ritirare la merce.

Possiamo allora dire che:

l'incasso documentario è l'accordo che consente all'acquirente di versare a una banca il prezzo di vendita, avendo subito in cambio la polizza di carico con la quale potrà ritirare la merce.

INCASSO DOCUMENTARIO
- **Consegna contro pagamento**
- **Consegna contro accettazione**

Con questo sistema sono possibili dilazioni di pagamento?

L'incasso documentario può essere concordato:

- con *pagamento immediato* (detto **consegna contro pagamento**)
- oppure *accettando in pagamento cambiali* (detto **consegna contro accettazione**).

Come ci si regola se compratore e debitore hanno i rispettivi conti su banche diverse? Per esempio una banca italiana e una americana?

In realtà il fatto che i contraenti siano clienti di banche diverse è l'ipotesi più probabile e non comporta alcuna difficoltà.
Nel nostro esempio il venditore di parmigiano consegnerà la polizza di carico alla propria banca che la invierà alla banca USA con cui si presume che sia in normale corrispondenza, e quest'ultima provvederà alla consegna della polizza al compratore, alla riscossione del denaro e all'invio dello stesso alla banca italiana.

E se il trasporto della merce non avvenisse per nave ma con altro mezzo?

Il sistema sopra descritto funziona particolarmente bene quando il documento è costituito da una **polizza di carico**. Ma anche altri documenti possono svolgere la medesima funzione se le parti sono d'accordo. L'unico accorgimento importante, affinché la transazione sia sicura, è che la merce non possa essere ritirata dal destinatario senza esibire il documento rilasciato dalla banca.

Qualsiasi sistema che preveda un pagamento dilazionato tra operatori di Paesi che hanno valuta diversa è soggetto al rischio causato dalle **oscillazioni dei cambi**.

E se il compratore, per impreviste difficoltà, non ritirasse la merce?

Sotto questo profilo l'incasso documentario non offre alcuna garanzia e al venditore non resterebbe che riprendersi la merce (pagando nuovamente le spese di trasporto) oppure cercare rapidamente un nuovo acquirente, magari sollecitandolo con una forte riduzione del prezzo.

In ogni caso sarebbe un serio problema.
Per evitare questo tipo di rischio, come vedremo nel prossimo paragrafo, è possibile ricorrere al *credito documentario*, nel quale la banca si fa garante del pagamento.

9. Il credito documentario

Il credito documentario è oggi regolato dalla convenzione su Norme e usi uniformi (**NUU**) del 2007 in materia di credito documentario, sollecitata dalla Camera di commercio internazionale.

Con il credito documentario, il compratore ordina alla propria banca di mettere a disposizione del venditore una determinata somma, ma questi potrà riscuoterla solo presentando la documentazione che la merce è giunta a destinazione.
Per capire meglio torniamo all'esempio della spedizione di parmigiano negli USA.
Il compratore americano ordina (oggi) alla propria banca di mettere a nostra disposizione una certa somma di denaro che noi potremo riscuotere solo presentando alla medesima banca (o a un'altra con quella collegata) un **documento** che prova che la merce è arrivata a destinazione.
Il venditore, pertanto, sarà sicuro di poter riscuotere la somma poiché questa già si trova depositata in banca.
Il compratore, per altro verso, sarà sicuro che la somma che egli ha depositato non sarà riscossa finché la merce non sarà effettivamente giunta a destinazione.
A maggiore garanzia del venditore c'è il fatto che l'ordine impartito dal compratore alla propria banca è **irrevocabile**.

E se il compratore ci proponesse di pagare le nostre forme di parmigiano solo dopo averle rivendute ai dettaglianti e avere incassato il denaro necessario per pagare noi?

L'ipotesi è abbastanza frequente e i produttori (di formaggi, di automobili, di macchine industriali o altro) non possono farsi sfuggire l'affare solo perché il compratore non ha denaro in contanti. E proprio in questi casi torna utile il credito documentario. L'accordo infatti, può prevedere che la banca effettui il pagamento anche dopo un mese o due o anche più dal ritiro della merce.

Siamo sicuri che a distanza di tanto tempo i soldi arrivino?

Siamo sicuri perché l'impegno a pagare è assunto **direttamente** e **irrevocabilmente** dalla banca. È essa che si fa garante del pagamento e dunque (salvo che fallisca) siamo sicuri di ricevere il denaro.

Il fatto poi che il compratore, dopo aver ritirato la merce, versi o non versi il denaro alla propria banca è questione che a noi, come venditori, non interessa. Possiamo solo immaginare che se non paga, la banca procederà con azioni esecutive nei suoi confronti.

Il credito confermato o non confermato

Immaginiamo che il nostro traffico commerciale, piuttosto che verso un Paese che dispone di un solido sistema bancario, sia indirizzato verso uno dei tanti Paesi scossi da turbolenze politiche o finanziarie. Come possiamo essere sicuri che la banca di quel Paese sia in grado di rispettare l'impegno irrevocabile ad accreditarci la somma che ci spetta? Quali garanzie potremmo richiedere?
Per capirlo occorre avere presente quale percorso segue il denaro del credito documentario.
Partiamo dal momento in cui il compratore ordina alla propria banca di mettere a nostra disposizione la somma corrispondente al valore dell'acquisto effettuato. Poiché noi, come venditori, ci troviamo in Italia, questo denaro dovrà essere trasferito dalla banca straniera a una italiana.
Garante del pagamento, però, è solo la banca straniera con la quale è stato concluso l'accordo di credito documentario. La banca italiana (e più in generale quella del venditore) è solo un tramite. Essa accrediterà il denaro sul nostro conto solo se lo riceverà dalla banca straniera.
Ecco allora la ragione della distinzione tra credito confermato e non confermato.

CREDITO DOCUMENTARIO
- Confermato
- Non confermato

Diciamo che **il credito non è confermato** se unica responsabile del pagamento è la banca del compratore.

Diciamo che **il credito è confermato** se la banca del venditore (nel nostro esempio quella italiana) si fa anch'essa garante del pagamento.
In questo caso la garanzia è doppia.

Pertanto:

- se commerciamo con un Paese il cui sistema bancario è affidabile, potremo accontentarci di un credito *non confermato*;
- se commerciamo con un Paese il cui sistema bancario non è affidabile, dovremo pretendere che il credito documentario *sia confermato* anche dalla nostra banca.

10. La rete SWIFT di comunicazione interbancaria internazionale

Come abbiamo appena visto, nelle transazioni commerciali internazionali intervengono banche di Paesi diversi e tutte hanno la necessità di scambiarsi i dati sulle rispettive operazioni finanziarie in modo riservato e soprattutto in tempo reale.

Risponde a questa esigenza di urgenza e sicurezza la rete *SWIFT*.

SWIFT è l'acronimo di *Society for Worldwide Interbanking Financial Telecommunications*, cioè "Società per le comunicazioni finanziarie interbancarie internazionali".

▶ **SWIFT** è chiamato il sistema che gestisce una rete telematica mondiale riservata alle comunicazioni tra banche. Su questa rete transita ogni giorno qualche milione di informazioni riguardanti pagamenti, incassi, bonifici, vendite di titoli e di valute, accordi, crediti bancari e simili.

Il **codice BIC** di qualsiasi istituto bancario è reperibile sul sito *www.swift.com*.

Ogni banca ha un proprio **codice** che la identifica per le trasmissioni sulla rete SWIFT.
Il **codice di identificazione** (*Bank identifier code*, in sigla **BIC**) è composto da 8 caratteri alfanumerici oppure da 11 caratteri con tre X terminali.
Così per esempio la *"Monti-Farnelli bank"* potrebbe avere il seguente codice BIC: *"MOFABANKXXXX"*.
Se una banca americana o messicana o di qualsiasi altra parte del mondo dovesse trasmetterci un bonifico a favore di tale Mario Rossi dovrebbe indicare il codice di identificazione BIC della nostra banca e il codice IBAN, che contiene anche il numero di conto corrente di Mario Rossi.
Se, invece, la comunicazione riguardasse clienti di due banche dell'area euro sarebbe sufficiente l'indicazione del codice IBAN.

QUESTIONI

Che cosa è l'IBAN

L'**IBAN** (*International Bank Account Number*) è la coordinata bancaria internazionale che consente di identificare, in maniera standard, il conto corrente del beneficiario, permettendo all'ordinante o alla banca di quest'ultimo di verificarne la correttezza grazie ai due caratteri di controllo.
La struttura dell'IBAN è basata sugli standard dettati dalla ECBS (*European Committee for Banking Standards*), mentre la sua lunghezza varia a seconda della Nazione fino a un massimo di 34 caratteri alfanumerici; per l'Italia è fissata in 27 caratteri.
L'IBAN è composto:
- dal **codice Paese** di due lettere, IT per l'Italia;
- dal **codice IBAN** di 2 caratteri numerici di controllo internazionali;
- dal **codice BBAN** di 1 carattere alfabetico di controllo nazionale (CIN);
- da 5 caratteri numerici per il **codice ABI**;
- da 5 caratteri numerici per il **CAB**;
- da 12 caratteri alfanumerici per il **numero di conto**.

IT	00	W	00000	00000	000000000000
Codice Paese	Codice IBAN	Codice BBAN	ABI	CAB	Numero conto corrente

11. La rete europea dei pagamenti interbancari

TARGET è l'acronimo di *Trans-european Automated Real-time Gross Settlement Express Transfer*.
TARGET 2 è la versione più recente.

Per favorire pagamenti rapidi e sicuri tra le banche dei Paesi che adottano l'euro, è operativo da alcuni anni un sistema telematico denominato TARGET 2.
Per descrivere questo sistema, immaginiamo che un cittadino italiano effettui, presso una banca italiana, un bonifico di pagamento a favore di un cittadino olandese.
La banca comunicherà l'ordine di pagamento alla Banca d'Italia, la quale lo

trasmetterà alla Banca centrale del beneficiario (*De Nederlandsche Bank*), la quale lo trasmetterà alla banca presso la quale il beneficiario ha il conto. Sembra un'operazione complicata ma in realtà, grazie al sistema TARGET, è ragionevolmente veloce.

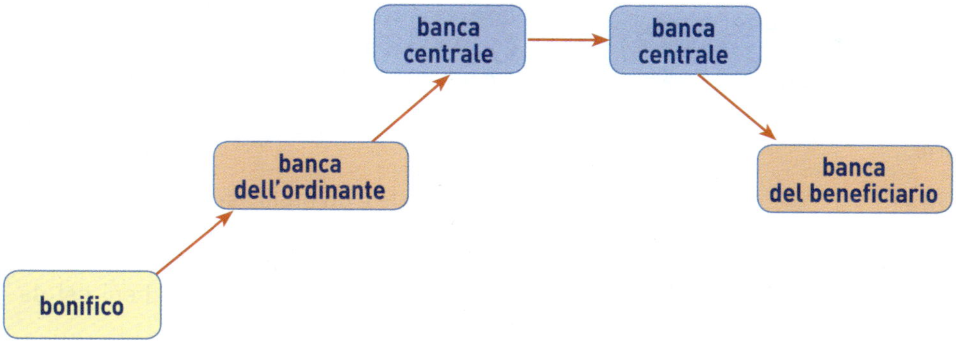

I pagamenti nell'area SEPA

Per ragioni di lavoro dovrò trasferirmi per sei mesi in Francia. Per disporre di denaro ed effettuare piccoli pagamenti dovrò aprire un conto corrente in quel Paese?

Aprire il conto in un Paese dell'Unione europea diverso dal proprio poteva essere utile e necessario fino al 2014. Ora non lo è più grazie al sistema SEPA di unificazione dei pagamenti. **SEPA** è l'acronimo che identifica la *Single Euro Payments Area* ("Area unica dei pagamenti in euro"), cioè un'area nella quale cittadini, imprese e altri operatori economici che si trovano all'estero possono effettuare pagamenti mediante assegni, bonifici o altro strumento come fossero nel proprio Paese. Nel caso sopra prospettato, pertanto, non serve più aprire un conto nel Paese di temporanea residenza, ma si potrà utilizzare quello acceso sulla propria banca nazionale. L'area SEPA comprende tutti i paesi dell'Unione europea, più altri che accettano i pagamenti in euro: Islanda, Norvegia, Liechtenstein, Svizzera, Principato di Monaco e Repubblica di San Marino.

Riguardando gli appunti

1. Che cosa è il rischio Paese?

- Il rischio Paese è quel rischio che può derivare da fatti politici imprevisti come espropriazioni, nazionalizzazioni, restrizioni ai pagamenti in valuta estera, colpi di Stato, insurrezioni popolari, e così via.
- È un tipo di rischio che generalmente viene coperto con il ricorso a polizze assicurative o a coperture bancarie.

2. Cos'è il rischio valuta?

- È un rischio legato alla possibilità che la moneta utilizzata per pagare il contratto perda valore sul mercato dei cambi nel tempo che intercorre tra la conclusione del contratto e il pagamento.
- Per tutelarsi contro questo tipo di rischio si effettuano solitamente operazioni di copertura sul mercato finanziario.

3. Quali sono le garanzie di adempimento?

- Le garanzie più diffuse nei contratti internazionali sono denominate *bid bonds*, *performance bonds*, *maintenance bonds* e *payment bonds*.
- I *bid bonds* (detti anche *tender bonds*) sono garanzie bancarie che generalmente vengono richieste alle imprese che vogliono partecipare a gare di appalto internazionali proposte da enti pubblici.
- Il *performance bond* è una garanzia con la quale una banca si impegna a corrispondere all'appaltante una somma a titolo di indennizzo per la mancata o non corretta esecuzione del contratto.
- I *maintenance bonds* sono garanzie con le quali una banca si impegna a pagare una somma di denaro al committente qualora l'impresa che si è aggiudicata l'appalto non provveda alla corretta manutenzione.
- I *payment bonds* sono garanzie con le quali una banca si obbliga a versare a titolo di indennizzo una somma di denaro al beneficiario qualora questi non venisse pagato per il lavoro svolto o per la merce fornita.
- I *bonds* costituiscono una garanzia autonoma.

4. Quali garanzie offre il pagamento tramite assegno?

- L'assegno, nei pagamenti internazionali, dovrebbe essere spedito da un Paese all'altro con i rischi che ciascuno può immaginare.
- Sotto il profilo della copertura e dell'autenticità offre maggiori certezze l'assegno circolare, ma rimane comunque il problema della consegna materiale nelle mani del venditore o di un suo rappresentante.

5. Quali garanzie offre il pagamento tramite cambiale?

- La cambiale è un titolo esecutivo e come tale consente al possessore (ma non in tutti gli ordinamenti) di domandare al giudice di sottoporre a esecuzione forzata i beni del debitore.

6. Quali garanzie offre il pagamento tramite bonifico?

- Il bonifico è un ordine con il quale un cliente chiede alla banca presso la quale ha un deposito in conto corrente di accreditare una determinata somma di denaro sul conto di una terza persona. Il pagamento si considera avvenuto nel momento in cui la somma entra effettivamente nella disponibilità del beneficiario.

7. Come opera l'incasso documentario?

- L'incasso documentario può essere concordato: con pagamento immediato (detto consegna contro pagamento) oppure accettando in pagamento cambiali (detto consegna contro accettazione).

8. In che cosa consiste il credito documentario?

- Con il credito documentario, il compratore ordina alla propria banca di mettere a disposizione del venditore una somma. Il venditore potrà riscuoterla solo provando, con apposita documentazione, che la merce è arrivata.

9. Come funzionano le "Reti di pagamenti"?

- SWIFT è il sistema che gestisce una rete telematica mondiale riservata alle comunicazioni tra banche.
- Per i Paesi che adottano l'euro, è operativo il sistema telematico denominato TARGET 2.
- SEPA è l'acronimo che identifica l'Area unica dei pagamenti in euro.

Verifica le tue conoscenze

Test a risposta multipla

Indica con una crocetta l'affermazione esatta.

1. Il contratto con cui si acquista il diritto di comprare una certa quantità di divisa, a una certa scadenza e a un dato prezzo:
A. è un incasso documentario
B. è un'opzione put
C. è un bid bond
D. è un'opzione call

2. Con i *performance bond* la banca si impegna a corrispondere all'appaltante un indennizzo:
A. se non viene pagato per il lavoro svolto
B. in caso di mancata o non corretta esecuzione del contratto
C. nel caso in cui perda una gara d'appalto internazionale
D. nel caso in cui l'appaltatore non provveda alla manutenzione dell'opera

3. La cambiale e l'assegno sono:
A. crediti documentari
B. garanzie di adempimento
C. titoli esecutivi, ma solo nei paesi di *common law*
D. titoli esecutivi, ma solo nei paesi di *civil law*

4. Nel credito documentario non confermato il pagamento:
A. non è garantito
B. è garantito solo dalla banca del compratore
C. è garantito solo dalla banca del venditore
D. è garantito sia dalla banca del venditore che del compratore

5. La rete telematica internazionale di comunicazione tra banche:
A. è detta IBAN
B. è detta SEPA
C. è detta SWIFT
D. è detta BIC

Sai qual è la differenza tra...

a. Rischio Paese *e* Rischio valuta
b. Payment bonds *e* Maintenance bonds
c. Assegno *e* Cambiale
d. Incasso documentario *e* Credito documentario
e. SWIFT *e* SEPA
f. IBAN *e* BIC

SÌ/NO... Perché?

Indica con una crocetta la risposta esatta e motiva la tua scelta.

1. La fideiussione è molto utilizzata nei contratti internazionali?	SÌ	NO	Perché ...
2. Contro il rischio valuta c'è qualche rimedio?	SÌ	NO	Perché ...
3. I *bid bonds* garantiscono l'appaltante privato sull'impegno dei partecipanti?	SÌ	NO	Perché ...
4. La conferma dell'avvenuto bonifico rende sicura la riscossione?	SÌ	NO	Perché ...
5. L'incasso documentario comporta qualche rischio per il venditore?	SÌ	NO	Perché ...
6. Grazie alla SEPA, posso pagare con un assegno italiano in Lettonia?	SÌ	NO	Perché ...

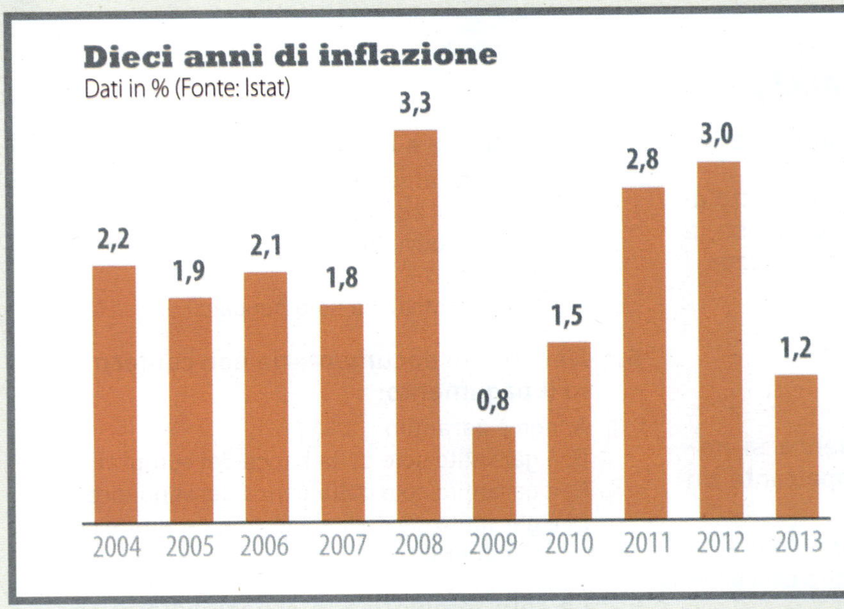

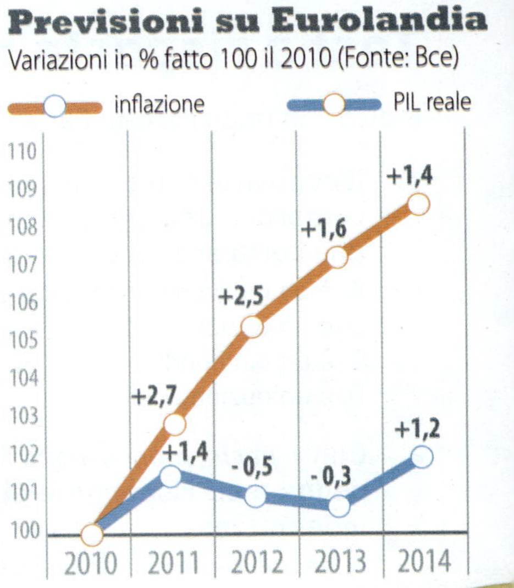

L'inflazione

Il fenomeno dell'inflazione consiste nell'aumento generale dei prezzi di beni e servizi in un certo periodo di tempo. Si intuisce facilmente come l'inflazione incida sul nostro potere d'acquisto: se i prezzi aumentano progressivamente, a parità di reddito riusciremo a comprare sempre meno beni. Ecco perché è importante tenere presente gli effetti dell'inflazione se vogliamo gestire efficacemente le nostre risorse.

Inflazione e interessi

Se abbiamo del denaro sul conto corrente, è opportuno controllare se l'interesse che ci viene corrisposto dalla banca è sufficiente a compensare l'inflazione corrente. In caso contrario, andremo inevitabilmente incontro a un'erosione dei nostri risparmi. Per esempio, immaginiamo che il tasso d'interesse praticato dalla nostra banca sia dell'1%, e l'inflazione sia pari al 3% annuo. Se oggi abbiamo 1.000 euro sul conto corrente, in dodici mesi il nostro capitale produrrà interessi pari a 10 euro, ma l'inflazione ne ridurrà il potere di acquisto di 30.

Stabilità dei prezzi

I prezzi sono definiti stabili quando l'inflazione è bassa (e cioè, per l'area euro, inferiore al 2% annuo). Il mantenimento della stabilità dei prezzi è uno degli obiettivi delle banche centrali, poiché garantisce una serie di vantaggi per cittadini e imprese. Per esempio, prendere denaro a prestito costa di meno se i prezzi sono stabili.

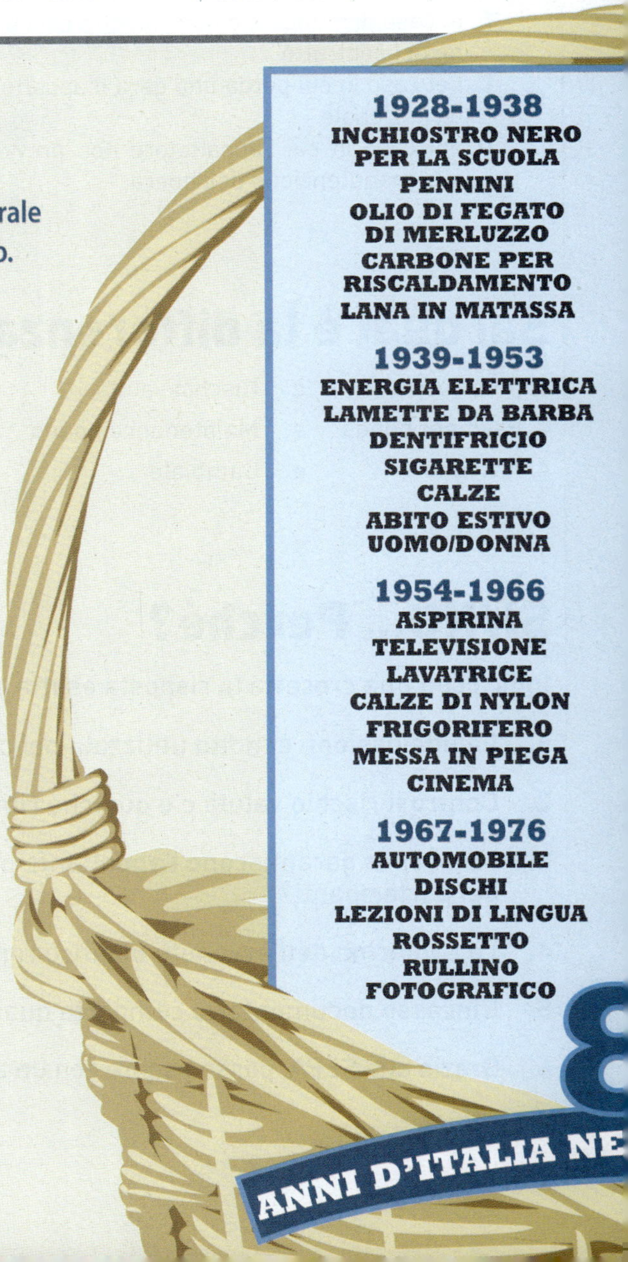

Gli indici dei prezzi al consumo rilevati dall'Istat

Nic

PER L'INTERA COLLETTIVITÀ NAZIONALE
Si riferisce all'intera popolazione presente sul territorio nazionale e all'insieme di tutti i servizi acquistati dalle famiglie

Foi

PER LE FAMIGLIE DI OPERAI E IMPIEGATI
Si riferisce ai consumi delle famiglie che fanno capo a un lavoratore dipendente

Ipca

PER I PAESI MEMBRI DELL'UNIONE EUROPEA
Si riferisce alla stessa popolazione e allo stesso territorio dell'indice Nic ma tiene conto:

1977-1985
CINEPRESA SUPER 8
OCCHIALI DA VISTA
TUTA DA GINNASTICA
BASTONCINI PESCE SURGELATI
YOGURT ALLA FRUTTA

1986-1995
CD E VHS
VIAGGI IN AEREO
CIBO PER CANI
TRAMEZZINO AL BAR
FASCICOLI ENCICLOPEDIA
VIAGGI ORGANIZZATI

1996-2006
WALKMAN
TELEFONO CELLULARE
PERSONAL COMPUTER
CREMA DA SPALMARE AL CACAO
AGRITURISMO
TASSA RIFIUTI SOLIDI

2007-2013
LETTORE MP3
TABLET
MONITOR LCD
SMARTPHONE
E-BOOK READER
TARIFFA ENERGIA ELETTRICA BIORARIA

5 PANIERE DELL'ISTAT

Calcolo dell'inflazione

In Italia, il tasso di inflazione è calcolato dall'Istat, Istituto Nazionale di Statistica, tramite il cosiddetto indice dei prezzi al consumo (Cpi). Il calcolo avviene sulla base di un "paniere", cioè una gamma di beni e servizi rappresentativi dei consumi delle famiglie italiane. L'Istat utilizza tre diversi indici dei prezzi al consumo: Nic, Foi, Ipca (vedi schema sopra).

Il paniere Istat

Il paniere utilizzato dall'Istat per il calcolo dell'inflazione viene costantemente aggiornato, in modo da essere rappresentativo delle reali abitudini di acquisto: ogni anno, alcuni beni escono dal paniere e altri entrano. Se osserviamo la composizione del paniere Istat nel corso del tempo, possiamo avere un'idea di quanto sia cambiato il volto della società italiana.
Il primo paniere risale al 1928 e conteneva beni come inchiostro nero per le scuole, pennini, carbone per riscaldamento.
Nella seconda metà degli anni Cinquanta compare per la prima volta il televisore. Ultimamente, sono uscite dal paniere le agende scolastiche cartacee (il "diario", ormai soppiantato dalle agende elettroniche), e sono entrati nuovi beni tecnologici come i *phablet*, combinazione di smartphone e mini-tablet.

LE NOVITÀ DEL 2014
CAFFÈ IN CIALDE O CAPSULE
SIGARETTA ELETTRONICA E RICARICHE
SACCHETTI ECOLOGICI PER RIFIUTI ORGANICI
FORMAGGIO GRATTUGIATO IN CONFEZIONE
GIORNALE QUOTIDIANO ONLINE
YOGURT PROBIOTICO

Valuta le tue competenze

ZTE ONLINE
Mettiti alla prova con gli esercizi interattivi

Test a risposta multipla

Indica con una crocetta l'affermazione esatta.

1. È chiamato "internazionale" il contratto:
A. concluso tra due o più Stati
B. concluso tra soggetti di cittadinanza diversa
C. concluso oltre confine
D. regolato dal diritto internazionale

2. La legge applicabile al contratto internazionale:
A. è stabilita dal diritto europeo
B. è stabilita dall'Unidroit
C. è sempre stabilita dalle parti
D. può essere stabilita dalle parti

3. I "considerando" sono:
A. considerazioni non inserite nel contratto
B. clausole di un trattato internazionale
C. clausole che chiariscono la ragione per cui è stato concluso un contratto
D. clausole che chiariscono il significato dei termini usati nel contratto

4. La clausola *hardship* serve:
A. a dare forza al contratto
B. a risolvere il contratto
C. a operare un riequilibrio fra le prestazioni
D. a determinare le cause di risoluzione

5. Il regolamento Bruxelles I stabilisce che in tema di contratti internazionali è competente a giudicare il giudice del luogo dove:
A. è domiciliato l'attore
B. è domiciliato il convenuto
C. è stato concluso il contratto
D. è stato risolto il contratto

6. Il rischio valuta dipende:
A. da una errata valutazione della prestazione
B. da una possibile variazione del valore della prestazione
C. da una possibile svalutazione monetaria
D. da mancato pagamento

7. I bonds sono:
A. forme di assicurazione
B. forme di pagamento
C. forme di bonifico
D. clausole penali

8. SWIFT è:
A. una particolare tipologia di contratti internazionali
B. una clausola assicurativa
C. una clausola risolutiva
D. una rete di comunicazione interbancaria

9. Il credito documentario è una forma di pagamento:
A. poco sicura
B. mediamente sicura
C. molto sicura
D. sconsigliabile

10. Con il credito confermato il pagamento è garantito:
A. da una banca
B. da due banche
C. da tre banche
D. dalla banca che per prima ha dato conferma

Conoscenza del lessico giuridico

Scrivi la definizione, al massimo in tre righe, dei termini seguenti.

- Contratto internazionale
- Foro competente
- Unidroit
- Uncitral
- Regolamento Roma I
- Regolamento Bruxelles I
- Risoluzione per inadempimento
- Forza maggiore
- *Hardship*
- Clausola penale
- Rischio Paese
- Rischio valuta
- Assegno
- Bonifico
- Cambiale
- Incasso documentario
- Credito documentario
- Rete Swift
- Sistema Target

Domande con risposte brevi

- Quando un contratto si definisce internazionale?
- Quali effetti produce la risoluzione del contratto?
- Quali sono le cause di forza maggiore?
- Cosa distingue la *hardship* dalla forza maggiore?
- Che funzione ha la clausola penale?
- Come operano i *liquidated damages*?
- Quali sono i rischi del commercio internazionale?
- Quali sono le principali garanzie all'adempimento?
- Che cos'è la cambiale?
- Come si effettua un bonifico?
- A che cosa serve il sistema TARGET?
- Cos'è il credito documentario?
- Come funziona il sistema di incasso documentario?

Ragionamento e argomentazione

Rispondi ai quesiti seguendo la traccia fornita.

1. Il principio di reciprocità non viene generalmente applicato al riconoscimento dei diritti fondamentali dell'individuo. Esprimi la tua opinione in merito motivandola opportunamente.

Applicato ai diritti fondamentali, il principio di reciprocità comporterebbe che ....

Personalmente ritengo che ....

perché ....

2. In merito all'inadempimento contrattuale, spiega se ritieni più efficace l'inserimento nel contratto di una clausola penale o di una clausola di *liquidated damages*.

La clausola penale è ....

I *liquidated damages* sono ....

Personalmente, ritengo preferibile ....

perché ....

3. Poiché il credito documentario confermato è più sicuro di quello non confermato, ipotizza le ragioni per le quali taluni operatori utilizzano il secondo.

Con il credito documentario il compratore ordina alla propria banca ....

Le parti possono concordare che il credito sia confermato o non confermato.

Se è confermato ....

Se non è confermato ....

La scelta dell'uno o dell'altro sistema può dipendere dalle seguenti ragioni ....

LA TUTELA DEI CONSUMATORI NELLA NORMATIVA EUROPEA

COMPETENZE DI PERCORSO

COMPETENZE DI ASSE

- Orientare i propri comportamenti ai principi e ai valori espressi dalla Costituzione e dalle Carte internazionali
- Riconoscere i principali aspetti del sistema sociale ed economico allo scopo di operare in un determinato contesto produttivo

CONOSCENZE

- Comprendere la necessità di normative atte a tutelare i consumatori
- Conoscere la disciplina che regola le principali tipologie di contratti stipulati dai consumatori
- Conoscere i diversi tipi di garanzie a tutela dei consumatori

ABILITÀ

- Saper individuare la natura del problema lamentato dal consumatore in una situazione data
- Saper indicare gli strumenti di cui può avvalersi il consumatore per difendersi in una situazione di pregiudizio per i suoi interessi

UNITÀ 1

I contratti per adesione e a distanza

1. Consumatori e professionisti

Nei contratti conclusi tra imprenditori, per esempio tra grossista e dettagliante, oppure nei contratti conclusi tra non imprenditori, per esempio tra un giovane che vende il motorino a un compagno che lo acquista, entrambe le parti si trovano su un piano di parità.
Possiamo cioè immaginare che entrambe abbiano una pari capacità di contrattazione, di informazione e di valutazione della convenienza a contrarre.

Diverso è il caso del rapporto tra un professionista, che vende beni o anche servizi (pensiamo a una banca, a un'assicurazione, a un tour operator), e il cliente-consumatore.

In questo caso il rapporto è tra persone di diverso livello. Il professionista conclude quel tipo di contratto per mestiere e dunque ne conosce a fondo tutti gli aspetti più nascosti, mentre il consumatore è ragionevolmente meno preparato.

Ecco allora la necessità di tutelare con apposite norme la sua buona fede.

Qual è la corretta definizione di professionista e di consumatore?

Consumatore è qualsiasi persona fisica che agisca per fini che non rientrano nel quadro della sua attività professionale.

Così, per esempio, è consumatore sia il lavoratore dipendente che acquista un televisore, sia l'imprenditore edile che acquista lo stesso elettrodomestico.

Professionista è la persona fisica o giuridica che agisca nell'esercizio della propria attività imprenditoriale, commerciale, artigianale o professionale.

Così, per esempio, l'imprenditore edile di cui sopra sarà professionista se compera o vende cemento; sarà consumatore se compera o rivende una TV.

2. Le norme internazionali a tutela del consumatore

Una normativa internazionale uniforme a tutela del consumatore non esiste ancora. Sebbene le Nazioni Unite si siano impegnate in tal senso in diversi momenti (nel 1985 e nel 1989), un accordo generale non è stato ancora raggiunto. Al momento l'ONU ha prodotto solo delle **linee guida** sulla tutela dei consumatori denominate *United Nations Guidelines on Consumers' Protection* (in sigla UNGCP), che però non hanno valore vincolante.

▶ **In Europa**, invece, la tutela del consumatore è contenuta nella direttiva europea 93/13 CE, indicata anche come **Codice del consumo europeo**. Poiché, come sappiamo, le disposizioni delle direttive europee debbono essere obbligatoriamente recepite da tutti gli Stati membri, possiamo dire che all'interno dell'Unione europea tutti i consumatori ricevono oggi la medesima tutela sia che appartengano allo stesso Paese del professionista, sia che appartengano a Paesi diversi.

▶ **In Italia** la direttiva europea è stata recepita con il d.lgs. n. 296/2005 (modificato con d.lgs. n. 21/2014), denominato **Codice del consumo**.

Il Codice, sebbene tuteli ogni tipo di consumatore, dedica un'attenzione particolare ai consumatori che concludono contratti:

- per adesione;
- a distanza;
- fuori dei locali commerciali.

Nei prossimi paragrafi esamineremo le specificità di questi contratti.

Intanto possiamo anticipare che, a norma dell'art. 143 del Codice del consumo:

- sono irrinunciabili i diritti attribuiti al consumatore ed è nulla ogni pattuizione che sia in contrasto con essi;
- se le parti hanno scelto di applicare al contratto una legislazione diversa da quella italiana, al consumatore devono comunque essere riconosciute le condizioni minime di tutela previste dal Codice del consumo italiano.

La normativa europea e italiana favorisce l'educazione al consumo e lo sviluppo dell'associazionismo tra consumatori. **In Italia** quest'ultimo è particolarmente sviluppato. Tra le numerose associazioni ricordiamo:
- **ConfConsumatori** (www.confconsumatori.it);
- **AdiConsum** (www.adiconsum.it).

3. I contratti per adesione

I contratti che vedono come parti il consumatore e il professionista, quando hanno per oggetto un bene o un servizio di importante rilevanza economica (acquistare un'automobile, concludere un contratto di assicurazione o altro) si presentano solitamente nella forma di *contratti per adesione*.

Contratti per adesione sono quei contratti il cui testo è contenuto in un modulo predisposto dal professionista e al quale il consumatore può solo decidere se aderire o non aderire.

Talvolta, per la verità, è consentito al consumatore di ottenere la modifica di qualche clausola, ma si tratta di una ipotesi abbastanza rara.

Le clausole vessatorie

Non è improbabile che nei *contratti per adesione* il proponente provi a inserire clausole particolarmente vantaggiose per sé e particolarmente svantaggiose per il cliente, contando sul fatto che questi difficilmente avrà la cura e la pazienza di leggere tutto il regolamento contrattuale. E talvolta potrebbe anche non avere le capacità tecniche per soppesare la funzione delle tante clausole.

Clausole vessatorie sono dette quelle clausole che provocano un significativo squilibrio delle prestazioni a vantaggio del *professionista* che le ha predisposte e in danno del *consumatore*.

Che cosa accade se dopo aver sottoscritto un contratto scopro che contiene delle clausole vessatorie?

Se sono presenti clausole vessatorie, il contratto rimane valido ma le clausole si considerano *nulle*, come se non fossero mai state apposte.

Quali clausole sono considerate vessatorie?

Vessatorio deriva dal verbo *vessare* che significa "opprimere".

L'elenco (piuttosto lungo) è contenuto nell'**art. 33** del Codice del consumo. Tra le tante segnaliamo le clausole che hanno per oggetto o per effetto di:

- limitare i diritti o le azioni del consumatore in caso di inadempimento da parte di chi ha predisposto il contratto;
- imporre al consumatore, in caso di suo inadempimento o ritardo, il pagamento di un risarcimento manifestamente eccessivo;
- stabilire, per il consumatore, un termine eccessivamente anticipato rispetto alla scadenza del contratto, per comunicare la disdetta.

Cessano di essere vessatorie le clausole che sono state oggetto di trattativa individuale.

In caso di contestazione, tuttavia, spetta al professionista provare che tali clausole sono state oggetto di specifica trattativa con il consumatore.

4. I contratti a distanza o fuori dei locali commerciali

Contratti a distanza sono chiamati quei contratti nei quali i contraenti sono distanti tra loro, magari perché risiedono in una diversa città o addirittura in un diverso Paese e comunicano per lettera, fax, telefono o, più spesso, per via telematica.

Anche il contratto a distanza solitamente è un contratto **per adesione** perché il professionista mette a disposizione del cliente il regolamento contrattuale e questi può solo aderire o non aderire.

Questo tipo di contratto presenta per il consumatore alcuni rischi tipici. Un conto, infatti, è entrare in un negozio, vedere il prodotto, parlare con il commerciante, trattare sul prezzo ed eventualmente procedere all'acquisto. Altra cosa è acquistare un bene di cui si vede solo la fotografia.
E se la realtà non corrispondesse all'immagine? E se la cosa arrivasse rotta? E se non avesse la funzionalità vantata nella pubblicità? E se si profilassero costi aggiuntivi non comunicati in precedenza?

Contratti conclusi fuori dei locali commerciali sono quelli conclusi durante la visita del professionista al domicilio del consumatore, o in strada o durante un'escursione organizzata dal professionista o in altre simili condizioni.

Locali commerciali sono i locali adibiti alla vendita al dettaglio in cui il professionista esercita la sua attività in modo abituale.

Anche questi presentano alcuni rischi tipici. Non è improbabile, per esempio, che l'abilità del piazzista e la sua verbosità inducano a sottoscrivere contratti di beni o servizi di dubbia utilità o dal costo eccessivo, o a condizioni svantaggiose per il cliente.

Che fare in questi casi?

Il Codice del consumo italiano (come modificato dal d.lgs. n. 21/2014), che recepisce in pieno le disposizioni contenute nel **Codice del consumo europeo**, prende in considerazione entrambe le tipologie di contratto e pone specifiche e rigorose norme a tutela del consumatore soprattutto in merito:

- alle informazioni che il professionista deve dare prima della conclusione del contratto;
- al diritto di recesso (o di ripensamento);
- alle garanzie da offrire al consumatore.

Di queste regole ci occuperemo nei paragrafi che seguono.

5. Obblighi di informazione

Per i **contratti a distanza o negoziati fuori dei locali commerciali**, l'art. 49 del Codice del consumo impone di fornire al consumatore, **prima** della conclusione del contratto, in maniera chiara e comprensibile, informazioni che riguardano:

- le caratteristiche principali dei beni o servizi offerti;
- l'identità del professionista;
- l'indirizzo geografico o elettronico del professionista per consentire al consumatore di contattarlo rapidamente;
- il prezzo totale dei beni o dei servizi comprensivo delle imposte e di eventuali spese aggiuntive di spedizione e consegna o qualsiasi altro costo;
- i termini e le procedure per esercitare il diritto di recesso quando previsto (> paragrafo 6);
- i costi da sostenere per la restituzione del bene in caso di recesso;
- le garanzie legali di conformità del bene.

In caso di contestazione l'onere di provare che tali informazioni sono state date spetta sempre al professionista.

QUESTIONI

I contratti sollecitati per telefono

Quando il consumatore viene contattato telefonicamente e sollecitato a concludere un contratto mediante la registrazione della telefonata, ha diritto a tutte le tutele offerte dalla legge per i contratti a distanza.
Inoltre l'art. 51 del Codice del consumo (commi 6 e 7) impone al professionista di inviare copia del contratto al consumatore il quale rimarrà vincolato **solo dopo aver sottoscritto o approvato l'offerta**.
L'invio deve essere operato entro un termine ragionevole dopo la conclusione del contratto a distanza, e al più tardi al momento della consegna del bene o prima che l'esecuzione del servizio abbia inizio.

6. Il diritto di recesso

Ho acquistato per telefono un anello offerto in un programma televisivo e ho ricevuto tutte le informazioni precontrattuali previste dalla legge. Peccato che non fossero chiare e l'anello, visto da vicino, è una cosina piuttosto miserevole. Che cosa posso fare?

Al consumatore che compia acquisti a distanza o fuori dei locali commerciali la legge offre la possibilità di recedere unilateralmente dal contratto e di avere indietro la somma eventualmente versata.

Il termine per la comunicazione del recesso da parte del consumatore è posto per dare al professionista una ragionevole certezza sulla conclusione definitiva del contratto.

Il diritto di recesso (o di ripensamento) è regolato dal Codice del consumo negli artt. 52 e seguenti, le cui disposizioni principali possono essere così riassunte:

- **il diritto deve essere esercitato entro 14 giorni** dalla conclusione del contratto, ma questo termine si allunga fino a un anno se il consumatore non era stato esplicitamente informato di questo suo diritto;

- il consumatore, inoltre, deve **rispedire il bene al professionista entro 14 giorni** dalla data in cui ha comunicato la volontà di recedere dal contratto;
- in caso di contestazione, spetta al consumatore provare di **aver agito nel rispetto dei termini** sopra detti;
- **le spese** per la restituzione del bene sono a carico del consumatore.

Il diritto di recesso può essere condizionato al pagamento di una penale?

L'ipotesi è assolutamente esclusa dall'art. 52 del Codice. Il consumatore, quando il recesso è consentito, può comunicarlo al professionista senza dover pagare alcuna penale o dover motivare la propria decisione.

Ho deciso di recedere dall'acquisto per e-mail di un videoregistratore che però mi è caduto e si è un po' ammaccato. Che cosa succede in questi casi?

Il consumatore (stabilisce l'art. 57) è responsabile della diminuzione del valore dei beni fin quando sono in suo possesso. Ciò vuol dire che sarà tenuto a risarcire il professionista del danno eventualmente provocato.

Il diritto di ripensamento può essere esercitato per qualsiasi tipo di contratto?

L'art. 59 del Codice del consumo contiene un dettagliato elenco dei contratti per i quali il recesso non è ammesso.

Tra i tanti segnaliamo i contratti che prevedono la fornitura:

- di prodotti audiovisivi o software informatici sigillati aperti dal consumatore;
- di giornali e riviste;
- di beni confezionati su misura o chiaramente personalizzati;
- di prodotti alimentari con scadenza.

Se nasce una controversia tra consumatore e professionista, a quale giudice bisognerà ricorrere?

Il foro competente, stabilisce l'art. 66 *bis*, è inderogabilmente quello del luogo di residenza o di domicilio del consumatore se ubicati nel territorio dello Stato.

Riguardando gli appunti

1. Chi sono il consumatore e il professionista?

- Consumatore è qualsiasi persona fisica che agisce per fini che non rientrano nel quadro della sua attività professionale.
- Professionista è la persona fisica o giuridica che agisce nell'esercizio della propria attività imprenditoriale, commerciale, artigianale o professionale.

2. Dov'è contenuta la disciplina a tutela del consumatore?

- In Europa la tutela del consumatore è contenuta nella direttiva europea 93/13 CE, indicata anche come Codice del consumo europeo.
- In Italia la direttiva europea è stata recepita con il d.lgs. n. 296/2005 (modificato con d.lgs. n. 21/2014), denominato Codice del consumo.
- Il Codice, sebbene tuteli ogni tipo di consumatore, dedica un'attenzione particolare ai consumatori che concludono contratti per adesione, a distanza, o fuori dei locali commerciali.

3. Qual è la disciplina dei contratti per adesione?

- Contratti per adesione sono quei contratti il cui testo è contenuto in un modulo predisposto dal professionista e al quale il consumatore può solo decidere se aderire o non aderire.
- Non è improbabile che nei contratti per adesione il proponente provi a inserire clausole particolarmente vantaggiose per sé e particolarmente svantaggiose per il cliente. Tali sono le cosiddette clausole vessatorie.
- Se sono presenti clausole vessatorie, il contratto rimane valido ma le clausole si considerano nulle, come se non fossero mai state apposte. Cessano di essere vessatorie le clausole che sono state oggetto di trattativa individuale.

4. Quali sono i contratti a distanza e i contratti conclusi fuori dei locali commerciali?

- Contratti a distanza sono chiamati quei contratti nei quali i contraenti sono distanti tra loro e comunicano per lettera, fax, telefono o, più spesso, per via telematica.
- Contratti conclusi fuori dei locali commerciali sono quelli conclusi durante la visita del professionista al domicilio del consumatore, o in strada, o durante un'escursione organizzata dal professionista, o in altre simili condizioni.

5. Come sono regolati?

- Prima della conclusione di questi tipi di contratto il professionista deve fornire al consumatore, in maniera chiara e comprensibile, informazioni in merito: al diritto di recesso; alle caratteristiche principali dei beni o servizi offerti; all'identità del professionista stesso; al proprio indirizzo geografico o elettronico; al prezzo totale dei beni o dei servizi, comprensivo delle imposte e di eventuali spese aggiuntive di spedizione e consegna o qualsiasi altro costo; ai costi da sostenere per la restituzione del bene in caso di recesso; alle garanzie legali di conformità del bene.

6. Come si esercita il diritto di recesso?

- Il diritto di recesso (o di ripensamento) deve essere esercitato entro 14 giorni dalla conclusione del contratto, ma questo termine si allunga fino a un anno se il consumatore non era stato esplicitamente informato di questo suo diritto; il consumatore, inoltre, deve rispedire il bene al professionista entro 14 giorni dalla data in cui ha comunicato la volontà di recedere; in caso di contestazione, spetta al consumatore provare di aver agito nel rispetto dei termini sopra detti; le spese per la restituzione del bene sono a carico del consumatore; non deve verificarsi una delle eccezioni ex art. 59.

7. In caso di contestazione qual è il foro competente a giudicare questo tipo di contratti?

- Il foro competente è sempre quello del luogo di residenza o domicilio del consumatore, se ubicati sul territorio dello Stato.

Verifica le tue conoscenze

Test a risposta multipla

Indica con una crocetta l'affermazione esatta.

1. È definito professionista:
A. la persona giuridica che agisce in qualità di imprenditore
B. la persona fisica o giuridica che non agisce per fini professionali
C. la persona fisica o giuridica che agisce a fini imprenditoriali, commerciali, artigianali o professionali
D. chi esercita la libera professione

2. Le clausole che provocano un significativo squilibrio delle prestazioni a vantaggio del professionista e in danno del consumatore sono dette clausole:
A. ingannevoli
B. intimidatorie
C. aggressive
D. vessatorie

3. Il contratto concluso durante una gita organizzata dal professionista:
A. è un contratto concluso a distanza
B. è un contratto concluso fuori dei locali commerciali
C. è un contratto illecito
D. configura una pratica commerciale scorretta

4. Entro quanto può essere esercitato il diritto di recesso?
A. entro una settimana dalla conclusione del contratto
B. entro 14 giorni dalla conclusione del contratto
C. entro 6 mesi dalla conclusione del contratto
D. entro un anno dalla conclusione del contratto

5. Se il consumatore conclude un contratto per telefono:
A. non gode di particolari tutele
B. gode delle tutele previste per i contratti a distanza
C. il contratto è nullo
D. non ha diritto di recesso

Sai qual è la differenza tra...

a. Consumatore *e* Professionista
b. Contratti per adesione *e* Clausole vessarie
c. Contratti a distanza *e* Contratti conclusi fuori dei locali commerciali

SÌ/NO... Perché?

Indica con una crocetta la risposta esatta e motiva la tua scelta.

1. Un commerciante può essere considerato "consumatore"? SÌ NO Perché ...
2. I contratti per adesione sono quelli a cui si è obbligati ad aderire? SÌ NO Perché ...
3. La presenza di clausole vessatorie rende nullo il contratto? SÌ NO Perché ...
4. Si può rinunciare preventivamente al diritto di recesso? SÌ NO Perché ...
5. Ci sono casi in cui si può recedere entro un anno? SÌ NO Perché ...
6. Ci sono casi in cui le clausole vessatorie rimangono valide? SÌ NO Perché ...
7. Spetta al consumatore provare di non aver ricevuto le informazioni previste dalla legge? SÌ NO Perché ...
8. Il consumatore che eserciti il diritto di recesso deve sostenere qualche spesa? SÌ NO Perché ...

PERCORSO I

LA TUTELA DEI CONSUMATORI NELLA NORMATIVA EUROPEA

UNITÀ 2

Le garanzie a tutela del consumatore

1. La garanzia di buon funzionamento

Quando si conclude un contratto, soprattutto se si tratta di un contratto di vendita, può accadere di scoprire che l'oggetto acquistato presenta dei difetti, funziona male o addirittura non è idoneo all'uso dichiarato dal venditore.

Che fare in questi casi?

Sappiamo tutti, per diffusa esperienza, che chi acquista un bene da un professionista ha diritto a una garanzia.
Questa garanzia è chiamata **di buon funzionamento** ed è regolata sia dalla normativa europea che da quella nazionale nel Codice del consumo.
Si tratta di una **garanzia legale**, in quanto è imposta dalla legge e opera, pertanto, anche se nel contratto non se ne fa menzione.
Stabilisce l'art. 129 del Codice del consumo che in presenza di un vizio di conformità, il consumatore ha diritto, a sua scelta, alla riparazione o alla sostituzione del bene difettoso da parte del venditore, senza addebito di spese.

> Secondo quanto previsto dall'art. 129 del Codice del consumo, la garanzia legale copre anche il **difetto di conformità derivante dall'imperfetta installazione del bene** quando l'installazione è compresa nel contratto di vendita.

Quando il bene non è riparabile o non è sostituibile, le ipotesi sono due:

- se il vizio è di lieve entità, il consumatore può pretendere solo una proporzionale riduzione del prezzo;
- se il vizio è di notevole entità, il consumatore può chiedere al giudice la risoluzione del contratto e la restituzione del prezzo pagato.

Che cosa si intende per vizio di conformità?

▶ **Presentano un vizio di conformità** i beni che:

- non sono idonei all'uso che normalmente si fa di quel tipo di bene;
- non sono conformi alla descrizione fatta dal venditore;
- sono privi delle qualità abituali di un bene dello stesso tipo.

Ho comperato in un negozio una sacca di cuoio che era in offerta a metà del suo valore. Poiché presenta alcune vistose rigature, posso tornare dal venditore e chiedere una ulteriore riduzione del prezzo?

I vizi coperti dalla garanzia legale sono soltanto i *vizi occulti*.

Vizi occulti sono quelli che derivano, in generale, dal processo di produzione, confezionamento o conservazione della cosa e di cui il compratore non può facilmente rendersi conto al momento dell'acquisto.

Vizi palesi sono, invece, quelli che il compratore conosceva al momento dell'acquisto o che avrebbe potuto facilmente conoscere impiegando la normale diligenza. Per questi ultimi non è dovuta dal venditore alcuna garanzia.

VIZI DELLA COSA VENDUTA
- Occulti
- Palesi

Quanto tempo dura la garanzia legale?

Dura due anni dalla consegna del bene o **un solo anno** se il bene è usato. In ogni caso deve essere fatta valere dal consumatore entro due mesi dalla scoperta del difetto.
Le clausole inserite da professionisti che limitano la durata della garanzia legale o la escludono, stabilisce il Codice del consumo (art. 33, c. 2, lett. *b*), si presumono vessatorie fino a prova contraria.

GARANZIA PER VIZI OCCULTI
- Cosa nuova: due anni
- Cosa usata: un anno

Le garanzie convenzionali

Ho comperato uno scooter e il venditore mi ha proposto di pagare una certa somma per il prolungamento della garanzia. Che cosa vuol dire?

Il professionista è libero di offrire al consumatore garanzie di qualsiasi tipo che vadano ad aggiungersi (e mai a sostituire) la garanzia legale di buon funzionamento.
Queste ulteriori garanzie, dette **convenzionali**, possono anche essere gratuite, ma più spesso sono oggetto di negoziazione tra professionista e consumatore. Nel caso sopra prospettato, divenuto ormai frequentissimo soprattutto nel campo degli elettrodomestici, viene proposto un contratto con il quale si conviene, dietro pagamento, il prolungamento per alcuni anni della garanzia di buon funzionamento.

2. Le garanzie contro le pratiche commerciali scorrette

In generale, prima di acquistare un bene oppure un servizio (per esempio, concludiamo un contratto di assicurazione, o un contratto bancario) abbiamo bisogno di avere una serie di informazioni utili a decidere se operare l'acquisto oppure no. A fornire queste informazioni non può che essere il professionista, attraverso lo strumento pubblicitario o in qualsiasi altra forma.

Siamo sicuri che le informazioni che solitamente riceviamo siano giuste e corrette?

Come probabilmente è nell'esperienza di ciascuno, non sempre lo sono, e ciò ha reso necessaria una specifica normativa a tutela del consumatore.

Al momento dell'acquisto, il professionista è tenuto a informare con precisione il consumatore dei diritti e delle garanzie che gli spettano per legge. Una mancata informazione a riguardo costituisce una pratica commerciale scorretta.

In Europa questa normativa è contenuta nella **direttiva 2005/29/CE**, che si propone di proteggere in uguale misura tutti i cittadini dei Paesi membri da pratiche commerciali scorrette.

La direttiva suddivide tali pratiche in due categorie:

- pratiche *ingannevoli*;
- pratiche *aggressive*.

Le pratiche ingannevoli

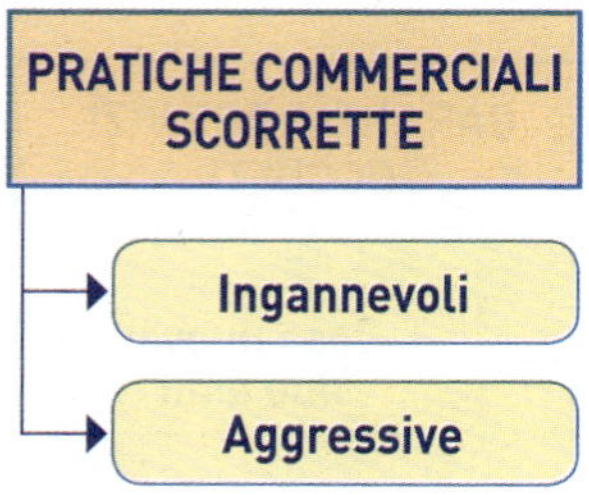

▶ **È considerata ingannevole** una pratica commerciale:

- che contenga informazioni false,
- che ometta informazioni essenziali
- o che sia *in grado di ingannare* il consumatore *medio* e indurlo ad assumere una decisione che altrimenti non avrebbe assunto.

Come si evince da questa breve elencazione, una pratica commerciale è considerata ingannevole non solo quando ha concretamente ingannato il consumatore medio, ma anche quando è potenzialmente in grado di ingannarlo.

Che cosa si intende per consumatore medio?

Per **consumatore medio** si intende la persona normalmente informata e ragionevolmente attenta e avveduta.

La medietà, però, non va considerata un parametro fisso, ma va rapportata all'età del consumatore, alla professione esercitata, al grado di scolarizzazione, e così via.
Spetterà al giudice, a cui il consumatore si rivolge, valutare nel caso specifico se l'informazione fornita dal professionista debba essere considerata scorretta.

Le pratiche ingannevoli e aggressive

▶ **Sono considerate ingannevoli o aggressive**, secondo la direttiva 2005/29/CE, le pratiche commerciali con le quali si cerca di limitare la libertà di scelta del consumatore medio.

▶ **Tra le pratiche ingannevoli** individuate dall'*Allegato 1* della direttiva rientrano:

- dichiarare falsamente che il prodotto sarà disponibile solo per un periodo di tempo limitato in modo da ottenere una decisione immediata del consumatore e privarlo della possibilità o del tempo sufficiente per prendere una decisione consapevole;

- affermare o generare comunque l'impressione che la vendita del prodotto sia lecita, ove invece non lo sia;
- affermare che il professionista stia per cessare l'attività o traslocare, ove non stia per farlo;
- affermare che alcuni prodotti possono facilitare la vincita in giochi d'azzardo;
- affermare falsamente che un prodotto ha la capacità di curare malattie, disfunzioni o malformazioni.

▸ **Tra le pratiche aggressive** rientrano:

- creare l'impressione che il consumatore non possa lasciare i locali commerciali fino alla conclusione del contratto;
- effettuare visite presso l'abitazione del consumatore, ignorando gli inviti del consumatore a lasciare la sua residenza o a non ritornarvi;
- effettuare ripetute e sgradite sollecitazioni commerciali per telefono, via fax, per posta elettronica o mediante altro mezzo di comunicazione a distanza;
- far credere al consumatore che se non acquisterà il prodotto o il servizio sarà in pericolo il lavoro o la sussistenza del professionista;
- dare la falsa impressione che il consumatore abbia già vinto, o vincerà, compiendo una determinata azione, un premio, mentre in realtà non esiste alcun premio.

L'Antitrust ha un numero verde (800166661) al quale si possono chiedere chiarimenti. Per le segnalazioni di comportamenti illeciti occorre invece compilare il modulo disponibile nella sezione *Consumatore* del sito *www.agcm.it* e inviarlo direttamente via internet in formato elettronico, oppure via fax al numero 0685821256, o via posta all'indirizzo: **Autorità garante della concorrenza e del mercato** Piazza Verdi, 6/a, 00198 Roma.

QUESTIONI

L'Antitrust a tutela dei consumatori

Il comportamento di rivenditori o produttori che induca in errore il consumatore sull'esistenza o sulle modalità di esercizio della garanzia legale di conformità, ovvero ne ostacolino l'esercizio stesso, possono costituire pratiche commerciali scorrette, vietate e sanzionate dal Codice del consumo. In tal caso, l'Antitrust può intervenire, a tutela del consumatore, accertando la violazione, imponendo la cessazione della condotta contraria alla legge, sanzionando i soggetti responsabili fino a un massimo di 5.000.000 di euro. L'Antitrust può anche accertare la vessatorietà di clausole inserite in contratti o condizioni generali di contratto tra professionisti e consumatori che limitano la durata della garanzia legale di conformità o la escludono del tutto, disponendo l'adozione di misure per informare adeguatamente i consumatori.

3. La *class action*

Ci sono imprese che operano nel campo della vendita di beni o nella erogazione di servizi che spesso praticano scorrettezze che sono fonte di irritazione e di danno per il consumatore, ma che non sono economicamente così rilevanti da indurlo singolarmente ad affrontare le spese di un giudizio.

La conseguenza è che, in mancanza di qualsiasi censura, l'impresa può reiterare senza timore le sue scorrettezze.
Per rimuovere questa situazione è stata introdotta anche in Italia, con un procedimento legislativo lungo e contorto, la cosiddetta *class action*, cioè "azione di classe".

L'azione di classe è un'azione giudiziale collettiva intrapresa da più persone unite dallo stesso interesse e perciò identificate come appartenenti a una medesima classe.

La *class action* è un istituto giuridico presente negli **USA** fin dal 1912, approdato in **Europa** nel 1988 con la direttiva 98/27/CE e in **Italia** nel 2007, ma divenuto operativo solo con l'art. 49 della legge n. 99/2009 che ha modificato l'art. 140 *bis* del Codice del consumo.

L'azione collettiva consente di dividere le spese tra i partecipanti e il suo esercizio concreto può anche essere delegato a un **comitato** o a un'**associazione di consumatori**.

Può essere promossa dai consumatori o dagli utenti di un servizio:

- che abbiano subito le conseguenze di pratiche commerciali scorrette,
- oppure che abbiano acquistato un prodotto difettoso o pericoloso,
- oppure ancora che abbiano subito un pregiudizio in conseguenza di un inadempimento contrattuale da parte di un'impresa.

L'azione è finalizzata all'accertamento delle responsabilità dell'impresa e alla conseguente condanna al risarcimento del danno.
Chi ha aderito all'azione di classe non può esercitare contemporaneamente un'azione individuale contro la stessa impresa per le stesse ragioni.
Possono invece esercitare azioni individuali i consumatori o gli utenti che non hanno aderito all'azione comune.

Come si avvia una class action?

La prima sentenza di accoglimento in Italia per un'azione di classe è stata riconosciuta dal Tribunale di Napoli in favore di un gruppo di turisti in viaggio a Zanzibar, che hanno ottenuto un risarcimento da vacanza rovinata.

L'istanza viene presentata dai consumatori, o dall'associazione che li rappresenta, al tribunale che si trova nel capoluogo di Regione dove ha sede l'impresa convenuta.
Nella prima udienza il tribunale ascolta le ragioni delle parti e decide se la domanda dei consumatori è ammissibile oppure non lo è.
Sarà giudicata inammissibile, per esempio, la domanda manifestamente infondata oppure la domanda presentata da soggetti che vantano diritti diversi e pertanto non appartengono alla medesima *classe*.
Se la domanda è ritenuta ammissibile, il giudice fissa i modi e i termini entro i quali gli attori devono dare adeguata **pubblicità** alla loro azione.

A che cosa serve questa pubblicità?

Serve a favorire l'adesione all'azione di tutti i consumatori o utenti interessati. In pratica, chi non ha partecipato alla fase iniziale di questo procedimento perché non ne ha avuto notizia, ha la possibilità di associarsi successivamente. In questo modo si riducono le spese per i partecipanti e l'amministrazione della giustizia evita di dover celebrare tanti processi simili.

Se la pubblicità non viene effettuata nel modo indicato dal giudice, il processo non può proseguire.

Se, al termine del processo, la domanda degli attori è **accolta**, il giudice pronuncia una sentenza di condanna con la quale liquida le somme definitive dovute dall'impresa a coloro che hanno aderito all'azione, oppure stabilisce il criterio omogeneo di calcolo per determinare tali somme.

4. La *class action* contro la Pubblica amministrazione

L'azione di classe può essere esercitata anche nei confronti delle Pubbliche amministrazioni e dei concessionari di servizi pubblici, i quali nello svolgimento delle proprie attività, abbiano leso i diritti degli utenti.

Questo tipo di giudizio può essere promosso se il danno lamentato è dovuto a:

- violazione di *standard* qualitativi;
- violazione degli obblighi contenuti nelle Carte dei servizi;
- omesso esercizio di poteri di vigilanza, di controllo o sanzionatori;
- violazione dei termini;
- mancata emanazione di atti amministrativi a emanazione obbligatoria.

La particolarità di quest'azione, regolata dal d.lgs. 198 del 2006, è di non essere promossa davanti al giudice ordinario ma davanti al **Tribunale amministrativo regionale** (TAR) che potrà condannare la P.A. a rimuovere le cause delle disfunzioni, ma non potrà condannarla al risarcimento del danno.

Se il cittadino vuole essere risarcito del danno, non potrà farlo attraverso un'azione collettiva ma dovrà sobbarcarsi *singolarmente* le spese di un processo davanti al TAR.

La ragione di questa disposizione ci sembra difficilmente comprensibile e ancora meno comprensibile ci sembra la ragione per la quale si è potuto ipotizzare per legge che utenti di servizi pubblici amministrativi, già penalizzati da un disservizio, decidano di spendere del denaro per intentare una *class action* che non procurerà loro alcun risarcimento.

Riguardando gli appunti

1. Quali garanzie deve fornire il professionista al consumatore?

- Il professionista deve offrire al consumatore la garanzia di buon funzionamento.
- Stabilisce il Codice del consumo che, in presenza di un vizio occulto di conformità, il consumatore ha diritto a sua scelta alla sostituzione o alla riparazione del bene difettoso senza addebito di spese.
- Presentano vizi occulti di conformità i beni che: non sono idonei all'uso che normalmente se ne fa; non sono conformi alla descrizione fatta dal venditore; sono privi delle qualità che posseggono beni dello stesso tipo.

2. Si può limitare la garanzia legale?

- Le clausole inserite da professionisti che limitano la durata della garanzia legale o la escludono, stabilisce il Codice del consumo (art. 33, comma 2, lett. *b*), si presumono vessatorie fino a prova contraria e pertanto sono nulle.

3. Quali sono le garanzie convenzionali?

- Garanzie convenzionali sono chiamate le ulteriori garanzie che il professionista è libero di offrire al consumatore e che possono essere gratuite o a pagamento.

4. Quali sono le pratiche ingannevoli e le pratiche aggressive?

- È considerata ingannevole una pratica commerciale che contenga informazioni false, che ometta informazioni essenziali o che sia in grado di ingannare il consumatore medio e indurlo ad assumere una decisione che altrimenti non avrebbe assunto.
- Sono considerate aggressive le pratiche commerciali che limitano considerevolmente la libertà di scelta del consumatore medio.

5. Come funziona la *class action*?

- L'azione di classe, o *class action*, è un'azione giudiziale collettiva intrapresa da più persone unite dallo stesso interesse e perciò identificate come appartenenti a una medesima classe.
- Può essere promossa dai consumatori o dagli utenti di un servizio che abbiano subito le conseguenze di pratiche commerciali scorrette, oppure che abbiano acquistato un prodotto difettoso o pericoloso, oppure ancora che abbiano subito un pregiudizio in conseguenza di un inadempimento contrattuale da parte di un'impresa.

6. Qual è la funzione della *class action*?

- L'azione è finalizzata all'accertamento delle responsabilità dell'impresa e alla conseguente condanna al risarcimento del danno.
- Chi ha aderito all'azione di classe non può esercitare contemporaneamente un'azione individuale contro la stessa impresa per le stesse ragioni.
- Se la domanda è ritenuta ammissibile, il giudice fissa i modi e i termini entro i quali gli attori devono dare adeguata pubblicità alla loro azione.
- Se, al termine del processo, la domanda degli attori è accolta, il giudice pronuncia una sentenza di condanna con la quale liquida le somme definitive dovute dall'impresa a coloro che hanno aderito all'azione, oppure stabilisce il criterio omogeneo di calcolo per determinare tali somme.

7. Come funziona la *class action* contro la Pubblica amministrazione?

- La *class action* contro la Pubblica amministrazione può essere promossa se il danno lamentato è dovuto: alla violazione di *standard* qualitativi; alla violazione degli obblighi contenuti nelle Carte dei servizi; all'omesso esercizio di poteri di vigilanza, di controllo o sanzionatori; alla violazione dei termini o alla mancata emanazione di atti amministrativi.
- La particolarità di quest'azione, regolata dal d.lgs. 198 del 2006, è di non essere promossa davanti al giudice ordinario ma davanti al Tribunale amministrativo regionale (TAR), che potrà condannare la Pubblica amministrazione a rimuovere le cause delle disfunzioni, ma non potrà condannarla al risarcimento del danno.

Test a risposta multipla

Indica con una crocetta l'affermazione esatta.

1. La garanzia di buon funzionamento:
A. è una garanzia legale
B. deve essere espressamente pattuita
C. copre solo i vizi di notevole entità
D. copre anche i vizi palesi

2. Affermare che un prodotto cura una certa malattia quando non è vero:
A. configura una pratica aggressiva
B. configura un vizio occulto
C. configura una pratica ingannevole
D. configura un vizio di conformità

3. Quanto tempo dura la garanzia legale per i vizi occulti?
A. due anni dalla consegna del bene, un anno se il bene è usato
B. due anni dalla scoperta del difetto
C. un anno dalla consegna del bene, due anni se il bene è usato
D. due mesi dalla consegna del bene

4. Le pratiche commerciali che limitano considerevolmente la libertà di scelta del consumatore medio:
A. sono pratiche aggressive
B. sono pratiche vessatorie
C. sono pratiche erronee
D. sono pratiche ingannevoli

5. Il giudice competente a conoscere la *class action* contro la PA:
A. è lo stesso che giudica le *class action* ordinarie
B. può condannare la PA al risarcimento del danno
C. è il Tar
D. è la Corte dei conti

Sai qual è la differenza tra...

a. Garanzia legale *e* Garanzia convenzionale
b. Vizio occulto *e* Vizio palese
c. Pratica ingannevole *e* Pratica aggressiva
d. *Class action* contro la Pubblica amministrazione *e* *Class action*

SÌ/NO... Perché?

Indica con una crocetta la risposta esatta e motiva la tua scelta.

1. Il consumatore ha diritto di ottenere la sostituzione della merce che presenti dei vizi palesi? SÌ NO Perché ...

2. Le clausole che prevedono una riduzione della durata della garanzia di buon funzionamento sono valide? SÌ NO Perché ...

3. È da considerarsi ingannevole la vendita di una droga che accresce le capacità atletiche affermando che sia lecita? SÌ NO Perché ...

4. È lecito chiudere i locali commerciali in modo che il consumatore non possa uscire finché non ha concluso il contratto? SÌ NO Perché ...

5. Chi ha aderito a una *class action* può anche agire individualmente per avere il risarcimento del danno per il medesimo fatto? SÌ NO Perché ...

Valuta le tue competenze

ZTE ONLINE
Mettiti alla prova con gli esercizi interattivi

Test a risposta multipla

Indica con una crocetta l'affermazione esatta.

1. Il contratto che contenga clausole vessatorie:
A. è nullo
B. è valido
C. è valido, ma sono nulle le clausole vessatorie
D. è valido tra le parti ma è inefficace verso i terzi

2. Per esercitare nei termini regolari il diritto di recesso:
A. occorre pagare una penale
B. non occorre pagare una penale
C. si deve pagare una penale se è stata concordata
D. si deve pagare una penale nei casi previsti dalla legge

3. Nella *class action* contro la Pubblica amministrazione, la domanda di risarcimento del danno:
A. è ammessa
B. non è ammessa
C. è ammessa solo nei casi previsti dalla legge
D. è ammessa solo nei casi previsti dai regolamenti dell'ente pubblico interessato

4. Il Codice del consumo considera consumatore:
A. chi acquista per consumare
B. chi acquista prodotti di consumo
C. chi acquista al di fuori della propria attività professionale
D. chi acquista nell'ambito della sua attività professionale

5. Contratti per adesione sono chiamati:
A. quelli ai quali è obbligatorio aderire
B. quelli ai quali si può anche non aderire
C. quelli già predisposti in formulari
D. quelli da predisporre in formulari

6. Si può esercitare il diritto di ripensamento per l'acquisto di un libro?
A. sì
B. no
C. solo in taluni casi
D. solo prima dei 14 giorni dall'invio

7. La garanzia legale di buon funzionamento:
A. è negoziabile
B. è gratuita
C. è a pagamento
D. è a pagamento in taluni casi

8. I vizi coperti da garanzia legale sono quelli:
A. occulti
B. immediati
C. visibili
D. gravi

9. Nei contratti fuori dei locali commerciali, il venditore che cerchi di commuovere il compratore prospettando il proprio licenziamento se l'acquisto non avrà luogo, è una pratica:
A. ingannevole
B. inefficace
C. aggressiva
D. lecita

10. Per esercitare la *class action* contro la Pubblica amministrazione occorre rivolgersi:
A. al giudice ordinario
B. al giudice straordinario
C. al giudice amministrativo
D. alla Cassazione

Conoscenza del lessico giuridico

Scrivi la definizione, al massimo in tre righe, dei termini seguenti.

- Consumatore
- Professionista
- Clausola vessatoria
- Contratto a distanza
- Diritto di recesso
- Garanzia legale
- Vizio occulto
- Vizio palese
- Consumatore medio
- *Class action*
- Contratto concluso fuori dei locali commerciali

Valuta le tue competenze

Domande con risposte brevi

- Come si definiscono il consumatore e il professionista?
- Quali elementi caratterizzano un contratto per adesione?
- Quali rischi comporta un contratto a distanza?
- Quali garanzie sono offerte a chi conclude un contratto fuori dei locali commerciali?
- Quali sono le informazioni che il professionista deve obbligatoriamente fornire al consumatore?
- In che cosa consiste il diritto di recesso/ripensamento?
- Quali limiti sono posti all'esercizio del diritto di recesso?
- Qual è la differenza tra garanzia legale e garanzia convenzionale?
- Che cos'è la garanzia di buon funzionamento?
- Quali tipi di pratiche commerciali si definiscono ingannevoli?
- Quali tipi di pratiche commerciali si definiscono aggressive?
- Come si individua un "consumatore medio"?
- Quali caratteristiche devono possedere i promotori di una *class action*?
- A quale tipo di giudice bisogna rivolgersi per esercitare una *class action* contro la Pubblica amministrazione?
- Quale disciplina si applica ai contratti sollecitati per telefono?

Ragionamento e argomentazione

Rispondi ai quesiti seguendo la traccia fornita.

1. Esprimi la tua opinione, motivandola opportunamente, sulla regola che rende valide le clausole vessatorie che il professionista riesce a concordare con il consumatore.

Clausole vessatorie sono ....

Generalmente esse sono considerate ....

Tuttavia sono valide se il professionista può provare ....

Ritengo che ciò ....

perché ....

2. Normalmente se sorge una controversia in merito a un contratto il foro competente è quello del convenuto, ma non è così per i contratti a distanza. Che cosa ne pensi?

Nei contratti a distanza il foro competente è ....

Ritengo che questa inversione sia ....

perché ....

3. La pubblicità che suggerisce l'uso di creme che in una notte fanno diminuire la pancia o fanno lievitare i muscoli può essere considerata pratica ingannevole?

La pratica commerciale è considerata ingannevole se è capace di indurre all'acquisto ....

Nel caso specifico ritengo che ....

perché ....

4. Che cosa pensi del modo in cui è regolata la *class action* contro la Pubblica amministrazione?

La class action è ....

Si può esercitare contro la Pubblica amministrazione ricorrendo al giudice ....

Però non si può ....

Ritengo che questo sia ....

perché ....

Consumatori informati si diventa

Tetnov Oleksii/Shutterstock

IL TEMA

Può capitare a tutti di comprare una nuova console per i videogiochi e di scoprire che purtroppo è difettosa; oppure di aver acquistato online una felpa che, vista dal vivo, appare molto diversa dalla fotografia; o, ancora, può darsi che la nostra famiglia sia bersaglio di telefonate insistenti da parte di qualche venditore molesto... Che cosa fare? In tutti questi casi, e in molti altri ancora, vengono in soccorso le norme racchiuse nel Codice del consumo. Conoscere il Codice del consumo è molto utile, dal momento che ciascuno di noi indossa ogni giorno i panni del consumatore. Eppure non tutti sono informati sui diritti di cui godono, né sono allertati sui trabocchetti che, talvolta, i venditori spregiudicati mettono in atto. A farne le spese sono spesso le persone più anziane, ma anche i ragazzi più giovani. Per questo motivo la vostra scuola ha deciso di coinvolgere gli studenti dell'ultimo anno in un'iniziativa di sensibilizzazione e informazione rivolta agli studenti delle classi inferiori.

Scopo del compito e risorse a disposizione

Il compito intende aumentare il livello di consapevolezza sui diritti dei consumatori e sulle pratiche commerciali scorrette, affidando agli studenti un'iniziativa di informazione rivolta agli studenti più giovani. Le risorse a disposizione sono:

- il Codice del consumo (facilmente reperibile online);
- il libro di testo (Percorso I, Unità 1 e 2).

Il risultato finale del compito consiste nella realizzazione di un depliant informativo da distribuire agli studenti della scuola.

È richiesto l'uso di un computer, di una stampante (meglio se a colori) e di carta formato A4.

LE FASI DEL COMPITO

FASE 1. Costituzione dei gruppi e preparazione della bozza

Dividetevi in quattro gruppi. In questa fase, ciascun gruppo lavorerà autonomamente per preparare una bozza del *depliant*, senza consultarsi con gli altri gruppi.

Per scrivere un testo efficace, tenete a mente tre punti fondamentali.

1. *Le finalità del progetto.* Il depliant è rivolto agli studenti della scuola per renderli: a) più informati sui diritti di cui godono in quanto consumatori; b) più attenti alle pratiche commerciali scorrette in cui potrebbero imbattersi. Ricordate che non vi state rivolgendo a un insegnante, ma ai vostri compagni più giovani: non date per scontato che conoscano già questi argomenti (per cui siate chiari, date definizioni e fate esempi), e usate un tono adatto ai destinatari (dovete colpire la loro attenzione e invogliarli a leggere!).

2. *I punti da trattare*. Prima di iniziare a scrivere, preparate una "scaletta" con i punti più importanti (vedi Percorso I, Unità 1 e 2). Per esempio:

- Che cosa si intende per consumatore e per professionista
- Che cosa sono i contratti a distanza e i contratti conclusi per telefono
- Che cosa sono i contratti conclusi fuori dei locali commerciali
- Come funziona il diritto di recesso
- Quali sono gli obblighi di informazione
- Che cosa sono le pratiche commerciali ingannevoli
- Che cosa sono le pratiche commerciali aggressive

Accanto a ciascun punto, indicate fra parentesi gli articoli del Codice del consumo a cui far riferimento.

3. *Curate la forma*. Il testo del depliant deve avere una lunghezza massima di 6.500 caratteri.
Può essere una buona idea strutturare il testo secondo lo schema domanda-risposta tipico delle FAQ (*frequently asked questions*, cioè domande poste di frequente) adottato in moltissimi siti web. Per esempio: "Quanto tempo ho per rendere un prodotto che ho comprato?". È una forma molto efficace di informazione, soprattutto se riuscite a mettervi davvero nei panni dei lettori e fare le domande "giuste".

FASE 2. Confronto fra i gruppi e selezione dei punti di forza

I quattro gruppi presentano alla classe i testi che hanno preparato.
Attraverso una discussione (e, in caso di dubbio, una votazione), la classe seleziona le parti migliori di ciascuna bozza e le riunisce per formare un unico testo. In questo modo, tutti i gruppi avranno dato un apporto al testo finale del depliant, che rappresenterà "il meglio di" ciascun gruppo.
È importante che ogni argomento chiave sia accompagnato dal riferimento agli articoli del Codice del consumo rilevanti.

FASE 3. Realizzazione del *dépliant*

A questo punto il testo è pronto, ma il lavoro non è ancora finito. Per ottenere un buon risultato finale occorre curare i seguenti aspetti.

- *Il titolo*. Trovate un titolo efficace, che attiri l'attenzione. Non dimenticate che il titolo deve far capire a chi legge di che cosa parla il depliant.
- *Il testo*. Per renderlo più leggibile, suddividete il testo in blocchi (corrispondenti ai vari punti trattati), ciascuno dei quali deve essere introdotto da un titoletto in grassetto o in un colore diverso. Se decidete di adottare il modello FAQ, i titoletti sono costituiti dalle domande.
- *La grafica*. Curate l'aspetto grafico e siate creativi: usate colori, simboli (smile, emoticon, frecce), immagini, ecc.

Una volta finito, stampate una copia del depliant e rileggetelo attentamente in cerca di eventuli errori commessi. Corretti gli errori, stampate un numero di copie adeguato e distribuitele all'ingresso della scuola.

VALUTAZIONE

Il lavoro verrà valutato in base alla congruenza del prodotto finale con le consegne, alla adeguatezza delle fonti normative richiamate, alla proprietà di linguaggio e alla padronanza del lessico giuridico, alla chiarezza e accuratezza della realizzazione grafica.

Consumer Protection and Online Markets

In this module you will learn about:

- EU legislation on consumer protection
- Directives concerning distance selling
- Fraud in cross-border e-commerce
- Terms, verbs and expressions related to the topic and to legislation in general

Warm-up

1. Place each of the following terms and expressions next to its meaning:

1. consumer ☐
2. trader ☐
3. scammer ☐
4. online fraud ☐
5. single market ☐

a. a crime in which the perpetrator develops a scheme using one or more elements of the Internet to deprive a person of property or any interest, estate, or right by a false representation of a matter of fact
b. someone who uses technical tools or 'social engineering' techniques to compromise consumer's personal information with diferent objectives, but normally with the intention of obtaining a consumer's money.
c. an association of countries trading with each other without restrictions or tarifs.
d. a person who buys goods or services for personal use.
e. person who buys and sells goods, currency, or shares.

2. Pair work. In groups answer the following questions.

1. What are the products most frequently purchased on the Internet?
2. How often do you buy products or services using the electronic commerce system?
3. What payment methods do you use for purchasing goods through e-commerce?
4. What do you think about the security of online transactions?
5. What do you know about the EU laws for consumer protection in e-commerce?

Reading

Legal basis for regulations on consumer protection

Consumer protection is one of the **goals** of the EU's policies and part of the primary legislation of the Union. The Treaty on the functioning of the European Union (TFEU). Article 169 TFEU states: " In order to promote the interests of consumers and to **ensure** a high level of consumer protection, the Union shall contribute to protecting the health, safety and economic interests of consumers, as well as to promote their right to information, education and to organise themselves in order to safeguard their interests." As we can see, the **scope** of consumer protection in the EU is not purely economic, but also includes well-being, safety, right to information, education and organisation in consumer interest groups. One must keep in mind, that these are not general rights, like the freedom of movement, but rights of an individual in the role of the consumer.

Unlike the areas of competence like **customs union** and competition law, consumer protection is not an exclusive competence of the EU, but a so called **shared** competence. In this case, the Union shares the competence of this policy area with the Member States. This means that the Union can only contribute to the member states' policies. In turn the member states are free to maintain or introduce their own measures as long as these are compatible with the EU Treaties.

Nonetheless, they have to notify the Commission of these measures.

Legislative acts of the European Union

To ensure the Union's competences, it can adopt different kind of legal acts. These are: Regulations, Directives, Decisions, Recommendations and Opinions.

Regulations are binding and directly applicable in all member states.

Directives are not binding and directly applicable in all member states. They do not have to be addressed to all member states and they leave the national authorities choice of form and method as long as the intention of the regulation is achieved.

Decisions are only binding for the individuals or Member States to whom they are addressed.

Recommendations and Opinions are not binding.

Legislative acts of the union must be published in the Official Journal of the European Union. They **enter into force** on the specified date stated in them or, when absent, 20 days after their initial publication.

GLOSSARY

Goal: objective

ensure: to guarantee

scope: the extent of the area or subject matter that something deals with or to which it is relevant

customs union: a group of states that have agreed to charge the same import duties as each other and usually to allow free trade between themselves

share: to have or use something at the same time as someone else

enter into force: to come into effect

3. Complete the following sentences. Your answers must be related to the concepts contained in the text.

1. TFEU stands for __________
2. Along with the economic aspect, the legislation of the union regarding consumer protections covers many aspects such as __________ __________
3. Consumer protection is a shared competence because __________ __________
4. The legal acts adopted by the European Union include __________ Among them, only __________ are binding and directly applicable in all member states.
5. Legislative acts of the union must be published in the Ofcial Journal of the European Union and if no date is specifed the enter into efect __________

Listening

4. With increasing internet use and online shopping comes the risk of exposure to online fraud. Online fraud is a criminal activity that can take many diferent forms.

Listen to three people reporting frauds occurred online and say what caused the problem and what could be done to prevent it.

Reading

EU Consumer Protection Legislation in E-commerce

E-commerce is a growing industry with more and more consumers buying online. Buying at a distance poses a high risk for a consumer, as the consumer cannot inspect the **goods beforehand**. In addition, online-distance sales are often also **cross-border** transactions, which the consumer is not necessarily **aware** of. This brings uncertainty for the customer concerning their legal rights. It is therefore advisable to know the valid legislation for the conclusion of the contract.

In addition to the remedies available in the Member States, there is EU legislation which protects the economic interests of consumers when shopping online from real traders.

Below is a non-exhaustive **overview** of the main pieces of EU consumer protection legislation.

Directive 97/7/EC on the protection of consumers in respect of distance contracts. This Directive applies to both goods and services, where the contract is made between a **supplier** and a consumer and there is no face-to-face contact between them. It covers many aspects of distance contracts such as consumers' right of **withdrawal**, performance of the contracts, **unsolicited** supply of goods and communication techniques.

Directive 2011/83/EU on consumer rights. This Directive **strengthens** consumer protection in particular when buying on the Internet. Consumers will have to be provided with essential information before they order goods or services online. This Directive **furthermore bans** pre-ticked boxes when offering additional services, internet cost **traps** and **charges** of which the consumer is not informed in advance.

Directive 2005/29/EC on Unfair Commercial Practices lays down harmonised rules to protect consumers against **unfair** commercial practices. It ensures that consumers are not **misled** or exposed to aggressive marketing and that any **claim** made by the traders in the EU is clear, accurate and substantiated, **enabling** consumers to make informed and **me-**

GLOSSARY

goods: merchandise
beforehand: in advance
cross-border: crossing an international border
aware: conscious
overview: a general review or summary of a subject
supplier: anyone who provides goods or services to a company or individuals
withdrawal: an act of ending someone's involvement in something
unsolicited: not asked for
strengthen: to make or become stronger
furthermore: in addition
ban: to officially or legally prohibit (something)
trap: a dangerous or unpleasant situation which you have got into and from which it is difficult or impossible to escape
charge: expense or cost
unfair: not conforming to approved standards, as of justice, honesty, or ethics:
mislead: to lead into error
claim: an assertion of a right or an alleged right
enable (to): to give the ability to
meaningful: significant
detriment: loss, damage
target: objective, goal

aningful choices. Although this legislation protects consumers when shopping online, scammers do not follow the legislation.

Directive 93/13/EEC on unfair terms in consumer contracts ensures that standard terms that cause a significant imbalance in terms of rights and obligations to the **detriment** of the consumer, are not binding on the latter.

The Directive on Payment Services (PSD) provides the legal foundation for the creation of an EU-wide single market for payments. The PSD aims at establishing a modern and comprehensive set of rules applicable to all payment services in the European Union. The **target** is to make cross-border payments as easy, efficient and secure as 'national' payments within a Member State.

Interesting fact

The European Cybercrime Centre (EC3) was set up within Europol, the european law enforcement agency in The Hague, The Netherlands. The EC3 ofcially commenced its activities on January 1st, 2013.
The EC3's aim is to provide EU police with a central platform to coordinate investigation and collect information on cybercrime activities.
Learn more about it by visiting: https://www.europol.europa.eu/content/megamenu/european-cybercrime-centre-ec3-1837.

5. Write down next to each of the following issues the corresponding Directive. The first one has been done as an example.

1. unsolicited supply of goods: Directive 97/7/EC
2. pre-ticked boxes: ____________
3. consumers' right of withdrawal: ____________
4. aggressive marketing: ____________
5. secure cross-border payments: ____________
6. imbalance in the rights and obligations of the consumer: ____________
7. performance of the contracts: ____________

6. Complete the following sentences using the terms below.

1. law ☐
2. goods and services ☐
3. charge ☐
4. claim ☐
5. payment ☐

a. This service is free of ____________

b. The ____________ forbids any kind of unfair commercial practice

c. Usually there is a discount when purchasing ____________ online

d. A ____________ can be made within 56 days of receiving your bill

e. They usually ask for ____________ on receipt of the goods

I PIÙ FREQUENTI CONTRATTI INTERNAZIONALI

COMPETENZE DI PERCORSO

COMPETENZE DI ASSE

- Orientare i propri comportamenti ai principi e ai valori espressi dalla Costituzione e dalle Carte internazionali
- Riconoscere i principali aspetti del sistema sociale ed economico allo scopo di operare in un determinato contesto produttivo

CONOSCENZE

- Conoscere le principali regole che disciplinano il contratto di vendita internazionale e le Convenzioni che disciplinano le diverse modalità di trasporto internazionale delle merci
- Conoscere le normative applicabili ai principali contratti internazionali stipulati in ambito commerciale
- Conoscere le normative applicabili ai principali contratti internazionali stipulati in ambito turistico

ABILITÀ

- Saper riconoscere gli elementi essenziali di un determinato tipo di contratto
- Saper individuare il contratto internazionale idoneo a regolare una situazione data

UNITÀ 1

La vendita e i contratti collegati

1. Il contratto di vendita

La vendita è il contratto che ha per oggetto il trasferimento della proprietà di un bene o il trasferimento di altro diritto verso il corrispettivo di un prezzo.

Questa definizione vale tanto per il diritto italiano quanto per qualsiasi altro ordinamento. Ciò che invece può variare è tutto il resto. Ciascun ordinamento pone regole diverse riguardo al momento in cui il contratto si perfeziona, o riguardo al ritardo nella esecuzione della prestazione, o alle cause di risoluzione, e così via.
Per esempio, in Italia, Francia, Belgio, Stati Uniti, la proprietà si trasferisce quando le parti raggiungono l'accordo.
In altri Paesi, come la Germania, l'Austria, la Svizzera, i Paesi Bassi, la Spagna, la proprietà si trasferisce soltanto nel momento il cui l'acquirente assume il possesso del bene.
Ci sono poi Paesi (Svezia, Danimarca, Norvegia) che adottano un regime intermedio, nel quale la proprietà si trasferisce nel momento della sottoscrizione del contratto, ma acquista validità nei confronti dei terzi solo con la presa di possesso del bene da parte dell'acquirente.
Tutte queste differenze creano seri problemi agli operatori internazionali, che rischiano nella compravendita il proprio denaro e avrebbero bisogno di certezze.

L'esigenza di certezze e di uniformità nei contratti di vendita ha condotto alla elaborazione della **Convenzione di Vienna** del 1980, promossa dalle Nazioni Unite e oggi sottoscritta da 81 Paesi, tra i quali l'Italia.
La *Convenzione*, con la quale si è cercato di trovare una mediazione tra i diversi sistemi giuridici, si applica però solo ai contratti di vendita di **beni mobili**.

La Convenzione di Vienna è stata promossa dalle Nazioni Unite e incorpora gran parte delle disposizioni contenute nella Convenzione dell'Aia del 1964 che recepiva i principi Unidroit.
La Convenzione non si applica, stabilisce l'art. 2, alla vendita:
- di merci acquistate *per uso personale, familiare o domestico*;
- di beni *all'asta*;
- di *azioni, obbligazioni e valute*;
- di *navi, battelli, aliscafi o aeronavi*;
- di *elettricità*.

Chi deve concludere un contratto di vendita internazionale deve leggersi per forza tutta la Convenzione di Vienna?

Non necessariamente. Sulla base delle norme contenute nella Convenzione sono stati predisposti, anche dalla Camera di commercio internazionale, una serie di **contratti standardizzati** che offrono sufficienti garanzie di equilibrio tra i diversi interessi.

Se volessi predisporre un contratto con clausole diverse da quelle proposte dalla Convenzione di Vienna, potrei farlo?

Il principio dell'autonomia contrattuale e della libertà della legge applicabile vale, ovviamente, anche per il contratto di vendita. Le norme contenute nella Convenzione, pertanto, sono **norme suppletive** (o dispositive) che servono a rendere più facile la vita agli operatori commerciali. Se costoro volessero disattenderle e predisporre il loro contratto in modo autonomo, sarebbero liberi di farlo.
Tuttavia se nella esecuzione del contratto emergesse qualche elemento non espressamente regolato dalle parti o dalla legge richiamata (per esempio il tempo di esecuzione, le cause di risoluzione o altro) troverebbe applicazione la Convenzione di Vienna, sempre che le due parti del contratto siano cittadini di Stati aderenti alla Convenzione.

QUESTIONI

Le condizioni generali di vendita

Condizioni generali di vendita (in sigla CDV) sono chiamate le regole fissate con un cliente o con un fornitore abituale che valgono per tutte le vendite (o acquisti) che successivamente verranno effettuate. In questo modo si evita di dover concordare ogni volta termini, garanzie, ecc. e ci si potrà affidare a rapidi ordini o a sintetiche conferme d'ordine richiamando soltanto le *condizioni generali di vendita*, già in precedenza accettate e sottoscritte.

2. Le principali regole della Convenzione di Vienna

La Convenzione non regola tutti gli aspetti del contratto di vendita.

Essa si occupa in via prevalente di proporre regole riguardanti:

- il momento della formazione del contratto;
- gli obblighi di venditore e compratore.

Spetta pertanto alle parti stabilire quale legge dovrà regolare gli aspetti non considerati dalla Convenzione (per esempio le garanzie) né previsti dalle clausole da loro stesse inserite.

La formazione del contratto

In merito alla formazione del contratto, la Convenzione dispone sostanzialmente quanto segue.

▶ **L'oggetto della vendita** deve essere descritto minuziosamente e deve essere indicato:

- *il tipo di merce venduta e la qualità*, anche allegando al contratto una *scheda tecnica* in modo che l'acquirente possa prenderne visione;
- *le modalità di consegna* della merce;
- *il luogo di consegna*;
- *i tempi di consegna*, con la precisazione se devono intendersi essenziali o indicativi;
- *il prezzo concordato e le modalità di pagamento*, indicando anche se il prezzo deve intendersi comprensivo di tasse, oneri doganali e fiscali, costi di imballaggio, di spedizione, di assicurazione e se sono previste modifiche legate all'oscillazione dei cambi monetari.

Nei Paesi di *common law* il contratto si perfeziona anche se al proponente perviene un'accettazione dal contenuto non completamente conforme alla proposta, purché le differenze siano minime.

▶ **L'accettazione della proposta** di vendita deve essere esplicita (quindi non tacita). Inoltre un'accettazione diversa dalla proposta (accetto di comperare per 8 ciò che mi è stato offerto a 10) non perfeziona il contratto, ma equivale a una nuova proposta.

▶ **La proposta può essere revocata** (e il contratto non si perfeziona) solo se la revoca interviene prima che l'accettazione sia giunta al domicilio del proponente.

▶ **La forma del contratto** è libera, salvo che la legge nazionale di uno dei contraenti disponga diversamente.
Così per esempio il contratto con cui un cittadino spagnolo acquista una casa in Italia dovrà essere fatto in forma scritta perché la legge italiana impone, a pena di nullità, tale forma per la compravendita di beni immobili.

Gli obblighi del venditore

Il venditore ha l'obbligo di mettere nella disponibilità del compratore la merce acquistata nella stessa quantità e qualità determinata nel contratto.
Egli inoltre risponde del ritardo nella consegna della merce (salvo che la responsabilità non sia da attribuire al vettore).
Se la merce non è conforme a quanto concordato, l'acquirente ha un termine massimo di 15 giorni (salvo patto diverso) da quando l'ha ricevuta per chiedere la restituzione del prezzo e riconsegnare la merce stessa.

Gli obblighi dell'acquirente

Obbligo dell'acquirente è pagare il prezzo concordato. Se non lo fa, può essere costituito in mora dal venditore e successivamente può essere chiamato in giudizio per l'adempimento della sua obbligazione e il risarcimento dei danni.
Poiché il mancato pagamento del prezzo è un'ipotesi non infrequente, il venditore, secondo quanto consente la Convenzione di Vienna, può pretendere un **deposito cauzionale** al momento della conclusione del contratto e può anche inserire nello stesso una clausola di *riservato dominio* per effetto della quale la proprietà della merce passa all'acquirente solo dopo che questi ha saldato il prezzo convenuto.

3. Gli *incoterms*

Ho acquistato in Sudamerica un carico di banane che durante il viaggio sono marcite. Chi sopporterà il danno? Io o il venditore?

Nei contratti di vendita internazionale che comportano il trasferimento della merce in luoghi lontani un problema particolarmente serio è la determinazione del momento in cui il **rischio per il perimento della cosa venduta** passa dal venditore al compratore.
Per risolvere questo e altri problemi simili, nei contratti vengono spesso inserite delle clausole, nate dalla pratica commerciale, chiamate nel loro insieme *incoterms*, cioè "termini del commercio internazionale" (*International commercial terms*).
Incoterms è la denominazione generica di una serie di clausole (ciascuna delle quali ha un proprio nome) che possono essere inserite nei contratti di vendita internazionali e con le quali si stabilisce fin dove si spinge la responsabilità del venditore, dove inizia quella del compratore e chi dovrà sostenere le spese aggiuntive (trasporto, tasse di dogana, assicurazione, e così via).
Le clausole possono avere a oggetto il trasferimento della merce per mare, aereo, ferrovia o mezzi gommati. Vediamone alcune.

"**Termine**" è una parola dai molti significati. Si usa talvolta in espressioni come «*non conosco i termini della questione*», «*l'affare è stato definito in questi termini*». Nel caso del contratto, i termini sono gli accordi che meglio lo definiscono.

Trasferimento di merci per mare

Se inseriamo la sigla **FAS** nel nostro contratto, intendiamo dire che il venditore è liberato da ogni rischio e da ogni spesa aggiuntiva dopo aver depositato la merce accanto alla nave su cui dovrà essere imbarcata. Da quell'istante il rischio per il perimento della merce, le tasse doganali, le spese di carico, di trasporto e di scarico all'arrivo saranno a carico del compratore.

Fas significa, infatti, **franco a fianco della nave** (*free alongside ship*).
Se inseriamo la sigla **FOB**, che significa **franco a bordo** (*free on board*), intendiamo dire che rischi e spese aggiuntive sono a carico del compratore solo dopo che la merce è stata caricata a bordo.

Franco è un termine usato spesso nel linguaggio commerciale con il significato di "libero" o "liberato".
Nel caso specifico *franco a fianco della nave* significa che il venditore è liberato da ogni responsabilità e da ogni ulteriore spesa dopo aver depositato il carico vicino alla nave che dovrà imbarcarlo.

Se inseriamo la sigla **CIF**, che significa **costo, assicurazione e nolo** (*cost, insurance and freight*), intendiamo dire che il venditore paga le spese relative al nolo e all'assicurazione fino al porto di sbarco. Però il rischio per la eventuale perdita del carico o per avaria passa comunque al compratore dopo che la merce è stata caricata a bordo.

Trasferimento di merci per aereo, ferrovia o mezzo gommato

GLI *INCOTERMS*

- **FAS** franco a fianco della nave (*free alongside ship*)
- **FOB** franco a bordo (*free on board*)
- **CIF** costo, assicurazione e nolo (*cost, insurance and freight*)
- **EXW** franco fabbrica (*ex works*)
- **CPT** trasporto pagato (*carriage paid to...*)
- **DAT** reso al terminal (*delivered at terminal*)

La sigla **EXW**, che significa **franco fabbrica** (*ex works*), ci dice che il compratore deve prelevare la merce dal deposito del venditore e assumere a proprio carico rischi e spese (di dogana, di trasporto e di carico e scarico).
La sigla **CPT**, che significa **trasporto pagato** (*carriage paid to...*), ci dice che il venditore paga il costo del trasporto e si fa carico di ogni rischio fino alla consegna della merce.
La sigla **DAT**, che sta per **reso al terminal** (*delivered at terminal*), viene generalmente impiegata nei trasferimenti di *containers* e ci dice che il venditore paga le spese e assume i rischi del trasporto fino al luogo di destinazione, mentre le tasse di dogana sono a carico del compratore.

4. Il *barter* o baratto

Nella vita quotidiana il baratto, cioè lo scambio di cosa contro cosa, è una pratica ormai poco frequente, mentre nel commercio internazionale ha ancora una certa diffusione.
Per esempio, se acquistiamo mille barili di petrolio per la nostra raffineria, potremmo concordare di pagare il greggio con una certa quantità di benzina raffinata.
Se acquistiamo l'uso di un brevetto industriale potremmo pagarlo con una certa quantità di prodotti finiti.
Se il valore dei beni da scambiare non è pari, è possibile che una parte aggiunga allo scambio un conguaglio in denaro.

5. Il trasporto di merci nel diritto italiano

Vettore è un termine che viene dal latino *vehere* con il significato di "condurre, portare". Pensiamo al *razzo vettore*. Da vettore derivano anche vettura e vetturino.

Il **contratto di trasporto** (detto anche di *vettura*) è l'accordo con cui il vettore si obbliga, dietro un corrispettivo, a trasferire persone o cose da un luogo all'altro (art. 1678 c.c.).

Se mittente e destinatario sono la stessa persona (immaginiamo di spedire delle cose da un nostro magazzino a un altro) il contratto non ha nulla di particolare.

Se invece mittente e destinatario sono persone diverse (immaginiamo di spedire a un nostro cliente la merce che gli abbiamo venduto), allora il contratto vedrà come parti il mittente e il vettore, ma a beneficiarne sarà il destinatario.
Si tratterebbe dunque palesemente di un **contratto a favore del terzo**.

Il contratto di trasporto, quando ha per oggetto beni materiali, solleva almeno due tipi di problemi:

- chi dovrà pagare i danni nel caso in cui la merce arrivi in ritardo, arrivi avariata o non arrivi affatto?
- a chi spetta chiamare in giudizio il vettore?

Per quanto riguarda i danni:

- **il vettore è responsabile**, in linea generale, sia del ritardo che della perdita o avaria delle cose consegnategli per il trasporto, dal momento in cui le riceve a quello in cui le consegna al destinatario;
- **il vettore non è responsabile**, invece, se il *ritardo*, la *perdita* o l'*avaria* sono derivati da cause di forza maggiore oppure da vizi delle cose stesse, dal loro imballaggio o dal comportamento del mittente o del destinatario.

Per quanto riguarda il potere di azione, cioè il potere di chiamare il vettore in giudizio, la questione si presenta articolata.
In linea generale, se mittente e destinatario sono due persone diverse, il contratto sarà *a favore del terzo*, e quindi sarà costui (cioè il destinatario) a poter agire in giudizio.
Tuttavia, se il trasporto è collegato a un contratto di vendita e nel contratto è stata inserita una delle clausole *incoterms*, bisognerà vedere quale clausola è stata inserita e che cosa dispone.
Per esempio, se fosse stata inserita la clausola CTP, per effetto della quale il venditore paga il costo del trasporto e si fa carico di ogni rischio fino alla consegna delle merce, è chiaro che sarebbe costui a dover agire in giudizio.

La causa di forza maggiore è definita dalla nostra giurisprudenza come un evento imprevedibile e ineliminabile contro il quale non si può fare nulla. Ma non in tutti gli ordinamenti è definita nello stesso modo. Per questo nel trasporto internazionale è importante stabilire nel contratto quali eventi possono essere definiti causa di forza maggiore.

6. Il trasporto di merci nel diritto internazionale

Sebbene nel commercio internazionale il trasferimento della merce da uno Stato all'altro sia un passaggio ineliminabile, il contratto di vettura è regolato da poche vecchie convenzioni alle quali, peraltro, molti Stati non hanno aderito.
Questo ci avverte che, nel concludere tale contratto, sarà bene indicare con precisione la legge applicabile e il foro competente.
Per quanto riguarda le convenzioni, rammentiamo quella per il trasporto su strada e quella per il trasporto marittimo.

Il trasporto su strada

La *Convention des Marchandises par Route* (abbreviata **CMR)**, conclusa a Ginevra nel 1956, regola il trasporto su strada.
La parte più rilevante di tale convenzione riguarda la compilazione e le funzioni della *lettera di vettura internazionale.*

La lettera di vettura è un documento nel quale sono riportati i dati del mittente e del destinatario, l'indicazione della quantità e qualità della merce e,

Altre convenzioni di rilievo sono:
- la **Convenzione per l'uniformazione delle regole in materia di trasporto internazionale aereo**, conclusa a Montréal nel 1999, che si occupa prevalentemente delle responsabilità del vettore e della determinazione del foro competente in caso di controversia;
- la **Convenzione per il trasporto internazionale per ferrovia**, conclusa a Berna nel 1980 e disciplinante, anch'essa, la responsabilità del vettore e il foro competente.

possibilmente, il valore della stessa. L'originale della lettera viaggia con il carico, mentre una copia viene spedita al destinatario, che potrà ritirare la merce esibendo tale copia.

Giuridicamente la lettera di vettura è un **titolo di credito rappresentativo di merci** e, come ogni titolo di credito, può essere girata ad altri. Così, per esempio, se stessimo aspettando un carico di legname dal Venezuela e avessimo già trovato un compratore in Italia, potremmo girargli la nostra lettera di vettura e questa sarà per lui un titolo sufficiente per ritirare il legname.

Il trasporto via mare

La Convenzione sul commercio marittimo, aggiornata nel 1968 e oggi nota come **regole di Visby**, si occupa in via principale della definizione della *polizza di carico.*

La polizza di carico è un documento che assolve, nel trasporto via mare, le stesse funzioni che assolve la lettera di vettura nel trasporto con altri mezzi.

Una differenza rilevante è nel fatto che la polizza non viaggia con la merce, ma viene rilasciata dal comandante o dall'armatore a chi consegna loro il carico e servirà per ritirarlo nel porto di arrivo.

Il trasporto multimodale

Il trasporto multimodale è così chiamato perché utilizza più modi (o, sarebbe meglio dire, mezzi) di trasporto per recapitare la merce da un luogo all'altro. Pensiamo a un carico di computer che dalla Cina giunga via mare a Genova e da lì debba essere trasportato a Milano per gomma o per ferrovia. Per questo tipo di trasporto non esiste una specifica convenzione, e ciò crea grande imbarazzo tra gli operatori quando sorge qualche controversia. In mancanza di specifiche norme, la giurisprudenza internazionale oscilla tra due diversi orientamenti.

Secondo un orientamento piuttosto diffuso, se la medesima merce percorre più tratte su mezzi di trasporto diversi (nave, aereo, ferrovia, gomma) si applicheranno su ciascuna tratta le regole inerenti al mezzo di trasporto adottato.

Secondo un altro orientamento, dovrebbero applicarsi le regole che riguardano il mezzo di trasporto che copre la tratta più lunga. Così per esempio, nel caso sopra prospettato di computer cinesi sbarcati a Genova e diretti a Milano, si applicheranno, per tutto il percorso, le regole sul trasporto marittimo.

7. Il contratto di spedizione

Completamente diverso dal contratto di trasporto è il contratto di spedizione.

Generalmente quando le imprese debbono inviare con una certa frequenza i propri prodotti a più destinatari, piuttosto che trattare esse stesse con il vettore e occuparsi di tutte le pratiche burocratiche connesse al trasporto, concludono un *contratto di spedizione* con uno spedizioniere che si occuperà della ricerca del vettore più idoneo, stipulerà con questo il contratto di trasporto e provvederà a espletare tutte le numerose e complesse operazioni accessorie.

Il contratto di spedizione si configura pertanto come un *mandato senza rappresentanza* (in Italia regolato dagli artt. 1137-1741 c.c.) con il quale lo spedizioniere assume l'obbligo di concludere, in nome proprio e per conto del mandante, tutte le operazioni necessarie al trasferimento della merce da un luogo all'altro.

8. Le pratiche doganali nella vendita internazionale

La vendita internazionale prevede, come è ovvio, il transito della merce da un Paese all'altro.
All'interno dell'Unione europea questo transito non comporta, come già sappiamo, controlli o pagamento di dazi. Ma non è così per le merci provenienti da Paesi che non fanno parte dell'Unione.

L'Unione europea si è dotata di un'unica tariffa doganale per tutte le merci che arrivano da Paesi extraeuropei.

Questa tariffa viene applicata ogni volta che una merce proveniente da un Paese non membro dell'Unione europea, come il Giappone o il Brasile, entra nel territorio dell'Unione, indipendentemente dal Paese d'ingresso.
Ad applicare la tariffa alle merci sono le singole **Agenzie delle dogane** nazionali, come l'Agenzia delle dogane e dei monopoli italiani.
Questi corpi dello Stato si occupano, in altre parole, di controllare tutta la merce proveniente da altri Paesi e imporre su di essa i dazi previsti.
Esistono poi Paesi con cui la stessa Unione europea ha concluso accordi particolari di cooperazione doganale. Tra questi Paesi, vanno ricordati gli Stati Uniti d'America e la Cina, con cui l'Unione europea ha stretto, nel 2004, accordi volti a semplificare la circolazione delle merci, sia come importazione che come esportazione.

9. Gli acquisti online

Acquisto online è qualsiasi contratto di compravendita di beni o di servizi effettuato attraverso la rete internet.
Al contratto online che abbia carattere di internazionalità si estende la Convenzione di Vienna del 1980 sulla compravendita internazionale.
Inoltre l'Uncitral ha elaborato una *legge modello* sul commercio elettronico con allegato un modello di contratto telematico attualmente molto utilizzato dagli operatori.

Uncitral, lo ricordiamo, è l'organismo delle Nazioni Unite che si occupa di commercio internazionale.

Sotto il profilo formale il contratto online è assimilato al contratto in forma scritta (quindi ha lo stesso valore di un documento cartaceo) purché il testo:

- **sia consultabile** anche in un momento diverso da quello della conclusione (in pratica non deve poter essere cancellato da una delle parti);
- abbia un **formato non modificabile** (per esempio pdf criptato);
- identifichi in maniera chiara i **soggetti** che hanno firmato il contratto.

La tutela del consumatore telematico nell'Unione europea

A livello internazionale la tutela del consumatore telematico trova la propria base normativa nelle **linee guida** elaborate dall'OCSE nel 1999.
Per quanto riguarda i Paesi dell'Unione europea, queste **linee guida** sono state progressivamente recepite in una serie di regolamenti e direttive (ultima in ordine di tempo la direttiva 2011/83/Ue) con le quali si è cercato di uniformare la disciplina di questo modo di contrarre.

► **I passaggi essenziali** delle linee elaborate dall'OCSE e accolte nell'Unione europea riguardano:

- **la tutela**: il consumatore telematico deve essere tutelato dagli ordinamenti interni quanto il consumatore tradizionale. Ciò comporta che a esso debbono essere estese tutte le tutele previste nei *Codici del consumo* nazionali;
- **la privacy**: il consumatore telematico ha diritto di sapere chi gestisce i dati personali che egli comunica ai fini dell'acquisto e tali dati possono essere ceduti a terzi dal professionista solo dietro consenso del consumatore stesso;
- **le informazioni**: il consumatore telematico ha diritto a ricevere informazioni chiare:
  - sul venditore;
  - sulle caratteristiche del prodotto;
  - sui tempi e modi di consegna;
  - sulle modalità di pagamento;
- **la conferma**: il venditore deve inviare la conferma del contratto concluso su un mezzo durevole, che consenta al consumatore di rivedere e valutare tutte le clausole;
- **il diritto applicabile e il foro competente**: sono quelli del Paese di residenza del consumatore se l'acquisto avviene all'interno dell'Unione europea.

Quest'ultima disposizione contrasta con la regola generale per la quale in una controversia il foro applicabile è sempre quello del convenuto. Tuttavia la deroga trova fondamento nel fatto che il consumatore è ritenuto la parte debole del contratto e dunque quella da tutelare con più efficacia.

Nel caso in cui sorga una controversia, prima di agire in via giudiziale il consumatore può rivolgersi ai **Centri europei per i consumatori** dai quali può ricevere consulenza e assistenza.

La firma elettronica

Come qualsiasi documento produttivo di effetti giuridici, anche il documento informatico deve essere *firmato* e in questo caso si tratterà, ovviamente, di una firma elettronica.

La firma elettronica assume diverso valore probatorio a seconda che sia semplice, qualificata o digitale.
La firma elettronica semplice consiste in un pin, in un username, password e simili. In caso di controversia ha rilevanza giuridica, ma la sua efficacia è rimessa al prudente apprezzamento del giudice.
La firma elettronica qualificata è ottenuta attraverso un procedimento più complesso come, per esempio, quello che conferisce l'accesso alle funzioni di *internet banking* (cioè alle operazioni sul proprio conto effettuate da casa tramite internet) mediante un sistema di cambiamento temporizzato dei dati di accesso (*One Time Password*).
La firma digitale è un particolare tipo di *firma elettronica qualificata*, basata su un sistema di chiavi crittografiche e asimmetriche (una pubblica e una privata) che servono a una parte per sottoscrivere un documento e a un'altra parte per aprirlo e leggerlo.
Delle due chiavi di cifratura, quella privata viene mantenuta segreta dal titolare (come fosse il numero della carta di credito). Quella pubblica compare su appositi elenchi consultabili da chiunque e tenuti da speciali società dette *di certificazione*, in quanto certificano, garantiscono che la chiave pubblica corrisponde effettivamente alla persona che ne risulta titolare.

Come funzionano queste chiavi?

Immaginiamo che debba esservi una corrispondenza informatica tra un soggetto A e un soggetto B. Le possibilità che offre il sistema sono sostanzialmente tre.

Prima possibilità: A cifra il messaggio con la chiave *pubblica* di B e B, quando riceve il messaggio, lo decifra con la propria chiave *privata*. In questo modo è garantita la segretezza del testo perché solo B può decifrarlo. Ma non è garantita la sua provenienza da A. Infatti, essendo stato il documento cifrato e decifrato con le chiavi di B, questi può aver fatto tutto da solo.
Non v'è dubbio, dunque, che un simile sistema possa tornare utile per una corrispondenza destinata a rimanere riservata, o per uno scambio di inviti a proporre, ma non certo per vere proposte di contratto, vincolanti in caso di accettazione.

Seconda possibilità: A cifra il testo con la propria chiave *privata*, lo spedisce a B che lo decifra con la chiave *pubblica* di A. In questo modo il messaggio è autentico e integro perché può provenire solo da A che lo ha criptato con la sua chiave *privata*. Ma non è segreto, perché chiunque può leggerlo impiegando la chiave *pubblica* di A.

L'art. 16 del d.p.r. 513/1997 prevede che **la firma digitale possa essere autenticata** mediante attestazione, da parte del pubblico ufficiale, che essa è stata apposta in sua presenza dal titolare previo accertamento della sua identità personale, della validità della chiave utilizzata e del fatto che il documento sottoscritto risponde alla volontà della parte.
Il pubblico ufficiale, a sua volta, appone al documento la sua firma digitale, che, ai fini di legge, dispone la norma, integra e sostituisce l'apposizione di sigilli, punzoni e timbri.

Terza possibilità: A cifra il documento sia con la propria chiave *privata* che con la chiave *pubblica* di B. In questo modo il messaggio può essere aperto solo da B che dovrà utilizzare, unitamente alla chiave *pubblica* di A, anche la sua chiave *privata* e segreta. Con questo sistema il documento è reso inaccessibile ai terzi ed è sicuramente autentico.

UNIDROIT MODEL CLAUSES

[...]

1.1) MODEL CLAUSES CHOOSING ONLY THE UNIDROIT PRINCIPLES:
A. Model Clause for the inclusion in the contract: "This contract shall be governed by the Unidroit Principles of International Commercial Contracts (2010)"
B. Model Clause for the use after a dispute has arisen: "This dispute shall be decided in accordance with the Unidroit Principles of International Commercial Contracts (2010)"

1.2) MODEL CLAUSES CHOOSING THE UNIDROIT PRINCIPLES SUPPLEMENTED BY A PARTICULAR DOMESTIC LAW:
A. Model Clause for the inclusion in the contract: "This contract shall be governed by the Unidroit Principles of International Commercial Contracts (2010) and, with respect to issues not covered by such Principles, by the law of [State X]"
B. Model Clause for the use after a dispute has arisen: "This dispute shall be decided in accordance with the Unidroit Principles of International Commercial Contracts (2010) and, with respect to issues not covered by the Principles, by the law of [State X]"

1.3) MODEL CLAUSES CHOOSING THE UNIDROIT PRINCIPLES SUPPLEMENTED BY GENERALLY ACCEPTED PRINCIPLES OF INTERNATIONAL COMMERCIAL LAW
A. Model Clause for the inclusion in the contract: "This contract shall be governed by the Unidroit Principles of International Commercial Contracts (2010) and, with respect to issues not covered by such Principles, by generally accepted principles of international commercial law"
B. Model Clause for the use after a dispute has arisen: "This dispute shall be decided in accordance with the Unidroit Principles of International Commercial Contracts (2010) and, with respect to issues not covered by such Principles, by generally accepted principles of international commercial law"

2) MODEL CLAUSE INCORPORATING THE UNIDROIT PRINCIPLES AS TERM OF THE CONTRACT
"The Unidroit Principles of International Commercial Contracts (2010) are incorporated in this contract to the extent that they are not inconsistent with the other terms of the contract"

3) MODEL CLAUSES REFERRING TO THE UNIDROIT PRINCIPLES AS A MEANS OF INTERPRETING AND SUPPLEMENTING THE CISG WHEN THE LATTER IS CHOSEN BY THE PARTIES
A. Model Clause for the inclusion in the contract: "This contract shall be governed by the United Nations Conventions on Contracts for the International Sale of Goods (CISG) interpreted and supplemented by the Unidroit Principles of International Commercial Contracts (2010)"
B. Model Clause for the use after a dispute has arisen: "This dispute shall be decided in accordance with the United Nations Conventions on Contracts for the International Sale of Goods (CISG) interpreted and supplemented by the Unidroit Principles of International Commercial Contracts (2010)"

4) MODEL CLAUSES REFERRING TO THE UNIDROIT PRINCIPLES AS A MEANS OF INTERPRETING AND SUPPLEMENTING THE APPLICABLE DOMESTIC LAW
A. Model Clause for the inclusion in the contract: "This contract shall be governed by the law of the [State X] interpreted and supplemented by the Unidroit Principles of International Commercial Contracts (2010)"
B. Model Clause for the use after a dispute has arisen: "This dispute shall be decided in accordance with the law of [State X] interpreted and supplemented by the Unidroit Principles of International Commercial Contracts (2010)"

1. Come è regolata la vendita internazionale?

- La vendita è il contratto che ha per oggetto il trasferimento della proprietà di un bene, o il trasferimento di altro diritto, verso il corrispettivo di un prezzo. Questa definizione vale tanto per il diritto italiano quanto per qualsiasi altro ordinamento.
- Alla vendita internazionale di beni mobili si applicano, come norme suppletive, le regole della Convenzione di Vienna del 1980, promossa dalle Nazioni Unite e oggi sottoscritta da 81 Paesi, tra i quali l'Italia.

2. Cosa sono gli *incoterms*?

- *Incoterms* è la denominazione generica di una serie di clausole che possono essere inserite nei contratti di vendita internazionali e con le quali si stabilisce fin dove si spinge la responsabilità del venditore, dove inizia quella del compratore e chi dovrà sostenere le spese aggiuntive.
- Nel trasporto per mare le clausole più diffuse sono: FAS, che significa "franco a fianco della nave"; FOB, che significa "franco a bordo"; CIF che significa "costo, assicurazione e nolo" e attribuisce al venditore il pagamento delle spese relative al nolo e all'assicurazione fino al porto di sbarco.
- Nel trasporto terrestre, i più diffusi sono EXW, che significa "franco fabbrica"; CPT, che significa "trasporto pagato"; DAT, che sta per "reso al terminal".

3. Da quali norme è regolato il contratto di trasporto nel diritto internazionale?

- Il trasporto internazionale su strada è regolato dalla Convenzione di Ginevra del 1956.
- Il commercio marittimo è regolato dalla Convenzione di Visby.

4. Quali responsabilità sono a carico del vettore?

- Il vettore è responsabile, in linea generale, sia del ritardo sia della perdita o avaria delle cose consegnategli per il trasporto, dal momento in cui le riceve a quello in cui le consegna al destinatario.
- Il vettore non è responsabile, invece, se il ritardo, la perdita o l'avaria sono derivate da cause di forza maggiore oppure da vizi delle cose stesse, dal loro imballaggio o dal comportamento del mittente o del destinatario.

5. Che cosa è il trasporto multimodale?

- Il trasporto multimodale è così chiamato perché utilizza più mezzi di trasporto per recapitare la merce da un luogo all'altro. Per questo tipo di trasporto non esiste una specifica convenzione.

6. Che cos'è il contratto di spedizione?

- Il contratto di spedizione è quel contratto con cui uno spedizioniere si impegna a svolgere la ricerca del vettore più idoneo per conto di un'impresa, e a stipulare con questo il contratto di trasporto, provvedendo a espletare tutte le numerose e complesse operazioni accessorie.

7. Come sono disciplinati gli acquisti online?

- Al contratto online che abbia carattere di internazionalità si estende la Convenzione di Vienna del 1980 sulla compravendita internazionale.

8. Che cosa è la firma elettronica?

- La firma elettronica semplice consiste in un pin, in un username, password e simili. In caso di controversia ha rilevanza giuridica, ma la sua efficacia è rimessa al prudente apprezzamento del giudice.
- La firma elettronica qualificata è ottenuta attraverso un procedimento più complesso come, per esempio, quello che conferisce l'accesso alle funzioni di *internet banking*.
- La firma digitale è un particolare tipo di firma elettronica qualificata, basata su un sistema di chiavi crittografiche e asimmetriche (una pubblica e una privata) che servono a una parte per sottoscrivere un documento e consentono a un'altra parte di aprirlo e leggerlo.

Verifica le tue conoscenze

Test a risposta multipla

Indica con una crocetta l'affermazione esatta.

1. La Convenzione di Vienna del 1980:
A. è stata proposta dalla Camera di commercio internazionale
B. si applica alla vendita di beni immobili
C. si applica alla vendita di beni mobili
D. si applica al contratto anche se le parti hanno disposto diversamente

2. Le clausole *incoterms* si utilizzano:
A. per delimitare la responsabilità di venditore e compratore
B. per delimitare la responsabilità del vettore
C. per determinare preventivamente il foro competente
D. per agevolare le pratiche doganali

3. In un contratto di vendita la sigla Fas significa che il venditore:
A. è liberato dopo che la merce è stata caricata a bordo
B. è liberato quando deposita la merce a fianco alla nave
C. è liberato quando la merce arriva al porto di sbarco
D. paga le spese relative al nolo e all'assicurazione fino allo sbarco

4. Nel trasporto via mare, la funzione della lettera di vettura è svolta:
A. dalla polizza di scarico
B. dalla firma digitale
C. dalla polizza di carico
D. dagli *incoterms*

5. Nei Paesi della Ue il consumatore che acquista online:
A. gode di tutele minori rispetto al consumatore tradizionale
B. gode delle stesse tutele di chi acquista in modo tradizionale
C. ha diritto a beneficiare di prezzi più convenienti
D. non gode di alcuna garanzia

Sai qual è la differenza tra...

a. Vettore *e* Spedizioniere
b. Lettera di vettura *e* Polizza di carico
c. CMR *e* Regole di Visby
d. Fima digitale *e* Firma elettronica semplice

SÌ/NO... Perché?

Indica con una crocetta la risposta esatta e motiva la tua scelta.

1. Il *barter* è un tipo di vendita? SÌ NO Perché ...
2. La lettera di vettura è in duplice copia? SÌ NO Perché ...
3. L'Agenzia delle dogane controlla le merci provenienti dai Paesi dell'Unione europea? SÌ NO Perché ...
4. L'Ocse si occupa dei contratti telematici? SÌ NO Perché ...
5. La firma digitale offre garanzie di sicurezza? SÌ NO Perché ...
6. C'è uniformità di pareri sul modo in cui viene controllato il trasporto multimodale? SÌ NO Perché ...

Altri contratti commerciali

1. Il contratto di concessione (o distribuzione)

Se fossimo titolari di un negozio nel quale si vende abbigliamento di serie o scarpe di media qualità o generi alimentari di largo consumo avremmo sicuramente un'ampia gamma di produttori dai quali rifornirci. Ma se volessimo specializzarci nella vendita di una certa marca di automobili, di un certo tipo di computer e, in generale, di specifici beni conosciuti dal pubblico sia per le loro intrinseche caratteristiche sia per la pubblicità di cui sono oggetto, allora dovremmo chiedere al produttore di *concederci* il privilegio di vendere i suoi prodotti. Nasce così la *concessione di vendita.*

La concessione di vendita (o di distribuzione) è il contratto che impegna il produttore (*concedente*) a somministrare una certa quantità di prodotto al *concessionario* che, a sua volta, si impegna a curarne la vendita in una determinata zona.

Può essere utilizzato sia a livello di commercio all'ingrosso che al dettaglio (pensiamo, per esempio, ai concessionari di automobili).
Sul piano normativo il contratto di concessione si presenta, nella maggior parte degli ordinamenti, come un *contratto atipico.* Ciò significa che *non è regolato* dalla legge in modo puntuale, ma è solo soggetto alle norme generali sui contratti.
Anche a livello internazionale non è ricavabile (similmente al contratto di agenzia, di cui parleremo nel paragrafo 3) una disciplina uniforme. Le parti, pertanto, dovranno accordarsi sulla legge applicabile in caso di controversia.

Il contratto di concessione solitamente contiene una *clausola di esclusiva*, a favore del concedente, del concessionario o di entrambi.
L'esclusiva a favore del concedente comporta il divieto, per il concessionario, di vendere prodotti concorrenti.
L'esclusiva a favore del concessionario comporta il divieto, per il concedente, di consentire ad altri la vendita del prodotto nella stessa area.
All'interno dell'Unione europea, tuttavia, la clausola di esclusiva è ritenuta confliggente con i principi della legislazione antitrust (contenuta nel regolamento 2790/1999) posta a tutela della libera concorrenza.
In particolare il regolamento intende garantire la libertà di importazioni parallele per evitare che si creino posizioni monopolistiche a vantaggio dei concessionari stabiliti nei vari Paesi dell'Unione.

2. Il *franchising*

Immaginiamo di avere una grande industria e di aver reso famoso il nostro marchio grazie alla qualità dei prodotti e agli ingenti investimenti effettuati per pubblicizzarlo. La nostra produzione riceverebbe un grande impulso se potessimo dotarci di una rete commerciale che vendesse soltanto i nostri prodotti. E l'impulso sarebbe ancora maggiore se tutti i negozi presentassero la **stessa immagine**, in modo da poter essere immediatamente riconosciuti dai clienti. Ma installare una rete di vendita nazionale è estremamente costoso e rischioso. Come risolvere il problema? Risponde a questa esigenza un contratto di derivazione statunitense denominato *franchising*, divenuto *tipico* con la legge n. 129 del 2004.

Il franchising è un contratto con il quale i dettaglianti accettano di vendere in esclusiva i prodotti del *franchisor* (cioè del produttore concedente), uniformando la loro attività a tutte le prescrizioni da questo poste nel contratto.

In tal modo il mercato tende a identificare il distributore con il produttore.

Quale vantaggio ricava il dettagliante (detto franchisee*) dal legame con il* franchisor*?*

Il termine *franchising* può essere tradotto come "privilegio". E il "privilegio" in questione è quello che deriva al dettagliante dal fatto di poter contare sulla clientela che il *franchisor* è in grado di attrarre verso i suoi prodotti grazie a sofisticate strategie di mercato e a una pubblicità solitamente imponente.

Il *franchising* internazionale

Le imprese spesso utilizzano il *franchising* per espandersi all'estero, ma la mancanza di una *normativa internazionale uniforme* rende piuttosto rischiosa l'adozione di questa formula.
Se si vuole comunque procedere, è fondamentale trovare un accordo tra le parti sulla **legge applicabile** al contratto. In caso di mancata scelta, si applicherà automaticamente la legge del Paese nel quale il dettagliante ha la sua residenza abituale (come si desume dall'art. 4 del Regolamento Roma I sulla legge applicabile alle obbligazioni contrattuali).
Qualunque sia la legge applicabile scelta, bisognerà verificare anche se l'ordinamento della controparte contiene **norme di applicazione necessaria**, cioè norme ritenute inderogabili da quell'ordinamento. In tal caso sarà opportuno adeguare il modello contrattuale a tali norme per evitare spiacevoli sorprese.

3. Il contratto di agenzia

Tra i vari tipi di intermediari che operano nel commercio internazionale, l'agente di commercio è una delle figure più diffuse.

Agente di commercio è colui che, in cambio di una provvigione, assume *stabilmente* l'incarico di promuovere la conclusione di contratti in una determinata zona, per conto di un imprenditore detto *preponente*.

L'agente svolge la propria attività in forma autonoma, avendo cioè la libertà di organizzarsi come meglio crede e assumendo gli oneri e i rischi derivanti dalla propria organizzazione commerciale.

Preponente è un termine piuttosto inconsueto usato dal nostro codice per indicare l'imprenditore nel contratto di agenzia. Deriva dal latino *prae* e *ponere*, nel significato di "porre avanti, porre per primo". Estensivamente, "essere a capo" (nel nostro caso dell'azienda).

L'attività di agenzia può prevedere:

- che l'agente si limiti a ricevere dai clienti le cosiddette *ordinazioni* (che in realtà sono proposte irrevocabili di contratto) che trasmette all'imprenditore, il quale è libero di accettarle o di rifiutarle;
- che all'agente sia attribuito il potere di *rappresentare l'imprenditore*; in tal caso egli potrà concludere direttamente la vendita in nome e per conto del preponente, che sarà quindi vincolato dagli accordi presi dall'agente.

La determinazione della legge applicabile

Un problema che si presenta nella preparazione di un contratto internazionale di agenzia è quello della determinazione della legge applicabile.
Purtroppo non esistono, se non in casi eccezionalissimi, specifiche norme sovranazionali applicabili ai rapporti commerciali tra preponenti e agenti di diversi Paesi. E ciò comporta che agente e preponente dovranno accordarsi decidendo se far regolare il loro contratto dalla legge nazionale dell'uno o dell'altro.
All'interno dell'Unione europea il rapporto di agenzia è parzialmente regolato dalla direttiva CE 1986/653, le cui disposizioni sono poi state recepite dagli ordinamenti dei Paesi membri. Tuttavia, poiché si tratta di disposizioni molto generali che lasciano ampia libertà ai singoli ordinamenti, la disciplina varia considerevolmente da ordinamento a ordinamento. Per esempio, se l'imprenditore volesse interrompere il rapporto con il proprio agente, dovrebbe corrispondergli una indennità non superiore a un anno di provvigioni secondo la legge italiana e fino a due anni secondo la legge francese.

Sono una produttrice di monopattini e ho concluso un contratto di agenzia con un agente belga, stabilendo che la legge applicabile sia quella italiana e il foro competente sia quello belga. Poiché è insorta una controversia, è accaduto che il giudice belga abbia applicato una norma non prevista nell'ordinamento italiano. Può farlo?

Ci sono Paesi, come il Belgio, la Svezia, la Finlandia, il Portogallo e altri dell'America centrale, che hanno nel loro ordinamento norme considerate **internazionalmente inderogabili**, che sono generalmente volte a tutelare l'agente per esempio in tema di preavviso in caso di risoluzione del contratto o di indennità spettanti.
Pertanto, se le parti hanno concordato che il foro competente sia in uno di questi Paesi, il giudice chiamato a risolvere una controversia dovrà tenere

conto di quelle norme, anche se la *legge applicabile* concordata dalle parti disponesse in modo diverso.

QUESTIONI

Il concessionario e l'agente

La figura dell'agente di commercio si differenzia nettamente da quella del concessionario di vendita (o distributore). In linea di principio, infatti:

- l'agente si limita a promuovere la conclusione di contratti tra il preponente e i clienti finali in cambio di una provvigione;
- il concessionario, invece, acquista i prodotti dal concedente e li rivende a terzi e il suo guadagno è dato dalla differenza tra il prezzo di acquisto e quello di rivendita.

Ne consegue che il concessionario di vendita assume su di sé il rischio commerciale delle singole transazioni, come l'insolvenza del cliente finale, e una serie di incombenze che, nel rapporto di agenzia, ricadono sul preponente, come lo sdoganamento, l'immagazzinaggio, e così via.

4. Il contratto di *joint venture*

Le *joint venture* si possono realizzare sottoscrivendo un contratto oppure realizzando una nuova società che abbia come oggetto la realizzazione dell'opera.
Per il diritto italiano il contratto di *joint venture* è un contratto associativo atipico che la legge n. 584 del 1977 indica come "raggruppamento di imprese".

Può accadere, e frequentemente accade, che si debbano realizzare opere imponenti come linee ferroviarie, autostrade, aeroporti, dighe, che richiedono un notevole impiego di mezzi tecnici e finanziari.
È allora possibile che più imprese si uniscano con un contratto di *joint venture* per partecipare alla gara d'appalto ed eseguire l'opera.

▶ **Il contratto di *joint venture*** è finalizzato a costituire, tra le imprese parti, un legame temporaneo, limitato al solo compimento dell'opera.

A questo tipo di accordo ricorrono soprattutto le imprese che devono operare sui **mercati esteri** o devono delocalizzare la produzione.
In questi casi è particolarmente utile associarsi a imprese locali che conoscono in dettaglio la normativa, i limiti e le difficoltà che si possono incontrare, soprattutto se il Paese prescelto è un Paese emergente con una legislazione non troppo sperimentata.
Poiché non esiste una normativa internazionale che regoli le *joint venture*, è fondamentale che le parti determinino la legge applicabile, anche se, a dire il vero, questo non sempre è possibile. Ci sono Paesi, come la Cina, in cui è obbligatorio adottare le leggi cinesi.

5. I contratti turistici

Negli ultimi decenni, come è di tutta evidenza, il turismo si è notevolmente internazionalizzato, e questo fatto ha reso urgente individuare la normativa applicabile ai suoi diversi aspetti.
Centrali, per le implicazioni che comportano e per i contrasti che spesso li accompagnano, sono diventati il **contratto di viaggio**, che viene stipulato dal turista con un *travel agent* o con un *tour operator* e i **contratti di trasporto** per via aerea, per mare o per terra.

QUESTIONI

L'Organizzazione mondiale del turismo

L'**Organizzazione mondiale del turismo** (in inglese *World Tourism Organization*) ha sede a Madrid e vi aderiscono 161 Stati. La sua funzione principale, come si ricava dallo Statuto, è la promozione e lo sviluppo del turismo. Dal 2003 l'Organizzazione è diventata una Agenzia specializzata delle Nazioni Unite.
L'Italia è membro effettivo dell'Organizzazione dal 1978.
Per sei mandati (l'ultimo per il periodo 2012-2015) è stata membro del Consiglio esecutivo.

6. Il contratto di viaggio

Contratto di viaggio è il contratto con il quale il turista acquista un pacchetto turistico da un *travel agent* o da un *tour operator*.

Pacchetto turistico è definito un viaggio di durata superiore a 24 ore che comprenda almeno un pernottamento e preveda l'offerta di almeno due servizi turistici (solitamente trasporto e alloggio) e a cui possono aggiungersene altri come escursioni, partecipazione a manifestazioni culturali, e così via.
Il tour operator è l'imprenditore che organizza *pacchetti turistici* che generalmente non offre al pubblico, ma vende attraverso i *travel agent.*
Il **travel agent** è un imprenditore che esercita attività di produzione, organizzazione e vendita di viaggi e soggiorni e ogni altra forma di prestazione turistica al servizio dei clienti.

Non sono considerate agenzie di viaggio quelle che si occupano esclusivamente della distribuzione di titoli di viaggio, cioè del rilascio di biglietti.

Chi risponde di eventuali disservizi?

Il travel agent, come *venditore*, è responsabile della procedura di vendita, della corretta informazione del cliente e della prenotazione del pacchetto. In pratica risponderà personalmente se, per esempio, ha venduto un viaggio che era stato in precedenza soppresso, o ha sbagliato nel comunicare al viaggiatore le date di partenza o di ritorno o altri aspetti del viaggio.

Outgoing sono detti i viaggi diretti verso un Paese estero.
Incoming sono detti i viaggi provenienti dall'estero.

Il tour operator, invece, in quanto *organizzatore*, è responsabile della qualità dei servizi e di eventuali inadempimenti da parte dei fornitori da lui scelti, come albergatori, ristoratori, compagnie aeree, guide turistiche, e così via.

La cessione del contratto

Ho prenotato un viaggio ma non posso più partire. Posso cederlo a un'altra persona?

In linea di massima la risposta è affermativa. Il turista può sostituire a sé un terzo nei rapporti derivanti dal contratto, purché la persona ceduta soddisfi tutte le condizioni per la fruizione del servizio (ciò significa, per esempio,

I contratti di viaggio sono regolati innanzi tutto dalla **Convenzione di Bruxelles** del 1970, sottoscritta anche dall'Italia, alla quale si è ispirata la **Direttiva comunitaria 90/314/CE**, il cui contenuto è stato interamente tradotto nel nostro **Codice del consumo** e poi trasferito, con d.lgs. 79/2011, nel **Codice del turismo**.

che se il viaggio è riservato a una determinata categoria di persone, quella ceduta deve necessariamente appartenere a una di esse).
Non può invece cedere liberamente i documenti nominativi di viaggio, come i biglietti aerei, il cui importo dovrà necessariamente essere pagato all'agenzia.
Il cedente e il cessionario sono solidalmente obbligati nei confronti dell'organizzatore o del venditore al pagamento del prezzo e delle spese ulteriori eventualmente derivanti dalla cessione.

QUESTIONI

La Corte di giustizia Ue e il danno da vacanza rovinata

Chi acquista un pacchetto turistico non acquista solo il diritto di essere trasferito e soggiornare in un luogo di vacanza, ma acquista qualcosa di più. Acquista una vacanza intesa come momento di relax, o di divertimento, o di accrescimento culturale, e così via. Se tutto ciò viene reso totalmente o parzialmente impossibile per cause riconducibili all'organizzatore, questi deve risponderne.
In questo senso si è espressa nel 2002 la **Corte di giustizia dell'Unione europea** che, interpretando la direttiva dell'Unione europea 90/314/CE relativa ai viaggi tutto compreso, ha riconosciuto espressamente la risarcibilità del danno da **vacanza rovinata** qualificandolo come danno non patrimoniale risarcibile.
In virtù del principio generale che vincola i giudici nazionali a interpretare le norme attuative di direttive comunitarie (nel nostro caso le norme del Codice del consumo) in senso conforme alle pronunce della Corte di giustizia, il diritto al risarcimento da vacanza rovinata è stato riconosciuto in tutti i Paesi dell'Unione.

7. Il trasporto aereo internazionale

Molto diverso dal contratto di viaggio, che prevede la compravendita di un pacchetto turistico, è il contratto di trasporto, il cui oggetto è portare persone e bagagli da un luogo all'altro per via aerea, per mare o per via di terra.
Consideriamo innanzi tutto alcune fondamentali regole del trasporto aereo.
Il contratto di trasporto aereo è un contratto consensuale che si perfeziona con l'acquisto del biglietto da parte del passeggero.
La cessione a terzi del biglietto è possibile se vi è il consenso del vettore (art. 944 cod. nav.), che generalmente non viene concesso.

Le norme applicabili al trasporto aereo di persone e dei loro bagagli sono contenute:

- nel Codice della navigazione;
- nei regolamenti dell'Unione europea (soprattutto il regolamento 261/2004, che si occupa dell'inadempimento del contratto);
- nella Convenzione di Montréal del 1999, alla quale hanno aderito più di 30 Paesi, compresa l'Italia.

Le norme dell'Unione europea sono allineate alle disposizioni della Convezione di Montréal per quanto riguarda i danni ai passeggeri e ai loro bagagli.
Pongono invece regole più puntuali per quanto riguarda i casi di:
- negato imbarco;
- cancellazione del volo;
- ritardo prolungato.

Le inadempienze del vettore

Ciò che può accadere (e non è raro che accada) a chi viaggia in aereo è che il volo venga cancellato, che la partenza subisca eccessivi ritardi o che al passeggero sia negato l'imbarco. Per tutte queste ipotesi l'art. 947 cod. nav. rinvia alla **normativa comunitaria** e in modo particolare al **regolamento n. 261/2004** che possiamo schematizzare come segue.

- **Se il volo viene cancellato** senza che ne sia stata data tempestiva comunicazione, ai passeggeri deve essere corrisposto un *indennizzo forfettario* (indipendentemente dalla dimostrazione di aver subito un danno effettivo) rapportato alla lunghezza prevista del volo. Se però la cancellazione è dovuta a circostanze eccezionali (avverse condizioni del tempo, scioperi o rischi per la sicurezza anche dovuti ad avaria dell'aeromobile) il vettore è tenuto solo a rimborsare al passeggero il costo del biglietto.
- **Se la partenza viene rinviata** di almeno un giorno il passeggero ha diritto, oltre all'indennizzo, anche a usufruire gratuitamente di pasti, bevande e di una adeguata sistemazione alberghiera.
- **Se l'imbarco viene negato**, il passeggero ha diritto al rimborso del prezzo pagato per il biglietto oppure all'imbarco su un volo successivo verso la medesima destinazione. Se il negato imbarco avviene in una tratta intermedia il passeggero può anche domandare di essere ricondotto allo scalo di partenza.

L'overbooking **è la causa più frequente di negato imbarco**.

L'overbooking è la pratica non illecita per cui la compagnia aerea accetta più prenotazioni di quanti posti abbia disponibili, confidando sul dato statistico che una buona parte dei prenotanti non si presenta all'imbarco. Se però, come talvolta avviene, se ne presentano più del previsto, a qualcuno deve essere negato l'imbarco, con le conseguenze sopra esposte.

La compensazione minima, forfettaria, sia in caso di negato imbarco che di cancellazione del volo, è di:
- 250 euro per le tratte fino 1.500 km;
- 400 euro per le tratte comprese tra 1.500 e 3.500 km;
- 600 euro per tratte superiori.

Danni alle persone e ai bagagli

Il vettore è responsabile, stabilisce l'art. 17 della **Convenzione di Montréal**:

- del danno derivante dalla morte o dalla lesione personale del passeggero
- e della perdita o deterioramento dei bagagli che egli (o i suoi ausiliari) abbia preso in consegna.

La responsabilità del vettore, stabilisce ancora l'art. 17 della Convenzione, sussiste per il fatto stesso che gli eventi si sono prodotti a bordo dell'aeromobile o nel corso di una qualsiasi delle operazioni di imbarco o di sbarco.
È nulla, stabilisce l'art. 26 della Convenzione di Montréal, ogni clausola contrattuale intesa a escludere la responsabilità del vettore.

Ci sono casi in cui il vettore va esente da responsabilità?

La responsabilità del vettore per la **scomparsa o il danneggiamento del bagaglio registrato** è limitata a circa 1.168 euro. Questo limite può essere superato da un diverso accordo tra vettore e passeggero o se vi è stato un comportamento doloso del vettore o dei suoi ausiliari (è il caso, per esempio, dei furti commessi dal personale dei servizi a terra).

Nel caso di sinistro alla persona, il vettore può liberarsi in tutto o in parte dall'obbligo del risarcimento solo provando che il danno si è prodotto per negligenza, atto illecito od omissione della persona che lo ha subito (art. 20 della Convenzione di Montréal).

Per la perdita o l'avaria del bagaglio "registrato" il vettore può liberarsi dall'obbligo del risarcimento provando che il danno è derivato dalla natura del bagaglio stesso, deperibile o alterabile. *Bagaglio registrato* è considerato quello affidato alla responsabilità del vettore.

Per la perdita o l'avaria del bagaglio "non registrato" (che comprende anche i vestiti indossati) l'onere della prova si inverte e spetta al passeggero che voglia essere risarcito dover provare la colpa del vettore o dei suoi ausiliari.

Il bagaglio non registrato deve contenere esclusivamente oggetti personali del passeggero. Se si includono nel bagaglio oggetti di altra natura, il passeggero deve il doppio del prezzo di tariffa per il trasporto delle cose stesse, oltre al risarcimento dei danni (art. 410 cod. nav.).
Per il bagaglio registrato e consegnato la responsabilità del vettore è limitata alla modesta cifra di 6,19 euro al chilogrammo, fissata nel 1954 e mai rivalutata.

QUESTIONI

I danni nei voli nazionali

La Convenzione di Montréal riguarda solo i voli internazionali, ma il regolamento dell'Unione europea n. 889 del 2002 ha esteso le medesime regole, in tema di responsabilità del vettore per danni, anche ai **voli nazionali**.

8. Il trasporto marittimo

Il trasporto marittimo di persone è disciplinato:

- dal **regolamento CE n. 1177/2010** (che modifica il precedente regolamento del 2004);
- dal nostro **Codice della navigazione** (artt. 396-418) che necessariamente recepisce le disposizioni del regolamento CE.

In particolare il regolamento dell'Unione stabilisce che:

- il vettore (ma anche l'agente di viaggio e il tour operator) non può rifiutarsi di accettare una prenotazione, emettere o fornire altrimenti un biglietto o imbarcare una persona unicamente per motivi di **disabilità** o di **mobilità ridotta**. Questa disposizione può essere derogata solo per ragioni di sicurezza stabilite dalle autorità competenti. Le prenotazioni e i biglietti devono essere offerti alle persone con disabilità o con mobilità ridotta senza costi aggiuntivi (artt. 7 e 8);
- in caso di cancellazione o ritardo della partenza che renda necessario il soggiorno per una o più notti, il vettore deve offrire gratuitamente ai passeggeri una sistemazione adeguata a bordo o a terra oltre ai pasti e alle bevande (art. 17);
- in caso di ritardo notevole nell'arrivo alla destinazione finale i passeggeri hanno diritto a una *compensazione economica* di importo non inferiore al 25% del prezzo del biglietto. Il vettore che voglia andare esente dall'obbligo della compensazione deve provare che il ritardo è dovuto a una causa a lui non imputabile.

Il regolamento CE non si applica ai passeggeri che viaggiano su navi autorizzate a trasportare fino a dodici passeggeri o con equipaggio composto da non più di tre persone.

Dà diritto a compensazione economica il ritardo di:
- almeno un'ora per un viaggio fino a 4 ore;
- almeno due ore per un viaggio tra le 4 e le 8 ore;
- almeno tre ore per un viaggio fra le 8 e le 24 ore;
- almeno sei ore per un viaggio superiore alle 24 ore.

I danni alle persone e al bagaglio

Il vettore è responsabile per i sinistri che colpiscono la persona del passeggero, dall'inizio dell'imbarco sino al compimento dello sbarco (art. 409 cod. nav.), e per la perdita o l'avaria del "bagaglio registrato", se non prova che l'evento è derivato da causa a lui non imputabile. Se il bagaglio "non è registrato", quindi portato a mano, l'onere della prova si inverte ed è il passeggero che voglia essere risarcito a dover provare la responsabilità del vettore.

9. Il trasporto per ferrovia

Il trasporto per ferrovia è regolato:

- dalla **Convenzione di Vilnius** del 1999, che definisce regole uniformi relative al "trasporto internazionale ferroviario di viaggiatori e bagagli";
- dal **Regolamento dell'Unione europea** n. 1371 del 2007, che recepisce gran parte della Convenzione di Vilnius;
- dal r.d.l. n. 1984 del 1934, più volte modificato e integrato.

Il regolamento comunitario si applica a tutti i servizi ferroviari, anche interni, forniti nell'Unione europea dalle imprese ferroviarie.

Nessuna norma nazionale o internazionale prevede l'ipotesi **di bagaglio registrato**.

Nelle sue linee principali esso:

- pone a carico delle ferrovie l'obbligo di versare un anticipo alla persona fisica che durante il viaggio subisse una lesione personale per causa imputabile al vettore;
- definisce i rimborsi sul prezzo del biglietto e le misure di assistenza (pasti, bevande, pernottamenti in albergo) in caso di ritardo alla partenza o all'arrivo;
- obbliga le ferrovie comunitarie a munirsi di adeguata copertura assicurativa per la responsabilità civile verso i passeggeri.

Se l'incidente è causato non dal vettore ferroviario ma da deficienze della rete (binari, cavi elettrici, ecc.) chi ne è responsabile?

La Convenzione di Vilnius puntualizza che il gestore della rete è considerato un ausiliare del vettore. E poiché in generale ogni imprenditore risponde per gli errori o le inadempienze degli ausiliari di cui si serve, anche in questo caso sarà il vettore a rispondere di eventuali danni a persone o cose.
Una proporzionale riduzione dell'esposizione del vettore ferroviario internazionale nel ristoro del danno patito è riconosciuta in caso di concorso di responsabilità del passeggero.

Riguardando gli appunti

1. Come sono regolati i contratti di concessione o distribuzione?

- La concessione di vendita (o di distribuzione) è il contratto che impegna il produttore (concedente) a somministrare una certa quantità di prodotto al concessionario che, a sua volta, si impegna a curarne la vendita in una determinata zona. A livello internazionale non è ricavabile una disciplina uniforme.

2. Che cosa è il *franchising*?

- Il *franchising* è un contratto con il quale i dettaglianti accettano di vendere in esclusiva i prodotti del *franchisor* (cioè del produttore concedente) uniformando la loro attività a tutte le prescrizioni da questo poste nel contratto.

3. Come è regolato il contratto di agenzia?

- Agente di commercio è colui che, in cambio di una provvigione, assume stabilmente l'incarico di promuovere la conclusione di contratti in una determinata zona, per conto di un imprenditore detto *preponente*.
- All'interno dell'Unione europea il rapporto di agenzia è parzialmente regolato dalla direttiva CE 1986/653, le cui disposizioni sono poi state recepite dagli ordinamenti dei Paesi membri.

4. Come è regolato il contratto di *joint venture*?

- Il contratto di *joint venture* è finalizzato a costituire, tra le imprese parti, un legame temporaneo, limitato al solo compimento dell'opera.
- Non esiste una normativa internazionale che regoli le *joint venture*.

5. Come è regolato il contratto di viaggio?

- Contratto di viaggio è il contratto con il quale il turista acquista un pacchetto turistico da un *travel agent* o da un *tour operator*.
- Il pacchetto turistico è un viaggio di durata superiore a 24 ore che comprende almeno un pernottamento e due servizi turistici (solitamente trasporto e alloggio).
- Il *tour operator* è l'imprenditore che organizza pacchetti turistici; il *travel agent*, invece, è un imprenditore che esercita soprattutto attività di vendita di viaggi e pacchetti turistici.

6. Come è regolato il contratto di trasporto aereo?

- Il contratto di trasporto aereo si perfeziona con l'acquisto del biglietto da parte del passeggero.
- La cessione a terzi del biglietto è possibile se vi è il consenso del vettore (art. 944 cod. nav.), che generalmente non viene concesso.
- Il vettore è responsabile, stabilisce l'art. 17 della Convenzione di Montreal, del danno derivante dalla morte o dalla lesione personale del passeggero e della perdita o deterioramento dei bagagli che egli (o i suoi ausiliari) abbia preso in consegna. È nulla, stabilisce l'art. 26 della Convenzione di Montréal, ogni clausola contrattuale intesa a escludere la responsabilità del vettore.

7. Come è regolato il contratto di trasporto marittimo?

- Il trasporto marittimo di persone è disciplinato in Italia dal Codice della navigazione (artt. 396-418) che recepisce le norme europee in materia.
- In caso di cancellazione o ritardo della partenza il vettore deve offrire gratuitamente ai passeggeri una sistemazione adeguata a bordo o a terra oltre ai pasti e alle bevande (art. 17); in caso di ritardo notevole nell'arrivo alla destinazione finale i passeggeri hanno diritto a una compensazione economica di importo non inferiore al 25% del prezzo del biglietto.

8. Come è regolato il contratto di trasporto ferroviario?

- Il trasporto per ferrovia è regolato dalla Convenzione di Vilnius del 1999 e dai regolamenti dell'Unione europea.
- Secondo tali norme, la società ferroviaria tra i suoi obblighi ha anche quelli di munirsi di adeguata copertura assicurativa per la responsabilità civile verso i passeggeri e di definire i rimborsi sul prezzo del biglietto e le misure di assistenza (pasti, bevande, pernottamenti in albergo) in caso di ritardo alla partenza o all'arrivo.

Test a risposta multipla

Indica con una crocetta l'affermazione esatta.

1. Il produttore può impedire al concessionario di vendere prodotti concorrenti?
A. no
B. sì, attraverso l'esclusiva a favore del concessionario
C. sì, inserendo l'esclusiva a favore del concedente
D. il concessionario non può in nessun caso vendere prodotti concorrenti

2. Con il contratto di viaggio il turista:
A. acquista un biglietto aereo, marittimo o ferroviario
B. acquista un pacchetto di viaggio dal *tour operator* o dal *travel agent*
C. non ha diritto al risarcimento in caso di vacanza rovinata
D. può sostituire a sé un terzo senza alcuna limitazione

3. In base alla convenzione di Montréal il vettore è responsabile:
A. solo per la perdita o il deterioramento dei bagagli
B. solo in caso di morte o lesioni ai passeggeri
C. per i danni sia ai bagagli sia alle persone dei passeggeri
D. per i danni, a meno che non lo abbia escluso con apposita clausola

4. Il *franchising* obbliga il dettagliante a:
A. uniformarsi alle prescrizioni del *franchisor*
B. concludere contratti per conto del *franchisor* in cambio di una provvigione
C. evitare in ogni modo che il consumatore identifichi il dettagliante con il produttore
D. dividere i profitti al 50% col franchisor

5. In caso di *overbooking* il passeggero:
A. non ha diritto a nulla perché si tratta di una pratica lecita
B. ha comunque diritto di essere imbarcato sul volo che aveva prenotato
C. ha diritto al rimborso del biglietto o all'imbarco su un volo successivo
D. ha diritto a uno sconto sui viaggi futuri

Sai qual è la differenza tra...

a. Concessionario di vendita	*e*	Agente
b. *Travel agent*	*e*	*Tour operator*
c. Contratti di *franchising*	*e*	Contratto di *joint venture*
d. Esclusiva a favore del concedente	*e*	Esclusiva a favore del concessionario
e. Contratto di viaggio	*e*	Contratto di trasporto

SÌ/NO... Perché?

Indica con una crocetta l'affermazione esatta e motiva la tua scelta.

1. Il contratto di concessione è un contratto tipico? SÌ NO Perché ...

2. Nel contratto di franchising una delle parti è subordinata all'altra? SÌ NO Perché ...

3. Concessionario e agente hanno ruoli diversi? SÌ NO Perché ...

4. Il *tour operator* è colui che solitamente si occupa della commercializzazione del pacchetto turistico? SÌ NO Perché ...

5. Si possono cedere liberamente i biglietti nominativi di viaggio? SÌ NO Perché ...

6. È risarcibile il danno da vacanza rovinata? SÌ NO Perché ...

Valuta le tue competenze

Test a risposta multipla

Indica con una crocetta l'affermazione esatta.

1. La Convenzione di Vienna del 1980 regola il contratto internazionale:
A. di vendita
B. di trasporto aereo
C. di trasporto navale
D. di trasporto multimodale

2. Le regole della Convenzione di Vienna sono:
A. imperative
B. suppletive
C. discrezionali
D. di applicazione necessaria

3. Gli *incoterms* sono clausole che contengono accordi:
A. sul contratto preliminare
B. sulle clausole penali
C. su spese e danni
D. su pratiche doganali

4. Fas, Fob e Cif sono clausole che si utilizzano nel contratto di:
A. trasporto aereo
B. trasporto navale
C. trasporto su gomma
D. trasporto multimodale

5. Nel linguaggio commerciale "franco" significa:
A. limitato
B. condizionato
C. determinato
D. libero

6. Vettore è:
A. il mezzo utilizzato per il trasporto
B. l'imprenditore che effettua il trasporto
C. l'imprenditore che effettua la spedizione
D. il soggetto che riceve la merce

7. Alle merci dello stesso tipo che entrano nell'area dell'Unione europea i Paesi membri applicano tutti:
A. la stessa tariffa
B. la tariffa stabilita dalla Agenzia delle dogane
C. una tariffa proporzionale alla quantità importata
D. una tariffa media

8. Al consumatore che compie acquisti online, le tutele previste dal Codice del consumo:
A. non sono applicate
B. non sono applicate completamente
C. sono applicate
D. sono applicate solo se concordate tra le parti

9. Il contratto redatto secondo le norme Uncitral sottoscritto con firma digitale risponde al requisito:
A. della forma scritta
B. dell'atto pubblico
C. dell'atto parzialmente pubblico
D. dell'atto parzialmente privato

10. Il concessionario:
A. acquista dal concedente per rivendere
B. vende in nome e per conto del concedente
C. vende per conto del concedente ma in nome proprio
D. si occupa solo della pubblicità del prodotto

Conoscenza del lessico giuridico

Scrivi la definizione, al massimo in tre righe, dei termini seguenti.

- Vendita
- *Incoterms*
- *Barter*
- Vettore
- Spedizioniere
- Pratica doganale
- Firma elettronica
- Concessionario
- *Franchising*
- Agente di commercio
- *Joint venture*
- Pacchetto turistico
- Vettore aereo

Valuta le tue competenze

Domande con risposte brevi

- Qual è la differenza tra vendita e baratto?
- A quali tipi di vendita si applica la Convenzione di Vienna?
- Quali difficoltà si incontrerebbero nelle vendite internazionali se non ci fossero le norme della Convenzione di Vienna?
- Come può garantirsi il venditore che il prezzo sarà pagato?
- Come sono definiti gli *incoterms*?
- Nel trasporto navale quale clausola *incoterms* è più conveniente per il compratore?
- Nel trasporto navale quale clausola *incoterms* è più conveniente per il venditore?
- Il quali casi il contratto di trasporto merci si configura come un contratto a favore del terzo?
- Il quali casi il vettore non è responsabile per i danni alle cose trasportate?
- In caso di danno alla merce trasportata dovrà agire in giudizio il mittente o il destinatario?
- A che cosa serve la lettera di vettura?
- Qual è la differenza tra lettera di vettura e polizza di carico?
- Qual è la differenza tra contratto di spedizione e di trasporto?

Ragionamento e argomentazione

Rispondi ai quesiti seguendo la traccia fornita.

1. Una vostra amica sta pensando di aprire un negozio di abiti da sposa di una grande marca. Le consigliereste di concludere un contratto di concessione, agenzia o *franchising*?

Il mio consiglio sarebbe quello di ....

Perché ....

2. Immaginate di essere un imprenditore e di voler partecipare a un bando di gara per la costruzione di una grande opera pubblica in uno Stato estero, di cui non conoscete bene la normativa né la lingua. Che soluzione potreste adottare e perché?

Un'idea potrebbe essere quella di stipulare un contratto di ....

In questo modo, associandomi a un'impresa locale ....

3. Se un agente di commercio accetta la proposta dell'impresa per cui lavora di trasformare il rapporto di agenzia in rapporto di concessione, a quali conseguenze andrà incontro?

La figura dell'agente di commercio e quella del concessionario di vendita sono ....

Il concessionario di vendita assume quindi su di sé ....

4. Esponete la vostra opinione in merito alla pratica dell'overbooking da parte delle compagnie aeree, motivandola adeguatamente.

La pratica dell'*overbooking* consiste ....

Il motivo per cui viene praticata è ....

Personalmente ritengo ....

Le disavventure di un volo internazionale

IL TEMA

Il vostro amico Luca è partito per Berlino, dove trascorrerà un periodo di studio. Oggi ricevete da lui questa mail: «Ciao! Sono arrivato a Berlino sano e salvo, ma è stata dura! Il giorno della partenza arrivo tranquillo in aeroporto ma scopro che il mio volo ha un ritardo di ben 5 ore! Io e gli altri passeggeri non sappiamo che fare: quelli della compagnia aerea non si fanno vivi. L'attesa si fa lunga, ma nessuno viene a darci qualcosa da mangiare (per fortuna nello zaino avevo un paio di snack). A un certo punto ci offrono di imbarcarci su un altro volo: così riesco ad arrivare a Berlino, anche se con 3 ore di ritardo rispetto al previsto! Di buono c'è che ho viaggiato in prima classe, mentre avevo il biglietto per la classe economica! Ora mi chiedo: la compagnia aerea si è comportata come avrebbe dovuto? Ho diritto a qualche tipo di risarcimento per quello che è successo? Se sì, quanto posso sperare di avere? C'è il rischio che mi facciano pagare un sovrapprezzo visto che ho viaggiato in prima? Scusa le domande, ma nessuno ci ha informato sui nostri diritti: non un avviso, né altro! Mi aiuti?...».

Scopo del compito e risorse a disposizione

Il compito intende mettere alla prova la capacità di risolvere un problema concreto utilizzando le fonti giuridiche e le conoscenze acquisite in materia di contratti di trasporto internazionale. Le risorse a disposizione sono:

- Il libro di testo (Percorso L, Unità L2, par. 7);
- Il Regolamento UE 261/2004, negli articoli richiamati più oltre.

Il risultato finale del compito è la produzione di un testo scritto che risponda alle domande poste dall'amico nella mail. È preferibile l'uso del computer per la redazione del testo.

LE FASI DEL COMPITO

FASE 1. Analisi dei quesiti

Il vostro amico Luca si è rivolto a voi sperando che possiate risolvere i suoi dubbi. I quesiti che vi pone sono numerosi. Rileggete attentamente la sua mail e fate un elenco di tutti i punti su cui richiede il vostro parere.

honglouwawa/Shutterstock

FASE 2. Esame delle fonti

Per rispondere alle domande di Luca, la fonte a cui fare riferimento è il Regolamento dell'Unione europea n. 261 del 2004, che ha introdotto regole comuni per i casi di negato imbarco, di cancellazione del volo o di ritardo prolungato. Qui di seguito trovate gli articoli del Regolamento che vi serviranno per rispondere alla mail. Leggeteli con attenzione.

Articolo 6. Il vettore aereo, «qualora possa ragionevolmente prevedere che il volo sarà ***ritardato***, rispetto all'orario di partenza previsto,

a) di due o più ore per tutte le tratte aeree pari o inferiori a 1.500 km; o
b) di tre o più ore per tutte le tratte aeree intracomunitarie superiori a 1.500 km e per tutte le altre tratte aeree comprese tra 1.500 e 3.500 km; o
c) di quattro o più ore per tutte le altre tratte aeree che non rientrano nei casi di cui alle lettere a) o b),

deve innanzitutto ***prestare assistenza*** ai passeggeri che saranno costretti a partire in ritardo».

Articolo 7. «I passeggeri interessati ricevono una ***compensazione pecuniaria*** pari a: a) 250 € per tutte le tratte aeree inferiori o pari a 1.500 chilometri; b) 400 € per tutte le tratte aeree intracomunitarie superiori a 1.500 chilometri e per tutte le altre tratte comprese tra 1.500 e 3.500 chilometri; c) 600 € per le tratte aeree che non rientrano nelle lettere a) o b)".

Detti importi possono essere ***ridotti del 50%*** se ai passeggeri è offerto di raggiungere la loro destinazione finale imbarcandosi su un ***volo alternativo*** [...], sempre che l'orario di arrivo ***non superi l'orario di arrivo previsto*** del volo originariamente prenotato:

d) di ***due ore***, per tutte le tratte pari o inferiori a 1500 km; o
e) di ***tre ore***, per tutte le tratte intracomunitarie superiori a 1500 km e per tutte le altre tratte aeree comprese fra 1500 e 3500 km;
f) di ***quattro ore***, per le tratte che non rientrano nei casi di cui alle lettere a) o b)».

Articolo 9. Il vettore deve ***fornire gratuitamente*** ai passeggeri che partiranno in ritardo: «a) ***pasti*** e ***bevande*** in congrua relazione alla durata dell'attesa; b) ***sistemazione in albergo***, qualora siano necessari uno o più pernottamenti; c) ***trasporto tra l'aeroporto e il luogo di sistemazione*** (albergo o altro)».

Articolo 10. «Se un vettore aereo sistema un passeggero in una ***classe superiore*** a quella corrispondente al biglietto aereo acquistato, non può esigere alcun pagamento supplementare».

Articolo 14. «Se nega l'imbarco o cancella un volo, il vettore aereo operativo ***presenta ad ogni passeggero*** interessato un ***avviso scritto*** contenente le regole in materia di compensazione pecuniaria ed assistenza ai sensi del presente regolamento. Analogo avviso è presentato ai passeggeri il cui volo subisce un ***ritardo di almeno due ore***".

FASE 3. Stesura della risposta

Scrivete la mail di risposta a Luca. Per scrivere un testo ben strutturato:

- rispondete a tutti i suoi quesiti (che avete già individuato ed elencato);
- ricollegate i vari passaggi del suo racconto agli articoli del Regolamento rilevanti. È importante che sappiate collegare le norme (generali e astratte) alla vicenda del vostro amico (particolare e concreta). Potete aiutarvi creando uno schema di questo genere:

Luca racconta che...	Il Regolamento Ue prevede...
«Così riesco ad arrivare a Berlino, anche se con tre ore di ritardo rispetto al previsto!»	**Art. 7**. I passeggeri interessati ricevono una compensazione pecuniaria pari a...

- utilizzate, nella vostra mail, tutti gli articoli del Regolamento Ue sopra riportati: non dovrete lasciarne fuori nessuno, perché ciascuno di essi fornisce un elemento utile;
- citate sempre gli articoli di cui vi servite, per esempio tra parentesi al termine della frase: (art. 14);
- potete anche riportare dei brani degli articoli citati, mettendoli tra virgolette « ».

VALUTAZIONE

Il lavoro verrà valutato in base alla congruenza del prodotto finale con le consegne, alla adeguatezza delle fonti normative richiamate, alla proprietà di linguaggio e alla padronanza del lessico giuridico, nella completezza della risposta fornita.

Lavorare o studiare, questo è il dilemma

Missione compiuta... e adesso?

Avete finalmente conseguito il diploma. Potete essere soddisfatti di voi stessi! A questo punto però dovete affrontare la domanda che tutti i neodiplomati si pongono. Che strada prendere?

Forse alcuni di voi hanno da sempre le idee chiare su "che cosa fare da grandi" e non vedono l'ora di iniziare.

Di solito però la maggior parte dei ragazzi ha dei dubbi sulle scelte da compiere; in tal caso un buon punto di partenza è ridurre la gamma delle possibilità a due alternative di base: entrare nel mondo del lavoro o continuare a studiare andando all'università?

Maksim Shmeljov/Shutterstock

Nessuna delle due opzioni è di per sé migliore dell'altra. Entrambe hanno dei pro e dei contro, e molto dipende dalle aspirazioni e dalle priorità di ognuno. L'ideale sarebbe trovare un buon compromesso fra le vostre inclinazioni (che cosa sapete fare meglio?) e le esigenze del mercato del lavoro (quali sono i profili professionali più richiesti?).

Queste pagine offrono alcuni spunti pratici sia per chi intende cercare un'occupazione, sia per chi decide di proseguire gli studi. Può anche darsi che decidiate di fare entrambe le cose: molti ragazzi infatti si mantengono agli studi facendo qualche lavoretto. Certo l'impegno aumenta, ma spesso gli studenti lavoratori dimostrano di avere più intraprendenza degli altri.

Entrare nel mondo del lavoro

Un modo per cercare lavoro è quello di stabilire un contatto online con i Centri per l'impiego, con le Agenzie per il lavoro e con la Borsa continua del lavoro. Questi servizi sono pensati per favorire l'incontro tra domanda e offerta di lavoro e sono rivolti a cittadini, imprese e intermediari pubblici e privati.

Un altro modo per cercare un impiego consiste nell'inviare, alle imprese per le quali vi piacerebbe lavorare, il vostro *curriculum vitae* con una lettera di accompagnamento. Questa operazione avviene ormai quasi esclusivamente online: o attraverso appositi *form* (cioè moduli) predisposti sui siti delle aziende, o per posta elettronica. Nel caso in cui ancora non abbiate un vostro indirizzo di posta elettronica, è arrivato il momento di attivarne uno!
A tale riguardo: non scegliete un nome utente strampalato o spiritoso: può andare bene per comunicare con i vostri amici, ma se vi rapportate a un datore di lavoro suonerà fuori luogo e ridicolo. L'email deve recare possibilmente il vostro nome e cognome, anche per essere più facilmente associata a voi.

▸ La lettera di accompagnamento

Il *curriculum* (di qui in avanti, CV) non viaggia mai da solo: deve sempre essere accompagnato da una lettera, che prende appunto il nome di lettera di accompagnamento.
Se inviate il vostro CV tramite posta elettronica, la lettera di accompagnamento sarà il testo della mail alla quale allegherete il file con il curriculum.

Perché è importante. Scrivere bene la lettera di accompagnamento è fondamentale perché è la prima cosa che il selezionatore leggerà.
Potete avere un *curriculum* eccellente, ma se la lettera di accompagnamento è mal scritta o – peggio ancora – contiene errori di ortografia o di sintassi, il selezionatore potrebbe cestinarla senza nemmeno aprire il *curriculum*.
Ma attenzione: scrivere una lettera accurata non significa scrivere una lettera piatta e anonima. Anzi. È importante inserire qualche elemento che "costringa" il selezionatore a ricordarsi di voi tra tutte le candidature che deve vagliare.

Sette cose da ricordare per scrivere una lettera di accompagnamento

1. La lettera deve essere cortese, ma non inutilmente adulatoria.
2. Deve essere chiara e soprattutto breve: il selezionatore non ha molto tempo a disposizione e se la lettera è troppo lunga non la leggerà.
3. Non deve contenere errori di ortografia o di sintassi.
4. Non deve essere un doppione del *curriculum*: limitatevi a richiamare per brevi accenni le informazioni contenute nel CV.
5. Deve colpire l'attenzione, così da farvi notare tra molti aspiranti: chi la legge deve pensare che siete un candidato interessante.
6. Se inviate il CV via email, non dimenticate di inserire l'oggetto! Nell'oggetto è bene indicare un riferimento chiaro al lavoro per cui vi candidate.
7. Ricordatevi di concludere la lettera con la formula "distinti saluti" seguita, nella riga sotto, dalla vostra firma (nome e cognome per esteso).

▶ Il *curriculum vitae*

Se la lettera di accompagnamento è stata sufficientemente convincente, il selezionatore passerà a sfogliare il vostro CV per cercare qualche elemento che confermi la sua prima impressione e per capire se è il caso di convocarvi per un colloquio.

Che cosa si deve inserire nel *curriculum*?

In linea generale, quanto qui di seguito elencato.

nito/Shutterstock

- Tutte quelle informazioni che possono essere utili a mostrare le competenze e le abilità acquisite, come il profitto scolastico, la conoscenza di lingue straniere (meglio se certificata), le competenze informatiche, la partecipazione a *stage* o a corsi di formazione.
- Può essere utile inserire altre attività che evidenzino elementi positivi della vostra personalità, per esempio viaggi di formazione all'estero, attività di volontariato, lavori estivi che rivelino la vostra intraprendenza. Ma senza esagerare! Gonfiare il CV rischia di annacquarlo.
- Se praticate qualche sport potete menzionarlo, soprattutto se la disciplina sportiva esercitata richiede autocontrollo e spirito di squadra.
- Ricordate di inserire l'autorizzazione al trattamento dei dati personali. Basta scrivere, al termine del CV, una semplice frase come: "Autorizzo il trattamento dei dati personali ai sensi del d. lg. 19/2003".

Sei errori da evitare quando si compila il CV

1. **Non rileggerlo.** È fondamentale evitare errori di ortografia e sintassi! Rileggete più volte il CV prima di inviarlo. L'ideale è stamparlo e correggerlo su carta: sulla carta si vedono errori che sullo schermo del computer non si notano.
2. **Dilungarsi troppo.** I selezionatori hanno sempre molti CV da vagliare: non vi concederanno più di alcuni secondi. Siate sintetici!
3. **Sbagliare tono.** Il curriculum deve essere scritto in italiano standard, senza sforzarvi di sembrare ricercati né, viceversa, confidenziali.
4. **Inviare sempre lo stesso CV (e la stessa lettera di accompagnamento) per qualsiasi lavoro.** È buona norma adattare il *curriculum* al tipo di lavoro per il quale vi candidate. È sufficiente cambiare qualche dettaglio per enfatizzare i profili di volta in volta più rilevanti e idonei a farvi scegliere.
5. **Essere troppo stravaganti.** Il CV deve avere un aspetto sobrio e professionale, senza personalizzazioni "creative". Niente sfondi colorati o caratteri strani. Scegliete un font (cioè un tipo di carattere) facilmente leggibile, per esempio Arial, Times New Roman, Verdana, e scrivete in nero su sfondo bianco.
6. **Mettere sul CV una foto spiritosa, ammiccante, provocatoria.** Se è richiesta una fotografia, è meglio sceglierne una sobria, formato tessera, che non vi faccia apparire fuori luogo.

Che cosa *non* si deve inserire nel *curriculum*?

- Non dovete inserire informazioni prive di interesse per l'azienda e/o che non servono a illuminare aspetti positivi della vostra personalità.
- Nel CV non dovete mai mentire. Se lo fate, non solo sarete facilmente scoperti (basta una rapida verifica online da parte del selezionatore), ma perderete ogni credibilità: chi assumerebbe un dipendente che ha cercato di imbrogliare? Potete, questo sì, indorare un po' la pillola, ma niente di più: il selezionatore è abituato per professione a capire se state esagerando.
- Non vanno allegati, a meno che non siano esplicitamente richiesti, documenti, certificati, diplomi o lettere di referenze.

Quale modello seguire per scrivere il *curriculum*?

I due modelli più utilizzati sono il *curriculum vitae* europeo e la nuova versione Europass, che è l'evoluzione, più snella e leggibile, del formato europeo. Al momento, entrambe le tipologie di CV vengono utilizzate e accettate dagli enti e dalle aziende, ma in futuro probabilmente Europass rimarrà l'unica versione utilizzata.

Su internet potete facilmente scaricare i facsimile di entrambi i modelli e anche numerosi esempi di CV già compilati.

▶ Il colloquio

Se venite convocati per un colloquio significa che l'azienda ha bisogno di personale e questo vi autorizza a ben sperare ma non ancora a esultare. È possibile che insieme a voi siano state chiamate anche altre persone e per essere scelti dovrete sostenere un colloquio convincente.

- Innanzitutto è opportuno adottare un look sobrio. Non eccessivamente formale ma neppure trascurato o appariscente. Il colloquio non è un'uscita con gli amici. Può essere una buona idea se prima di uscire di casa vi guardate allo specchio chiedendovi se, nei panni del selezionatore, assumereste uno come voi.
- La puntualità è un obbligo assoluto. Non è ammesso ritardo per scioperi, traffico o altro. Per evitare inconvenienti, meglio uscire di casa in anticipo!
- Quando entrate, salutate sempre l'esaminatore con una stretta di mano.
- Ricordatevi di spegnere il telefono cellulare: sarebbe spiacevole sentire squillare il telefono nel bel mezzo di un colloquio decisivo, specie se la vostra suoneria è una musichetta imbarazzante...

Rawpixel.com/Shutterstock

Visual Generation/Shutterstock

- Siate voi stessi. Non cercate di risultare forzatamente simpatici e non assumete un atteggiamento spavaldo. Altrettanto da evitare è un atteggiamento eccessivamente ansioso o troppo riverente.
- Prendete qualche informazione sull'azienda presso cui fate il colloquio, per lo meno esplorandone il sito web: altrimenti sembrerete capitati lì per caso.
- Quando il colloquio sarà terminato salutate con cortesia ed evitate di chiedere com'è andato. Il selezionatore dovrà valutare con calma gli elementi emersi e probabilmente dovrà relazionarne a un superiore. Perciò non potrebbe comunque darvi una risposta su due piedi.

I social e il mondo del lavoro

SMa allora dobbiamo smettere di usare i social network in modo spensierato e goliardico? Non è affatto necessario. Basta utilizzare le impostazioni per la privacy in modo che alcuni contenuti siano pubblici e visibili a chiunque, e altri solo alla nostra rete di contatti!

Secondo una ricerca della *School of Management* del Politecnico di Milano, sempre più aziende adottano il cosiddetto *online recruiting*, cioè il reclutamento di dipendenti tramite la rete.
Chi si occupa di risorse umane dedica una buona quantità di tempo a navigare in rete alla ricerca di candidati brillanti da inserire nei ranghi dell'azienda. Quando inviate il vostro CV, potete stare sicuri che i selezionatori andranno a dare un'occhiata ai vostri profili sui social network per iniziare a farsi un'idea di voi. Magari, prima ancora di convocarvi per un colloquio! Per questo è importante curare la vostra web reputation, cioè l'immagine che date di voi sul web.
Avere una "buona reputazione" online è importante quasi quanto avere un buon curriculum. Provate a inserire il vostro nome in un motore di ricerca: quali siti compaiono per primi? I social media. Che vi piaccia o meno, saranno quelli i canali che riveleranno chi siete.
Ovviamente, con un po' di accortezza, potete volgere tutto ciò a vostro vantaggio. Per esempio, sfruttando i social come una vetrina per farvi conoscere dai potenziali datori di lavoro.

Tzido Sun/Shutterstock

Su quali social network puntare per farvi conoscere?

Dalle ricerche effettuate risulta che i due social più frequentati dai selezionatori sono *LinkedIn* e *Facebook*.

▶ ***LinkedIn*** è il social network più indicato se il vostro scopo è sviluppare contatti professionali. Può essere una buona idea creare un vostro profilo: il servizio è gratuito (solo alcuni servizi opzionali sono a pagamento) e vi dà una grande visibilità: solo in Italia, LinkedIn conta 9 milioni di iscritti ed è frequentato da 150 mila aziende.

PureSolution/Shutterstock

▶ Oltre a *LinkedIn*, i selezionatori del personale fanno spesso incursioni su ***Facebook*** per avere un'idea della vita privata dei candidati. Non sempre ciò può essere piacevole, ma ricordate che usando le impostazioni per la privacy potete separare i contenuti visibili solo agli amici (per esempio le foto di una festa in cui vi siete un po' lasciati andare) da quelli visibili a tutti, compreso il vostro potenziale datore di lavoro. Potreste anche creare un profilo solo privato e uno professionale, per meglio differenziare i due ambiti.

Continuare a studiare

Oggi essere laureati non dà la garanzia di trovare subito lavoro o di essere maggiormente retribuiti rispetto a un diplomato. Ma decidere di laurearsi continua a essere una buona idea, perché:

- senza una laurea, molte professioni sono precluse. Se aspirate a diventare commercialisti, ingegneri, avvocati, medici, dirigenti nella Pubblica amministrazione, veterinari, fisioterapisti e molto altro ancora non potete fare a meno della laurea;
- oltre ad aumentare la vostra caratura professionale, gli studi universitari arricchiranno il vostro bagaglio di competenze e vi renderanno più flessibili e capaci di adeguarvi ai bisogni mutevoli del mercato del lavoro. A differenza del passato, sempre meno persone fanno lo stesso lavoro per tutta la vita: chi non è in grado di riconvertirsi professionalmente rischia di trovarsi spiazzato;
- anche se da ormai mezzo secolo l'università è diventata di massa, i laureati scarseggiano. L'Istat conferma che l'Italia è ultima in Europa per quantità di giovani laureati. Questo significa che le persone in possesso di una laurea sono ancora merce relativamente rara sul mercato: può valere la pena essere una di loro!

Cinque consigli per scegliere bene che cosa e dove studiare

1. **Un occhio al mercato del lavoro e uno alle vostre passioni.** È importante capire quali figure professionali sono (o saranno) più richieste dal mercato nei prossimi anni. D'altro canto, però, scegliete possibilmente un ambito di studio vicino ai vostri gusti o, per lo meno, evitate di iscrivervi a quei corsi per i quali non avete alcuna propensione.
2. **Raccogliere informazioni.** Esplorate i siti web di diverse università, così da poter scegliere con cognizione di causa e senza amare sorprese. Per esempio, verificate come sono le aule, le sale studio, le biblioteche, le postazioni informatiche, i servizi per gli studenti come alloggi, mense, borse di studio, ecc.
3. **Consultate il sito di Almalaurea.** Alle vostre personali esplorazioni affiancate le analisi fatte da professionisti come Almalaurea (un consorzio interuniversitario a cui aderiscono più di settanta Atenei italiani e il Ministero dell'Istruzione, Università e Ricerca). Sul sito di Almalaurea (www.almalaurea.it) trovate un'analisi dei principali corsi di studio e le performance occupazionali dei laureati: molto utile per fare confronti fra differenti corsi e sedi di studio.
4. **Trasferirsi in un'altra città?** Per molti ragazzi andare all'università significa uscire da casa e trasferirsi in un'altra città. Come scegliere la meta? Chiedetevi dove vorreste vivere per i prossimi 3 o 5 anni. Quali opportunità vorreste vi offrisse la vostra città d'adozione? Concerti, mostre, aggregazione sociale, sport, vita notturna, clima internazionale, ecc.
5. **Giocare d'anticipo.** Se avete scelto un corso di studio che prevede un test di ammissione, non riducetevi all'ultimo momento per prepararvi. Prendetevi tutto il tempo che occorre, anche se può voler dire sacrificare una parte dell'estate. E se temete di avere lacune, informatevi sui corsi di preparazione.

▶ I corsi di laurea

Esistono diversi tipi di corsi di laurea:

- corsi di laurea triennali, al termine dei quali si consegue una laurea di primo livello;
- corsi di laurea biennali, che si possono "aggiungere" a una laurea triennale (il cosiddetto 3+2) e si concludono con la laurea di secondo livello o magistrale;
- corsi di laurea a ciclo unico, cioè senza la suddivisione in triennio + biennio, al termine dei quali si consegue una laurea magistrale.

▶ Le modalità di accesso

I corsi di laurea possono essere ad accesso libero o ad accesso programmato. Per iscriversi ai corsi di laurea a numero programmato è necessario superare un test di ingresso che può essere molto selettivo. Sono a numero programmato i corsi di laurea in Medicina e Chirurgia, Odontoiatria, Veterinaria, Architettura, i corsi triennali delle Professioni Sanitarie (infermieristica, fisioterapia, ostetricia, dietistica, igiene dentale, ecc.).

Ma attenzione: le singole sedi universitarie possono decidere, in autonomia, di prevedere test di ingresso anche per altri corsi di laurea, per cui è meglio informarsi caso per caso. Peraltro, non sempre i test di ingresso pongono uno sbarramento all'iscrizione: a volte hanno solo un valore orientativo. In tal caso, chi ottiene un punteggio basso non viene escluso, ma dovrà colmare alcuni "debiti formativi".

▸ Che cosa si studia esattamente?

Ogni corso di laurea ha un sito che contiene una miniera di informazioni utili per chi non ha le idee ben chiare. Per esempio potete trovare: l'elenco degli esami (alcuni obbligatori, altri a scelta dello studente), la lista degli insegnamenti attivati, i nomi dei professori che li insegnano, i programmi e i libri di testo, i laboratori, i tirocini, le possibilità di soggiorni di studio all'estero.

Volete sapere quali esami vi aspettano se vi iscrivete a Giurisprudenza a Firenze, o a Lingue e Letterature Straniere a Palermo, o a Economia aziendale a Bologna? Esplorate i siti web di questi corsi. Sarà molto utile per capire se fanno davvero al caso vostro.

▸ Studiare all'estero

Il sogno di molti ragazzi è trascorrere un periodo di studi all'estero durante gli anni universitari. Anche il mercato del lavoro apprezza la presenza in *curriculum* di un'esperienza fuori dai confini nazionali.

Molto popolare è il programma Erasmus. Negli ultimi anni questo programma si è evoluto nel programma Erasmus Plus, che racchiude al suo interno tutti i programmi di mobilità dell'Unione Europea e non si rivolge solo agli studenti universitari, ma a tutti gli studenti in generale di età compresa tra i 13 e i 30 anni. Per partecipare al programma Erasmus plus è necessario avere una buona conoscenza della lingua del Paese di destinazione. Il livello di conoscenza linguistica minimo è infatti B2. Potete trovare tutte le informazioni sul sito *www.erasmusplus.it* e presso gli uffici Erasmus istituiti nei vari Atenei.

Erasmus_1: ESN

Aysezgicmeli/Shutterstock

Glossario italiano/inglese

A

Accordi di Bretton Woods • Bretton Woods Agreements

The Bretton Woods Agreements established what would become the exchange rate between a national currency and the dollar, based on the economic and financial situation of each State.

Accordi preventivi di separazione e divorzio (APSD) • Pre-emptive Agreement on Separation and Divorce (PASD)

PASDs are provided for by Regulation Rome III, which introduced the possibility, for international couples, to appoint mutually and in advance the applicable law to their potential divorce or separation.

Accordo compromissorio • Compromise

A compromise is an agreement with which the parties decide to bring the dispute before an arbitral tribunal.

Accordo di Schengen • Schengen agreement

An agreement which enables European citizens to cross internal EU borders without undergoing border checks. The United Kingdom and Ireland have not signed such an agreement.

Accordo generale per il commercio nei servizi • General Agreement on Trade in Services (GATS)

GATS is a mandatory WTO agreement, which establishes rules on the free circulation of services (professional services, bank services, insurances, and so forth).

Accordo generale sulle tariffe e sui commerci • General Agreement on Tariffs and Trade (GATT)

GATT is a mandatory WTO agreement, which provides for the most favored Nation clause and supports the progressive reduction of customs on the trade of goods.

Accordo sugli aspetti commerciali dei diritti di proprietà intellettuale • Trade-Related Intellectual Property Rights

A mandatory WTO Agreement, which aims to protect intellectual property, operating in order to settle an equal degree of protection in every member State.

Acque territoriali • Territorial waters

Are defined by a 12-mile maritime zone over which the State exerts its sovereignty.

Agente di commercio • Sales agent

A sales agent is a person who, against commission, undertakes the obligation to promote the conclusion of contracts in a specific area, on behalf of the businessman so-called "principal".

Ambasciatore • Ambassador

The representative of his/her Government in another state.

Ambiente • Environment

The term environment refers to (in our case) all the conditions necessary for the continuation of the human species on the planet.

Apolidi • Stateless persons

Are people without any citizenship.

Arbitrato • Arbitration

Arbitration is a procedure for the peaceful settlement of disputes. In arbitral proceedings the parties nominate the arbitrator (or an arbitration board) and establish the rules applicable to the dispute.

Area di commercio preferenziale • Preferential trade area

Offers a preferential treatment to those goods coming from a State which is adhering to the agreement established in the area.

Area di libero scambio • Free trade area

A free trade, or free market, area is an area where goods move freely, without the hindrance of customs between States.

Assegno bancario (o chèque) • Cheque

A credit bond containing the unconditional order addressed by the drawer to his/her bank to pay a certain sum of money.

Assegno circolare • Cashier's check

A credit bond containing an unconditional promise of a credit institution (issuer) to pay a sum to be determined by the lessee.

Atti non legislativi • Non-legislative acts

Decisions, recommendations and opinions. Decisions are only binding for the recipient State. Recommendations and opinions are not binding.

Autonomia contrattuale • Bargaining autonomy

The principle of bargaining autonomy, generally acknowledged, allows the parties to choose the law applicable to their relationship. Parties may choose one of their national laws, or the law of a third country.

Autotutela • Self-Help

Self-Help occurs when a dispute between States seems impossible to settle through negotiation, the ICJ or an arbitration. It is sometimes peaceful but, in the case of aggression, it could also use force. Peaceful self-help consists of the application of countermeasures in the aim of ending the alleged wrongful behavior.

B

Banca mondiale • World Bank

A proper bank with the original task of providing long-term loans (12 or 15 years) to those countries whose economies had been devastated by the Second World War.

Bid bond • Bid bond

Bid bonds are bank insurances usually required for businesses in order to participate in calls for international contracts proposed by public entities.

Bonifico • Bank transfer

A bank transfer is an order with which the client requests his bank to transfer a sum of money to a third person.

C

Cambiale tratta • Bill

A bond by which the drawer (or issuer) orders a person to pay to a third party a certain amount of money in a time and a place indicated on the bond itself.

Camera di commercio internazionale • International Chamber of Commerce

The International Chamber of Commerce (ICC) is a non-governmental organization, based in Paris, which is made up of hundreds of thousands of businesses, encompassing the most diverse economic sectors, from more than 180 countries in the world.

Centri di mediazione • Mediation Centres

Mediation Centres provide the requesting parties with a facilitator who helps them negotiate a settlement agreement, in compliance with sanctioned mediation rules.

Centro internazionale per la soluzione di controversie in materia di investimenti (ICSID) • International Centre for the Settlement on Investment Dispute (ICSID)

ICSID is a branch of the World Bank which does not directly conduct arbitral procedures or conciliations, but provides for logistical and institutional support, as well as offering its own rules of procedure, which the disputing parties may adopt.

Certificazione di origine • Certificate of origin

Defines the minimum amount of manufacturing power and added value that must be input into an asset, in order to considered it as being product in a certain State.

Cif • Cif

Means "cost of insurance and freight" and it means that the seller covers the costs of freight and insurance up to the port of landing. However, the risk of any loss or damage to the cargo passes to the buyer as soon as the goods have been loaded on board.

Cittadinanza • Citizenship

A legal status or position which demands entalis the attribution of a number of rights and duties.

Class action • Class action

A class action is a collective judicial claim lodged by several people who are united by a common interest and therefore identified as belonging to the same "class".

Clausola della Nazione più favorita • Most Favored Nation Clause

The Most Favored Nation Clause implies that all of the advantages, favors, privileges or immunities granted to one member State should also be granted to all other member States.

Clausola penale • Penal clause

Is a clause with which parties agree in advance the amount of compensation one of them shall pay in the event of a breach of contract or late execution.

Clausole vessatorie • Unfair terms

Those clauses which cause a significant imbalance in the obligations of the parties, to the advantage of the professional who has prepared the contract and to the detriment of the consumer.

Codice del consumo • Consumer code

A bill that contains the rules set up for consumer protection.

Codice di condotta • Code of Conduct

A Code of Conduct is a document which, even though not binding for businesses, establishes standards for achieving a business which does not only take into account economic interests, but also more important values.

Colpo di Stato • Coup d'état

A coup d'état is an unlawful undermining of the Constitutional organization by an organ of that State itself.

Commissione • Commission

The Commission, unlike the Council, is a permanent body, which means that its members remain in charge until the natural termination of their office.

Concessione di vendita • Sale license

A sale license is the agreement which obliges a producer (grantor) to give a certain quantity of a product to the dealer, who will manage its selling in a specific area.

Conciliazione • Conciliation

The conciliation is a compromise which serves the purpose of satisfying both parties.

Condizioni di prestito • Loan conditions

If a country wants to be helped from the International Monetary Fund or the World Bank, they must first make a commitment to adhere to the policy of remediation which is suggested.

Condizioni generali di vendita (in sigla CDV) • General sales conditions (GSC)

Rules laid down with a customer or a habitual supplier that are applied to all sales (or purchases) that later will be made.

Consiglio • Council

The Council, also called Ministry Council, exerts a the law-making power together with the Parliament. This role consists of discussing and approving those rules which each State will be forced to respect.

Consiglio d'Europa • Council of Europe

An organization founded to promote the development of democracy and the protection of human rights. 47 States are members of this organization.

Consiglio d'Europa • Council of Europe

An organization founded to promote the development of democracy and the protection of human rights. 47 States are members of this organization.

Consiglio dei diritti umani • Human Rights Council

Composed of the representatives from 29 States, elected by the General Assembly of the United Nations, this Council is responsible for monitoring the protection of human rights by Member States.

Consiglio di sicurezza • Security Council

The Security Council is the body which is entrusted with the main responsibility in the preservation of international peace. It is composed of 15 members, among which 5 are permanent members.

Consiglio europeo • European Council

The European Council is a high-level body composed of the Head of State or Government of Member States. Its main task is to decide on general political priorities and guidelines of the EU.

Console • Consul

The diplomat appointed to foreign cities with duty of protecting interests of residing or transiting compatriots.

Consuetudini internazionali • International customs

International customs are rules which have been forming for some time through the continued and uniform repetition by States, believing that they are complying with a legal duty.

Consumatore • Consumer

Any natural person who is acting for purposes which are outside his trade, business or profession.

Contratti a distanza • Distance contracts

Contracts in which the parties are far away from each other and communicate by letter, fax, phone or, more often, computer.

Contratti conclusi fuori dei locali commerciali • Contracts concluded away from business premises

Contracts concluded during the visit of the trader to the consumer's home, or in the street, or in other similar conditions.

Contratti internazionali • International contracts

International contracts are those agreements stipulated between individuals of different countries, or contracts which have effects in countries different from that of the parties.

Contratti per adesione • Adhesion contracts

Those contracts whose text is subject to a form preordered and provided by a professional and to which a consumer can only decide whether to join or not.

Contratto di joint venture • Joint venture contract

A contract aimed at forming a temporary bond between businesses, limited to fulfillment of a specific work. Businesses which operate in foreign markets or need to relocate their production usually use such a kind of agreement.

Contratto di spedizione • Shipment agreement

The contract with which a carrier undertakes the obligation to conclude, using his/her name but on behalf of a principal, all of the operations necessary for the transfer of goods from one place to another.

Contratto di trasporto • Transport agreement

The contract of transport is the agreement in which the carrier undertakes the obligation of transporting peoples or goods from a place to another, after payment of the amount due.

Contratto di trasporto aereo • Aviation contract

A consensual contract which is established when the passenger buys a plane ticket. The transfer of the flight ticket to third parties is allowed if the carrier agrees.

Contratto di viaggio • Travel contract

A contract wherein the tourists buys a package tour from a travel agent or a tour operator.

Controversia • Dispute

A dispute is a disagreement, a controversy, or a difference of opinion supported by conflicting parties.

Convenzione di New York del 1958 • 1958 New York Convention

The New York Convention is a multilateral international treaty, sponsored by the United Nations, with the aim of improving foreign judicial decision recognition procedures.

Convenzione sui diritti del fanciullo • Convention on the rights of the child

The Convention is made up of three principles. The principle of non-discrimination (art. 2) extends the rights sanctioned by the Convention to all children, without distinction toward race, sex, language, religion, of the child/teenager or of parents. The principle of best interests (art. 3) establishes that the interest of the child/teenager should have priority in any law, ruling or public or private initiative.The principle of the right to life, survival and development of the child (art. 6) obliges States to allocate the maximum available resources to protect the life and the healthy development of minors.

Cooperazioni rafforzate • Enhanced cooperation

A legal instrument provided by the EU Treaty for the cases in which the consent of one or more States to achieve one or more objectives there lacks.

Corte di arbitrato • Court of Arbitration

The Court of Arbitration is an ICC branch which is used to dispute settlement procedures. It is considered the most important and representative institution in the world for inter-private dispute settlement.

Corte europea dei diritti dell'uomo • European Court of human rights

Conducts an advisory function by communicating opinions on legal matters as well as a judicial function in resolving appeals made by citizens against a Member State.

Corte internazionale di giustizia (CIG) • International Court of Justice (ICJ)

The ICJ is a tribunal established in June 1945 by the Charter of the United Nations, and it is the main judicial body of the UN. It solely deals with the settling of disputes between States which recognize its jurisdiction.

Corte internazionale di giustizia • International Court of Justice

The International Court of Justice is the main judicial body of the United Nations.

Corte internazionale di giustizia • International Court of Justice

The International Court of Justice is the main judicial body of the United Nations.

Costituzione • Constitution

The fundamental law of a State. That law consists of the rules and principles which form the basis of the whole legal system.

Costo di produzione • Production costs

Production costs consist of the sum of various economic components in the production of a good, including, amongst others, workers' salaries, machinery costs and their maintenance.

Credito documentario • Letter of credit

With a letter of credit, the buyer requests his bank to make a money sum available to the seller. The seller will be allowed to cash it in only by presenting a documentation that proves that the goods have arrived.

D

Dazio • Custom

A custom is a tax imposed on foreign imported goods, in order for them to be more expensive on the national market.

Debito sovrano • Sovereign debt

A sovereign debt is an obligation incurred by a government in order to provide a guarantee for the debenture (in Italy: BOT, BTP and CCT).

Delocalizzazione • Delocalization

Delocalization consists of the transfer of economic activities from one country to another, where major opportunities of economic profit or selling exist.

Democrazia diretta • Direct democracy

The direct democracy is a system in which the people directly vote on every important issue concerning the life of their Country and in which rulers restrict themselves to implementation, after listening to the people's response.

Democrazia indiretta • Representative democracy

Representative democracy provides that the people elect their representative, who will carry on those functions that the Constitution vests upon them. Such a kind of democracy is the most widespread system of political power management.

DIP del lavoro • International labour law

There are no set rules on international labour law because labour law usually encompasses a number of public order rules, such as those on child labour and maternity protection, and many other rules of compulsory application, such as those on the safety of factories and on safety and health in general.

Diplomatico • Diplomat

A person who is designated to represent his/her own government in a foreign State.

Direttive europee • European directives

European directives are normative acts which do not enter into the legal order of the Member States, but oblige them to adjust their laws in compliance with the directives.

Diritti umani • Human rights

Human rights are rights believed to belong to any human being and which no authority may disregard or limit.

Diritto di recesso (o di ripensamento) • Right of withdrawal (or of afterthought)

Allows the consumer to withdraw from the contract within 14 days from the date of its conclusion.

Diritto internazionale • International law

International law refers to the ensemble of norms which regulate the relationship amongst States.

Diritto internazionale dell'economia • International economic law

International economic law is the set of rules that States and major international organizations set up in order to regulate their trade and financial flows.

Diritto internazionale privato • Private international law

Encompasses the rules with which the State determines which law applies to relations between individuals when there is some element of foreignness.

Diritto internazionale privato e rapporti di famiglia • Private international law and family relationships

In the field of family relationships, the applicable law is determined in each country by rules of private international law.

Dittatura • Dictatorship

The centralization of powers within a single authority.

E

Estradizione • Extradition

A clause under which a foreigner, who has been charged with an offence or has escaped the execution of a verdict, is transferred to his country's authorities on their demand.

Expertise • Expertise

Expertises are expert opinions who the parties use in order to understand the best way to settle the dispute and what the chances of winning are.

F

Fideiussione • Suretyship/Bank guarantee

A suretyship, also known as bank guarantee, is a contract in which a subject (bank or private) provides guarantee for another person's debt. If the main indebted person does not pay, the guarantor will pay for him.

Fob • Fob

The acronym Fob, inserted into a contract, means "free on board" and means that the buyer takes on any risks and additional costs after the loading of the goods on board.

Fondo monetario internazionale • International monetary fund

Today the prevailing activity of the Fund is to provide short term loan (three or five years) to countries in financial difficulty.

Forma di governo • Form of Government

The expression that indicates the way in which a sovereign power is divided amongst the various branches which may structure its apparatus (Parliament, Government, etc.).

Forma di Stato • Form of State

An expression that indicates the relationship established between the State apparatus which exercises its sovereignty and its citizens or subjects.

Foro competente • Place of jurisdiction

Place of jurisdiction indicates the judge which the parties should contact in order to lodge a claim.

Forza maggiore • Force Majeure

The supervened impossibility to fulfil the obligation for force majeure not attributed to the debtor, allows the party to dissolve the contract without any reparatory obligation for the damages which the other party may have suffered.

Franchising • Franchising

Franchising is an agreement with which a dealer accepts to exclusively sell the products of a franchisor (the granting producer), adapting his activity to all of the prescriptions that the franchisor includes in the contract.

G

Garanzia di buon funzionamento • Guarantee of proper functioning

A legal guarantee which gives the consumer the right to a reparation or replacement of the defective goods purchased, without any cost.

Garanzie convenzionali • Conventional warranties

Guarantees given in addition to legal ones, that are offered by the professional for free or for a fee.

Globalizzazione • Globalization

Globalization is a term that refers to a complex process of transformation which encompasses politics, economics and culture and whose effects are not yet clear.

Gruppo europeo di interesse economico • European Economic Interest Grouping

The European Economic Interest Grouping (EEIG) is an organization with the aim of facilitating its members to carry out their economic activities in EU Member States.

H

Hardship • Hardship

Is a clause that allows the parties to renegotiate the terms of a contract if the balance between obligations has been altered by an external factor.

I

Impresa multinazionale • Multinational enterprise

Consists of a group of companies which belong to a parent company or holding, which holds the majority of shares of the entire group.

Incasso documentario • Documents against payment (D/P)

The D/P is the agreement that allows the buyer to pay a bank the sale price having immediately received in return the bill of lading in order to pick up the goods.

Inchiesta • Inquiry

The inquiry is carried out by a commission which verifies the facts that caused the dispute and evaluates wrongful and just acts under international law.

Incoterms • Incoterms

Incoterms is the general denomination for a number of clauses which may be included in an international sale contract and which establish the limit of the seller's responsibility, the buyer's responsibility and also who will pay for additional costs.

Indipendenza • Independence

Consists in the absence of legal subordination to external subjects, being them States or supranational organizations.

Integrazione economica completa • Complete Economic Integration

Complete economic integration is a theoretical model where the whole economic policy of a State is determined by a supranational authority.

L

Lex mercatoria • Lex mercatoria

The Lex mercatoria is the ancient denomination of those customary rules which, in the absence of state legislation, regulated trade activities.

Libertà di circolazione dei capitali • Free movement of capitals

The free movement of capitals allows all people to invest their own money in every European country.

Libertà di circolazione dei servizi • Free movement of services

The free of movement of services allows a bank, an insurance company, a flight company or any other enterprise operating in the field of services to operate in all European Countries, with a great advantage for competition.

Libertà di circolazione delle merci • Free Movement of Goods

The free movement of goods allows foreign products to travel from a Member State of the Union to another without being subject to price increase due to custom duties.

Libertà di stabilimento • Freedom of establishment

The freedom of establishment grants mobility to enterprises and freelancers within the EU. It also includes equal treatment among businesses of every Member State.

Liquidated damages • Liquidated damages

A liquidated damages clause is typical of Anglo-Saxon law and regulates only reparation for demonstrable damages.

Lodo • Award

Refers to the decision made by the arbitrator and is binding upon the parties.

M

Maintenance bond • Maintenance Bond

A maintenance bond is a guarantee in which a bank is obligated to pay the client if the winning business does not provide the correct upkeep.

Mediazione • Mediation

Mediation calls for a third subject uninvolved in the dispute - the mediator - who takes the parties to reach a common ground. He also offers them a fair solution to the dispute.

Mercato unico • Common Market

A common market is similar to a custom union, but it also aims to facilitate the movement of money and manpower amongst member States.

Movimento no-global • No-Global Movement

The No-Global Movement is a huge organization particularly critical of globalization. It aims at combatting and slowing it down.

N

Nato • Nato

Nato is a political as well as military organization created for defensive purposes.

Nazionalismo • Nationalism

A noun which indicates an ideology which was wide spread in the first half of the Twentieth Century and which is based on the alleged superiority of one person's nation over the other.

Nazionalità della persona giuridica • Nationality of juridical person

The nationality of a juridical person is the State to which it belongs and, therefore, whose legal order that juridical person is subject to.

Nazione • Nation

A term which indicates a group of people who, overcoming their ancient ethnical divisions, have gained their own unity and developed a common cultural heritage over time.

Nazioni Unite • United Nations

The United Nations is an international organization which operates in order to maintain international peace. It has assumed universal power because it gathers nearly all of the world States.

Negoziazione • Negotiation

A direct negotiation happens when the parties in a dispute try to solve the conflict by means of a meeting between their diplomatic agents.

O

Ocse • Ocse

An organization founded to support investments, employment and the improvement of living standards whilst respecting the environment.

ONG • NGO

Non-governmental organizations which generally operate in the aim of working towards the respect of human rights and the environment.

Ordine pubblico • Public order

The public order is the collection of principles and norms which make up a constitution or set the basis for the most important national rules at ay given time.

Organizzazione mondiale del commercio (OMC) • World Trade Organization (WTO)

The WTO promotes the conclusion of agreements intended to establish rules which facilitate the liberalisation of international trade and give stability to markets.

Organizzazione mondiale del turismo • World Tourism Organization

This organization has its headquarters in Madrid and is made up of 161 Member States. Its main function, as is declared in its Statute, is the promotion and development of tourism.

Organo per la soluzione delle controversie • Dispute Settlement Body (DSB)

DSB is an authority which settles disputes. It operates through a panel of experts, who draft a report with which the parties may try to find a resolution.

Overbooking • Overbooking

A practice based on accepting more reservations then available.

P

Pacchetto turistico • Holiday package

A journey lasting more than 24 hours which includes at least one overnight stay and aims to offer at least two tourist services (usually travel and accommodation).

Parlamento europeo • European Parliament

The European Parliament has its official seat in Strasbourg, France, but makes also holds gatherings in Bruxelles and Luxemburg. Since 1979, its members have been elected by universal suffrage from the European citizens. Along with the Council, it exercises the legislative power.

Patto sui diritti civili e politici • Covenant on Civil and Political Rights

Concluded in New York in 1966, this promoted the recognition of all rights of the so-called first generation, such as freedom of expression, personal freedom and freedom of religion.

Patto sui diritti economici, sociali e culturali • Covenant on economic, social and cultural rights

Also concluded in New York in 1966, this promoted the recognition of all rights of the so-called second generation, such as the right to education, to employment, to housing and to social security.

Payment bond • Payment bond

A payment bond is a guarantee in which a bank makes the obligation to pay the beneficiary with a sum in the case that he is not paid for its work or goods.

Performance bond • Performance bond

A performance bond is a guarantee in which a bank is obligated to pay the contracting party with a compensation for non fulfilment or mistaken fulfilment of the contract.

Popolo di uno Stato • People of a State

Comprises all the citizens of a State, that is those persons to whom the law assign citizenship.

Potere esecutivo • Executive power

The power to rule a State.

Potere giudiziario • Judiciary power

The power to judge on the violation of laws and to punish offenders. It is exercised by the judicial system.

Potere legislativo • Legislative power

The power to discuss and approve laws, is entrusted to the Parliament.

Pratiche commerciali aggressive • Aggressive commercial practices

Commercial practices which are used to deceive the average consumer, and cause him/her to take a decision that otherwise he/she would not have taken.

Pratiche commerciali ingannevoli • Deceptive commercial practices

Commercial practices which are used to deceive the average consumer, and cause him/her to take a decision that otherwise he/she would not have taken.

Principio di buona fede • Principle of good faith

This principle states that pre-contractual negotiations must be conducted in accordance with good faith and fairness. A withdrawal from negotiations which is not justified with objective reasons or reprehensible behavior from the counterparty is considered contrary to such a principle.

Principio di non discriminazione • Principle of non-discrimination

The principle of non-discrimination involves a ban on the application of less favourable conditions upon member States than those given to non-member States.

Principio di reciprocità negli affari • Principle of reciprocity in business

According to this principle, a foreigner is not allowed to carry out economic transactions (purchasing real estate, stock purchases and more) which are not allowed to foreigners in his home country.

Privatizzazione • Privatization

Privatization is the selling of public goods or enterprises to private entities carried put by the State, in order to free the market or pay off out public debt.

Processo di unificazione europea • European unification process

Started in 1951 with the creation of the ECSC (Economic Community of coal and steel) and continued with the 1957 Treaty of Rome which gave birth to two new bodies: the European Atomic Energy Community, EAEC (also known as Euratom) and the European Economic Community (EEC). The Treaty of Rome was signed by: France, Germany, Italy, Belgium, Holland and Luxembourg.

Professionista • Professional

The natural or legal person who is acting in the practise of his/her trade, business, craft or profession.

Protezione diplomatica • Diplomatic protection

Diplomatic protection is the ensemble of acts which a State carries out to protect, before the ICJ, the interests of his citizens which have been unlawfully damaged by another State.

Protocollo di Kyoto • Kyoto Protocol

The Protocol requires State Parties to enact a progressive reduction of the emission of pollutants.

R

Regolamenti dell'Unione • European regulation

The European regulation consists of rules to which citizens of Member states should comply as if they were laws issued by the respective Parliaments.

Regolamento Bruxelles I • Regulation Bruxelles I

The Regulation Bruxelles I determines, as a general principle, that the jurisdiction of a case is vested upon the judge of the State where the resistant has domicile, notwithstanding his or her citizenship.

Regolamento Roma I • Regulation Rome I

Stipulates that if the parties have not decided on the law applicable to sales contracts, supply of services, franchise or distribution, it will be the law of the country in which the contractor must carry out the main performance. If the contract has immovable property in its object, the applicable law will be the law of the country where the property is located.

Ricongiungimento familiare • Family reunification

The reunification is the procedure through which citizens of a non-EU country but residing in a member State may request that some of his/her relative come to Italy to live with him/her. The aim of this rule is to guarantee the unity of family to foreigners as well as to citizens.

Rischio Paese • Country risk

A country risk is that kind of risk which can stem from expropriation, nationalization, restrictions to payment in a foreign currency and so on and so forth, as well as a sudden change of government, a coup d'état, or an uprising attempt.

Rischio valuta • Currency risk

The currency risk is the risk that a currency utilized to pay a contract may depreciate on the exchange market during the period between the conclusion of the contract and the time of payment.

Risoluzione del contratto • Termination of the contract

Resolution for non-fulfilment is only permitted if the failure is not of low importance, having considered the interests of the other party.

Rivoluzione • Revolution

A revolution is the attempt by the people to end the rule of one State by means of an even greater strength.

Round • Round

A round is a meeting of WTO Member States during which every State tries to promote or protect its own interests.

S

Sede • Seat

The seat is the place where a juridical person carries out most of its activities. It usually corresponds to the place where its offices and factory are located.

Società europea • European Society

E.S. is a limited company which acquires juridical personality through its inscription in a specific list, implemented by the Members State where its seat is located. The minimum capital required is 120.000 euros, divided into shares, which may be organized using a monastic or dualistic managing system.

Sovranità • Sovereignty

Sovereignty means superiority. The State as a legal phenomenon is sovereign as long as it holds a position of superiority over any other subject operating within its territory.

Stato apparato • State as a legal phenomenon

Intended as a legal phenomenon, the State is the apparatus (Parliament, Government, President of the Republic, etc.) that factually exercises sovereign powers (that is, the power to command within the borders of the State).

Stato comunità • State as a social phenomenon

Intended as a social phenomenon, the State consists in a geographical and political realty composed by a territory where a sovereign people lives permanently.

Stato federale • Federal State

Composed of multiple States each of which retains its own territory, people and sovereignty. Nonetheless, all States delegate a part of their sovereignty to a central system, the so-called Federal State, which also becomes the only power subject of international law, by agreeing to a single Constitution.

Stato liberale • Liberal State

A constitutional State in which all citizens are subject to the Law and in which public bodies can only do what the Law explicitly allows them to do.

Stato regionale • Regional State

A unitary State in which some important public functions are entrusted to territorial public entities like regions and municipalities.

Stato sociale • Welfare State

A State model in which all citizens are (or should be) guaranteed a minimum level of welfare.

Sviluppo sostenibile • Sustainable development

Describes a pattern of development which satisfies present needs without compromising the ability of future generations to satisfy their own.

T

Territorio dello Stato • Territory of a State

The space, marked by borders, within which a State may exercise its sovereign powers.

Tour operato • Tour operator

The professional who arranges holiday packages which are normally not directly offered to the public, but sold through a travel agent.

Transazione • Transaction

A transaction is similar to a contract. It is neither a judgment, nor an award. As such, in case of non-compliance by one of the parties, the other must bring the case before a judge or an arbitral tribunal.

Trasporto multimodale • Multimodal transport

Transport that uses different means of transport.

Trattati • Treaties

Treaties are agreements with which two or more Countries regulate issues of common interest.

Travel agent • Travel agent

A professional who produces, organizes and sells travel, accommodation and any other kind of tourist service to customers.

U

Uncitral • Uncitral

Uncitral is a permanent branch of the United Nations General Assembly aiming to improve the gradual formation of uniform rules on international trade.

Unidroit • Unidroit

Unidroit is an intergovernmental organization, based in Rome, whose main aim is to support conventions which regulate international private law amongst member States.

Unione doganale • Custom union

A custom union is made up of a group of States which determine a common tariff for the import of goods.

Unione economica e monetaria • Economic and Monetary Union

An economic and monetary union is an agreement which creates an area where there is a unique economic and monetary policy amongst member States.

V

Vaglia cambiario • Promissory notes

A bond in which the undersigned, also called the issuer, promises unconditionally to pay a sum of money to another person, said lessee, in a time and a place indicated on the bond itself.

Vendita • Sale

The sale is a contract whose object is the transfer of property of a good or any other right, after the payment of the amount due.

Vettore • Vector

Vector is a person who iplements a trasportation. Likewise a rocket vector in a missile program is the vehicular which puts a satellite in orbit.

Vizi di conformità • Compliance defects

A good presents a compliance defect when: it is not eligible for normal use; it does not comply with the description given by the seller; it lacks the usual qualities of goods of the same kind.

Vizi occulti • Latent defects

Defects which the buyer can not easily recognise at the time of purchase.

LA COSTITUZIONE ITALIANA

PRINCIPI FONDAMENTALI

1. L'Italia è una Repubblica democratica, fondata sul lavoro.

La sovranità appartiene al popolo, che la esercita nelle forme e nei limiti della Costituzione.

2. La Repubblica riconosce e garantisce i diritti inviolabili dell'uomo, sia come singolo sia nelle formazioni sociali ove si svolge la sua personalità, e richiede l'adempimento dei doveri inderogabili di solidarietà politica, economica e sociale.

3. Tutti i cittadini hanno pari dignità sociale e sono eguali davanti alla legge, senza distinzione di sesso, di razza, di lingua, di religione, di opinioni politiche, di condizioni personali e sociali.

È compito della Repubblica rimuovere gli ostacoli di ordine economico e sociale, che, limitando di fatto la libertà e l'eguaglianza dei cittadini, impediscono il pieno sviluppo della persona umana e l'effettiva partecipazione di tutti i lavoratori all'organizzazione politica, economica e sociale del Paese.

4. La Repubblica riconosce a tutti i cittadini il diritto al lavoro e promuove le condizioni che rendano effettivo questo diritto.

Ogni cittadino ha il dovere di svolgere, secondo le proprie possibilità e la propria scelta, un'attività o una funzione che concorra al progresso materiale o spirituale della società.

5. La Repubblica, una e indivisibile, riconosce e promuove le autonomie locali; attua nei servizi che dipendono dallo Stato il più ampio decentramento amministrativo; adegua i princìpi ed i metodi della sua legislazione alle esigenze dell'autonomia e del decentramento.

6. La Repubblica tutela con apposite norme le minoranze linguistiche.

7. Lo Stato e la Chiesa cattolica sono, ciascuno nel proprio ordine, indipendenti e sovrani.

I loro rapporti sono regolati dai Patti Lateranensi. Le modificazioni dei Patti, accettate dalle due parti, non richiedono procedimento di revisione costituzionale.

8. Tutte le confessioni religiose sono egualmente libere davanti alla legge.

Le confessioni religiose diverse dalla cattolica hanno diritto di organizzarsi secondo i propri statuti, in quanto non contrastino con l'ordinamento giuridico italiano.

I loro rapporti con lo Stato sono regolati per legge sulla base di intese con le relative rappresentanze.

9. La Repubblica promuove lo sviluppo della cultura e la ricerca scientifica e tecnica.

Tutela il paesaggio e il patrimonio storico e artistico della Nazione.

10. L'ordinamento giuridico italiano si conforma alle norme del diritto internazionale generalmente riconosciute.

La condizione giuridica dello straniero è regolata dalla legge in conformità delle norme e dei trattati internazionali.

Lo straniero, al quale sia impedito nel suo paese l'effettivo esercizio delle libertà democratiche garantite dalla Costituzione italiana, ha diritto d'asilo nel territorio della Repubblica, secondo le condizioni stabilite dalla legge.

Non è ammessa l'estradizione dello straniero per reati politici.

11. L'Italia ripudia la guerra come strumento di offesa alla libertà degli altri popoli e come mezzo di risoluzione delle controversie internazionali; consente, in condizioni di parità con gli altri Stati, alle limitazioni di sovranità necessarie ad un ordinamento che assicuri la pace e la giustizia fra le Nazioni; promuove e favorisce le organizzazioni internazionali rivolte a tale scopo.

12. La bandiera della Repubblica è il tricolore italiano: verde, bianco e rosso, a tre bande verticali di eguali dimensioni.

PARTE PRIMA

DIRITTI E DOVERI DEI CITTADINI

TITOLO I

Rapporti civili

13. La libertà personale è inviolabile.

Non è ammessa forma alcuna di detenzione, di ispezione o perquisizione personale, né qualsiasi altra restrizione della libertà personale, se non per atto motivato dell'autorità giudiziaria e nei soli casi e modi previsti dalla legge.

In casi eccezionali di necessità ed urgenza, indicati tassativamente dalla legge, l'autorità di pubblica sicurezza può adottare provvedimenti provvisori, che devono essere comunicati entro quarantotto ore all'autorità giudiziaria e, se questa non li convalida nelle successive quarantotto ore, si intendono revocati e restano privi di ogni effetto.

È punita ogni violenza fisica e morale sulle persone comunque sottoposte a restrizioni di libertà.

La legge stabilisce i limiti massimi della carcerazione preventiva.

14. Il domicilio è inviolabile.

Non vi si possono eseguire ispezioni o perquisizioni o sequestri, se non nei casi e modi stabiliti dalla legge secondo le garanzie prescritte per la tutela della libertà personale.

Gli accertamenti e le ispezioni per motivi di sanità e di incolumità pubblica o a fini economici e fiscali sono regolati da leggi speciali.

15. La libertà e la segretezza della corrispondenza e di ogni altra forma di comunicazione sono inviolabili.

La loro limitazione può avvenire soltanto per atto motivato dell'autorità giudiziaria con le garanzie stabilite dalla legge.

16. Ogni cittadino può circolare e soggiornare liberamente in qualsiasi parte del territorio nazionale, salvo le limitazioni che la legge stabilisce in via generale per motivi di sanità o di sicurezza. Nessuna restrizione può essere determinata da ragioni politiche.

Ogni cittadino è libero di uscire dal territorio della Repubblica e di rientrarvi, salvo gli obblighi di legge.

17. I cittadini hanno diritto di riunirsi pacificamente e senz'armi.

Per le riunioni, anche in luogo aperto al pubblico, non è richiesto preavviso.

Delle riunioni in luogo pubblico deve essere dato preavviso alle autorità, che possono vietarle soltanto per comprovati motivi di sicurezza o di incolumità pubblica.

18. I cittadini hanno diritto di associarsi liberamente, senza autorizzazione, per fini che non sono vietati ai singoli dalla legge penale.

Sono proibite le associazioni segrete e quelle che perseguono, anche indirettamente, scopi politici mediante organizzazioni di carattere militare.

19. Tutti hanno diritto di professare liberamente la propria fede religiosa in qualsiasi forma, individuale o associata, di farne propaganda e di esercitarne in privato o in pubblico il culto, purché non si tratti di riti contrari al buon costume.

20. Il carattere ecclesiastico e il fine di religione o di culto d'una associazione od istituzione non possono essere causa di speciali limitazioni legislative, né di speciali gravami fiscali per la sua costituzione, capacità giuridica e ogni forma di attività.

21. Tutti hanno diritto di manifestare liberamente il proprio pensiero con la parola, lo scritto e ogni altro mezzo di diffusione.

La stampa non può essere soggetta ad autorizzazioni o censure.

Si può procedere a sequestro soltanto per atto motivato dell'autorità giudiziaria nel caso di delitti, per i quali la legge sulla stampa espressamente lo autorizzi, o nel caso di violazione delle norme che la legge stessa prescriva per l'indicazione dei responsabili.

In tali casi, quando vi sia assoluta urgenza e non sia possibile il tempestivo intervento della autorità giudiziaria, il sequestro della stampa periodica può essere eseguito da ufficiali di polizia giudiziaria, che devono immediatamente, e non mai oltre ventiquattro ore, fare denunzia all'autorità giudiziaria. Se questa non lo convalida nelle ventiquattro ore successive, il sequestro si intende revocato e privo d'ogni effetto.

La legge può stabilire, con norme di carattere generale, che siano resi noti i mezzi di finanziamento della stampa periodica.

Sono vietate le pubblicazioni a stampa, gli spettacoli e tutte le altre manifestazioni contrarie al buon costume. La legge stabilisce provvedimenti adeguati a prevenire e a reprimere le violazioni.

22. Nessuno può essere privato, per motivi politici, della capacità giuridica, della cittadinanza, del nome.

23. Nessuna prestazione personale o patrimoniale può essere imposta se non in base alla legge.

24. Tutti possono agire in giudizio per la tutela dei propri diritti e interessi legittimi.

La difesa è diritto inviolabile in ogni stato e grado del procedimento.

Sono assicurati ai non abbienti, con appositi istituti, i mezzi per agire e difendersi davanti ad ogni giurisdizione.

La legge determina le condizioni e i modi per la riparazione degli errori giudiziari.

25. Nessuno può essere distolto dal giudice naturale precostituito per legge.

Nessuno può essere punito se non in forza di una legge che sia entrata in vigore prima del fatto commesso.

Nessuno può essere sottoposto a misure di sicurezza se non nei casi previsti dalla legge.

26. L'estradizione del cittadino può essere consentita soltanto ove sia espressamente prevista dalle convenzioni internazionali.

Non può in alcun caso essere ammessa per reati politici.

27. La responsabilità penale è personale.

L'imputato non è considerato colpevole sino alla condanna definitiva.

Le pene non possono consistere in trattamenti contrari al senso di umanità e devono tendere alla rieducazione del condannato.

Non è ammessa la pena di morte.

28. I funzionari e i dipendenti dello Stato e degli enti pubblici sono direttamente responsabili, secondo le leggi penali, civili e amministrative, degli atti compiuti in violazione di diritti. In tali casi la responsabilità civile si estende allo Stato e agli enti pubblici.

TITOLO II

Rapporti etico-sociali

29. La Repubblica riconosce i diritti della famiglia come società naturale fondata sul matrimonio.

Il matrimonio è ordinato sulla eguaglianza morale e giuridica dei coniugi, con i limiti stabiliti dalla legge a garanzia dell'unità familiare.

30. È dovere e diritto dei genitori mantenere, istruire ed educare i figli, anche se nati fuori del matrimonio.

Nei casi di incapacità dei genitori, la legge provvede a che siano assolti i loro compiti.

La legge assicura ai figli nati fuori del matrimonio ogni tutela giuridica e sociale, compatibile con i diritti dei membri della famiglia legittima.

La legge detta le norme e i limiti per la ricerca della paternità.

31. La Repubblica agevola con misure economiche e altre provvidenze la formazione della famiglia e l'adempimento dei compiti relativi, con particolare riguardo alle famiglie numerose.

Protegge la maternità, l'infanzia e la gioventù, favorendo gli istituti necessari a tale scopo.

32. La Repubblica tutela la salute come fondamentale diritto dell'individuo e interesse della collettività, e garantisce cure gratuite agli indigenti.

Nessuno può essere obbligato a un determinato trattamento sanitario se non per disposizione di legge. La legge non può in nessun caso violare i limiti imposti dal rispetto della persona umana.

33. L'arte e la scienza sono libere e libero ne è l'insegnamento.

La Repubblica detta le norme generali sull'istruzione ed istituisce scuole statali per tutti gli ordini e gradi.

Enti e privati hanno il diritto di istituire scuole ed istituti di educazione, senza oneri per lo Stato.

La legge, nel fissare i diritti e gli obblighi delle scuole non statali che chiedono la parità, deve assicurare ad esse piena libertà e ai loro alunni un trattamento scolastico equipollente a quello degli alunni di scuole statali.

È prescritto un esame di Stato per l'ammissione ai vari ordini e gradi di scuole o per la conclusione di essi e per l'abilitazione all'esercizio professionale.

Le istituzioni di alta cultura, università ed accademie, hanno il diritto di darsi ordinamenti autonomi nei limiti stabiliti dalle leggi dello Stato.

34. La scuola è aperta a tutti.

L'istruzione inferiore, impartita per almeno otto anni, è obbligatoria e gratuita.

I capaci e meritevoli, anche se privi di mezzi, hanno diritto di raggiungere i gradi più alti degli studi.

La Repubblica rende effettivo questo diritto con borse di studio, assegni alle famiglie ed altre provvidenze, che devono essere attribuite per concorso.

TITOLO III

Rapporti economici

35. La Repubblica tutela il lavoro in tutte le sue forme ed applicazioni.

Cura la formazione e l'elevazione professionale dei lavoratori.

Promuove e favorisce gli accordi e le organizzazioni internazionali intesi ad affermare e regolare i diritti del lavoro.

Riconosce la libertà di emigrazione, salvo gli obblighi stabiliti dalla legge nell'interesse generale, e tutela il lavoro italiano all'estero.

36. Il lavoratore ha diritto ad una retribuzione proporzionata alla quantità e qualità del suo lavoro e in ogni caso sufficiente ad assicurare a sé e alla famiglia un'esistenza libera e dignitosa.

La durata massima della giornata lavorativa è stabilita dalla legge.

Il lavoratore ha diritto al riposo settimanale e a ferie annuali retribuite, e non può rinunziarvi.

37. La donna lavoratrice ha gli stessi diritti e, a parità di lavoro, le stesse retribuzioni che spettano al lavoratore.

Le condizioni di lavoro devono consentire l'adempimento della sua essenziale funzione familiare e assicurare alla madre e al bambino una speciale adeguata protezione.

La legge stabilisce il limite minimo di età per il lavoro salariato.

La Repubblica tutela il lavoro dei minori con speciali norme e garantisce ad essi, a parità di lavoro, il diritto alla parità di retribuzione.

38. Ogni cittadino inabile al lavoro e sprovvisto dei mezzi necessari per vivere ha diritto al mantenimento e all'assistenza sociale.

I lavoratori hanno diritto che siano preveduti ed assicurati mezzi adeguati alle loro esigenze di vita in caso di infortunio, malattia, invalidità e vecchiaia, disoccupazione involontaria.

Gli inabili ed i minorati hanno diritto all'educazione e all'avviamento professionale.

Ai compiti previsti in questo articolo provvedono organi ed istituti predisposti o integrati dallo Stato.

L'assistenza privata è libera.

39. L'organizzazione sindacale è libera.

Ai sindacati non può essere imposto altro obbligo se non la loro registrazione presso uffici locali o centrali, secondo le norme di legge.

È condizione per la registrazione che gli statuti dei sindacati sanciscano un ordinamento interno a base democratica.

I sindacati registrati hanno personalità giuridica. Possono, rappresentati unitariamente in proporzione dei loro iscritti, stipulare contratti collettivi di lavoro con efficacia obbligatoria per tutti gli appartenenti alle categorie alle quali il contratto si riferisce.

40. Il diritto di sciopero si esercita nell'ambito delle leggi che lo regolano.

41. L'iniziativa economica privata è libera.

Non può svolgersi in contrasto con l'utilità sociale o in modo da recare danno alla sicurezza, alla libertà, alla dignità umana.

La legge determina i programmi e i controlli opportuni perché l'attività economica pubblica e privata possa essere indirizzata e coordinata a fini sociali.

42. La proprietà è pubblica o privata. I beni economici appartengono allo Stato, ad enti o a privati.

La proprietà privata è riconosciuta e garantita dalla legge, che ne determina i modi di acquisto, di godimento e i limiti allo scopo di assicurarne la funzione sociale e di renderla accessibile a tutti.

La proprietà privata può essere, nei casi preveduti dalla legge, e salvo indennizzo, espropriata per motivi d'interesse generale.

La legge stabilisce le norme ed i limiti della successione legittima e testamentaria e i diritti dello Stato sulle eredità.

43. A fini di utilità generale la legge può riservare originariamente o trasferire, mediante espropriazione e salvo indennizzo, allo Stato, ad enti pubblici o a comunità di lavoratori o di utenti determinate imprese o categorie di imprese, che si riferiscano a servizi pubblici essenziali o a fonti di energia o a situazioni di monopolio ed abbiano carattere di preminente interesse generale.

44. Al fine di conseguire il razionale sfruttamento del suolo e di stabilire equi rapporti sociali, la legge impone obblighi e vincoli alla proprietà terriera privata, fissa limiti alla sua estensione secondo le regioni e le zone agrarie, promuove ed impone la bonifica delle terre, la trasformazione del latifondo e la ricostituzione delle unità produttive; aiuta la piccola e la media proprietà.

La legge dispone provvedimenti a favore delle zone montane.

45. La Repubblica riconosce la funzione sociale della cooperazione a carattere di mutualità e senza fini di speculazione privata. La legge ne promuove e favorisce l'incremento con i mezzi più idonei e ne assicura, con gli opportuni controlli, il carattere e le finalità.

La legge provvede alla tutela e allo sviluppo dell'artigianato.

46. Ai fini della elevazione economica e sociale del lavoro e in armonia con le esigenze della produzione, la Repubblica riconosce il diritto dei lavoratori a collaborare, nei modi e nei limiti stabiliti dalle leggi, alla gestione delle aziende.

47. La Repubblica incoraggia e tutela il risparmio in tutte le sue forme; disciplina, coordina e controlla l'esercizio del credito.

Favorisce l'accesso del risparmio popolare alla proprietà dell'abitazione, alla proprietà diretta coltivatrice e al diretto e indiretto investimento azionario nei grandi complessi produttivi del Paese.

TITOLO IV

Rapporti politici

48. Sono elettori tutti i cittadini, uomini e donne, che hanno raggiunto la maggiore età.

Il voto è personale ed eguale, libero e segreto. Il suo esercizio è dovere civico.

La legge stabilisce requisiti e modalità per l'esercizio del diritto di voto dei cittadini residenti all'estero e ne assicura l'effettività. A tale fine è istituita una circoscrizione Estero per l'elezione delle Camere, alla quale sono assegnati seggi nel numero stabilito da norma costituzionale e secondo criteri determinati dalla legge.

Il diritto di voto non può essere limitato se non per incapacità civile o per effetto di sentenza penale irrevocabile o nei casi di indegnità morale indicati dalla legge.

49. Tutti i cittadini hanno diritto di associarsi liberamente in partiti per concorrere con metodo democratico a determinare la politica nazionale.

50. Tutti i cittadini possono rivolgere petizioni alle

Camere per chiedere provvedimenti legislativi o esporre comuni necessità.

51. Tutti i cittadini dell'uno o dell'altro sesso possono accedere agli uffici pubblici e alle cariche elettive in condizioni di eguaglianza, secondo i requisiti stabiliti dalla legge. A tale fine la Repubblica promuove con appositi provvedimenti le pari opportunità tra donne e uomini.

La legge può, per l'ammissione ai pubblici uffici e alle cariche elettive, parificare ai cittadini gli italiani non appartenenti alla Repubblica.

Chi è chiamato a funzioni pubbliche elettive ha diritto di disporre del tempo necessario al loro adempimento e di conservare il suo posto di lavoro.

52. La difesa della Patria è sacro dovere del cittadino.

Il servizio militare è obbligatorio nei limiti e modi stabiliti dalla legge. Il suo adempimento non pregiudica la posizione di lavoro del cittadino, né l'esercizio dei diritti politici.

L'ordinamento delle Forze armate si informa allo spirito democratico della Repubblica.

53. Tutti sono tenuti a concorrere alle spese pubbliche in ragione della loro capacità contributiva.

Il sistema tributario è informato a criteri di progressività.

54. Tutti i cittadini hanno il dovere di essere fedeli alla Repubblica e di osservarne la Costituzione e le leggi.

I cittadini cui sono affidate funzioni pubbliche hanno il dovere di adempierle con disciplina ed onore, prestando giuramento nei casi stabiliti dalla legge.

PARTE SECONDA

ORDINAMENTO DELLA REPUBBLICA

TITOLO I

Il Parlamento

Sezione I. - *Le Camere*

55. Il Parlamento si compone della Camera dei deputati e del Senato della Repubblica.

Il Parlamento si riunisce in seduta comune dei membri delle due Camere nei soli casi stabiliti dalla Costituzione.

56. La Camera dei deputati è eletta a suffragio universale e diretto.

Il numero dei deputati è di seicentotrenta, dodici dei quali eletti nella circoscrizione Estero.

Sono eleggibili a deputati tutti gli elettori che nel giorno delle elezioni hanno compiuto i venticinque anni di età.

La ripartizione dei seggi tra le circoscrizioni, fatto salvo il numero dei seggi assegnati alla circoscrizione Estero, si effettua dividendo il numero degli abitanti della Repubblica, quale risulta dall'ultimo censimento generale della popolazione, per seicentodiciotto e distribuendo i seggi in proporzione alla popolazione di ogni circoscrizione, sulla base dei quozienti interi e dei più alti resti.

57. Il Senato della Repubblica è eletto a base regionale, salvi i seggi assegnati alla circoscrizione Estero.

Il numero dei senatori elettivi è di trecentoquindici, sei dei quali eletti nella circoscrizione Estero.

Nessuna Regione può avere un numero di senatori inferiore a sette; il Molise ne ha due, la Valle d'Aosta uno.

La ripartizione dei seggi tra le Regioni, fatto salvo il numero dei seggi assegnati alla circoscrizione Estero, previa applicazione delle disposizioni del precedente comma, si effettua in proporzione alla popolazione delle Regioni, quale risulta dall'ultimo censimento generale, sulla base dei quozienti interi e dei più alti resti.

58. I senatori sono eletti a suffragio universale e diretto dagli elettori che hanno superato il venticinquesimo anno di età.

Sono eleggibili a senatori gli elettori che hanno compiuto il quarantesimo anno.

59. È senatore di diritto e a vita, salvo rinunzia, chi è stato Presidente della Repubblica.

Il Presidente della Repubblica può nominare senatori a vita cinque cittadini che hanno illustrato la Patria per altissimi meriti nel campo sociale, scientifico, artistico e letterario.

60. La Camera dei deputati e il Senato della Repubblica sono eletti per cinque anni.

La durata di ciascuna Camera non può essere prorogata se non per legge e soltanto in caso di guerra.

61. Le elezioni delle nuove Camere hanno luogo entro settanta giorni dalla fine delle precedenti. La prima riunione ha luogo non oltre il ventesimo giorno dalle elezioni.

Finché non siano riunite le nuove Camere sono prorogati i poteri delle precedenti.

62. Le Camere si riuniscono di diritto il primo giorno non festivo di febbraio e di ottobre.

Ciascuna Camera può essere convocata in via straordinaria per iniziativa del suo Presidente o del Presidente della Repubblica o di un terzo dei suoi componenti.

Quando si riunisce in via straordinaria una Camera, è convocata di diritto anche l'altra.

63. Ciascuna Camera elegge tra i suoi componenti il Presidente e l'Ufficio di presidenza.

Quando il Parlamento si riunisce in seduta comune, il Presidente e l'Ufficio di presidenza sono quelli della Camera dei deputati.

64. Ciascuna Camera adotta il proprio regolamento a maggioranza assoluta dei suoi componenti.

Le sedute sono pubbliche; tuttavia ciascuna delle due Camere e il Parlamento a Camere riunite possono deliberare di adunarsi in seduta segreta.

Le deliberazioni di ciascuna Camera e del Parlamento non sono valide se non è presente la maggioranza dei loro componenti e se non sono adottate a maggioranza dei presenti, salvo che la Costituzione prescriva una maggioranza speciale.

I membri del Governo, anche se non fanno parte delle Camere, hanno diritto, e se richiesti obbligo, di assistere alle sedute. Devono essere sentiti ogni volta che lo richiedono.

65. La legge determina i casi di ineleggibilità e di incompatibilità con l'ufficio di deputato o di senatore.

Nessuno può appartenere contemporaneamente alle due Camere.

66. Ciascuna Camera giudica dei titoli di ammissione dei suoi componenti e delle cause sopraggiunte di ineleggibilità e di incompatibilità.

67. Ogni membro del Parlamento rappresenta la Nazione ed esercita le sue funzioni senza vincolo di mandato.

68. I membri del Parlamento non possono essere chiamati a rispondere delle opinioni espresse e dei voti dati nell'esercizio delle loro funzioni.

Senza autorizzazione della Camera alla quale appartiene, nessun membro del Parlamento può essere sottoposto a perquisizione personale o domiciliare, né può essere arrestato o altrimenti privato della libertà personale, o mantenuto in detenzione, salvo che in esecuzione di una sentenza irrevocabile di condanna, ovvero se sia colto nell'atto di commettere un delitto per il quale è previsto l'arresto obbligatorio in flagranza.

Analoga autorizzazione è richiesta per sottoporre i membri del Parlamento ad intercettazioni, in qualsiasi forma, di conversazioni o comunicazioni e a sequestro di corrispondenza.

69. I membri del Parlamento ricevono una indennità stabilita dalla legge.

Sezione II. - *La formazione delle leggi*

70. La funzione legislativa è esercitata collettivamente dalle due Camere.

71. L'iniziativa delle leggi appartiene al Governo, a ciascun membro delle Camere ed agli organi ed enti ai quali sia conferita da legge costituzionale.

Il popolo esercita l'iniziativa delle leggi, mediante la proposta, da parte di almeno cinquantamila elettori, di un progetto redatto in articoli.

72. Ogni disegno di legge, presentato ad una Camera è, secondo le norme del suo regolamento, esaminato da una commissione e poi dalla Camera stessa, che l'approva articolo per articolo e con votazione finale.

Il regolamento stabilisce procedimenti abbreviati per i disegni di legge dei quali è dichiarata l'urgenza.

Può altresì stabilire in quali casi e forme l'esame e l'approvazione dei disegni di legge sono deferiti a commissioni, anche permanenti, composte in modo da rispecchiare la proporzione dei gruppi parlamentari. Anche in tali casi, fino al momento della sua approvazione definitiva, il disegno di legge è rimesso alla Camera, se il Governo o un decimo dei componenti della Camera o un quinto della commissione richiedono che sia discusso e votato dalla Camera stessa oppure che sia sottoposto alla sua approvazione finale con sole dichiarazioni di voto. Il regolamento determina le forme di pubblicità dei lavori delle commissioni.

La procedura normale di esame e di approvazione diretta da parte della Camera è sempre adottata per i disegni di legge in materia costituzionale ed elettorale e per quelli di delegazione legislativa , di autorizzazione a ratificare trattati internazionali, di approvazione di bilanci e consuntivi.

73. Le leggi sono promulgate dal Presidente della Repubblica entro un mese dall'approvazione.

Se le Camere, ciascuna a maggioranza assoluta dei propri componenti, ne dichiarano l'urgenza, la legge è promulgata nel termine da essa stabilito.

Le leggi sono pubblicate subito dopo la promulgazione ed entrano in vigore il quindicesimo giorno successivo alla loro pubblicazione, salvo che le leggi stesse stabiliscano un termine diverso.

74. Il Presidente della Repubblica, prima di promulgare la legge, può con messaggio motivato alle Camere chiedere una nuova deliberazione.

Se le Camere approvano nuovamente la legge, questa deve essere promulgata.

75. È indetto *referendum* popolare per deliberare l'abrogazione, totale o parziale, di una legge o di un atto avente valore di legge, quando lo richiedono cinquecentomila elettori o cinque Consigli regionali.

Non è ammesso il *referendum* per le leggi tributarie e di bilancio, di amnistia e di indulto, di autorizzazione a ratificare trattati internazionali.

Hanno diritto di partecipare al *referendum* tutti i cittadini chiamati ad eleggere la Camera dei deputati.

La proposta soggetta a *referendum* è approvata se ha partecipato alla votazione la maggioranza degli aventi diritto, e se è raggiunta la maggioranza dei voti validamente espressi.

La legge determina le modalità di attuazione del *referendum.*

76. L'esercizio della funzione legislativa non può essere delegato al Governo se non con determinazione di princìpi e criteri direttivi e soltanto per tempo limitato e per oggetti definiti.

77. Il Governo non può, senza delegazione delle Camere, emanare decreti che abbiano valore di legge ordinaria.

Quando, in casi straordinari di necessità e d'urgenza, il Governo adotta, sotto la sua responsabilità, provvedimenti provvisori con forza di legge, deve il giorno stesso presentarli per la conversione alle Camere che, anche se sciolte, sono appositamente convocate e si riuniscono entro cinque giorni.

I decreti perdono efficacia sin dall'inizio, se non sono convertiti in legge entro sessanta giorni dalla loro pubblicazione. Le Camere possono tuttavia regolare con legge i rapporti giuridici sorti sulla base dei decreti non convertiti.

78. Le Camere deliberano lo stato di guerra e conferiscono al Governo i poteri necessari.

79. L'amnistia e l'indulto sono concessi con legge deliberata a maggioranza dei due terzi dei componenti di ciascuna Camera, in ogni suo articolo e nella votazione finale.

La legge che concede l'amnistia o l'indulto stabilisce il termine per la loro applicazione.

In ogni caso l'amnistia e l'indulto non possono applicarsi ai reati commessi successivamente alla presentazione del disegno di legge.

80. Le Camere autorizzano con legge la ratifica dei trattati internazionali che sono di natura politica, o prevedono arbitrati o regolamenti giudiziari, o importano variazioni del territorio od oneri alle finanze o modificazioni di leggi.

81. Lo Stato assicura l'equilibrio tra le entrate e le spese del proprio bilancio, tenendo conto delle fasi avverse e delle fasi favorevoli del ciclo economico.

Il ricorso all'indebitamento è consentito solo al fine di considerare gli effetti del ciclo economico e, previa autorizzazione delle Camere adottata a maggioranza assoluta dei rispettivi componenti, al verificarsi di eventi eccezionali.

Ogni legge che importi nuovi o maggiori oneri provvede ai mezzi per farvi fronte.

Le Camere ogni anno approvano con legge il bilancio e il rendiconto consuntivo presentati dal Governo.

L'esercizio provvisorio del bilancio non può essere concesso se non per legge e per periodi non superiori complessivamente a quattro mesi.

Il contenuto della legge di bilancio, le norme fondamentali e i criteri volti ad assicurare l'equilibrio tra le entrate e le spese dei bilanci e la sostenibilità del debito del complesso delle pubbliche amministrazioni sono stabiliti con legge approvata a maggioranza assoluta dei componenti di ciascuna Camera, nel rispetto dei principi definiti con legge costituzionale.

82. Ciascuna Camera può disporre inchieste su materie di pubblico interesse.

A tale scopo nomina fra i propri componenti una commissione formata in modo da rispecchiare la proporzione dei vari gruppi. La commissione d'inchiesta procede alle indagini e agli esami con gli stessi poteri e le stesse limitazioni dell'autorità giudiziaria.

TITOLO II

Il Presidente della Repubblica

83. Il Presidente della Repubblica è eletto dal Parlamento in seduta comune dei suoi membri.

All'elezione partecipano tre delegati per ogni Regione eletti dal Consiglio regionale in modo che sia assicurata la rappresentanza delle minoranze. La Valle d'Aosta ha un solo delegato.

L'elezione del Presidente della Repubblica ha luogo per scrutinio segreto a maggioranza di due terzi dell'assemblea. Dopo il terzo scrutinio è sufficiente la maggioranza assoluta.

84. Può essere eletto Presidente della Repubblica ogni cittadino che abbia compiuto i cinquanta anni d'età e goda dei diritti civili e politici.

L'ufficio di Presidente della Repubblica è incompatibile con qualsiasi altra carica.

L'assegno e la dotazione del Presidente sono determinati per legge.

85. Il Presidente della Repubblica è eletto per sette anni.

Trenta giorni prima che scada il termine, il Presidente della Camera dei deputati convoca in seduta comune il Parlamento e i delegati regionali, per eleggere il nuovo Presidente della Repubblica.

Se le Camere sono sciolte, o manca meno di tre mesi alla loro cessazione, la elezione ha luogo entro quindici giorni dalla riunione delle Camere nuove. Nel frattempo sono prorogati i poteri del Presidente in carica.

86. Le funzioni del Presidente della Repubblica, in ogni caso che egli non possa adempierle, sono esercitate dal Presidente del Senato.

In caso di impedimento permanente o di morte o di dimissioni del Presidente della Repubblica, il Presidente della Camera dei deputati indice la elezione del nuovo Presidente della Repubblica entro quindici giorni, salvo il maggior termine previsto se le Camere sono sciolte o manca meno di tre mesi alla loro cessazione.

87. Il Presidente della Repubblica è il capo dello Stato e rappresenta l'unità nazionale.

Può inviare messaggi alle Camere.

Indice le elezioni delle nuove Camere e ne fissa la prima riunione.

Autorizza la presentazione alle Camere dei disegni di legge di iniziativa del Governo.

Promulga le leggi ed emana i decreti aventi valore di legge e i regolamenti.

Indice il *referendum* popolare nei casi previsti dalla Costituzione.

Nomina, nei casi indicati dalla legge, i funzionari dello Stato.

Accredita e riceve i rappresentanti diplomatici, ratifica i trattati internazionali, previa, quando occorra, l'autorizzazione delle Camere.

Ha il comando delle Forze armate, presiede il Consiglio supremo di difesa costituito secondo la legge, dichiara lo stato di guerra deliberato dalle Camere.

Presiede il Consiglio superiore della magistratura.

Può concedere grazia e commutare le pene.

Conferisce le onorificenze della Repubblica.

88. Il Presidente della Repubblica può, sentiti i loro Presidenti, sciogliere le Camere o anche una sola di esse.

Non può esercitare tale facoltà negli ultimi sei mesi del suo mandato, salvo che essi coincidano in tutto o in parte con gli ultimi sei mesi della legislatura.

89. Nessun atto del Presidente della Repubblica è valido se non è controfirmato dai ministri proponenti, che ne assumono la responsabilità.

Gli atti che hanno valore legislativo e gli altri indicati dalla legge sono controfirmati anche dal Presidente del Consiglio dei ministri.

90. Il Presidente della Repubblica non è responsabile degli atti compiuti nell'esercizio delle sue funzioni, tranne che per alto tradimento o per attentato alla Costituzione.

In tali casi è messo in stato di accusa dal Parlamento in seduta comune, a maggioranza assoluta dei suoi membri.

91. Il Presidente della Repubblica, prima di assumere le sue funzioni, presta giuramento di fedeltà alla Repubblica e di osservanza della Costituzione dinanzi al Parlamento in seduta comune.

TITOLO III

Il Governo

Sezione I. - *Il Consiglio dei ministri*

92. Il Governo della Repubblica è composto del Presidente del Consiglio e dei ministri, che costituiscono insieme il Consiglio dei ministri.

Il Presidente della Repubblica nomina il Presidente del Consiglio dei ministri e, su proposta di questo, i ministri.

93. Il Presidente del Consiglio dei ministri e i ministri, prima di assumere le funzioni, prestano giuramento nelle mani del Presidente della Repubblica.

94. Il Governo deve avere la fiducia delle due Camere.

Ciascuna Camera accorda o revoca la fiducia mediante mozione motivata e votata per appello nominale.

Entro dieci giorni dalla sua formazione il Governo si presenta alle Camere per ottenerne la fiducia.

Il voto contrario di una o d'entrambe le Camere su una proposta del Governo non importa obbligo di dimissioni.

La mozione di sfiducia deve essere firmata da almeno un decimo dei componenti della Camera e non può essere messa in discussione prima di tre giorni dalla sua presentazione.

95. Il Presidente del Consiglio dei ministri dirige la politica generale del Governo e ne è responsabile. Mantiene l'unità di indirizzo politico ed amministrativo, promuovendo e coordinando l'attività dei ministri.

I ministri sono responsabili collegialmente degli atti del Consiglio dei ministri, e individualmente degli atti dei loro dicasteri.

La legge provvede all'ordinamento della Presidenza

del Consiglio e determina il numero, le attribuzioni e l'organizzazione dei ministeri.

96. Il Presidente del Consiglio dei Ministri ed i Ministri, anche se cessati dalla carica, sono sottoposti, per i reati commessi nell'esercizio delle loro funzioni, alla giurisdizione ordinaria, previa autorizzazione del Senato della Repubblica o della Camera dei deputati, secondo le norme stabilite con legge costituzionale.

Sezione II. - *La Pubblica Amministrazione*

97. Le pubbliche amministrazioni, in coerenza con l'ordinamento dell'Unione europea, assicurano l'equilibrio dei bilanci e la sostenibilità del debito pubblico.

I pubblici uffici sono organizzati secondo disposizioni di legge, in modo che siano assicurati il buon andamento e l'imparzialità dell'amministrazione.

Nell'ordinamento degli uffici sono determinate le sfere di competenza, le attribuzioni e le responsabilità proprie dei funzionari.

Agli impieghi nelle pubbliche amministrazioni si accede mediante concorso, salvo i casi stabiliti dalla legge.

98. I pubblici impiegati sono al servizio esclusivo della Nazione.

Se sono membri del Parlamento, non possono conseguire promozioni se non per anzianità.

Si possono con legge stabilire limitazioni al diritto d'iscriversi ai partiti politici per i magistrati, i militari di carriera in servizio attivo, i funzionari ed agenti di polizia, i rappresentanti diplomatici e consolari all'estero.

Sezione III. - *Gli organi ausiliari*

99. Il Consiglio nazionale dell'economia e del lavoro è composto, nei modi stabiliti dalla legge, di esperti e di rappresentanti delle categorie produttive, in misura che tenga conto della loro importanza numerica e qualitativa.

È organo di consulenza delle Camere e del Governo per le materie e secondo le funzioni che gli sono attribuite dalla legge.

Ha l'iniziativa legislativa e può contribuire alla elaborazione della legislazione economica e sociale secondo i princìpi ed entro i limiti stabiliti dalla legge.

100. Il Consiglio di Stato è organo di consulenza giuridico-amministrativa e di tutela della giustizia nell'amministrazione.

La Corte dei conti esercita il controllo preventivo di legittimità sugli atti del Governo, e anche quello successivo sulla gestione del bilancio dello Stato. Partecipa, nei casi e nelle forme stabiliti dalla legge, al controllo sulla gestione finanziaria degli enti a cui lo Stato contribuisce in via ordinaria. Riferisce direttamente alle Camere sul risultato del riscontro eseguito.

La legge assicura l'indipendenza dei due istituti e dei loro componenti di fronte al Governo.

TITOLO IV

La Magistratura

Sezione I. - *Ordinamento giurisdizionale*

101. La giustizia è amministrata in nome del popolo.

I giudici sono soggetti soltanto alla legge.

102. La funzione giurisdizionale è esercitata da magistrati ordinari istituiti e regolati dalle norme sull'ordinamento giudiziario.

Non possono essere istituiti giudici straordinari o giudici speciali. Possono soltanto istituirsi presso gli organi giudiziari ordinari sezioni specializzate per determinate materie, anche con la partecipazione di cittadini idonei estranei alla magistratura.

La legge regola i casi e le forme della partecipazione diretta del popolo all'amministrazione della giustizia.

103. Il Consiglio di Stato e gli altri organi di giustizia amministrativa hanno giurisdizione per la tutela nei confronti della pubblica amministrazione degli interessi legittimi e, in particolari materie indicate dalla legge, anche dei diritti soggettivi.

La Corte dei conti ha giurisdizione nelle materie di contabilità pubblica e nelle altre specificate dalla legge.

I tribunali militari in tempo di guerra hanno la giurisdizione stabilita dalla legge. In tempo di pace hanno giurisdizione soltanto per i reati militari commessi da appartenenti alle Forze armate.

104. La magistratura costituisce un ordine autonomo e indipendente da ogni altro potere.

Il Consiglio superiore della magistratura è presieduto dal Presidente della Repubblica.

Ne fanno parte di diritto il primo presidente e il procuratore generale della Corte di cassazione.

Gli altri componenti sono eletti per due terzi da tutti i magistrati ordinari tra gli appartenenti alle varie categorie, e per un terzo dal Parlamento in seduta comune tra professori ordinari di università in materie giuridiche ed avvocati dopo quindici anni di esercizio.

Il Consiglio elegge un vicepresidente fra i componenti designati dal Parlamento.

I membri elettivi del Consiglio durano in carica quattro anni e non sono immediatamente rieleggibili.

Non possono, finché sono in carica, essere iscritti negli albi professionali, né far parte del Parlamento o di un Consiglio regionale.

105. Spettano al Consiglio superiore della magistratura, secondo le norme dell'ordinamento giudiziario, le assunzioni, le assegnazioni ed i trasferimenti, le promozioni e i provvedimenti disciplinari nei riguardi dei magistrati.

106. Le nomine dei magistrati hanno luogo per concorso.

La legge sull'ordinamento giudiziario può ammettere la nomina, anche elettiva, di magistrati onorari per tutte le funzioni attribuite a giudici singoli.

Su designazione del Consiglio superiore della magistratura possono essere chiamati all'ufficio di consiglieri di cassazione, per meriti insigni, professori ordinari di università in materie giuridiche e avvocati che abbiano quindici anni d'esercizio e siano iscritti negli albi speciali per le giurisdizioni superiori.

107. I magistrati sono inamovibili. Non possono essere dispensati o sospesi dal servizio né destinati ad altre sedi o funzioni se non in seguito a decisione del Consiglio superiore della magistratura, adottata o per i motivi e con le garanzie di difesa stabilite dall'ordinamento giudiziario o con il loro consenso.

Il Ministro della giustizia ha facoltà di promuovere l'azione disciplinare.

I magistrati si distinguono fra loro soltanto per diversità di funzioni.

Il pubblico ministero gode delle garanzie stabilite nei suoi riguardi dalle norme sull'ordinamento giudiziario.

108. Le norme sull'ordinamento giudiziario e su ogni magistratura sono stabilite con legge.

La legge assicura l'indipendenza dei giudici delle giurisdizioni speciali, del pubblico ministero presso di esse, e degli estranei che partecipano all'amministrazione della giustizia.

109. L'autorità giudiziaria dispone direttamente della polizia giudiziaria.

110. Ferme le competenze del Consiglio superiore della magistratura, spettano al Ministro della giustizia l'organizzazione e il funzionamento dei servizi relativi alla giustizia.

Sezione II. - *Norme sulla giurisdizione*

111. La giurisdizione si attua mediante il giusto processo regolato dalla legge.

Ogni processo si svolge nel contraddittorio tra le parti, in condizioni di parità, davanti a giudice terzo e imparziale. La legge ne assicura la ragionevole durata.

Nel processo penale, la legge assicura che la persona accusata di un reato sia, nel più breve tempo possibile, informata riservatamente della natura e dei motivi dell'accusa elevata a suo carico; disponga del tempo e delle condizioni necessari per preparare la sua difesa; abbia la facoltà, davanti al giudice, di interrogare o di far interrogare le persone che rendono dichiarazioni a suo carico, di ottenere la convocazione e l'interrogatorio di persone a sua difesa nelle stesse condizioni dell'accusa e l'acquisizione di ogni altro mezzo di prova a suo favore; sia assistita da un interprete se non comprende o non parla la lingua impiegata nel processo.

Il processo penale è regolato dal principio del contraddittorio nella formazione della prova. La colpevolezza dell'imputato non può essere provata sulla base di dichiarazioni rese da chi, per libera scelta, si è sempre volontariamente sottratto all'interrogatorio da parte dell'imputato o del suo difensore.

La legge regola i casi in cui la formazione della prova non ha luogo in contraddittorio per consenso dell'imputato o per accertata impossibilità di natura oggettiva o per effetto di provata condotta illecita.

Tutti i provvedimenti giurisdizionali devono essere motivati.

Contro le sentenze e contro i provvedimenti sulla libertà personale, pronunciati dagli organi giurisdizionali ordinari o speciali, è sempre ammesso ricorso in Cassazione per violazione di legge. Si può derogare a tale norma soltanto per le sentenze dei tribunali militari in tempo di guerra.

Contro le decisioni del Consiglio di Stato e della Corte dei conti il ricorso in Cassazione è ammesso per i soli motivi inerenti alla giurisdizione.

112. Il pubblico ministero ha l'obbligo di esercitare l'azione penale.

113. Contro gli atti della pubblica amministrazione è sempre ammessa la tutela giurisdizionale dei diritti e degli interessi legittimi dinanzi agli organi di giurisdizione ordinaria o amministrativa.

Tale tutela giurisdizionale non può essere esclusa o limitata a particolari mezzi di impugnazione o per determinate categorie di atti.

La legge determina quali organi di giurisdizione possono annullare gli atti della pubblica amministrazione nei casi e con gli effetti previsti dalla legge stessa.

TITOLO V

Le Regioni, le Province, i Comuni

114. La Repubblica è costituita dai Comuni, dalle Province, dalle Città metropolitane, dalle Regioni e dallo Stato.

I Comuni, le Province, le Città metropolitane e le Regioni sono enti autonomi con propri statuti, poteri e funzioni secondo i princìpi fissati dalla Costituzione.

Roma è la capitale della Repubblica. La legge dello Stato disciplina il suo ordinamento.

115. [articolo abrogato].

116. Il Friuli Venezia Giulia, la Sardegna, la Sicilia, il Trentino-Alto Adige/Südtirol e la Valle d'Aosta/Vallée d'Aoste dispongono di forme e condizioni particolari di autonomia, secondo i rispettivi statuti speciali adottati con legge costituzionale.

La Regione Trentino-Alto Adige/Südtirol è costituita dalle Province autonome di Trento e di Bolzano.

Ulteriori forme e condizioni particolari di autonomia, concernenti le materie di cui al terzo comma dell'articolo 117 e le materie indicate dal secondo comma del medesimo articolo alle lettere *l*), limitatamente all'organizzazione della giustizia di pace, *n*) e *s*), possono essere attribuite ad altre Regioni, con legge dello Stato, su iniziativa della Regione interessata, sentiti gli enti locali, nel rispetto dei princìpi di cui all'articolo 119. La legge è approvata dalle Camere a maggioranza assoluta dei componenti, sulla base di intesa fra lo Stato e la Regione interessata.

117. La potestà legislativa è esercitata dallo Stato e dalle Regioni nel rispetto della Costituzione, nonché dei vincoli derivanti dall'ordinamento comunitario e dagli obblighi internazionali.

Lo Stato ha legislazione esclusiva nelle seguenti materie:

a) politica estera e rapporti internazionali dello Stato; rapporti dello Stato con l'Unione europea; diritto di asilo e condizione giuridica dei cittadini di Stati non appartenenti all'Unione europea;

b) immigrazione;

c) rapporti tra la Repubblica e le confessioni religiose;

d) difesa e Forze armate; sicurezza dello Stato; armi, munizioni ed esplosivi;

e) moneta, tutela del risparmio e mercati finanziari; tutela della concorrenza; sistema valutario; sistema tributario e contabile dello Stato; armonizzazione dei bilanci pubblici; perequazione delle risorse finanziarie;

f) organi dello Stato e relative leggi elettorali; *referendum* statali; elezione del Parlamento europeo;

g) ordinamento e organizzazione amministrativa dello Stato e degli enti pubblici nazionali;

h) ordine pubblico e sicurezza, ad esclusione della polizia amministrativa locale;

i) cittadinanza, stato civile e anagrafi;

l) giurisdizione e norme processuali; ordinamento civile e penale; giustizia amministrativa;

m) determinazione dei livelli essenziali delle prestazioni concernenti i diritti civili e sociali che devono essere garantiti su tutto il territorio nazionale;

n) norme generali sull'istruzione;

o) previdenza sociale;

p) legislazione elettorale, organi di governo e funzioni fondamentali di Comuni, Province e Città metropolitane;

q) dogane, protezione dei confini nazionali e profilassi internazionale;

r) pesi, misure e determinazione del tempo; coordinamento informativo statistico e informatico dei dati dell'amministrazione statale, regionale e locale; opere dell'ingegno;

s) tutela dell'ambiente, dell'ecosistema e dei beni culturali.

Sono materie di legislazione concorrente quelle relative a: rapporti internazionali e con l'Unione europea delle Regioni; commercio con l'estero; tutela e sicurezza del lavoro; istruzione, salva l'autonomia delle istituzioni scolastiche e con esclusione della istruzione e della formazione professionale; professioni; ricerca scientifica e tecnologica e sostegno all'innovazione per i settori produttivi; tutela della salute; alimentazione; ordinamento sportivo; protezione civile; governo del territorio; porti e aeroporti civili; grandi reti di trasporto e di navigazione; ordinamento della comunicazione; produzione, trasporto e distribuzione nazionale dell'energia; previdenza complementare e integrativa; coordinamento della finanza pubblica e del sistema tributario; valorizzazione dei beni culturali e ambientali e promozione e organizzazione di attività culturali; casse di risparmio, casse rurali, aziende di credito a carattere regionale; enti di credito fondiario e agrario a carattere regionale. Nelle materie di legislazione concorrente spetta alle Regioni la potestà legislativa, salvo che per la determinazione dei princìpi fondamentali, riservata alla legislazione dello Stato.

Spetta alle Regioni la potestà legislativa in riferimento ad ogni materia non espressamente riservata alla legislazione dello Stato.

Le Regioni e le Province autonome di Trento e di Bolzano, nelle materie di loro competenza, partecipano alle decisioni dirette alla formazione degli atti normativi comunitari e provvedono all'attuazione e all'esecuzione degli accordi internazionali e degli atti dell'Unione europea, nel rispetto delle norme di procedura stabilite da legge dello Stato, che disciplina le modalità di esercizio del potere sostitutivo in caso di inadempienza.

La potestà regolamentare spetta allo Stato nelle materie di legislazione esclusiva, salva delega alle Regioni. La potestà regolamentare spetta alle Regioni in ogni altra materia. I Comuni, le Province e le Città metropolitane hanno potestà regolamentare in ordine alla disciplina dell'organizzazione e dello svolgimento delle funzioni loro attribuite.

Le leggi regionali rimuovono ogni ostacolo che impedisce la piena parità degli uomini e delle donne nella vita sociale, culturale ed economica e promuovono la parità di accesso tra donne e uomini alle cariche elettive.

La legge regionale ratifica le intese della Regione con altre Regioni per il migliore esercizio delle proprie funzioni, anche con individuazione di organi comuni.

Nelle materie di sua competenza la Regione può concludere accordi con Stati e intese con enti territoriali interni ad altro Stato, nei casi e con le forme disciplinati da leggi dello Stato.

118. Le funzioni amministrative sono attribuite ai Comuni salvo che, per assicurarne l'esercizio unitario, siano conferite a Province, Città metropolitane, Regioni e Stato, sulla base dei princìpi di sussidiarietà, differenziazione ed adeguatezza.

I Comuni, le Province e le Città metropolitane sono titolari di funzioni amministrative proprie e di quelle conferite con legge statale o regionale, secondo le rispettive competenze.

La legge statale disciplina forme di coordinamento fra Stato e Regioni nelle materie di cui alle lettere *b)* e *h)* del secondo comma dell'articolo 117, e disciplina inoltre forme di intesa e coordinamento nella materia della tutela dei beni culturali.

Stato, Regioni, Città metropolitane, Province e Comuni favoriscono l'autonoma iniziativa dei cittadini, singoli e associati, per lo svolgimento di attività di interesse generale, sulla base del principio di sussidiarietà.

119. I Comuni, le Province, le Città metropolitane e le Regioni hanno autonomia finanziaria di entrata e di spesa, nel rispetto dell'equilibrio dei relativi bilanci, e concorrono ad assicurare l'osservanza dei vincoli economici e finanziari derivanti dall'ordinamento dell'Unione europea.

I Comuni, le Province, le Città metropolitane e le Regioni hanno risorse autonome. Stabiliscono e applicano tributi ed entrate propri, in armonia con la Costituzione e secondo i princìpi di coordinamento della finanza pubblica e del sistema tributario. Dispongono di compartecipazioni al gettito di tributi erariali riferibile al loro territorio.

La legge dello Stato istituisce un fondo perequativo, senza vincoli di destinazione, per i territori con minore capacità fiscale per abitante.

Le risorse derivanti dalle fonti di cui ai commi precedenti consentono ai Comuni, alle Province, alle Città metropolitane e alle Regioni di finanziare integralmente le funzioni pubbliche loro attribuite.

Per promuovere lo sviluppo economico, la coesione e la solidarietà sociale, per rimuovere gli squilibri economici e sociali, per favorire l'effettivo esercizio dei diritti della persona, o per provvedere a scopi diversi dal normale esercizio delle loro funzioni, lo Stato destina risorse aggiuntive ed effettua interventi speciali in favore di determinati Comuni, Province, Città metropolitane e Regioni.

I Comuni, le Province, le Città metropolitane e le Regioni hanno un proprio patrimonio, attribuito secondo i princìpi generali determinati dalla legge dello Stato. Possono ricorrere all'indebitamento solo per finanziare spese di investimento, con la contestuale definizione di piani di ammortamento e a condizione che per il complesso degli enti di ciascuna Regione sia rispettato l'equilibrio di bilancio. È esclusa ogni garanzia dello Stato sui prestiti dagli stessi contratti.

120. La Regione non può istituire dazi di importazione o esportazione o transito tra le Regioni, né adottare provvedimenti che ostacolino in qualsiasi modo la libera circolazione delle persone e delle cose tra le Regioni, né limitare l'esercizio del diritto al lavoro in qualunque parte del territorio nazionale.

Il Governo può sostituirsi a organi delle Regioni, delle Città metropolitane, delle Province e dei Comuni nel caso di mancato rispetto di norme e trattati internazionali o della normativa comunitaria oppure di pericolo grave per l'incolumità e la sicurezza pubblica, ovvero quando lo richiedono la tutela dell'unità giuridica o dell'unità economica e in particolare la tutela dei livelli essenziali delle prestazioni concernenti i diritti civili e sociali, prescindendo dai confini territoriali dei governi locali. La legge definisce le procedure atte a garantire che i poteri sostitutivi siano esercitati nel rispetto del principio di sussidiarietà e del principio di leale collaborazione.

121. Sono organi della Regione: il Consiglio regionale, la Giunta e il suo presidente.

Il Consiglio regionale esercita le potestà legislative attribuite alla Regione e le altre funzioni conferitegli dalla Costituzione e dalle leggi. Può fare proposte di legge alle Camere.

La Giunta regionale è l'organo esecutivo delle Regioni.

Il Presidente della Giunta rappresenta la Regione; dirige la politica della Giunta e ne è responsabile; promulga le leggi ed emana i regolamenti regionali; dirige le funzioni amministrative delegate dallo Stato alla Regione, conformandosi alle istruzioni del Governo della Repubblica.

122. Il sistema di elezione e i casi di ineleggibilità e di incompatibilità del Presidente e degli altri componenti della Giunta regionale nonché dei consiglieri regionali sono disciplinati con legge della Regione nei limiti dei princìpi fondamentali stabiliti con legge della Repubblica, che stabilisce anche la durata degli organi elettivi.

Nessuno può appartenere contemporaneamente a un Consiglio o a una Giunta regionale e ad una delle Camere del Parlamento, ad un altro Consiglio o ad altra Giunta regionale, ovvero al Parlamento europeo.

Il Consiglio elegge tra i suoi componenti un Presidente e un ufficio di presidenza.

I consiglieri regionali non possono essere chiamati a rispondere delle opinioni espresse e dei voti dati nell'esercizio delle loro funzioni.

Il Presidente della Giunta regionale, salvo che lo statuto regionale disponga diversamente, è eletto a suffragio universale e diretto. Il Presidente eletto nomina e revoca i componenti della Giunta.

123. Ciascuna Regione ha uno statuto che, in armonia con la Costituzione, ne determina la forma di governo e i princìpi fondamentali di organizzazione e funzionamento. Lo statuto regola l'esercizio del diritto di iniziativa e del *referendum* su leggi e provvedimenti amministrativi della Regione e la pubblicazione delle leggi e dei regolamenti regionali.

Lo statuto è approvato e modificato dal Consiglio regionale con legge approvata a maggioranza assoluta dei suoi componenti, con due deliberazioni successive adottate ad intervallo non minore di due mesi. Per tale legge non è richiesta l'apposizione del visto da parte del Commissario del Governo. Il Governo della Repubblica può promuovere la questione di legittimità costituzionale sugli statuti regionali dinanzi alla Corte costituzionale entro trenta giorni dalla loro pubblicazione.

Lo statuto è sottoposto a *referendum* popolare qualora entro tre mesi dalla sua pubblicazione ne faccia richiesta un cinquantesimo degli elettori della Regione o un quinto dei componenti il Consiglio regionale. Lo statuto sottoposto a *referendum* non è promulgato se non è approvato dalla maggioranza dei voti validi.

In ogni Regione, lo statuto disciplina il Consiglio delle autonomie locali, quale organo di consultazione fra la Regione e gli enti locali.

124. [articolo abrogato].

125. [comma abrogato].

Nella Regione sono istituiti organi di giustizia amministrativa di primo grado, secondo l'ordinamento stabilito da legge della Repubblica. Possono istituirsi sezioni con sede diversa dal capoluogo della Regione.

126. Con decreto motivato del Presidente della Repubblica sono disposti lo scioglimento del Consiglio regionale e la rimozione del Presidente della Giunta che abbiano compiuto atti contrari alla Costituzione o gravi violazioni di legge. Lo scioglimento e la rimozione possono altresì essere disposti per ragioni di sicurezza nazionale. Il decreto è adottato sentita una Commissione di deputati e senatori costituita, per le questioni regionali, nei modi stabiliti con legge della Repubblica.

Il Consiglio regionale può esprimere la sfiducia nei confronti del Presidente della Giunta mediante mozione motivata, sottoscritta da almeno un quinto dei suoi componenti e approvata per appello nominale a maggioranza assoluta dei componenti. La mozione non può essere messa in discussione prima di tre giorni dalla presentazione.

L'approvazione della mozione di sfiducia nei confronti del Presidente della Giunta eletto a suffragio universale e diretto, nonché la rimozione, l'impedimento permanente, la morte o le dimissioni volontarie dello stesso comportano le dimissioni della Giunta e lo scioglimento del Consiglio. In ogni caso i medesimi effetti conseguono alle dimissioni contestuali della maggioranza dei componenti il Consiglio.

127. Il Governo, quando ritenga che una legge regionale ecceda la competenza della Regione, può promuovere la questione di legittimità costituzionale dinanzi alla Corte costituzionale entro sessanta giorni dalla sua pubblicazione.

La Regione, quando ritenga che una legge o un atto avente valore di legge dello Stato o di un'altra Regione leda la sua sfera di competenza, può promuovere la questione di legittimità costituzionale dinanzi alla Corte costituzionale entro sessanta giorni dalla pubblicazione della legge o dell'atto avente valore di legge.

128-130. [articoli abrogati].

131. Sono costituite le seguenti Regioni: Piemonte; Valle d'Aosta; Lombardia; Trentino-Alto Adige; Veneto; Friuli-Venezia Giulia; Liguria; Emilia-Romagna; Toscana; Umbria, Marche; Lazio; Abruzzi; Molise; Campania; Puglia; Basilicata; Calabria; Sicilia; Sardegna.

132. Si può con legge costituzionale, sentiti i Consigli regionali, disporre la fusione di Regioni esistenti o la creazione di nuove Regioni con un minimo di un milione di abitanti, quando ne facciano richiesta tanti Consigli comunali che rappresentino almeno un terzo delle popolazioni interessate, e la proposta sia approvata con *referendum* dalla maggioranza delle popolazioni stesse.

Si può, con l'approvazione della maggioranza delle popolazioni della Provincia o delle Province interessate e del Comune o dei Comuni interessati espressa mediante *referendum* e con legge della Repubblica, sentiti i Consigli regionali, consentire che Province e Comuni, che ne facciano richiesta, siano staccati da una Regione ed aggregati ad un'altra.

133. Il mutamento delle circoscrizioni provinciali e la istituzione di nuove Province nell'ambito d'una Regione sono stabiliti con legge della Repubblica, su iniziativa dei Comuni, sentita la stessa Regione.

La Regione, sentite le popolazioni interessate, può con sue leggi istituire nel proprio territorio nuovi Comuni e modificare le loro circoscrizioni e denominazioni.

TITOLO VI

Garanzie costituzionali

Sezione I. - *La Corte costituzionale*

134. La Corte costituzionale giudica:

sulle controversie relative alla legittimità costituzionale delle leggi e degli atti, aventi forza di legge, dello Stato e delle Regioni;

sui conflitti di attribuzione tra i poteri dello Stato e su quelli tra lo Stato e le Regioni, e tra le Regioni;

sulle accuse promosse contro il Presidente della Repubblica, a norma della Costituzione.

135. La Corte costituzionale è composta di quindici giudici nominati per un terzo dal Presidente della Repubblica, per un terzo dal Parlamento in seduta comune e per un terzo dalle supreme magistrature ordinaria ed amministrative.

I giudici della Corte costituzionale sono scelti tra i magistrati anche a riposo delle giurisdizioni superiori ordinaria ed amministrative, i professori ordinari di università in materie giuridiche e gli avvocati dopo venti anni d'esercizio.

I giudici della Corte costituzionale sono nominati per nove anni, decorrenti per ciascuno di essi dal giorno del giuramento, e non possono essere nuovamente nominati.

Alla scadenza del termine il giudice costituzionale cessa dalla carica e dall'esercizio delle funzioni.

La Corte elegge fra i suoi componenti, secondo le norme stabilite dalla legge, il Presidente, che rimane in carica per un triennio, ed è rieleggibile, fermi in ogni caso i termini di scadenza dall'ufficio di giudice.

L'ufficio di giudice della Corte è incompatibile con quello di membro del Parlamento, di un Consiglio regionale, con l'esercizio della professione di avvocato e con ogni carica ed ufficio indicati dalla legge.

Nei giudizi di accusa contro il Presidente della Repubblica intervengono, oltre i giudici ordinari della Corte, sedici membri tratti a sorte da un elenco di cittadini aventi i requisiti per l'eleggibilità a senatore, che il Parlamento compila ogni nove anni mediante elezione con le stesse modalità stabilite per la nomina dei giudici ordinari.

136. Quando la Corte dichiara la illegittimità costituzionale di una norma di legge o di atto avente forza di legge, la norma cessa di avere efficacia dal giorno successivo alla pubblicazione della decisione.

La decisione della Corte è pubblicata e comunicata alle Camere ed ai Consigli regionali interessati, affinché, ove lo ritengano necessario, provvedano nelle forme costituzionali.

137. Una legge costituzionale stabilisce le condizioni, le forme, i termini di proponibilità dei giudizi di legittimità costituzionale, e le garanzie d'indipendenza dei giudici della Corte.

Con legge ordinaria sono stabilite le altre norme necessarie per la costituzione e il funzionamento della Corte.

Contro le decisioni della Corte costituzionale non è ammessa alcuna impugnazione.

---

[1] L'art. 1, legge cost. 23 ottobre 2002, n. 1 così dispone: «I commi primo e secondo della XIII disposizione transitoria e finale della Costituzione esauriscono i loro effetti a decorrere dalla data di entrata in vigore della presente legge costituzionale».

[2] L'art. 1, legge cost. 23 ottobre 2002, n. 1 così dispone: «I commi primo e secondo della XIII disposizione transitoria e finale della Costituzione esauriscono i loro effetti a decorrere dalla data di entrata in vigore della presente legge costituzionale».

Sezione II. - *Revisione della Costituzione. Leggi costituzionali*

138. Le leggi di revisione della Costituzione e le altre leggi costituzionali sono adottate da ciascuna Camera con due successive deliberazioni ad intervallo non minore di tre mesi, e sono approvate a maggioranza assoluta dei componenti di ciascuna Camera nella seconda votazione.

Le leggi stesse sono sottoposte a *referendum* popolare quando, entro tre mesi dalla loro pubblicazione, ne facciano domanda un quinto dei membri di una Camera o cinquecentomila elettori o cinque Consigli regionali. La legge sottoposta a *referendum* non è promulgata, se non è approvata dalla maggioranza dei voti validi.

Non si fa luogo a *referendum* se la legge è stata approvata nella seconda votazione da ciascuna delle Camere a maggioranza di due terzi dei suoi componenti.

139. La forma repubblicana non può essere oggetto di revisione costituzionale.

DISPOSIZIONI TRANSITORIE E FINALI

I.

Con l'entrata in vigore della Costituzione il Capo provvisorio dello Stato esercita le attribuzioni di Presidente della Repubblica e ne assume il titolo.

II.

Se alla data della elezione del Presidente della Repubblica non sono costituiti tutti i Consigli regionali, partecipano alla elezione soltanto i componenti delle due Camere.

III.

Per la prima composizione del Senato della Repubblica sono nominati senatori, con decreto del Presidente della Repubblica, i deputati dell'Assemblea Costituente che posseggono i requisiti di legge per essere senatori e che:

sono stati Presidenti del Consiglio dei Ministri o di Assemblee legislative;

hanno fatto parte del disciolto Senato;

hanno avuto almeno tre elezioni, compresa quella all'Assemblea Costituente;

sono stati dichiarati decaduti nella seduta della Camera dei deputati del 9 novembre 1926;

hanno scontato la pena della reclusione non inferiore a cinque anni in seguito a condanna del tribunale speciale fascista per la difesa dello Stato.

Sono nominati altresì senatori, con decreto del Presidente della Repubblica, i membri del disciolto Senato che hanno fatto parte della Consulta Nazionale.

Al diritto di essere nominati senatori si può rinunciare prima della firma del decreto di nomina. L'accettazione della candidatura alle elezioni politiche implica rinuncia al diritto di nomina a senatore.

IV.

Per la prima elezione del Senato il Molise è considerato come Regione a sé stante, con il numero dei senatori che gli compete in base alla sua popolazione.

V.

La disposizione dell'art. 80 della Costituzione, per quanto concerne i trattati internazionali che importano oneri alle finanze o modificazioni di legge, ha effetto dalla data di convocazione delle Camere.

VI.

Entro cinque anni dall'entrata in vigore della Costituzione si procede alla revisione degli organi speciali di giurisdizione attualmente esistenti, salvo le giurisdizioni del Consiglio di Stato, della Corte dei conti e dei tribunali militari.

Entro un anno dalla stessa data si provvede con legge al riordinamento del Tribunale supremo militare in relazione all'articolo 111.

VII.

Fino a quando non sia emanata la nuova legge sull'ordinamento giudiziario in conformità con la Costituzione, continuano ad osservarsi le norme dell'ordinamento vigente.

Fino a quando non entri in funzione la Corte costituzionale, la decisione delle controversie indicate nell'articolo 134 ha luogo nelle forme e nei limiti delle norme preesistenti all'entrata in vigore della Costituzione.

[comma abrogato].

VIII.

Le elezioni dei Consigli regionali e degli organi elettivi delle amministrazioni provinciali sono indette entro un anno dall'entrata in vigore della Costituzione.

Leggi della Repubblica regolano per ogni ramo della pubblica amministrazione il passaggio delle funzioni statali attribuite alle Regioni. Fino a quando non sia provveduto al riordinamento e alla distribuzione delle funzioni amministrative fra gli enti locali restano alle Province ed ai Comuni le funzioni che esercitano attualmente e le altre di cui le Regioni deleghino loro l'esercizio.

Leggi della Repubblica regolano il passaggio alle Regioni di funzionari e dipendenti dello Stato, anche delle amministrazioni centrali, che sia reso necessario dal nuovo ordinamento. Per la formazione dei loro uffici le Regioni devono, tranne che in casi di necessità, trarre il proprio personale da quello dello Stato e degli enti locali.

IX.

La Repubblica, entro tre anni dall'entrata in vigore della Costituzione, adegua le sue leggi alle esigenze delle autonomie locali e alla competenza legislativa attribuita alle Regioni.

X.

Alla Regione del Friuli-Venezia Giulia, di cui all'articolo 116, si applicano provvisoriamente le norme generali del Titolo V della parte seconda, ferma restando la tutela delle minoranze linguistiche in conformità con l'articolo 6.

XI.

Fino a cinque anni dall'entrata in vigore della Costituzione si possono, con leggi costituzionali, formare altre Regioni, a modificazione dell'elenco di cui all'articolo 131, anche senza il concorso delle condizioni richieste dal primo comma dell'articolo 132, fermo rimanendo tuttavia l'obbligo di sentire le popolazioni interessate.

XII.

È vietata la riorganizzazione, sotto qualsiasi forma, del disciolto partito fascista.

In deroga all'articolo 48, sono stabilite con legge, per non oltre un quinquennio dalla entrata in vigore della Costituzione, limitazioni temporanee al diritto di voto e alla eleggibilità per i capi responsabili del regime fascista.

XIII.

[I membri e i discendenti di Casa Savoia non sono elettori e non possono ricoprire uffici pubblici né cariche elettive].[1]

[Agli ex re di Casa Savoia, alle loro consorti e ai loro discendenti maschi sono vietati l'ingresso e il soggiorno nel territorio nazionale]. [2]

I beni, esistenti nel territorio nazionale, degli ex re di Casa Savoia, delle loro consorti e dei loro discendenti maschi, sono avocati allo Stato. I trasferimenti e le costituzioni di diritti reali sui beni stessi, che siano avvenuti dopo il 2 giugno 1946, sono nulli.

XIV.

I titoli nobiliari non sono riconosciuti.

I predicati di quelli esistenti prima del 28 ottobre 1922 valgono come parte del nome.

L'Ordine mauriziano è conservato come ente ospedaliero e funziona nei modi stabiliti dalla legge.

La legge regola la soppressione della Consulta araldica.

XV.

Con l'entrata in vigore della Costituzione si ha per convertito in legge il decreto legislativo luogotenenziale 25 giugno 1944, n. 151, sull'ordinamento provvisorio dello Stato.

XVI.

Entro un anno dall'entrata in vigore della Costituzione si procede alla revisione e al coordinamento con essa delle precedenti leggi costituzionali che non siano state finora esplicitamente o implicitamente abrogate.

XVII.

L'Assemblea Costituente sarà convocata dal suo Presidente per deliberare, entro il 31 gennaio 1948, sulla legge per la elezione del Senato della Repubblica, sugli statuti regionali speciali e sulla legge per la stampa.

Fino al giorno delle elezioni delle nuove Camere, l'Assemblea Costituente può essere convocata, quando vi sia necessità di deliberare nelle materie attribuite alla sua competenza dagli articoli 2, primo e secondo comma, e 3, comma primo e secondo, del decreto legislativo 16 marzo 1946, n. 98.

In tale periodo le Commissioni permanenti restano in funzione. Quelle legislative rinviano al Governo i disegni di legge, ad esse trasmessi, con eventuali osservazioni e proposte di emendamenti.

I deputati possono presentare al Governo interrogazioni con richiesta di risposta scritta.

L'Assemblea Costituente, agli effetti di cui al secondo comma del presente articolo, è convocata dal suo Presidente su richiesta motivata del Governo o di almeno duecento deputati.

XVIII.

La presente Costituzione è promulgata dal Capo provvisorio dello Stato entro cinque giorni dalla sua approvazione da parte della Assemblea Costituente, ed entra in vigore il 1° gennaio 1948.

Il testo della Costituzione è depositato nella sala comunale di ciascun Comune della Repubblica per rimanervi esposto, durante tutto l'anno 1948, affinché ogni cittadino possa prenderne cognizione.

La Costituzione, munita del sigillo dello Stato, sarà inserita nella Raccolta ufficiale delle leggi e dei decreti della Repubblica.

La Costituzione dovrà essere fedelmente osservata come Legge fondamentale della Repubblica da tutti i cittadini e dagli organi dello Stato.

Data a Roma, addì 27 dicembre 1947

ENRICO DE NICOLA

Controfirmano:

Il Presidente dell'Assemblea Costituente
UMBERTO TERRACINI

Il Presidente del Consiglio dei Ministri
ALCIDE DE GASPERI

Visto: *Il guardasigilli*
GIUSEPPE GRASSI